ESA DAMA

KATE O'BRIEN

ESA DAMA

Consulte nuestra página web: https://www.edhasa.es
En ella encontrará el catálogo completo de Edhasa comentado.

Título original: *That Lady*

Traducción de Mª José Rodellar

Primera edición: noviembre de 1986
Decimoséptima reimpresión: marzo de 2018

© 1946 by Mary O'Neil
© de la presente edición: Edhasa, 1986, 2018
Diputació, 262, 2º1ª
08007 Barcelona
Tel. 93 494 97 20
España
E-mail: info@edhasa.es

ISBN: 978-84-350-0525-8

Impreso en Liberdúplex

Depósito legal: B. 35549-2003

Impreso en España

ÍNDICE

Tercera parte
Pastrana

PREÁMBULO

Lo que sigue no es una novela histórica. Es una invención sobre la curiosa historia entre Ana de Mendoza y Felipe II de España. Los historiadores no pueden dar una explicación al episodio, y la obra de ficción no pretende hacerlo. Todos los personajes del libro son reales y me he ajustado a las líneas maestras históricas de los acontecimientos en los que intervinieron, pero todo lo que dicen o escriben en mis páginas es inventado, al igual –naturalmente– que sus pensamientos y emociones. Con el fin de mantener la invención como fuente única, me he abstenido de injertar en la ficción ningún fragmento de sus cartas u observaciones.

KATE O'BRIEN

PRÓLOGO
(Octubre de 1576)

I

Ana no esperó al rey en el portal de su casa. Permaneció justo encima, en el mirador de la sala de estar. Desde allí se dominaba el mercado, que se extendía ante el patio de la casa, y no tenía que presenciar la agitación protocolaria de su hijo, Rodrigo. Su hija pequeña, una niñita de tres años, la acompañaba ante el ventanal cogida de la mano.

La tarde de octubre era luminosa y fresca. Seguramente Felipe habría disfrutado del viaje desde Alcalá, y sobre todo de las últimas leguas, en que el camino atravesaba tierras a las cuales el cuidado de su marido había hecho tanto bien. El rey siempre había apreciado el sentido humanitario de Ruy Gómez y en ocasiones Ana le había oído envidiar lo que llamaba la «curiosa aplicación práctica de la buena voluntad a la vida» por parte de éste. Ella bromeó con él sobre el uso del adjetivo «curiosa» y señaló que su propia buena voluntad con frecuencia adoptaba una forma práctica. Y él le contestó que le complacía oír aquello de ella, que no era nada «cortesana». «No soy cortesana, señor; solamente un súbdito que admira al rey.»

¿Cuánto tiempo hacía que se lo había dicho? ¿Siete u ocho años? Por lo menos, porque lo había dicho en presencia de la reina. Recordaba la suave sonrisa de agradecimiento de Isabel de Valois, y ya habían pasado ocho años desde la muerte de tan encantadora criatura. «Si todavía viviera y ocupara el trono en lugar de esta pobre chica de Austria, tendría ya treinta años, por increíble que parezca. Y quizás incluso comenzaría a hacer mejor pareja con su maduro marido.»

Ana, que había cumplido los treinta y seis, sonrió al pensar en la palabra «maduro» y llevó la vista desde el mercado al tejado de la iglesia de la Colegiata, donde reposaba su esposo, rodeado de los huesecillos de cuatro de sus diez hijos. Y la vida continuaba. Ahora los vívidos y esperanzados días en que la princesa de Francia y ella acababan de contraer matrimonio eran tenues recuerdos. España parecía entonces inexpugnable; el rey estaba alegre y seguro de sí mismo; la sombra de la tragedia de don Carlos apenas había avanzado. Ahora había muchas sepulturas; muchos desatinos, guerra y trastornos; la gente decía que el rey trabajaba como una hormiga y parecía que la vida de la corte había degenerado hasta convertirse en una rutina misteriosa y sofocante, dirigida por unos pocos canónigos fanáticos de Sevilla y varios funcionarios arribistas de procedencia desconocida.

Ana no había ido a Madrid ni abierto la casa que tenía allí desde la muerte de su esposo. Nada la tentaba allí; había aprendido a amar, con una constancia que a veces la extrañaba, la exhalación de resplandeciente paz que le enviaba, mañana, mediodía y tarde, el paisaje de Pastrana, que era ahora su casa y su responsabilidad. Ciertamente era un oasis en la orgullosa pobreza de Castilla.

Y ella, muy castellana, se había burlado de los primeros esfuerzos para convertirlo en lo que ahora era.

–Vos, campesino portugués –solía decirle a su marido–, ¿os importaría decirme por qué dos briznas de hierba son mucho mejor que una?

Pero Ruy insistía en que el hambre no era inherente al carácter castellano, y señalaba que ella misma, que había gozado de buenas comidas toda su vida, era un buen ejemplar de su raza.

Así pues, la tierra que les dio Felipe fue regada, abonada y sembrada. Se hizo venir desde Valencia una colonia de moriscos perseguidos para que enseñaran al pueblo sus excelentes métodos agrícolas, y en particular a cultivar la morera y a hacer seda. Y ellos y sus hijos todavía estaban allí, felices, tolerantes y tolerados. Pastrana era próspera.

Aquélla era una situación meritoria y suficientemente destacable en un pueblo castellano. Sin embargo, aunque Ana se había mofado de los preparativos, ahora que Ruy, el buen señor, estaba muerto y la nueva política del rey estaba echando a perder su trabajo en pro de España, a veces ella pensaba complacida que al menos en su propio pueblo el primer duque de Pastrana sería recordado durante una o dos generaciones como un hombre de buena voluntad.

Quizá Felipe pensara cosas similares mientras dejaba atrás los campos de moreras y las cabañas de los tejedores. El rey era un amigo fiel. Ella sabía mejor que la mayoría lo fiel que era. Y sabiéndolo, sentía curiosidad por descubrir qué especial capricho le había hecho emprender aquel viaje para ir a verla. Es cierto que el que hubiera sido huésped, en la cercana Alcalá, del marqués de los Vélez, disminuiría ante los ojos de la corte el gran honor hecho a la viuda de Ruy Gómez, y Felipe sin duda lo habría tenido en cuenta, pues no había nadie más atento a las apariencias que él. No obstante, con lo atareado y cansado que estaba, el hecho de que hubiera emprendido el desplazamiento y se hubiera arriesgado a provocar el chismorreo en Madrid significaba que algún aspecto de los asuntos de Ana debía de llevar muchos meses preocupándolo, pues por principio nunca prestaba atención a ninguna inquietud en un primer momento. Sin embargo, dado que siempre se había tenido, después de Ruy, por guardián de Ana y de sus hijos, se mantenía constantemente informado sobre ella, y durante los primeros meses de su viudez le escribió numerosas y animadas cartas. Y Ana, incapaz de mostrar animación alguna y bastante indiferente hacia ella, se maravillaba al leer las cartas ante su amabilidad y su gusto por el detalle. En una ocasión le había comentado a Ruy que con seguridad esta última peculiaridad de Felipe debía resultarle perjudicial a la larga como rey, pero coincidieron en que lo hacía muy atractivo como hombre y compañero.

Volver a ver a Felipe después de tanto tiempo resultaría agradable para Ana, e incluso estimulante. Su admiración por ella era constante y siempre la complacía. Al pensarlo, volvió la vista por encima del hombro hacia el mal retrato holandés de su marido que colgaba en la habitación. En la insulsa y convencional pintura no hallaba indicio alguno de la gracia mundana y cordialidad del hombre que tan sorprendentemente había regido su vida durante catorce años. Suspiró con suavidad y se llevó la mano al parche de seda negra que cubría su ojo derecho. Pensó que, en lo referente a su matrimonio, Ruy había vivido lo suficiente para ver cumplido su objetivo, que era sencillamente, según ella solía decirle, obligarla a dejar de ser ella misma. Él sabía cuándo debía retirarse, conocía la medida exacta de imposición de tiempo y costumbre necesaria para amansar un corazón salvaje.

«Sí, duermes en paz –murmuró irónicamente al retrato–, duermes en paz porque sabes que tu Tuerta se está haciendo vieja, y pronto será bastante vieja, una mujer muy vieja a cargo de una parroquia muy ordenada. Tú procuraste mi seguridad, te ocupaste insistentemente de ello, y ahora sabes que ni siquiera el rey de España puede hacer nada contra el desgaste de los años...»

Ana de Mendoza y de la Cerda, princesa de Éboli y duquesa de Pastrana, era hija única del príncipe de Mélito, y por tanto heredera por derecho propio del patrimonio, los privilegios y los títulos de uno de los linajes más importantes de la casa de Mendoza, la familia gobernante en España. Esta familia, de origen vizcaíno, que ahora tenía posesiones en toda la península, en la época del nacimiento de Ana, acaecido en 1540, hacía ya más de trescientos años que tenía raíces y espíritu castellano.

Físicamente, Ana era la expresión de ello. Su belleza, para los que la encontraban bella, era, paradójicamente, exageración y comedimiento. Era más alta y más delgada de lo que por término medio se suele considerar atractivo en una mujer; era de constitución enjuta, y todos sus rasgos –nariz, barbilla, manos y pies– eran un poco más largos de lo debido. Tenía la piel fina y blanca, y en las sienes y las manos se le veían unas venillas azules. Su ojo izquierdo rebosaba luminosidad, pero sobre el hueco del derecho llevaba, como ya hemos dicho, un parche de seda negra en forma de rombo. Lo llevaba desde los catorce años. A esa edad se batió en duelo con un paje de la casa de su padre y perdió el ojo derecho.

Así pues, cuando Ruy Gómez de Silva regresó de Inglaterra y Flandes en 1559 para consumar el matrimonio que había contraído seis años antes con la heredera de los Mendoza, se encontró con su Tuerta.

Ana no hizo ningún drama de ello. Su marido y su madre podían llamarla Tuerta, cariñosamente, en privado, pero en general prefería que su defecto fuera pasado por alto y nadie oyó nunca que le preocupara. Parecía llevar el parche negro de seda con la misma naturalidad que los zapatos.

Su marido siempre la había considerado extraordinariamente hermosa y comprendía que muchos hombres lo envidiaran y pensaran que había tenido una suerte fantástica, pues él tenía cuarenta y dos años y ella diecinueve cuando se acostaron juntos por vez primera. Los catorce años de matrimonio que disfrutó con ella fueron afectuosos y felices, a pesar del mundo de la corte, que no dejó de salpicarlos con alguna mancha de infamia.

Ana no sólo era demasiado rica e importante para escapar a la calumnia, sino que, incluso bajo la vigilancia de Ruy, era también demasiado descuidada. Asimismo, su esposo era el secretario de Estado favorito del rey y durante toda su vida disfrutó de todos los privilegios y atenciones que Felipe podía otorgar. Por tanto, en Madrid se decía una y otra vez que Ana era la amante del rey y por voluntad de su marido. Ella con frecuencia sonreía ante la torpe perspicacia de los cotilleos, que suelen localizar con exactitud una situación, pero raramente son capaces de interpretar su significado real.

Pero ahora las malas lenguas de Madrid la tenían olvidada. Felipe, que en un tiempo había sido un rey apuesto y propenso al escándalo, era un hombre de mediana edad agobiado por el trabajo y las preocupaciones, obsesionado por engendrar un heredero varón que llegara a la edad adulta; por lo demás, torturado por las repercusiones de su propio y obstinado concepto de la monarquía.

Las noticias que llegaban a oídos de Ana por entonces, cuando iba a ver a sus amistades o a través de los ecos procedentes de la Universidad de Alcalá que le llevaba su hijo Rodrigo, daban la impresión de que España se enfrentaba a graves problemas, tanto en su propio territorio como en el extranjero. Sin embargo; lo que más alarmante le parecía era que nadie, ninguno de los grandes príncipes y capitanes de su propia familia, por ejemplo, supieran ni desearan saber con exactitud cuáles eran esos problemas, ni cómo podían resolverse o evitarse. La política española era ahora asunto del rey, por lo visto, y lo único que se pedía de la nobleza era que viviera ostentosamente, practicara su religión, se casara y se reprodujera.

Ana sabía que había sido el ladino padre de Felipe, que era extranjero, el causante de tan minuciosa alteración de los principios del gobierno de Castilla. Después de derrotar a los comuneros se propuso hacer que el poder de la monarquía española fuera absoluto. Y tuvo un curioso éxito.

En vida de su esposo, Ana había comentado a menudo con enojo la creciente indolencia de la nobleza española ante el interrogante del destino de la nación. Los antiguos señores y caciques vivían perezosamente en sus propiedades y chismorreaban con indiferencia sobre las guerras y problemas religiosos del extranjero; sus hijos mandaban los regimientos o buques del rey según se les indicaba, sin importarles por qué, zarpaban en busca de aventuras hacia el imperio occidental para acrecentar su fortuna, se incorporaban a la Iglesia o hacían el tonto por todo lo alto en Madrid y se burlaban de los vulgares políticos nuevos que maniobraban alrededor del rey.

Pero Ruy, un «vulgar político nuevo», un «advenedizo de Portugal», se reía de ella y decía que a España no le haría ningún daño descansar del pundonor, egoísmo y presuntuosos desatinos de los señores castellanos, y que Carlos y Felipe eran hombres de poder ejecutivo, buenos ciudadanos del mundo, que buena falta le hacían al país. Siempre que se escogieran bien los secretarios del rey, este nuevo método de gobierno mediante un gabinete era seguro, pensaba él, y sin duda valía la pena probarlo durante una o dos generaciones. Ruy creía en el cambio y en la eficacia. Pero Ana, la castellana, se reía de él y decía que el tiempo demostraba con frecuencia las ventajas de no hacer las cosas, y que, de todos modos, los derechos antiguos eran derechos antiguos. A esto, su marido replicaba que nadie había abolido los antiguos derechos de Castilla, pero que si estaban cayendo en desuso, ¿era eso motivo para que Felipe II no pudiera gobernar España?

Pero tales conversaciones pertenecían a los días en que se hallaba cerca del trono y tenía noticias frescas de los grandes acontecimientos. Ahora era una oscura viuda rural, preocupada por la cosecha de aceitunas, el esquilo de las ovejas y los gusanos de seda; y quizá también un poco por sus hijos, pensó con una risilla, mirando la sedosa cabeza de su hijita.

* * *

Las campanas de la Colegiata comenzaron a repicar y a ellas se sumaron las de los conventos; por último la campana del ayuntamiento contribuyó con su pesado son. Un murmullo de alegría surgió de la multitud que se agrupaba en el mercado. La niña apretó la mano de su madre y salió un momento al balcón con ella.

–Sí, ya viene, Anichu, ¡el rey de que tanto se han jactado!

Todos los hijos de Ruy conocían al rey, excepto la pequeña Ana, aunque Fernando, que contaba en ese momento sólo seis años, no recordaba su único encuentro con Felipe II, que había tenido lugar antes de que cumpliera los dos años. Pero los cuatro chicos a menudo gastaban bromas a la pequeña con el pretexto de tal privilegio hasta hacerla llorar. Así pues, aquel día estaba deseosa de ponerse a su altura y conocer al rey.

El murmullo del pueblo se convirtió pronto en una salva de vítores y luego en un general y uniforme grito de bienvenida. Ana vio cómo los primeros hombres a caballo subían por la calle en dirección al mercado. Admiró la facilidad con que la gente se dividía dejando en el centro un pasillo para la cabalgata. Los vítores eran cordiales pero comedidos; configuraban un mensaje de bienvenida, pero también se mantenían dentro de los límites de la ceremonia. Sugerían que Felipe era inmensamente bienvenido al pueblo, pero que comprendían que se encontraba allí por motivos personales y no tenía deseos de convertir el viaje en un asunto de Estado. Ruy hubiera aprobado aquel saludo, pensó ella.

Y cuando los cascos y las ruedas repicaron sobre la plaza del mercado, Ana se retiró del balcón y atravesó la habitación para acomodarse en una silla junto a la chimenea. Colocó a su disgustada hija en un escabel que había a su lado y se rió ante su indignación.

–No, Anichu, no podemos espiar desde arriba; sería una falta de protocolo, ¡y Rodrigo se pondría furioso!

El repiqueteo procedía ahora del patio e incluso alcanzó a oír el carruaje del rey acercarse hasta la puerta. ¡Pobre y vanidoso Rodrigo! Esperaba que su cuidadísimo discurso de bienvenida le saliera bien. Seguramente lo estaría empezando ya, flanqueado de sus tres guapos hermanos, todos mejores que él en opinión de su madre. Don Francisco, el capellán, también tenía su discurso dispuesto. Y, sin duda, su secretario se haría asimismo presentar, al igual que todos los preceptores de los chicos que se atrevieran. Pero, naturalmente, todo estaba previsto con refinamiento; Rodrigo no dejaría nada al azar. Y cuán complacido se había mostrado cuando le anunció que ella no estaría presente en el vestíbulo en el momento de la llegada del rey y que le dejaría hacer los honores a él, como segundo duque de Pastrana. Este era el tipo de libertad que se podía tomar con Felipe, y además odiaba las ceremonias. Por otra parte, pensara lo que pensara Rodrigo, no era a él, joven gallito, a quien confiaba la recepción, sino a su mayordomo, Diego, cuyo aplomo era tal que Ruy solía decir que podría hacerse cargo del puesto de mayordomo en El Escorial en cinco minutos. Y Bernardina, su sagaz dueña, se fijaría en todo y luego se lo contaría para divertirla.

Pero entonces, impulsivamente, y no, como pensaría Rodrigo, con intención de exasperarlo ni humillarlo, Ana tiró por tierra el plan fijado para la recepción del rey y, cogiendo en brazos a su hijita, bajó corriendo las escaleras a darle personalmente la bienvenida al monarca. Mientras permanecía sentada en la sala se dio cuenta de que se alegraba muchísimo de que hubiera ido a verla y se le ocurrió que él se sentiría desilusionado si no la encontraba esperando con sus hijos. De modo que atravesó a toda prisa el corredor acristalado y se detuvo un instante en lo alto de la escalinata antes de bajar al patio.

–No debes reírte cuando te presente al rey –le susurró a su encantada hija.

Se oía la clara y sonora voz de Rodrigo recitando musicalmente su discurso.

–... y también, Señor, en nombre de mi madre, Su Alteza la princesa de Éboli, que no deseaba sobrecargar de ceremonial vuestros primeros momentos en nuestra casa después del fatigoso viaje, y estará encantada de rendir su propio homenaje de bienvenida y obediencia a Vuestra Majestad en el momento de la tarde que Vuestra Majestad guste señalar....

Ana descendió hasta la mitad de la escalinata inadvertida por todos excepto por Bernardina y el rey. Éste, tras descubrirla, no apartó la vista de ella en tanto Ana rodeaba al grupo con rapidez y se arrodillaba entre el monarca y su asombrado hijo. Asimismo, obligó a su hijita a arrodillarse.

–Baja un poco la cabeza, Anichu –le dijo en voz baja; luego levantó los ojos y le sonrió a Felipe en tanto tomaba y besaba la mano que éste le ofrecía.

–Sea Vuestra Majestad cordialmente bienvenido a esta honrada casa. Naturalmente, todo lo que contiene es vuestro y está a vuestro absoluto servicio.

Felipe esbozó lentamente una sonrisa y Ana se levantó al elevar él la mano.

–Gracias, princesa. Me alegro de volver a veros, así como a vuestra familia y a vuestro pueblo. ¿Es ésta la pequeña, la última?

Posó la mano en la cabeza de la niña.

–Sí, Majestad. Ésta es Ana de Silva, vuestra más obediente y honrada sierva.

La princesa se hizo entonces a un lado, a la izquierda del rey, para dejar que sus hijos y los demás miembros de la casa hicieran las correspondientes reverencias y declaraciones de lealtad. Pero no hubo más discursos preparados, ni siquiera prosiguió el de Rodrigo. En cambio la bienvenida adquirió vida y el rey les agradeció que se alegraran tanto de verlo y se rió cuando Fernando, de seis años, se aventuró educadamente a corregir su suposición de que era la primera vez que se veían.

–Princesa, creo que no conocéis a mi secretario de Estado. Permitidme que os presente a don Mateo Vázquez, doña Ana de Silva y de Mendoza, princesa de Éboli.

El sacerdote alto y moreno que había permanecido detrás del rey se adelantó e hizo una reverencia. Ana lo observó con intensidad en tanto que le devolvía el saludo. Había oído hablar de él. El año anterior a la muerte de su esposo ocupó un cargo sin importancia en la corte, pero durante los últimos doce meses se decía que su favor como consejero había aumentado mucho. Ana pensaba que pertenecía al partido de la corte que su esposo dirigió mientras vivió y que defendía el progresismo en casa y la tolerancia y la no violencia fuera. Pero ahora le pareció que no se trataba de un hombre tolerante.

Mateo Vázquez era de movimientos algo rígidos.

–Su Majestad me hace un gran honor, princesa, trayéndome a vuestra ilustre casa. –Ana pensó que incluso Rodrigo consideraría aquella ceremoniosidad excesiva–. Tuve el privilegio de conocer en cierta medida al ilustre esposo de Vuestra Alteza, Su Alteza el príncipe de Éboli, cuya pérdida todavía lloramos, pues fue uno de los mayores servidores de España.

A la princesa de Éboli no le gustó su acento andaluz.

«Parece un moro –pensó con petulancia–. ¿Qué mosca le habrá picado a Felipe?» Y sin apenas disimular su fastidio, le volvió la espalda al locuaz secretario de Estado para saludar a fray Diego de Chaves, el capellán del rey.

Las puertas de la capilla de la casa estaban abiertas y todo el grupo se dirigió hacia ellas para ofrecer la acostumbrada oración de gracias a Dios por el hecho de que Su Majestad hubiera efectuado el viaje sin percances.

Ana caminó hasta la capilla junto al rey.

–Incluso ahora sigo echando mucho de menos a Ruy, Ana –le dijo–. A veces, cuando estoy muy cansado me olvido de que ya no está con nosotros y espero sus consejos, entonces...

–Yo también le echo de menos –dijo ella.

Rodrigo le ofreció agua bendita al rey en un cuenco de plata. El monarca metió los dedos y volvió a dirigir la palabra a su anfitriona antes de cruzar el umbral.

–La última vez que estuve en esta capilla vi a la madre Teresa en persona entregar el hábito de las descalzas a dos novicias de Pastrana. –Felipe hablaba en voz muy baja y con una curiosa sonrisita. Pero Ana dio un respingo; no le gustaba que le recordaran a la madre Teresa.

–Y quizá ahora Vuestra Majestad rece por los desventurados que no merecen el aprecio de tan gran mujer.

La sonrisa del rey se hizo más amplia.

–Dicen que es una santa, Ana.

–Yo siempre lo he pensado, Majestad –le susurró Ana, pero ni el bajo tono de voz disimuló la ironía.

– *Te Deum laudamus...* –oraba fray Diego.

Felipe dejó de sonreír y se persignó en tanto entraba en la capilla.

II

Una hora después uno de los pajes del rey entró en la sala de Ana. Le dijo que Su Majestad estaba merendando en sus aposentos y que, cuando hubiera terminado, deseaba tener el placer de hablar con Su Alteza. Querría ir a su sala, si Su Alteza no tenía inconveniente.

No lo tenía.

Ya había anochecido, de modo que Ana había hecho cerrar el ventanal y correr las cortinas. Ardía un buen fuego, pero los criados lo alimentaron todavía más con troncos y piñas; encendieron las velas y se retiraron.

Ana todavía no estaba segura de si le gustaba la nueva decoración de aquella bonita estancia. La había dispuesto a principios de año bajo la influencia de un acceso de alegría y emoción, durante el cual incluso se planteó el regresar brevemente a la vida social dando una fiesta en Pascua, un banquete para el cumpleaños de Rodrigo, o algo así... En aquel momento se sentía inquieta, extravagante, pero indecisa. Sin embargo, durante la Cuaresma murió su madre, la princesa de Mélito, y el duelo invadió la casa. No hubo ninguna fiesta que justificara los cuadros y tapices nuevos, que imaginaba no le gustarían a Felipe. Le agradaba la habitación en sus días austeros de paredes blancas y colgaduras rojo oscuro; con seguridad rechazaría por demasiado novedoso aquel dibujo de hojas de acacia doradas sobre blanco que llenaba todas las paredes. Probablemente tenía razón. Pero los pesados cortinajes de seda dorada eran un triunfo de los telares de Pastrana, igual que el terciopelo verde oscuro de las sillas y los almohadones. Los cuadros eran en su mayoría del agrado del rey: un paisaje de Giorgione, que siempre lo llevaba a hablar de Ticiano; una cabeza de niño de Clouet, que le había regalado Isabel de Valois; el sobrio retrato de Ana, obra de Sánchez Coello; un dibujo de Holbein de la cabeza de una mujer, que Ruy le había enviado de Inglaterra hacía veinte años; el retrato de Ruy, que Felipe admiraba, obra del holandés Antonio Moro; y, colgado en un lugar en que apenas recibía luz, para que no la molestara demasiado, un regalo del rey, un *San Pedro llorando* de Pantoja de la Cruz, cuadro que disgustaba a Ana sobremanera.

No obstante, aquella noche, tanto si Felipe la aprobaba como si no, la habitación en que lo esperaba le agradaba por su aire iluminado y expectante. Al regresar de su dormitorio se detuvo en la entrada y se dio cuenta de ello y de su propia irracional complacencia.

«Cualquiera pensaría que se prepara algo trascendental –pensó–, cuando simplemente se limitará a aburrirme con algún descabellado plan de matrimonio para alguno de mis hijos, algún inconveniente legal del testamento de mamá, o Dios sabe qué.» Con todo, aún se sentía alborozada por la belleza de la estancia.

Sobre una mesa italiana colocada cerca del fuego había un ramo de rosas. Quedaban muy bien allí, pero pensó que quizás el calor las marchitaría rápidamente. Mientras permanecía en pie considerando dónde colocarlas, se abrió la puerta del extremo norte de la habitación, fue anunciado el rey y éste se acercó a ella.

Ana hizo una genuflexión ante él y cuando se halló de nuevo en pie, la puerta estaba cerrada y se encontraban solos.

Él miró a su alrededor con atención.

–No me habíais dicho que ibais a hacer tantos cambios.

–¿Es que han de preocuparos vuestros súbditos con la pintura de sus paredes y las fundas de sus cojines?

–Creo que me gusta, Ana. Sorprendente y... mundano, para una casa de campo. Pero... os va.

Le dedicó una de sus lentas sonrisas y se sentó junto al fuego. Ana se acomodó al otro lado del hogar.

–Hace mucho que no me siento mundana –dijo.

–No le irá mal a vuestra alma inmortal, supongo.

–Vuestro interés por el alma está aumentando –dijo ella con retintín.

–Un interés que en un tiempo vos queríais inculcarme, Ana.

–¿Yo, Majestad?

Él se rió abiertamente. Cuando estaban solos, Ana sólo usaba los tratamientos formales para dar a sus frases un efecto de ironía o de inocencia. Aquel recurso lo divertía.

–Vuestra virtud fue un sermón sin palabras para mí sobre la importancia del alma. Más que eso, Ana, fue una sucesión de sermones.

Ella lo escuchaba con una cierta confusión que le resultaba nueva, pues la memoria le decía que aquél era el Felipe sensual, Felipe cabalgando hacia la imperiosa pregunta del deseo. Y hacía varios años que Ana consideraba a ese Felipe casi como un fantasma, un amante lejano, insatisfecho pero aplacado; sin embargo, el recuerdo de su reprimida pasión confería particular interés y carácter a su relación con el hombre que lo sustituyó, Felipe el rey, el amigo de la familia. No obstante, le respondió del modo que consideró mejor y más benévolo.

–Vuestro afecto por Ruy era vuestro verdadero censor, Felipe. En cuanto a mi «virtud»... no me gusta pensar que eché «sermones sin palabras» en ningún sitio, a nadie.

Al rey le había agradado la primera parte de la alocución, pero ahora parecía turbado. No deseaba que nada de lo que él hubiera deseado pareciera fácil de obtener.

–Yo siempre lo he creído, en cualquier caso, dijera lo que dijera Madrid de vos, Ana.

Ella rió.

–Quizá sí, Felipe, considerando que la única acusación que Madrid tenía contra mí era que me acostaba con el rey.

Él quedó algo sorprendido.

–Había olvidado vuestra libertad de expresión, querida.

–Lo siento, ¿os molesta?

Él hizo ademán de tenderle una mano, y Ana, sin tomársela, observó la envejecida textura de su piel.

–Al contrario. Me recuerda los buenos tiempos, y también me indica, ¡que Dios os perdone!, que la muerte todavía está lejana.

–Vos y la dichosa muerte. Menuda sorpresa os llevaríais si se olvidara de vos, Felipe.

–¿Que se olvidara de mí?

–¿Acaso ofende a Vuestra Majestad esa posibilidad?

Felipe estaba muy erguido en su silla, con los codos en los brazos del mueble y las manos entrelazadas. Parecía más despierto, más animado que al entrar en la habitación, pensaba Ana. Al inclinarse hacia ella, sacudiendo la cabeza en señal de burlona aprobación de su impertinencia, era consciente de la frescura y la alegría que lo embargaban. Reconoció la sensación como un regalo que ella le hacía; siempre le había ocurrido así. Cada vez que se sentaba con Ana sentía confianza en sí mismo, calor y bienestar. Pero ahora tenía que resistirse a aquella poco adecuada comodidad, o al menos resistirse a ser consciente de ella. Podía causarle, o revelar, una falta de sinceridad en el asunto que estaba a punto de tratar.

–Vuestra audacia siempre me ha divertido y la he permitido, como bien sabéis, Ana –dijo–, pero he venido aquí para hablar de asuntos serios.

–Lo sé. Es muy amable de vuestra parte. ¿Cuáles son esos asuntos, Majestad?

Él despachó el tono burlón de la pregunta con un gesto de la mano.

–Debéis regresar a Madrid y ocuparos de los complicados asuntos de vuestra familia.

Ana esperó un poco en responder. Era curiosa aquella orden de Felipe. Apenas hacía un año, cuando su padre trató de convencer al rey de que debía regresar a Madrid por motivos familiares, él se opuso tajantemente y le recordó al príncipe de Mélito el deseo de su marido de que viviera cuanto fuera posible en Pastrana, lejos de los trastornos de la corte y de su ramificada familia.

–¿Os ha convencido mi padre por alguna extraña razón?

–No. En este momento el príncipe de Mélito no se preocupa de su hija. Le preocupa...

Él sonreía, pero el rostro de Ana reflejaba desdén.

–Eso he oído. Le está haciendo la corte a Magdalena de Aragón, ¿no?

El rey asintió con la cabeza.

–Y el cadáver de madre aún no se ha enfriado. ¡Viejo repugnante!

–¡Ana! Es vuestro padre y un gran príncipe. Quiere un heredero varón, y, después de todo, todavía está a tiempo de tenerlo. –Dijo aquello con cierta malicia; Ana se vanagloriaba de su posición como gran heredera por derecho propio.

–¿Todavía está a tiempo? No le debe de faltar mucho para los setenta.

–Setenta y cinco, quizá.

–Qué más da.

–Cinco años más que Ruy, si viviera, Ana.

Ella rió ante aquel comentario.

–Aunque así sea, da lo mismo. Ruy era un hombre, y tuvo los herederos que deseaba a su tiempo. ¡Pobre Magdalena! ¿De verdad la casarán con mi padre?

–Si no lo hacen es que son tontos –dijo Felipe–. E indirectamente es esta intención de vuestro padre lo que me trae aquí. Pero ante todo, ¿sabíais que desde que vuestra madre murió sin dejar descendencia masculina, vuestro primo, Íñigo López de Mendoza, se está asesorando sobre si tiene el mismo derecho que vos al patrimonio de los Mélito, puesto que vos sois mujer?

Ana se enderezó.

–¡Qué locura! –dijo.

–En realidad, no lo es. Puede tener algunas buenas razones.

–¿La ley sálica, en Castilla?

Felipe se echó a reír.

–Bueno, un poco aquí y allí, en algunas de nuestras familias.

–¡Qué barbaridad! ¿De verdad cree Íñigo que tiene derecho?

–Lo importante es que algunos letrados creen que lo tiene. Pero, veréis, Ana, si vuestro padre se vuelve a casar y tiene un heredero varón...

Ella soltó una espontánea carcajada.

–¡Ah! Mi primo habrá malgastado su perspicacia.

Felipe sacudió la cabeza.

–No necesariamente. Si Íñigo consigue que se le equiparen sus derechos sobre las propiedades de los Mendoza con los vuestros, creo que parte de esos derechos se mantendrán, aun cuando Magdalena cumpla convenientemente con su deber. Del mismo modo que vos no lo perderíais todo con el nacimiento de un hermano, me parece a mí que Íñigo mantendrá su reclamación de parte de vuestros derechos...

–De modo que estoy amenazada de ruina pase lo que pase. –Levantó las manos en un ademán de horror fingido, pues no creía en tales amenazas para su bien asentado esplendor, y tampoco era persona avariciosa ni que se alarmara fácilmente por las cosas materiales–. Aquí estoy yo arruinada y la misteriosa orden de Vuestra Majestad consiste en que me vaya a Madrid inmediatamente y me arruine del todo.

–No es eso exactamente. Deseo que hagáis lo que Ruy hubiera considerado necesario en una situación como ésta.

El único ojo de Ana se clavó en el grave semblante del rey. Su voz no contenía nota alguna de humor ni daba a entender segundas intenciones cuando habló.

–Tal como yo veo la situación, Felipe, sé muy bien cuáles serían las recomendaciones de Ruy.

Felipe arqueó las cejas. Parecía algo receloso, como si percibiera la verdad asomándose bajo su serenidad.

–¿Cuáles, Ana?

–Insistiría en que me encerraran en el momento de la batalla. Siempre decía que era lo único que se podía hacer, ¿no os acordáis? –Apoyó la cabeza contra el alto respaldo de la silla que ocupaba y se rió al recordarlo–. «Me gusta que mis disputas sean moderadas, así que no quiero que Ana intervenga», decía.

Felipe sintió un acceso de irritación.

–Es que os conocía.

–No, Felipe. Lo que pasa es que sabía que no me conocía.

–A las mujeres os gusta decir cosas jactanciosas.

–Sin duda. Pero ahora no me estoy jactando de nada.

Ana miraba la lumbre y mostraba su perfil a Felipe; pero antes de volver a hablar se llevó los dedos de la mano derecha al negro parche, de modo que su rostro quedara oculto ante él. El monarca sólo veía la magnífica belleza de sus dedos.

–Ruy lo sabría –continuó ella, hablando despacio y en voz baja–. Es cierto que no nos conocíamos muy bien... aunque comprendíamos lo que el otro quería decir cuando hablábamos.

Felipe dio un respingo, ofendido, como quizás ella deseaba.

–Mediante su propio ingenio y habilidad –prosiguió Ana– se procuró una esposa mucho mejor de lo que soy mujer. La esposa que deseaba, de hecho... y no era yo. Una gran muestra de inteligencia, ¿no creéis, Felipe? ¿No merecía ser vuestro secretario de Estado?

Felipe no respondió a su repentino tono alegre, pues su voz y el esfuerzo del recuerdo lo ofendían. Pensó que demostraba poca delicadeza al obligarlo a escuchar una declaración de su enigmático sentimentalismo. Él quería a su siervo Ruy Gómez y lo alababa mucho en el lugar apropiado, pero no se había hecho merecedor de su aprecio como esposo de Ana.

–Traté de recompensarlo de acuerdo con su elevado mérito –dijo con severidad–, pero siempre he sabido que al disponer su matrimonio contigo me superé a mí mismo.

–¡Querido Felipe! Perdonadme por aburriros. Y tened la bondad de decirme el motivo por el que me ordenáis regresar a Madrid.

Observó con placer la segura respuesta del rey a la palabra «orden», que, por su parte, había utilizado gustosamente. Cuando en privado lo llamaba «Señor» y «Majestad», sabía que la ironía de que impregnaba las frases no acababa de entrar con facilidad por los sensibles oídos de Felipe. Le gustaba su femenina imprudencia al jugar con ellas, le gustaba la connotación de *liaison*, pero también sospechaba que Su Católica Majestad desaparecía y que el hombre casi se convertía en símbolo. Por otra parte, cuando de repente, con inmaculada y sencilla entonación, con el mismo convencionalismo con que le escribiría, aquella arrogante princesa manifestaba su obediencia o pedía órdenes, se sentía profundamente complacido. Entonces se sentía más rey; era como si el reconocimiento de Ana de Mendoza lo restaurara de vez en cuando en su trono.

Ella conocía aquel punto débil y le gustaba satisfacerlo. Lo absurdo de ello intensificaba su propio orgullo, pues aunque como primera dama de España tenía una gran confianza en sí misma, innata después de varios siglos de poder, y aunque en consecuencia considerara al inquieto hijo de Carlos V un *parvenu* en la Península, tenía momentos histriónicos y a veces le agradaba observar cómo una palabra o entonación suya daba seguridad al rey de España.

–Por varias razones, Ana. Este probable litigio es sólo una, pero cuando se produzca requerirá largas estancias en Madrid. Los preparativos de boda de vuestro padre... –Ella hizo un ademán de impaciencia–. Tendremos que estudiar bien la situación legal para que el duque de Segorbe no estafe a vuestros hijos en beneficio de su hija...

–¡Pero, Felipe, aquí estoy a sólo doce leguas de Madrid! ¿No se pueden solucionar estas cosas igual que se solucionan otras?

–No, Ana, porque como guardián vuestro, tengo que reflexionar y consultar sobre vuestros asuntos, y no me gustan las conversaciones infrecuentes y las decisiones apresuradas...

Ana sonrió. Si Felipe se proponía verdaderamente interesarse en cualquier división de sus propiedades que deparara el futuro, desde luego habría que «reflexionar y consultar». No obstante, sospechaba cuáles eran los motivos que yacían bajo aquella ansiedad.

–Naturalmente –murmuró, en tono evasivo.

–Pero hay otros motivos para que reanudéis vuestra vinculación con Madrid –prosiguió él, con mayor irritación–. Considero que es mi deber vigilar más de cerca de lo que lo he hecho la educación de los hijos de Ruy, y por tanto deseo que, al menos durante algunas temporadas, estén bajo mi observación. Y ahora que Rodrigo ha sido nombrado paje, tiene deberes que cumplir en la corte...

–Estaba contento y bien cuidado en El Escorial en agosto pasado...

–Sí. Pero durante parte del invierno tendrá que estar en la corte de Madrid, y creo que entonces debería vivir en vuestra casa, Ana. Parece un muchacho vanidoso y egocéntrico, influencia de la madre...

Ana se echó a reír. Ella no era en absoluto maternal. Actuaba con sus hijos de la misma manera que actuaba con sus conocidos o subordinados, frecuentando a aquellos por quienes sentía simpatía y dejando más o menos de lado a los demás. Rodrigo la aburría.

—¡Influencia de la madre! Rodrigo no sabe siquiera lo que es eso, Felipe. Y os prometo que ese chico vivirá a su manera.

—Como sabéis, desapruebo vuestras teorías educativas, Ana, por eso quiero tener a los niños cerca.

—No puedo evitar recordaros —repuso ella— que si los chismosos de Madrid oyeran el tono en que decís eso, sin duda revivirían cuentos antiguos, Felipe.

Él la observó con intenso placer, que trató de disimular.

—Los chismosos de Madrid. Esa es la última razón que me hace desear que salgáis de vuestro escondite.

—¿Por qué? ¿Es que se les ha acabado el material escandaloso?

—Al contrario. En serio, Ana. Sois la portadora de la tradición de una gran familia, tenéis deberes que creo podrían calificarse de impersonales. Y uno de esos deberes es vivir a la luz, como hija y madre de grandes casas españolas.

—Eso ya lo hice y no gustó.

El rey ahogó una risita.

—Pero lo otro tampoco gusta, querida niña.

—Pero... entonces... —Estaba realmente desconcertada.

—Se dicen unas cosas de vos, Ana, que no podemos permitir que se digan.

—¿Por ejemplo?

—Bueno... —dijo él riendo y la miró con profundo cariño para suavizar el daño que podían causarle sus palabras—, unos dicen que desde que murió Ruy habéis perdido el juicio, que estáis loca. Otros que sois una miserable y maltratáis a vuestra familia y a vuestros criados. Algunos dicen incluso, creo, que estáis muerta, Ana. Que yo os hice asesinar por alguna extraña razón. —Hizo una pausa y fijó la vista en el fuego.

Ana supuso que estaba pensando en Isabel de Valois y en su hijo muerto, Carlos.

Alargó el brazo y le acarició ligeramente la mano, con compasión.

—Felipe, Felipe, ¿todavía os importan las cosas que dicen?

Él no le respondió. Su mirada era fría y dolida en tanto contemplaba el pasado, o quizás el futuro, pues Ana se imaginó que estaría arengando a la posteridad, insistiendo en que era virtuoso, tanto en su calidad de hombre como en la de rey.

Volvió a apoyarse en el respaldo de la silla y lo observó. Lo hallaba interesante en aquella entrevista, como siempre que se habían visto.

Ana nunca había salido de España, ni de Castilla, pero desde su infancia y hasta la muerte de su esposo, estaba acostumbrada a conocer a los españoles más distinguidos de la época, así como a los extranjeros famosos que pasaban por la corte española. Sin embargo, muy pocos causaban siquiera una fugaz impresión, y ninguno que no estuviera emparentado con ella era vagamente recordado tras su marcha. Excepto aquel hombre, Felipe, el rey.

Lo conoció cuando era pequeña, a los once años. Solía cabalgar con su padre por el bosque del Retiro, cerca de Madrid, que era por entonces un pueblecito que el emperador había puesto de moda con la idea de que su clima era bueno para su salud. Felipe, el príncipe, también montaba a veces por allí y en una o dos ocasiones detuvo su caballo para charlar con el conde de Mélito. Cada vez que lo veía estaba acompañado por el mismo hombrecillo delgado, moreno y gracioso, Ruy Gómez de Silva, que desagradaba a su padre, según éste declaraba, pero a quien siempre saludaba con particular cordialidad. Ana escuchaba las breves palabras de cortesía que se cruzaban, en las cuales, naturalmente, no se esperaba que participara, y le gustaba oír el llano tono extranjero en contraste con la seca ironía castellana de su padre. Era como el jugueteo de las olas soleadas contra las rocas, y le sorprendía que algo portugués pudiera tener tanta gracia.

Pero era el propio príncipe el objeto de sus miradas. Para una niña de once años, un hombre de veinticuatro que ya era padre y viudo había de resultar viejo y fuera del alcance de su simpatía, pero este Felipe –dijeran lo que dijeran de sus preocupaciones y obligaciones– no era más que un muchacho en una jaca. Decidió que prácticamente era de su edad y, si no fuera el heredero al trono, podría haber hablado con él igual que con sus primos de Guadalajara y Toledo. Y quizá de mucho mejor grado, pues lo encontraba más atractivo que a ellos.

Tenía los ojos azules y el cabello muy claro. Era la primera persona rubia que veía Ana en su vida. Su mandíbula excesivamente prominente –de la cual, al igual que de la de su padre, había oído mofarse a sus parientes– le chocó al principio por la dureza de sus líneas, pero también se dio cuenta de que le daba al rostro un aire de resentimiento y reserva que le agradaba y que, cada vez que lo veía, reforzaba su impresión de que era joven, con lo cual quedaba, pues, diferenciado de los otros dos, que indiscutiblemente eran adultos.

Años más tarde Felipe rió encantado al oír el relato de la impresión que había causado a una niña pequeña en el Retiro en 1551. Por su parte, él apenas era consciente de su presencia en aquellos encuentros; en su mente ella no era entonces una persona sino más bien una importantísima pieza en su complicado plan de recompensas y promociones. Matrimonialmente, era el mayor premio de España y quería reservársela a su amigo fiel, Ruy Gómez. Aquél era el principal motivo, según le dijo, de las cordiales charlas con su padre.

A cambio de esta confesión de Felipe, Ana no le contó nunca –por miedo a que lo usara para herir a Ruy– que cuando a los trece años comenzó a percibir algunas murmuraciones inconexas que circulaban por la casa de su padre sobre su futuro destino y la magnitud de los preparativos que había que hacer, cuando oyó que el nombre del príncipe surgía una y otra vez en los solapados comentarios sobre compromisos, cuando los criados guiñaban el ojo y las dueñas y preceptores cuchicheaban hipócritamente sobre el favor real y los regalos reales, llegó a la conclusión, sola y sin hacer preguntas, de que había sido elegida como segunda esposa de Felipe. Le pareció muy buena idea. Sabía suficiente historia y era una castellana suficientemente fanática para creer que nada favorecería más los derechos morales y temporales de Felipe en la Península que el matrimonio con una Mendoza. También sabía que, por su nacimiento, ella habría de casarse de conformidad con los intereses de la familia, de modo que consideró una suerte que tales intereses la relacionaran con un muchacho rubio en lugar de con un noble sobrio y barbado de Andalucía o Santander, como les había sucedido a algunas de sus primas. Y soñando con una fuerza que habría de ser siempre característica en ella, se preparó con íntimo placer para recibir la difícil tarea de ser la reina de España. Pero nadie llegó a saber que aquella niña quedó sorprendida y molesta cuando descubrió que sólo le pedían que fuera esposa del secretario de Estado favorito de Su Majestad.

En junio de 1552, Ana celebró su duodécimo aniversario. Antes de que llegara la Navidad de ese mismo año, su madre le habló del matrimonio que le estaban preparando. En abril se firmaron en Madrid las capitulaciones y pocos días después, en la capilla de la casa que tenía su padre en Alcalá de Henares, la niña, que todavía no había cumplido los trece años, se casó con el secretario de Estado, que contaba treinta y seis años de edad.

El príncipe Felipe se trasladó desde El Pardo para asistir a la ceremonia y honrar así a su amigo, Ruy Gómez. Años después le dijo a Ana que tenía la impresión de que con anterioridad a ese día no la había visto nunca.

Las capitulaciones matrimoniales constituyeron una transacción importante, casi un tratado menor. Fueron a la vez formales, provechosas y sacramentales, como tenían que ser todos los actos destacados de los Mendoza; pero también constituían una sugestiva promesa terrenal, puesto que el novio era el hombre de Estado mejor dotado y más estimado del séquito de Felipe. Los dos participantes recibieron abundantes regalos, dinero, tierras y títulos; ello satisfizo tantas de las petulantes ambiciones del príncipe de Mélito que casi se olvidó de que su yerno era un advenedizo cuyo abuelo portugués había sido un don nadie de la escolta de la infanta Isabel. Y estaban tan bien concebidas, pues ponían su verdadero y elevado precio a la sangre castellana pura, que el padre de la novia pudo considerar con indulgencia una cláusula que, por ser nueva, le parecía ligeramente ofensiva, la cual garantizaba que el matrimonio no se consumaría hasta transcurridos dos años de la fecha de su sanción formal; una idea recién inventada e innecesaria, pensó don Diego en tanto la dejaba pasar.

Pero el novio hubo de esperar más de seis años hasta que se produjo la consumación. Al ponerse el sol del día de la boda, agotados los vinos y echada la bendición, se despidió de Ana y partió con Felipe a El Pardo, para lanzarse con el mismo afán de siempre a las tareas gubernamentales de asuntos exteriores a que ambos se dedicaban con incansable celo.

Nápoles, Francia, el Papado, el sultán Solimán; hablando de todo ello, seguramente, en tanto ascendían por los pinares, olvidarían que aquel día había comenzado con una nueva boda. Pronto se iniciaron los preparativos de la que habría de unir a Felipe con María de Inglaterra. Los dos marcharon a su debido tiempo, uno a Inglaterra y el otro a los Países Bajos. Cuando regresaron, Ana era una joven de veinte años que llevaba un parche negro en forma de rombo sobre la cavidad del ojo derecho. Ruy, cuyas sienes se habían cubierto de gris, se había ganado una merecida fama europea en el terreno de la diplomacia y era más que nunca el secretario preferido de Felipe. Y Felipe era rey de España y había enviudado de nuevo.

Cuando Ruy se casó con Ana, Felipe le concedió el principado de Éboli, con propiedades en el reino de Nápoles. Ana siempre se burlaba de aquel título italiano. En España no había príncipes fuera de la casa real, y le parecía ridículo que, por ejemplo, su tío, el duque del Infantado, hubiera de discutir su primacía con su padre, cuyo nuevo título de príncipe de Mélito era italiano y por lo tanto, desde su punto de vista, una carga absurda para un español. Poco después de su matrimonio, Ruy compró las abandonadas fincas de Pastrana al padre de Ana. Instaló allí a su familia y usó el pueblo para experimentar la aplicación de sus teorías de reforma agraria y social. Con el éxito del experimento y el creciente amor mutuo que encontraron allí, se acostumbraron a amar aquel lugar. El rey, complacido con lo que hacían por su pueblo, creó el ducado de Pastrana y lo añadió a sus títulos. Para española satisfacción de Ana. Disponiendo de este título de su propio país, convenció a Ruy de que no traspasara el principado napolitano a su heredero, lo indujo a deshacerse de sus propiedades italianas y lo persuadió de que fundaran su casa simplemente en el ducado de Pastrana. Sin embargo, a lo largo de toda su vida hubo de soportar con todo el buen humor que pudo el tratamiento de princesa de Éboli, vulgaridad extranjera de la cual nunca dejó de mofarse.

No obstante, la aparatosa liberalidad de Felipe con los honores llevó brillantez, poder, e incluso alegría a los primeros días de su reinado. Y Ana había sido designada para adornarlos. De modo que se adentró en su vida de casada con un despierto apetito por todo lo que podía ofrecerle.

Alrededor del rey encontró compañía grata.

En 1560 Isabel de Valois llegó de París para casarse con el rey, y cuando Ana la vio por primera vez, en el palacio del Infantado de Guadalajara, sonrió suspicazmente pensando en Ruy, que unos meses antes había tenido que abandonar el lecho nupcial para ir a cortejar a aquella chica en Francia en nombre de Felipe. «No, Ana –le dijo–, con quien tuve que coquetear es con la madre, que era gorda e inteligente.» Isabel tenía entonces quince años, la misma edad que el hijo de Felipe, Carlos, con quien la habían emparejado en vida de María Tudor. Pero durante la ceremonia de la boda real, pensaran lo que pensaran los cínicos castellanos y los atentos embajadores, y tuviera la rabia que tuviera el descontento heredero en su oscuro corazón contra su padre, al menos Ana de Mendoza, que participaba de acuerdo con su alto rango en la ceremonia, creía sencillamente que aquella hermosa muchacha extranjera había tenido suerte en el accidente que la había acercado al rey de España.

Sin embargo no tuvo la suerte de vivir. Y fue desafortunada y cruel con Felipe, según Ana, al morir el mismo año que Carlos. Ruy dijo que 1568 convirtió al rey en un hombre viejo y asustado, y, como siempre, Ruy tenía razón. Las muertes de aquellos dos seres jóvenes y todas las malvadas historias derivadas de ellas hicieron comprender a Felipe que ni siquiera el derecho divino es armadura suficiente para un rey. Sin embargo, sí debía tener armadura, la justificación; no sólo debía actuar correctamente en todo momento, sino que el mundo debía advertir su rectitud. Y dado que esas dos premisas de la paz eran imposibles, su temor aumentó.

En tanto Ana consideraba todo esto y lo relacionaba con la expresión de inquieto malhumor que reflejaba el rostro del rey, la compasión la embargó y recordó otra observación de su esposo, que un hombre tan asustado como Felipe y en posesión de tanto poder podía resultar muy aterrador para los demás.

«Yo nunca le he tenido miedo –pensó–. Es cruel; no sencillamente cruel como podía serlo su padre, que era medio bárbaro, y no llevado de la locura, como Carlos, sino cruel con piedad, cruel como autojustificación, cruel porque un rey no puede equivocarse. Yo nunca he tenido miedo de todo eso. A veces lo he considerado torpe, a veces tonto, y a veces puede que haya sido justificable. Pero desaparece su crueldad cuando se encuentra seguro. Nunca fue cruel con Isabel, ni lo es con su otra esposa, que lo adora. Nunca es cruel con sus hijos, ni con los muy pobres o muy débiles. Ni con sus amigos de verdad, como Ruy. Y conmigo no ha sido otra cosa que amable. Conmigo se siente muy seguro. Pero ¿y si no se sintiera seguro? ¿Qué quiere realmente de mí ahora?»

–¿Por qué piensan que me habéis hecho matar, Felipe?

Él regresó de su debate con la posteridad, suspiró ligeramente y a continuación le sonrió.

–Quizá piensan que desearía eliminar todo resto de antiguos escándalos. Soy maniático del orden.

–Habláis como si de verdad tuviéramos algo que esconder.

–A veces lamento un poco que no lo tengamos, Ana.

Ahora sabía lo que medio pretendía y medio temía con aquella petición de que regresara a Madrid y a la corte. Estaba jugando con un impulso que ni creía ni aprobaba, pero del cual nunca se liberaría totalmente, pues, dado que era el rey de España, era imposible que nadie le negara ni siquiera su deseo más temerario, de modo que debía probarse a sí mismo que no había nadie capaz de hacerlo. Sin embargo, estaba cansado y las pruebas le daban ya igual; no deseaba ni sus complicaciones ni sus desilusiones. Ahora era virtuoso y gobernaba una corte virtuosa. Aun así, no debía decirse que había fracasado con una simple mujer.

Ana se rió, apenada por su confusión de propósito, pero fingiendo que coqueteaba ante su galante observación.

La risa lo complació, conquistó el recuerdo de los días de deseo.

—Quizá piensan que tenía miedo de que os volvierais a casar, Ana. Después de todo podrían decir que lo que le permitía a Ruy no sería tolerado en ningún hombre que me fuera menos querido.

—Entonces os juzgan severamente, Felipe, y a mí me hacen demasiado honor.

Pero estaba ya tomando vida de ella y se sentía satisfecho.

—No sé, Ana. Soy un hombre celoso, ya lo sabéis, y tengo mi propia manera de ser fiel.

«Sí —pensó el rey—, es agradable estar con ella. Reconforta a un hombre. —Y, haciendo uso, con pesar, de su buen sentido añadió—: Alimenta la vanidad con más gracia y más delicadeza que los cortesanos.»

Felipe iba a cumplir los cincuenta y se encontraba en un punto de inmensa duda y ansiedad de su reinado. España no estaba sólo arruinada como, pese a su grandiosa riqueza americana, lo había estado desde la muerte de Carlos V, sino que por fin su ruina se había convertido en el secreto a voces de Europa y era imposible predecir cómo recuperaría el crédito mundial el Consejo de Finanzas. Los Países Bajos, casi salvados para la paz y la lealtad un año antes por el buen hacer de Luis de Requesens, estaban de nuevo hundidos en la confusión desde su repentina muerte; una matanza no había eliminado la amenaza protestante en Francia, donde parecía inevitable un problemático acceso protestante al trono, que sólo podía acrecentar alarmantemente las dificultades que tenía España en el norte de Europa. Entretanto, la poderosa casa de Guisa, aunque se mostraba ahora más amistosa con él de lo que lo había hecho durante muchos años y le pedía su colaboración en la Liga Católica, debía ser vigilada de cerca, pues su gran prenda era la prisionera, María de Escocia, y cualquier connivencia con su partido en Europa podía lanzar a Isabel y a Inglaterra a una alianza con Guillermo el Taciturno. Felipe no estaba en absoluto dispuesto a hacer de Inglaterra un enemigo. Especialmente con la inquietud reinante en el Mediterráneo, la poca seguridad que inspiraba Venecia como aliado, la intranquilidad de los turcos, y la gloria de Lepanto lejana e incierta.

Lo mismo ocurría en la Península. Su primo, Sebastián de Portugal, clamaba por una insensata cruzada contra Marruecos; los moriscos creaban complicaciones en todas partes; el reino de Aragón siempre al borde de la rebelión; la Iglesia insinuante y arrogante; la Inquisición siempre dispuesta a provocar escándalos políticos. El pueblo desesperadamente pobre; los políticos sospechosos, avispados y egoístas; la nobleza, desdeñosa, dormida. Y en El Escorial, en casa, montañas de trabajo, montañas de escritos, pequeñeces y cosas importantes que iban mal continuamente y necesitaban su atención y sólo la suya. Y niños enfermizos...; incluso ahora en las postrimerías de la mediana edad, después de cuatro matrimonios correctos, la sucesión todavía en peligro. Una esposa sosa y aburrida que no tenía nada que decir, que lo obedecía en todo y alimentaba con fanatismo los niveles de elevada e incansable piedad adoptados por él; un capellán, un monasterio circundante, un sinfín de obras materiales de misericordia para llevarlo a la salvación; y en su pecho conciencia de noche y de día del ojo siempre abierto de Dios.

Sin embargo, no estaba muerto aún, y también estaba todo aquello, por ejemplo. Felipe recorrió inquieto con la vista la hermosa habitación. Estaba aquella plaga de belleza y paz; estaban todas las incorregibles trampas que Ana ni siquiera se molestaba en sugerir, sino que simplemente representaba.

Cogió una rosa medio muerta del jarrón que había junto a él.

–Deberíais tener un Ticiano aquí –dijo–. Os buscaré uno.

Ella no contestó.

–Ha muerto –prosiguió Felipe–. ¿Os habíais enterado, Ana?

–Creo que Rodrigo lo dijo. Era viejísimo, ¿verdad?

–Cerca de los cien. No es demasiado. Yo espero vivir lo mismo.

–Pero, Felipe, ¿por qué?

–Porque tengo muchas cosas que hacer. ¡Ay, Dios mío, tantas cosas! Y muchos años no serán suficientes para prepararme para la muerte.

Su pesada mandíbula se hallaba proyectada hacia delante. Tenía un aspecto gris y angustiado en tanto contemplaba el fuego. Ana, compadeciéndose de él y aburrida ya, sonrió ligeramente al recordar las ideas que le habían venido a la mente un momento antes sobre aquel hombre de edad piadoso y preocupado. No tenía ninguna observación que hacer sobre la muerte; esperaba encontrarse con ella tranquilamente –con o sin preparación– cuando llegara. Y le desagradaban los lugares comunes piadosos, de modo que con toda la amabilidad de que pudo hacer acopio dirigió la conversación hacia la vida doméstica de Felipe.

Sí, la reina estaba bien, muchas gracias. Y las pequeñas infantas –los ojos del monarca se iluminaron– eran muy dulces y buenas. En cuanto al precioso, desesperadamente precioso, infante Diego, también estaba bastante bien en este momento. ¿Escucharía Dios sus plegarias y permitiría que este niño viviese?

–La reina es una santa, Ana.

Ana inclinó la cabeza en gesto de cortés asentimiento. Se le ocurrió entonces que la gama de la santidad era muy amplia, abarcaba al mismo tiempo a la fiera madre Teresa y a la pobre y apocada Ana de Austria.

–Todo va bien en El Escorial, me alegro –dijo Ana.

–Sí, sí, muy bien.

–Entonces, ¿por qué os habéis puesto tan triste de repente?

Él sonrió ante su amabilidad.

–Ya os he dicho que echo de menos a Ruy. Siempre lo he echado de menos, tanto en calidad de amigo como de consejero, pero estos últimos meses...

–Incluso aquí hemos oído rumores sobre vuestra nueva intranquilidad respecto a los Países Bajos.

Él la miró intensamente, como medio ofendido. Luego se volvió a contemplar el fuego. Durante unos segundos se hizo el silencio entre ellos.

–La política de Alba era totalmente equivocada –dijo despacio–, y Requesens no ha vivido lo suficiente para cambiarla. Necesito a Ruy, tu esposo.

Ana no le recordó que nueve años antes Ruy lo había asediado a consejos sobre los Países Bajos: paz, concesiones, tolerancia, generosidad. Pero Felipe prefirió que el soldado, Alba, se saliera con la suya. Ahora Ruy no le daría consejos nuevos; él siempre defendió la paz y el liberalismo.

–Rodrigo nos ha contado que dicen en Alcalá que ahora vais a mandar a vuestro hermano, don Juan de Austria. Seguro que es buena idea. Después de todo, es hijo de vuestro padre, y los flamencos adoraban a Carlos.

Felipe se enderezó en su asiento y Ana se dio cuenta, divertida, de que se había inmiscuido demasiado en asuntos de gobierno.

—En esa universidad hablan mucho —dijo el rey con aspereza—. Y lo siento Ana, pero no puedo hablar de asuntos de Estado con una mujer.

Ella se echó a reír alegremente.

—Ruy lo hacía siempre —dijo—, ya lo sabéis.

—Desde luego, lo sospechaba. Pero si lo hizo, se equivocó.

—Jamás os perjudicó. Y hablar conmigo era útil, pues soy una representante de la nobleza castellana, la cual ni él ni vos conocéis desde dentro. Él siempre lo decía.

—No habéis perdido ni un ápice de vuestra audacia.

—Entre amigos no hay audacia que valga, ¿no es así, Felipe?

Él suspiró.

—Entre amigos, no. Ahora poco sé de la amistad. No tengo tiempo. Y no tengo amigos.

—Me tenéis a mí.

El rey rió.

—No puedo permitirme vuestra amistad, Ana. Soy un rey virtuoso.

—Bueno, en ese caso espero que os rodeéis de compañeros más alegres que ese lóbrego moro que habéis traído hoy.

—¡Lóbrego moro! Tened cuidado, Ana. ¿Estáis hablando de Mateo Vázquez, mi secretario de Estado?

—Bueno, pues andaluz. ¡Qué manera más horrible de hablar!

—Es un canónigo muy culto de Sevilla, y muy prometedor como hombre de Estado. No puedo permitir que habléis de él despectivamente. Es mi mano derecha. ¿O quizá mi izquierda? No sé en cuál de las dos confío más, en él o en Antonio Pérez. ¿Os acordáis de Pérez?

–Sí, ya lo creo... El mejor discípulo de Ruy en política.

–¿Os acordáis cuando decían que era hijo bastardo de Ruy?

–¡Dios mío! Han dichos tantas cosas, Felipe, sean quienes sean los que las dicen.

Se sonrieron mutuamente. Ana se preguntaba si Felipe recordaba con ella los días en que se decía que su hijo mayor, Rodrigo, con su desconcertante cabello rubio, era hijo de Felipe y no de Ruy.

–Así que ésos son vuestros grandes hombres ahora –prosiguió ella–, un tétrico canónigo de Sevilla y un vividor de algún lugar perdido de Aragón.

–Burlaos todo lo que queráis, querida; pero son unos hombres extraordinarios. Y estoy de acuerdo en que Pérez es un vividor.

–Ruy siempre decía que llegaría a lo más alto, pero yo nunca entendí por qué. A mí me parecía solamente un pequeño vanidoso, casi afeminado.

–Pérez no es ningún afeminado. Tiene esposa y familia, y, según he oído, otras complicaciones.

Ella se echó a reír con franqueza.

–Es sorprendente lo que le puede gustar a una mujer. ¡Ese niñito cortesano!

–Es un hombre de cuarenta y dos años, Ana; y la corte lo corteja a él, creedme.

–¿Cuarenta y dos? ¿Seis años mayor que yo?

–Bueno, con cuarenta y dos años es muy joven para ser secretario, pero...

–Pero una viuda que ha tenido diez hijos, a los treinta y seis años es muy vieja, ¿no?

—Llamémoslo madura –dijo el rey de buen humor, y ambos se echaron a reír a la vez–. Pero yo tengo ahora cuarenta y nueve, Ana, de modo que, creedme, treinta y seis me parecen pocos años en cualquiera.

—Desde que os vi por primera vez, cuando tenía once años, siempre he pensado que teníamos la misma edad, Felipe.

—¡Querida aduladora!

—No, no es adulación. Yo no sé adular.

—Eso es verdad.

Felipe echó al fuego la rosa que había estado manoseando y cogió otra del jarrón.

—Entonces, ¿vais a volver a Madrid para abrir vuestra casa, Ana? ¿Veis las diversas necesidades...?

—Bueno, la verdad, por ahora no. ¿Puedo pensármelo, Felipe?

—Naturalmente. Pero dadme la respuesta antes de que me marche mañana por la mañana, por favor.

—Os daré la respuesta...

El rey se volvió hacia ella y la miró con gravedad.

—¿Tendré que ordenároslo, Ana?

Ante tal autoridad, Ana hubo de reprimir cortésmente su deseo de reírse de forma abierta. ¿Se estaba convirtiendo en un autócrata acérrimo? ¿De verdad creía que podía ordenarle a un súbdito cómo dirigir su vida privada?

No quiso responder a aquella ridícula pregunta.

—Este soplo del mundo, esta charla que hemos mantenido, me tienta a volver, Felipe –dijo–. Aquí nos limitamos a nuestros gusanos de seda y nuestros manzanos.

—Son cosas buenas, pero no lo son todo. De todas maneras, debéis venir a ver las huertas que tenemos en El Escorial.

—Me gustaría mucho. Pero me temo que Fernando quiere que vos vayáis a ver las nuestras con él mañana por la mañana. ¿Sería posible?

Felipe sonrió.

–Yo lo haré posible. Es un chico muy simpático. Cuatro hijos. ¡Qué suerte tenéis!

La mirada inquieta y preocupada de Felipe, el rey, invadió de nuevo su rostro.

–Estaréis cansado –dijo Ana–. Ha sido muy amable de vuestra parte el dedicar tanto tiempo a mis cosas.

–Prometí a Ruy que sería guardián de su casa. Pero, creedme, ha sido muy refrescante sentarme aquí y hablar así durante una hora. Ni me acuerdo de cuándo fue la última vez que descansé tanto.

–Deberíais hacerlo más a menudo.

–En ese caso, si eso creéis, venid a Madrid y dejadme hablaros de vez en cuando.

Ahora le tocó a ella mirarlo con gravedad.

–Supongo que lo haré –dijo.

Él sonrió ligeramente sin mirarla. A continuación depositó la rosa partida sobre la mesa.

–Me temo que debo ir a ver a Vázquez y sus despachos.

Ana se levantó y agitó una campanilla de plata. Entró uno de sus criados.

–Su Majestad desea regresar a sus aposentos. ¿Queréis hacer venir a sus servidores?

El hombre hizo una reverencia y se retiró.

Ana se acercó al fuego y se detuvo frente a él para contemplarlo. Se llevó la mano al ojo derecho. Felipe la miró.

–Querida Tuerta –le dijo suavemente.

Ella se sobresaltó un poco.

–¿Es que ya no queda nadie que os llame por vuestro apodo? –preguntó Felipe.

–Desde que murió mi madre no –repuso ella–. Pero no sabía que vos supierais...

–Solía oír cómo os llamaba Ruy.

47

–Ah.

La gran puerta de nogal se volvió a abrir y entraron dos criados de Felipe, acompañados por el servidor de Ana.

El rey se levantó del asiento.

–Al trabajo, en nombre de Dios –dijo.

–Vuestros criados indicarán a los de la casa cuáles son los deseos de Su Majestad respecto a la cena.

–Sí, luego, luego. Antes tengo mucho que hacer. Pero espero que vos me acompañéis en la mesa, princesa. Vos y el duque de Pastrana.

Ana hizo una reverencia.

–Vuestra Majestad nos honra muchísimo. Mi hijo y yo estaremos encantados...

–Bueno, bueno. Hasta luego, princesa.

Ella se arrodilló y le besó la mano.

En tanto atravesaba la habitación, Ana pensó que sus hombros parecían viejos y patéticos. Los criados cerraron la puerta de nogal.

PRIMERA PARTE

Madrid y Pastrana

CAPÍTULO PRIMERO
(Septiembre de 1577)

I

Bernardina llevó el vino y lo colocó en una mesa de piedra que había junto a la fuente. Antonio Pérez se levantó y le hizo sitio junto a él en el banco. Era casi medianoche y el patio estaba fresco y sombrío.

—La princesa lamenta tener que haceros esperar un poco, don Antonio, pero tiene una visita imprevista, don Juan de Escobedo.

—¿Sí? Pobre princesa. ¿Una visita aburrida?

Bernardina sirvió un poco de vino en dos vasos.

—Sí, ahora parece una persona muy seria. Pero antes era muy alegre, casi tan alegre como vos, don Antonio, en tiempos del príncipe de Éboli, cuando ambos erais sus protegidos. ¿Recordáis?

—Lo recuerdo. —Antonio contempló lánguidamente el amplio patio rodeado de columnas—. ¡Cómo nos divertíamos entonces aquí, Bernardina! ¡Las fiestas que dábamos! ¡Querido Ruy!

—Sí, le gustaban las fiestas, que Dios lo tenga en la gloria. Pero también a la princesa. Esta primavera dimos algunas bien agradables, don Antonio, aunque vos estuvierais a veces demasiado ocupado para asistir.

–Por desgracia. Ya sabéis, Bernardina, que cuando se es el favorito del rey no todo son mieles.

–Sí, lo sé desde que vos no erais más que un paje. Madre de Dios, cómo trabajaba don Ruy.

Antonio bebió el vino y lo mismo hizo Bernardina.

–Es imposible emularlo. De todos modos... a veces es emocionante.

–Y vos lo demostráis, si se me permite hacer...

Él retocó su atuendo, divertido. Iba vestido y arreglado con gran elegancia.

–Hago lo que puedo –le contestó burlonamente–. Me alegro de que os guste, Bernardina.

–Yo no he dicho eso.

–Sí que lo habéis dicho, vieja coqueta. De todos modos, está claro que os gusta la ciudad y todos nuestros desatinos.

–Ah sí, me gusta Madrid. Yo nunca estuve conforme con la piadosa viudez en Pastrana; Ana lo sabía.

–Y tampoco con el absurdo plan de convertirse en monja carmelita. ¿Os acordáis de aquel alboroto?

Él rió y volvió a tomar un trago.

Bernardina también se rió, pero misteriosa y suavemente.

–Querida Ana..., menuda tontería. Y creo que sé lo que le pasaba entonces...

–¿Qué le pasaba?

–No os preocupéis, señor secretario de Estado. No es un asunto de gobierno.

–Casi lo fue entonces. Me temo que la gran madre Teresa nunca perdonará a la princesa.

Bernardina ahogó una risita.

–No me extraña. Pero no le habléis de nada de esto a la princesa.

–No tengo ninguna intención. Pero ¿por qué?

–No le gusta recordarlo, igual que no le gusta tener un solo ojo.

–¡Ah, ya!

–Después de todo –dijo Bernardina–, ¿quién no ha hecho alguna tontería en algún momento de la vida? Y ella, bueno, la muerte de don Ruy la asustó. –Tomó un trago de vino–. Es la única vez que la he visto perder la cabeza, y soy su dueña desde que tenía dieciocho años.

Antonio se sintió algo aburrido.

–Es una mujer muy interesante –dijo.

–Lo es. Y lo que es más, es buena. Demasiado buena, si queréis mi opinión, en un mundo perverso.

–Entonces vos sois una mala compañera para ella, supongo –dijo él coqueteando automáticamente con esta vivaz mujer de mediana edad, como hacía, sin darse cuenta, con cualquiera que pareciera esperarlo.

–Sí, siempre he procurado ser mala compañera. A Ana no le importa.

Los dos se echaron a reír.

–De todos modos, ¡al infierno este Escobedo! Su visita se está alargando, ¿no creéis? ¿Hace esto con frecuencia? –Al formular la segunda pregunta apenas ocultó su repentina curiosidad de político.

–No, ésta no es más que la segunda vez que lo vemos. Claro que presentó sus respetos a la duquesa de Pastrana en agosto, justo después de regresar de los Países Bajos, llevado por la devoción que le inspiraba don Ruy. Y no llevamos aquí más que cuatro días, como sabéis, de modo que no lo hemos vuelto a ver desde entonces.

–No es muy dado a hacer visitas a las damas.

–Bueno, si me permitís decirlo, las damas no se pierden gran cosa. Se ha convertido en un viejo falto de todo interés. ¿Qué le pasa? Yo hubiera dicho que la vida con don Juan de

Austria tendría contento a cualquiera. Y, después de todo, es de suponer que lo pasan bastante bien en Bruselas y todos esos sitios, ¿no?

Antonio rió con ganas.

–Oh, sí, se lo pasan estupendamente en Bruselas, creedme. Los despachos de allí son una larga y dulce canción...

En el extremo más alejado del patio se abrió una puerta y penetró un haz de luz procedente del pasillo interior. Juan de Escobedo lo cruzó seguido de un criado de la casa. Cuando alcanzó el centro del patio, donde se levantaba la fuente, iluminada por la luz de la luna que brillaba en los negros cielos madrileños, Antonio se levantó a saludarlo.

–Buenas noches, Juan. ¿Cómo estáis?

Juan de Escobedo parecía sorprendido, y furioso.

–¿Vos aquí? –dijo.

–Sí, yo. Era uno de los lugares predilectos de los dos cuando éramos jóvenes.

–Sí que lo era –dijo Escobedo con gravedad.

–Os esperaba hoy en mi despacho del Alcázar. Quiero hablar con vos.

–Bueno, podríamos hablar ahora. Estoy libre.

–Ah, pero yo no, amigo mío. La mayoría de las noches dejo de ser funcionario a las once, si puedo. Voy a cenar con la princesa.

–¿Sí? En ese caso no os detengo. Buenas noches, doña Bernardina.

–Buenas noches, don Juan.

–Buenas noches, Juan –dijo Antonio, pero no recibió respuesta. El criado lo acompañó hasta la puerta de la calle. Antonio Pérez permaneció quieto, mirándolo salir.

El criado regresó y se dirigió a él cruzando el patio.

–Su Alteza lo recibirá ahora, señor –le dijo a Antonio, que se volvió y se inclinó ante la dueña.

—Entonces, buenas noches, doña Bernardina, y muchas gracias por vuestra agradabilísima compañía.

Ella levantó la copa de plata y se apoyó en el respaldo en tanto le sonreía.

—El placer ha sido mío, señor secretario de Estado —dijo en tono de broma. Lo observó seguir al criado hasta el otro extremo del patio.

«No parece muy hombre, a juzgar por su aspecto exterior —pensó ella—. Pero da la impresión de estar muy seguro de sí mismo. Bueno, tiene motivos.»

Se sirvió más vino.

II

Ana de Mendoza recorría a grandes zancadas el amplio y solemne recibidor en que esperaba a Pérez. Llevaba todo el día a la vez divertida y en guardia ante aquella cena a la que había conseguido que lo invitara, con demasiada habilidad, supuso. Pero ahora la enigmática e intranquilizadora charla de Escobedo había rebasado el límite de la impertinencia, y estaba molesta.

Cuando el criado anunció a Antonio Pérez, se adelantó rápidamente hacia él desde el extremo más apartado de la habitación, alejando las preocupaciones de su mente.

«Es extraño que ande con tal rapidez —pensó él—. Pero supongo que tiene un curioso tipo de belleza.»

Se inclinó profundamente sobre la mano que le tendía.

—Disculpadme por haberos hecho esperar tanto, don Antonio. Pero la visita de don Juan ha sido imprevista, y es un poco... lento... al hablar.

Se echaron a reír.

—Princesa, naturalmente estaba impaciente, pero, creedme, puedo ser impaciente con mucha paciencia.

–¿Por eso sois secretario de Estado?

–Sin duda. De todos modos todos hemos esperado con impaciencia vuestro regreso del campo. Los tres meses que esta casa ha permanecido cerrada nos ha parecido mucho tiempo.

–Sin embargo, todos os las arreglasteis muy bien cuando estuvo cerrada tres años.

–No tan bien como ahora, princesa, os lo aseguro. De verdad sois una persona apreciadísima en la sociedad de Madrid, aunque no fuera por otra razón que porque es bueno para el rey tener a una amiga tan querida cerca.

Pérez pronunció su alocución con tacto. Ana observó la sinceridad que transmitía y la cuidadosa eliminación de todo signo de impertinencia. Hablaba como quien carece de segundas intenciones y sólo quiere decir lo que dice. Involuntariamente sintió admiración por el efecto logrado, mientras se preguntaba en qué medida estaría calculado.

Cuando aquel hombre era joven y se encontraba bajo la protección de su marido, lo consideraba bobo y presuntuoso. Con frecuencia ponía objeciones a la optimista opinión que Ruy tenía de él. Y durante la primavera que acababa de finalizar, la primera temporada que había pasado en la corte en cuatro años, al conocerlo en compañía de Felipe primero, y luego en las casas de amigos comunes y en la propia casa de Ana, todavía le costó tomárselo en serio. Sin embargo, sabía que, después del rey, era el hombre más importante de España en aquel momento, y políticamente el más inteligente. Lo percibía en el modo en que cultivaba su amistad con discreción; su ritmo se había intensificado ligeramente durante las últimas seis semanas, con una visita casual a Pastrana aprovechando su estancia en las cercanías en el mes de agosto; luego una nota acompañando a un regalo de libros; después aquella maniobra llevada con tanto tacto para ser invitado a cenar en cuanto regresara a Madrid; y ayer, flores, con un billete amistoso: «Estas flores son de verdad del rey, del hermoso jardín de Aranjuez. ¿Por qué no compartirlas? Le agradará saber que algunas os acompañan a vos». Se dio cuenta de que todo ello era una precaución política, una maniobra profesional cuyo objetivo era aún oscuro, quizá también para él mismo. Pero no le importaba; conocía el mundo al que había regresado, y mientras permaneciera en él estaba dispuesta a seguir su juego. Hasta que la aburriera. Quizás ocurriera en cualquier momento; pero hasta entonces Madrid no la había aburrido. A veces le decía a Bernardina que cuando se hubiera puesto al corriente de todos los detalles, cuando viera con claridad lo que buscaban aquellos hombres de Estado, clérigos, duques, prelados, y aventureros declarados como Pérez, cuando tuviera los hilos de la situación en sus manos, entonces seguramente se sentiría aburrida y volvería a retirarse para siempre a Pastrana. Y Bernardina replicaba que si ello era cierto, se ocuparía de que estuviera siempre intrigada.

No obstante, todavía le quedaba un largo camino que recorrer antes de tener los hilos en sus manos; y sabía que estaba lejos de comprender a aquel extraño hombre de éxito que ahora se pavoneaba de forma tan graciosa ante ella; igual que unos minutos antes estaba lejos de comprender la inquietud y el abatimiento de Juan de Escobedo. Sin embargo, había visto a los dos comenzar sus carreras, los había visto educarse para entrar al servicio del rey; y ahora cada uno de ellos quería algo de ella, algo que tenía que ver con la política. O se imaginaban que en el futuro quizá necesitarían algo. Bueno, pues aquella noche jugaría a la política, como hacía en los buenos tiempos con Ruy.

–Todos somos siervos del rey –replicó al cortés discurso de Pérez–. Pero él está siempre tan ocupado que tiene muy poco tiempo, según creo, para una cosa meramente ornamental como la amistad.

En ese momento entró un criado y anunció la cena.

Antonio le ofreció el brazo a Ana para que se apoyara en él y se dirigieron juntos al comedor.

–Vuestra amistad, princesa, constituiría un ornamento para cualquiera –dijo en tanto avanzaban–. Pero el rey, que ha gozado de ella durante tanto tiempo, la valora mucho más que eso. Tiene una gran capacidad para la amistad, y la comprende, y además la necesita.

Ana lo miró agradecida. Observó que a menudo hablaba con gravedad y sentimiento del rey, y ello la complació. Deseaba con todo su corazón que la lealtad que daba a entender fuera sincera.

Se sentaron a la mesa frente a frente; entre ellos había una bandeja de plata con muchas clases de flores de dulce aroma. La habitación era pequeña y sus paredes estaban recubiertas de madera oscura; unos candelabros la iluminaban. Ana no permitió que los criados permanecieran a su alrededor mientras comían, sino que los llamaba con una campanilla cuando los necesitaban.

–¿Os importa? –le preguntó a Antonio–. Si insistís en tener al pobre Juanito tieso junto a vuestro codo, decidlo y lo hará...

–¡Por Dios, no!

–Es que no lo soporto. Si se habla mientras están ahí como si no existieran o no tuvieran oídos, es a la vez de muy mala educación para con ellos y arriesgadísimo. Por otra parte, si hay que hablar durante toda la cena como una aleccionadora dueña...

–¿Doña Bernardina, por ejemplo?

–No, no, mi querida y bendita Bernardina, gracias a Dios no es aleccionadora.

–Ya imagino que no lo será. –Sus ojos se posaron en las flores y Ana sonrió.

–Tienen un aroma delicioso, como todo lo de Aranjuez –dijo ella–. Fuisteis muy amable al querer compartirlas conmigo.

–¡Nada de eso! Los jardines de Pastrana os deben de tener bien servida de flores. Pero, como decís, todo lo de Aranjuez tiene una dulzura especial... de modo que pensé...

–Muchas gracias. Pero el rey todavía está en El Escorial, ¿no?

–Sí, así es. Pero uno de sus mayordomos de Aranjuez estuvo anoche en Madrid... y al rey le gusta repartir sus flores y sus cosas entre sus amigos, como debéis de saber.

–¡Cómo le gustan sus jardines!

–Sí. Es curioso. Es un hombre muy complicado.

–¿Eso al menos no os parece complicado?

–Por eso lo encuentro complicado.

Ambos se echaron a reír.

–Bueno, sea para bien o para mal, creo que esta manía por el experimento rural se la debe sobre todo a Ruy.

–Creo que sí. Me acuerdo que cuando éramos jóvenes solíamos decirle a Ruy que debería haber sido agricultor.

–También yo se lo decía a menudo.

–Todavía me pregunto a veces si Ruy comprendió en qué se iba a convertir El Escorial.

–Es el pasatiempo predilecto del rey, ¿no es cierto?

–Está completamente loco por él.

–Eso es bueno para él... así es feliz.

–Sí, lo hace feliz a él, princesa, y a todos sus felices monjes. Pero hay otros fieles sirvientes que podrían pasarse con menos austeridad en El Escorial.

Ana había oído que Pérez hallaba maneras de aliviar el tedio en el retiro de montaña del rey. Las damas de la reina no eran todas tan virtuosas como la propia reina. Fingió que no lo había comprendido.

–Pero tienen el ir y venir de los secretarios de Estado y gente importante para distraerlos –dijo.

–Bueno, hacemos lo que podemos –repuso él, sonriendo con expresión de burla de sí mismo.

–Y Rodrigo se está convirtiendo en un perfecto mundano desde que se codea con la corte allí arriba.

–Si me permitís decirlo, princesa, Rodrigo nació siendo un perfecto mundano.

–Sí, ¿no es curioso? Ni Ruy ni yo somos así por naturaleza.

Pérez conocía el rumor de que Rodrigo era hijo de Felipe, pero nunca tuvo la seguridad de que fuera cierto. Pese al cabello rubio del muchacho, tendía a pensar que era una historia tan fabulosa como la otra, la que decía que él mismo era un hijo bastardo del esposo de aquella mujer, Ruy Gómez. Antonio dudaba de que Ana hubiera sido amante del rey. Ruy tenía, con toda su habilidad de cortesano, un núcleo de respeto de sí mismo y honor que hubiera hecho tal situación intolerable para él. Además, según todos los rumores, el rey gustaba de la belleza en el sentido clásico y evidente. ¿Tuerta y tan delgada? Pérez observó a su anfitriona y siguió dudando. Bueno, los días de placer del rey habían terminado, fueran cuales fueran sus secretos. Ahora era un hombre piadoso. Quizás era una pena haber llegado a ser su principal confidente en tal momento. El intenso trabajo del puesto podía haberse visto aliviado por episodios de laxitud real... y el secretario de Estado hubiera sabido proteger tal indulgencia.

Pérez rió amistosamente al pensar en Rodrigo.

–Es muy joven. ¿Qué tiene, quince años? –Ana asintió con la cabeza–. Me han dicho que da muestras de que un día será un buen soldado.

–Sí, le interesan las cuestiones militares.

–¿Ha regresado también a Madrid?

–No, todavía está de vacaciones en Andalucía, con los Medina Sidonia.

–Ah. ¿Cómo está la duquesa?

La hija mayor de Ana, de dieciséis años, era la esposa del duque de Medina Sidonia.

–Muy bien, creo. Parece que está comenzando a disfrutar de la vida de casada, por fin.

El matrimonio se había acordado cuando la novia no había cumplido aún los doce años.

–Bueno, seguro que les irá muy bien. Todo el mundo elogia a los Medina Sidonia.

–Sí, me agrada. Es un muchacho un poco simple, pero tiene buen carácter y es cariñoso.

Hizo una pausa y adoptó una expresión grave. La primavera anterior había acordado el matrimonio de su tercer hijo, Diego, que sólo tenía trece años, con Luisa de Cárdenas, diez años mayor que él. Ana era muy tradicional y no se cuestionaba las prácticas de la nobleza castellana. Sin embargo, a veces, de noche –inquieta, lo reconociera o no, por su propia y prolongada soledad– le preocupaban los matrimonios de sus hijos.

No obstante, esbozó una rápida sonrisa, como para no dar a entender lo que realmente quería decir cuando habló.

–Los casamos demasiado pronto. Es una costumbre discutible.

–Sí, ¡mirad quién habla! Vuestra Alteza se casó a los once años.

–Ah, pero yo pude continuar la infancia hasta los diecinueve años. Además, don Antonio, pocos hombres puede haber como Ruy. Yo tuve una suerte fantástica.

–En eso estoy de acuerdo. –Antonio sintió un acceso de curiosidad y de simpatía por ella al replicar con aquella frase de cortesía. Se preguntaba qué querría decir aquella sensación, y ello lo intranquilizó. Entretanto captó su preocupación por el compromiso de don Diego.

–Estoy seguro de que doña Luisa también será afortunada. Después de todo, vuestro hijo es el duque de Francavilla y un chico encantador.

Ana se echó a reír.

–No parece que le guste que él tenga trece años –dijo.

–Eso se remediará con el tiempo. Ha de tener paciencia.

–De todos modos, creo que tengo que procurar que a los dos menores no les pase lo mismo, a Fernando y a la pequeña Ana. Me gustaría que vivieran a gusto.

–¿Queréis mucho a los dos pequeños?

–Sí, mucho.

–Porque son los más pequeños, sin duda.

–No, simplemente porque siento predilección por ellos.

Antonio se rió sorprendido.

–Eso parece muy frío... y poco usual –dijo.

–No soy especialmente maternal –repuso Ana sin inmutarse–. Pero para mí Fernando tiene mucho encanto. Y Ana... ¡Ay, Ana es un ángel!

Se levantaron de la mesa, salieron al corredor y subieron una escalera secundaria que los condujo a las habitaciones privadas de la princesa. Antonio no había disfrutado de aquel privilegio con anterioridad y se maravilló ante el nuevo y extraño placer que ello le produjo, así como la compañía de aquella mujer cuya vida, después de todo, podía darse por terminada.

«Su sencillez raya en la estupidez –pensó en tanto ascendía a su lado el corto tramo de escaleras–. Habla de sus hijos y de los caprichos del rey y de las virtudes de su desaparecido marido. No es ingeniosa ni destaca en ningún sentido, y –acertadamente– no se las da de bella. ¿Qué es entonces, Dios mío, lo que casi me emociona?»

La luz de las velas era tenue en el rellano, pero cuando el criado abrió la doble puerta y la luz fluyó de la entrada de la habitación en que se disponían a penetrar, Ana miró a Pérez y captó la perspicaz seriedad de sus ojos, posados en ella. En cierto modo le sorprendió su expresión, pues, en términos generales, sabía por qué aquel ambicioso hombre cultivaba su amistad, y no era precisamente por su persona. Sin embargo, vio que en ese momento la miraba a ella; o la miraba como buscándola.

Atravesó la habitación delante de él, nuevamente con pasos largos y rápidos, que lo sorprendieron y lo molestaron de una manera vaga.

Se sentaron en dos sillas de respaldo recto tapizadas de seda junto a una ventana abierta. Los criados despabilaron las velas, colocaron el vino en una mesa situada junto a Pérez y se retiraron.

El patio que se extendía bajo el balcón estaba en silencio y lo único que se veía fuera era una línea baja e irregular de tejados y la luminosidad de las estrellas desparramadas en el cielo azul oscuro. Los sonidos de Madrid flotaban en el aire: repiqueteo de cascos y ruedas, de vez en cuando las notas de una penetrante canción o un grito llamando al sereno.

Antonio observó con curiosidad la larga y hermosa habitación. Había muchos cuadros, de las escuelas flamenca e italiana, en las paredes pintadas de blanco; un gran escritorio cubierto de papeles que daba la impresión de ser muy utilizado; libros apilados aquí y allí; flores y palmatorias; un gracioso sofá que parecía proceder de Francia; y había higos y manzanas en una bandeja de plata. Una mesa de costura, revuelta y desordenada, flanqueaba la silla de la princesa; y en el suelo yacía una pequeña muñeca de trapo.

Antonio contempló la habitación como si estuviera aprendiendo algo de ella. Y en tanto lo hacía, Ana lo contempló a él, con mayor interés del que quería admitir.

Sabía muchas cosas de aquel hombre, de modo que creyó ver lo que estaba pensando mientras lo miraba.

Era hijo ilegítimo de Gonzalo Pérez y una mujer llamada María Tovar. Nació en un pueblo de Aragón, tierra de sus padres. En el momento de su nacimiento, su padre era seminarista, todavía no ordenado. Luego, como sacerdote, alcanzó rápidamente el poder político y fue el secretario de Estado favorito de Carlos V, que, llevado de la estima que sentía por él, legitimó a su hijo Antonio por real decreto. Cuando murió Gonzalo Pérez, Ruy Gómez se convirtió en tutor de aquel brillante y prometedor joven, y supervisó su educación, primero en Alcalá y Salamanca, y luego en Padua. También se formó en el arte de gobernar, y, a la muerte de Ruy, Antonio estaba listo para sustituirlo como dirigente del partido progresista liberal del gobierno de Felipe.

Dado el afecto que le tenía Ruy, los murmuradores gustaban de decir que era hijo suyo. Y como, al igual que Ruy, era extranjero, no castellano, enérgico y ambicioso, a veces lo llamaban «El Portugués», como a Ruy, en pasquines y chistes populares. A Ruy todas estas conjeturas no hacían más que divertirlo, y las consideraba un buen ejemplo de la desvergüenza y la estrechez de miras castellanas; pero hacía tiempo había comentado a Ana que el joven Pérez detestaba secretamente tales referencias y que su temor a ser tenido por inferior a alguien podría resultar peligroso.

Ana supuso que, ya que Antonio tenía que ser bastardo, hubiera preferido ser hijo de Ruy que de Gonzalo Pérez. No es que a su verdadero padre le faltara distinción, pero la grandeza de Gonzalo murió con Carlos V y ahora era algo lejano, mientras que el príncipe de Éboli había sido el favorito del monarca reinante de forma espectacular, y su nombre era un símbolo de grandeza en la vida española. Seguramente le hubiera resultado más útil que Ruy fuera su padre, pues mediante su matrimonio se alió con las personalidades de la aristocracia castellana.

Allí estaba el gusano en la rosa del éxito de Antonio Pérez. Castilla había aceptado a Ruy, e incluso lo había amado, pero se reía, con demasiada frialdad, con demasiada frecuencia, de Antonio.

Cometía errores. Era demasiado ostentoso respecto a su éxito; vestía con demasiada corrección, y –ciertamente para su gusto– usaba demasiados perfumes y productos de cosmética; aun cuando su riqueza y su poder fueran grandes, se sabía que sus deudas eran cuantiosas, y se decía que era susceptible al soborno; hacía alarde de sus aventuras amorosas y tendía a ser tanto encantador como insolente en ocasiones poco oportunas.

Más de diez años antes había casado con Juana de Coello y de Vozmediano. El matrimonio con esta muchacha excelente y discreta, de familia impecable, hubiera tenido que ser una ayuda para él si realmente deseaba conquistar el beneplácito de los castellanos y aprender a comportarse como les gustaba que se comportaran sus grandes hombres. Pero Juana, que era muy gentil, se enamoró demasiado de su esposo, y se volvió ciega a todos sus defectos. Además, era hogareña y piadosa por temperamento y se abstuvo de participar en su brillante e incansable vida pública. Se contentaba con ser su esposa en casa y con servirlo como tal sin hacer preguntas. También la preocupaba el amor y el deber para con los hijos que le dio, invariablemente uno cada año.

De modo que dirigió el curso de su vida según sus propios criterios y, si bien su agudeza política era casi perfecta, socialmente continuó cometiendo errores. Ana sabía que él sabía que los cometía. Pero era orgulloso e impaciente y quizá pensaba que había ido demasiado lejos en sus inclinaciones naturales para cambiar ahora de táctica. Además, los celos eran el principal motivo de las burlas que suscitaba en los indolentes duques y marqueses de España. Él lo sabía; no podía dejar de saberlo. Y lo que es más, sabía que nadie podía arrebatarle el puesto de hombre de confianza del rey; sabía que una vez que se contaba con la fe de Felipe, su apoyo e indulgencia para un amigo eran ilimitados, y que desconfiaba de la debilitada aristocracia y prefería escoger a sus hombres de Estado de otras procedencias.

De todos modos, puesto que el rey prácticamente había ordenado a Ana de Mendoza que regresara a la sociedad, era natural que Pérez renovara su amistad con ella y con su casa, no sólo porque era una amiga de toda la vida del rey y viuda de su generoso protector. Tales motivos eran apropiados y corteses, pero Ana sabía que encubrían otro. Su nombre, de Mendoza, representaba exactamente el elemento de España que lo desconcertaba y hería su amor propio. Si conseguía hacerse amigo de ella, si se supiera que contaba con su aprobación, sería una victoria social, una respuesta resonante a los presuntuosos de sus tíos y primos. Después de todo, se había casado con un arribista, y le había sido de incalculable ayuda en su carrera; por lo tanto, seguramente podría favorecer a otro, si éste tenía la suerte de agradarle.

En general, éste era el motivo, creía Ana, de la invitación de Pérez a la amistad. También podía haber algo más concreto, más político. Y, recordando la conversación que acababa de tener con Juan de Escobedo, quizá lo hubiera. Aquellos hombres habían sido amigos íntimos y, por lo que deducía, ahora su amistad se estaba debilitando; ambos creían que ella tenía influencia con el rey y ambos se tomaban la molestia de ganarse su favor.

Sonrió levemente. Sentía curiosidad por ver si Pérez dejaba entrever algo de su verdadero objetivo aquella noche.

Pensó que estudiaba la habitación con demasiada atención. Parecía que lo preocupaba.

Ana nunca había entrado en la gran casa de él, que estaba al volver la esquina, en la plaza de Santa María, pero sabía que constituía una leyenda casi cómica de esplendor. Durante el verano de 1576, cuando ella todavía estaba en su retiro de Pastrana, Rodrigo y sus desvergonzados amigos llevaban a casa unos cuentos disparatados y divertidísimos de la magnificencia de Pérez. Don Juan de Austria se había alojado en casa del secretario de Estado en calidad de huésped y se dieron muchas fiestas y recepciones; Ana se reía de las descripciones que hacía Rodrigo de mesas de plata maciza, labrada, de servicios de mesa de oro y piedras preciosas, de lacayos ataviados con libreas fantásticas. Incluso su sobrio y amable vecino de Alcalá, el marqués de los Vélez, consiguió resultar divertido al describir el dormitorio de Antonio. Por lo visto, su cama tenía unos postes tallados –en plata– en forma de enormes ángeles con ojos de piedras preciosas y las alas extendidas. Y había estrellas y una media luna de pedrería, y colgaduras de tela de oro y azur, y perfumes ardiendo en pebeteros de oro sobre pedestales de ónice. No era de extrañar que a aquel sibarita en bruto no le gustara El Escorial, con sus paredes encaladas, carriolas y sillas de enea. Y ahora, sin duda, estaba asombrado –si no desilusionado– por la ordinariez de los enseres domésticos de ella.

Ana lo miró y dejó entrever que le gustaba el corte juvenil de su rostro. No su belleza, que era demasiado evidente, sino el aire despierto que se escondía tras el encanto, el tinte de ansiedad que casi se podía tomar por inocencia. «Es raro –pensó con aprobación–. Es él mismo. Va bastante en contra de las convenciones masculinas.» Pero no continuó pensando que aquello les ocurría a los dos únicos hombres que le habían llegado al corazón: el rey y su esposo.

Se agachó y cogió la muñeca.

–Le prometí a Ana que esta pobre niña tendría ropa interior nueva –dijo.

–Parece que necesita que la aseen un poco.

Ana revolvió unas prendas que había sobre la mesa de trabajo.

–Unas enaguas de seda creo que le irán bien –comentó–. Después de todo, se llama Juana la Loca.

Antonio soltó una carcajada infantil.

–¿Igual que la abuela del rey? ¡Pobre niña, pobre muñeca!

–La reina Juana fue una mujer maravillosa, creo yo..., o al menos eso cree Anichu. ¿Me haríais el favor de acercarme esos candelabros?

Él se levantó e hizo lo que le indicaban. Permaneció un momento de pie mirando la oscura cabeza gacha de Ana y luego volvió a mirar la habitación. Se sentía contento y descansado. El Alcázar del rey, las salas y despachos atestados de trabajo pesado y velados problemas nacionales, estaban al otro lado de la calle, pero parecía que lo separaban muchas leguas de distancia.

Mientras volvía a ocupar su lugar, una campana comenzó a repicar en Santa María de la Almudena.

–¡Qué agradable es esto! –dijo suavemente–. ¡Qué tranquilo!

Ana levantó la vista de su muñeca y su trozo de seda.

–Sí, me gusta esta habitación. ¿No queréis tomar un poco de vino?

–Gracias, encantado. ¿Y vos?

Ella asintió con la cabeza y Antonio llenó dos copas.

–Espero que lo hayan refrescado lo suficiente –dijo Ana–. Es bueno. Lo hacemos traer de Burdeos.

–Es delicioso. Pero pensaba que despreciabais todo lo que no fuera español, princesa.

Ella se rió.

–En general, eso simulo. Pero Ruy me enseñó a discriminar ciertas cosas, y ahora estoy de acuerdo con él en lo referente a nuestros vinos blancos. Pero me encantan los tintos que tenemos.

–También a mí. Pero me temo que incluso éstos son mejores en Francia.

–Quizás. ¡Oh, esta pobre muñeca destrozada!

–¿Le buscamos otra reina loca a la pequeña Ana?

–No serviría de nada. Tiene un corazón apasionadamente fiel.

–Ah, ¿y creéis que eso es una cualidad, princesa?

–No lo sé, pero lo comprendo.

Antonio tomó un sorbo de vino y se dedicó a observar cómo trabajaban sus largas manos.

La campana del convento dejó de repicar.

–Bueno –dijo de repente y en tono jovial–, ¿me vais a contar qué estaba murmurando Juan de Escobedo?

Ella lo miró, dejó la costura a un lado y tomó un sorbo de vino.

–¿Queréis hablar de política? –preguntó.

–¿Conocéis el tema?

–Antes sí. Pero ahora estoy bastante alejada.

–Sin embargo, el rey viene a veros, ¿no es verdad?

–Sí. Generalmente se sienta donde ahora estáis sentado vos.

–¡Ah! ¡Qué gran honor! –De pasada se preguntó si Felipe aprobaría sin reparos el honor que se le hacía–. ¿De qué debéis de hablar?

–De cosas de familia, los preparativos de la boda de mi padre, el pleito de mi primo, etc. Y de los niños y su educación.

–Parece... un poco aburrido.

Ambos se echaron a reír.

–También hablamos de los viejos tiempos, de Ruy y... de la reina Isabel. Y me cuenta cómo va El Escorial. Es que viene aquí a descansar.

–Si no sabe descansar...

–Eso es cierto. A veces también hace alguna referencia a sus verdaderas preocupaciones, pero no le gusta sincerarse abiertamente.

–Sin embargo, deja entrever las cosas. Debéis de hacer deducciones.

–Algunas. En cualquier caso, no es el único que me viene a ver. A veces viene el cardenal, y otros.

–Incluido Escobedo.

–Sí. Pobre Juan. Siempre ha sido fiel a Ruy, y a nosotros. Pero ahora parece que lo he decepcionado. De verdad no sé por qué.

–Todo el mundo lo decepciona, excepto don Juan de Austria. Es ridículo por su parte.

–Antes era extraordinariamente perspicaz.

–Por eso le encargaron el cuidado de don Juan, que, como sabéis, carece totalmente de sentido común. Es un títere romántico, y la única razón de que esté en Flandes es que les es simpático a los flamencos por ser hijo bastardo de su padre y de una mujer de allí. La tarea de Escobedo era imponer nuestra política y evitar que Jeromín se metiera en líos.

–Y ¿por qué va todo tan mal como deduzco que va en Flandes?

–Deducís muy bien, princesa. –Antonio se puso en pie y comenzó a pasearse con cierta inseguridad por la habitación. Su expresión era dura y sombría–. El motivo de que todo vuelva a ir mal en Flandes es Escobedo. Puede que os parezca absurdo, pero, creedme, no lo es. Ni todas las zalamerías de Su Santidad, ni las medias promesas de Guisa y la Liga Católica, ni los señuelos de María de Escocia servirían de nada ante un político bien preparado que no se separe de don Juan. No son más que briznas de paja al viento contra los hechos. Vuestro marido, princesa, o yo, o Mateo Vázquez, cualquiera de nosotros, que somos realistas, simplemente lo hubiéramos protegido, sin piedad, contra su propia irracionalidad. Y Escobedo era como nosotros, un hombre preparado. Hubiera jurado que estaba capacitado para esta tarea.

–Entonces, ¿en qué falla?

Pérez rió, pero medio enojado.

–Falla en que, bueno, en que se ha enamorado de nuestro capitán de Lepanto. Se ha olvidado del rey. Don Juan se ha convertido ahora en su rey.

Ana no acababa de comprender todo lo que provocaba aquella explosión, pero estaba dispuesta a esperar.

Sonrió.

–Entonces, ¿por qué viene a molestarme a mí? –preguntó de buen talante–. Mi rey es Felipe.

Pérez pensó que estaba muy hermosa mientras lo decía. Se detuvo junto a la mesa y alzó la copa.

–¿Puedo continuar siendo indiscreto? –le preguntó.

–Hasta ahora no ha habido indiscreción porque no comprendo vuestras referencias. Por ejemplo, ¿qué tiene que ver la pobre María de Escocia con nuestros errores de Flandes? Todavía está en la cárcel, ¿no?

–Ya lo creo, ¡gracias a Dios! ¡Y por muchos años y que sea muy feliz allí!

–¡Qué descortés!

–Realista. En cualquier caso, es el lugar más seguro para la pobre mujer.

–Pero ¿qué hace ella en esta conversación?

–Ay, princesa, creo que no puedo decíroslo, es una sarta de chismes, y bastante enrevesados.

Se apartó de ella y su rostro volvió a ponerse duro y sombrío. Ella lo observaba con interés. «Le interesa su trabajo –pensó Ana–. A Ruy le agradaría su seriedad. No ha llegado a donde está sólo por vanagloria, digan lo que digan sus enemigos. El esplendor es su recompensa, y debe de tener una gran vitalidad para agarrarse a él con tanta fuerza mientras dedica tanta pasión a su trabajo. Pero la pasión está ahí. Trabaja con todo empeño para Felipe y para España.»

Él emprendió el regreso de su paseo, adelantó las manos y comenzó a hablar, mirándola intensamente, pero a la vez como si no percibiera su presencia, o como si estuviera solo.

–Parma ha tenido que volver a llevar el ejército a Flandes, ¿lo sabíais? ¡Namur! ¡Y Margarita de Navarra! Jeromín se está volviendo literario. Y ahora Amberes, suponemos... y despachos salpicados de ese viejo tópico, «fuego y espada». Dios mío, como si los disparates del viejo Alba no hubieran ocurrido nunca. Como si no hubiéramos oído hablar del Edicto Perpetuo. Señora, trabajamos como esclavos para conseguirlo, el rey y yo, y los estados comenzaban a creer en nuestra sinceridad. Y tampoco fue ratificado en mayo gracias a don Juan. Y ahora todo perdido y volvemos a estar en desgracia en los Países Bajos, simplemente porque Escobedo no controla las fantasías de un soldadito.

–¿Cuáles son esas fantasías?

–Si os las contara, princesa, no las creeríais.

Se derrumbó en su silla y le sonrió.

–No recordáis al padre del rey, ¿verdad, princesa?

–Sí, sí, lo recuerdo. Yo tenía diecisiete años cuando murió.

–¡Ah! Bueno, era un gran gobernante, pero no hay duda de que cometió un error. No se debe nunca educar a un príncipe ilegítimo como si fuera legítimo. El viejo Carlos fue demasiado blando con su bastardo favorito.

–Don Juan tiene mucho encanto. Era un niño encantador.

–Y todavía lo es. Es un niño encantador. –Ambos rieron y Pérez tomó un poco de vino–. Pero ¿por qué os aburro de esta manera? ¿Por qué estoy tratando vuestra magnífica casa como si fuera el despacho del gobierno?

–Es un honor... –murmuró Ana divertida.

–Es culpa de Escobedo. Maldito sea, ¿por qué tiene que interponerse en mi camino hasta cuando vengo a veros?

–Pobre hombre, parece que nos irrita a todos.

–¿A vos también? ¿Sobre qué os sermoneaba, princesa?

Ana enhebró la aguja y comenzó de nuevo el dobladillo de las enaguas de la muñeca.

–Sobre muchas cosas –dijo–. La verdad es que si no fuera tan serio, habría que calificarlo de impertinente.

–Yo se lo llamo, y mucho.

–Lo supongo. Pero él y yo no tenemos tanta confianza, quizá... –Se rieron–. Y, por otra parte, quería mucho a Ruy.

–No más que yo. Ni siquiera la mitad que yo.

Ana alzó la cabeza y lo miró. Pérez percibió una suposición en su mirada y la aceptó con un placer que se negó a analizar. «Tiene unas manos exquisitas», pensó apartándose del tema en tanto esperaba que volviera a hablar.

–Escobedo piensa que es sorprendente que haya abandonado mi soledad de viuda de Pastrana.

–¿Ha tenido la audacia de decir eso? –Ana asintió con la cabeza–. Bueno, siempre ha sido un pedante de modales bastante torpes.

–Sí, pero también astuto. –Pérez levantó las cejas interrogativamente–. Es que –prosiguió Ana– creo que pensaba que era su deber para con Ruy el dejármelo claro; ha venido a verme dos veces, sólo para decírmelo. Pero también dice que comprende que he regresado a Madrid porque el rey quería que lo hiciera. Considera que ello es extraño y poco acertado por parte del rey, y dice...

—¿Y vos le permitís que diga esas cosas? —Pérez se reía ahora encantado.

—Ha sido divertido. Y además no podía evitarlo. Yo no he dicho nada, pero creo que he adivinado vagamente su... su política.

—¿Qué es lo que habéis adivinado vagamente, princesa?

—Desea influir, con urgencia, en alguien que tenga influencia sobre el rey. Y, aunque en este momento me desaprueba, me conoce bien de los viejos tiempos y piensa que por respeto a Ruy puedo dejarme convencer para serle útil a él. Siempre se inclinó a creer, hace mucho tiempo, que yo era la amante del rey, y ahora creo que espera que lo sea de nuevo, por sorprendente que os parezca la idea.

Se hizo el silencio.

Para sus adentros, Antonio sonreía ante las grotescas maniobras de Escobedo, pero no podía sonreír exteriormente. Sentía sus rasgos clavados en una expresión grave, aunque los recovecos internos de su mente se hallaban vacíos de política y ocupados por una emoción totalmente personal. Lo reconoció, pues era experto en las aventuras personales; siempre incapaz de privarse de sus demandas. Las dos horas que había pasado con aquella mujer habían intensificado su curiosidad, su deseo... suavemente, suavemente, como una suave marea de creciente; cada ligera oleada de sorpresa cubría la anterior inevitablemente, y sin embargo sin traza de fuerza. Sus manos, su voz, su peligrosa sencillez, su demacrada, casi desgarbada, belleza, todo lo había atraído paso a paso hacia una aventura que no se atrevía a emprender, pero sabía, puesto que se conocía a sí mismo, que ahora trataría de hacerla realidad a toda costa. Y al fin ella habló y además alegremente, en un tono que lo desconcertaba, sobre la vida de su propio corazón, o al menos de lo que se rumoreaba de esa vida. Y al oírla vio que su atrevido chiste lo había llevado, sin piedad y demasiado pronto, al punto hacia el que lo dirigían sus impulsos.

–Os he avergonzado –dijo Ana.

Él no le respondió de inmediato. Percibió la infantil amabilidad de su voz en tanto se apagaba. «Me arrepentiré de lo que estoy a punto de hacer», pensó.

Se inclinó hacia delante, le cogió la muñeca de trapo de las manos y sonrió mirándola.

–Juana la Loca –dijo en voz baja. Se levantó, sin soltar la muñeca y se acercó a la ventana.

–No es fácil avergonzarme, princesa. –Se apoyó en el alféizar y se volvió a mirar a Ana y a la silenciosa habitación que se extendía tras ella.

–¿Vestís siempre de negro?

–Soy viuda.

–Al venir aquí esta noche me sentía bastante bien, bastante normal, como si fuera a cenar con el cardenal, dijéramos, o a hacer cualquiera de las cosas que se hacen de noche en Madrid. Recuerdo exactamente que... que me sentía como siempre mientras hablaba con doña Bernardina en el patio.

Ana sonrió casi imperceptiblemente.

–Creo que todavía sois dueño de vos mismo.

–Sí. Yo no pierdo el control, nunca. Ver de repente lo que se tiene que hacer, sentirse de repente poseído de una nueva intención, no es perder el control.

Ana se apoyó en el respaldo de la silla, con el rostro alzado e iluminado por la luz de las velas. Parecía exageradamente largo y blanco; el parche de seda negra prieto y triste contra el pómulo derecho. Antonio la estudió con calma, incapaz de vencer su apasionada intención.

—No —dijo Ana—, supongo que eso no es perder el control, no tiene por qué serlo.

Pérez se acercó a la silla que ocupaba ella.

—Entonces, ¿comprendéis que me ha sucedido? ¿Sabéis lo que voy a preguntar?

—Soy yo la que va a preguntar —dijo ella—. No os confundáis, la que va a preguntar soy yo.

Hablaba en voz muy baja, pero él, poseído de una nueva sensibilidad, oía las palabras como si constituyeran una llamada fuerte e imperativa. «No la conozco en absoluto —se dijo reprendiéndose a sí mismo—, no tengo ni una pista. ¿Qué es esta frialdad que jamás he visto hasta ahora? ¿Qué esta insensata tranquilidad?»

Pensó en el rey e incluso se preguntó si estaría dormido en su camastro de El Escorial; quizás estaría rezando. «Reza por mí, Felipe; reza por tu siervo.» Dejó la muñeca de trapo en el taburete y le tomó la mano a Ana.

—¿Pensabais en el rey? —preguntó ésta.

—¿Cómo lo sabéis?

—Estáis muy cerca de mí, es natural que vea lo que pensáis.

Antonio se echó a reír. De repente vio con lucidez lo que Ana y él estaban a punto de arriesgar; vio sus acciones futuras desde todos los ángulos a la vez, terrenal, sensual y moral, y la visión le provocó la risa, pese al pánico que sentía a la vez.

«Tendremos poderosos motivos.»

Ella bajó la vista hacia sus manos unidas, estudiándolas, le pareció a él, como si fueran las manos de dos extraños.

—No sé qué queréis en verdad de mí.

—Yo tampoco —dijo él—. Creo que quiero la oportunidad de averiguarlo.

—Pedís mucho.

—Sí.

–Os estoy muy agradecida.

«Hace una hora –pensó Ana–, quizás incluso hace cinco minutos, ni siquiera hubiera sido capaz de imaginarme lo que ahora estoy a punto de hacer. Y no sé si quiero. Pero deseo averiguarlo.»

–Decís cosas desconcertantes –dijo Pérez.

–En realidad no hay necesidad de decir nada.

–Estoy de acuerdo. De todas maneras, ¿no tenéis algo en la punta de la lengua?

–Sí, una insensatez. No es más que esto. Casi tengo treinta y siete años y se dice de mí que he tenido más poder en las manos en alguna ocasión que cualquier mujer de España. Sin embargo, ésta no es más que la segunda vez en mi vida que decido algo por mí misma.

–¿Cuál fue la otra vez?

Ella se mordió el labio y Pérez sintió como apretaba la mano.

–Fue un error –dijo ella.

Pérez se sintió conmovido al observar cómo languidecía su postura. Se arrodilló ante ella.

«Huele como una mujer –pensó Ana divertida–, como una mujer remilgada y de gustos caros.»

Sin embargo, su atención no era toda para Pérez, pues pensaba también en Ruy, en su ataúd y en las carmelitas descalzas cantando, como solían, en el convento de Pastrana. «Pero eso era absurdo –pensó–; era superior a mis fuerzas.» Apartó con frialdad a la madre Teresa de sus pensamientos y posó la mano sobre el perfumado cabello de Antonio. «Ahora sólo busco placer», se dijo a sí misma, y en tanto se inclinaba sobre su enamorado volvió a sonreír, sorprendida ante la situación; pero más que por eso, sonrió ante su sensación de inexperiencia.

CAPÍTULO SEGUNDO
(Diciembre de 1577)

I

A Bernardina Cavero le disgustaba sobremanera montar a caballo y le disgustaba sobremanera el frío. Pero le gustaba ver la vida y estaba de acuerdo con Ana en que se veía mejor desde una silla de montar que desde el interior de un carruaje. Esos días también se entretenía observando de cerca a su señora. Ana montaba una hermosa yegua roana andaluza cuyas cabriolas no ejercían influencia alguna en la imperturbable cabalgadura de la dueña, un fornido animal castellano.

–No sé cómo podéis soportar a ese agotado caballo de batalla –dijo Ana–. Debe de resultar cansadísimo. ¡No, niños! ¡Ana, Fernando! ¿Es que no me oís? ¡Nos vamos a casa! Pasad delante, Jaime –le dijo al mozo que tenía a su lado–, y reunidlos para volver.

–¡Gracias a Dios! –dijo Bernardina–. Aborrezco el ejercicio físico.

–Si no fuera por mí, os pondríais gordísima –dijo Ana.

–Sí, ¡y qué descansado sería!

Los dos niños, que montaban unas mulas jóvenes esquiladas, regresaron a medio galope con Jaime, acompañados por el cascabeleo de sus arneses.

–Pero ni siquiera hemos llegado al pozo de San José –gruñó Fernando.

—La próxima vez —dijo Ana. Los diminutos jinetes estaban sonrosados y alegres, envueltos en terciopelo oscuro y pieles—. A la pobre Bernardina casi se le cae la nariz de frío, ¡mirad! Y ya sabéis que le he prometido al ama que regresaríamos para el Ángelus.

El grupo salió del bosque del Retiro en dirección a la carretera medio helada. Pasaron a otros jinetes, muchos de los cuales se inclinaban ceremoniosamente ante Ana o miraban con admiración a ella o a sus hijos. Los árboles se erguían rígidos con las armaduras invernales; las voces y los cascos resonaban con claridad en el silencio escarchado.

—Sería muy bonito cabalgar de noche como antes —dijo Ana.

—¿Por qué no lo hacemos? —inquirió Fernando.

—¡Que Dios no lo permita! —exclamó Bernardina.

—Por desgracia, no podemos, Fernán —explicó su madre—. Tenemos que llevar una vida respetable.

—¿Qué es respetable? —quiso saber la pequeña Ana.

—Bueno... tú, cariño.

—Es porque conocemos tan bien al rey —le explicó Fernando a su hermana—. ¡Mirad, madre! —Con la fusta señalaba una avenida del bosque—. Ahí es donde conocisteis al rey por primera vez, ¿verdad? ¿Cuando erais pequeña?

—Sí, ahí mismo. Pero entonces no era más que príncipe. Y montaba con vuestro padre.

—Y vos montabais con vuestro padre —apostilló la pequeña Ana.

Bernardina y Ana se miraron y se rieron ante aquella conversación que era un ritual cada vez que regresaban del Retiro con los dos niños.

—A ver cuándo encuentras tú un esposo y un príncipe en el bosque, Anita —dijo Bernardina.

—Cualquier día —repuso Anichu.

Entraron en Madrid por la puerta este, la Puerta del Sol. La despejada plaza estaba abarrotada de gente y había gran bullicio; todavía estaba claro pero en algunas ventanas ya había luces y los castañeros habían salido con sus braseros. Jaime y el mozo segundo juntaron el grupo y lo flanquearon cuidadosamente.

–Quiero castañas –dijo Fernando.

–Tonterías –repuso Bernardina–. Tenemos montones en casa.

–Pero en casa no las asan tan bien. ¿Vamos a pasar por la Plaza Mayor, madre?

–Si quieres, cariño.

–Y por el mercado de la Cebada un momento –añadió Ana.

–Eso es un poco lejos, amor.

–Sólo hasta la mujer del mazapán.

–Bueno, golosa. ¡Menudos golosos estáis hechos!

–Cualquiera diría que no hay nada de comer en casa –dijo Bernardina–. Y, claro, ¿que más da si a mí me entra un cólico de muerte con este frío?

–Pues vamos más deprisa para calentarnos –dijo Ana.

Cruzaron la Plaza Mayor al trote y por unas estrechas y concurridas callejuelas llegaron al alegre mercado. La vendedora de mazapanes les ofreció sus bandejas, y Anichu y Fernando escogieron unas figuritas. La vieja besó a los niños, Bernardina pagó los dulces y Ana le sonrió y le dio las gracias.

–Creo que se toma a ella misma como modelo para hacer las figuritas –comentó Ana mientras se alejaban.

–Supongo que sí –dijo Anichu gravemente, estudiando una de las figuras con atención antes de llevársela a la boca.

En la Calle Mayor, donde se encontraban las tiendas de los grandes comerciantes, un hombre gordo que había en un portal se inclinó casi hasta el suelo para saludar a la princesa.

Ana tiró un poco de las riendas de su mula.

–Jaime, decidle a don Pedro García que lo espero mañana a las doce en palacio.

Jaime se acercó al bordillo y el grupo aminoró la marcha.

Bernardina miró a Ana con expresión grave.

–He oído decir a Diego y otros –comentó– que García tiene menos escrúpulos que cualquier joyero de París, y no digamos de España.

–Pero sabe de joyas –replicó Ana.

–¿Es un capricho nuevo?

–No tengo especial interés en ellas; como sabéis, nunca lo he tenido –dijo Ana con frialdad.

Jaime regresó e hizo una reverencia ante su señora. Los caballos iniciaron de nuevo el trote.

Bernardina trató de no sonreír demasiado abiertamente, pero le gustaba la audacia y estaba alerta respecto al juego que, sin especificar las reglas, Ana y ella habían iniciado aquel invierno. El escándalo que implicaba su juego le agradaba y a veces la asustaba. Ella sabía más al respecto, o al menos eso esperaba, que ninguna otra persona en Madrid, aparte de las dos tan apasionadamente comprometidas; pero sabía también que no debía demostrarlo hasta que Ana le hablara de ello. Sin embargo, era evidente que Ana sabía que la dueña estaba enterada de la locura que estaba haciendo, y un día hablaría de ello con Bernardina, pues en los años que habían pasado juntas se había desarrollado una gran confianza entre ellas.

Bernardina no era persona de elevados principios ni abrigaba ideales de lealtad. Por el contrario, era una mujer chismosa, discretamente licenciosa y partidaria de una moral relajada. Procedía del sur y se burlaba de la rigidez y el protocolo de Castilla; encontraba ridícula la religiosidad de las altas esferas que rodeaban al rey, y, sin malicia, simplemente porque su naturaleza cínica y sensual así se lo dictaba, le gustaba descubrir traiciones, lujuria, corrupción y pecado entre aquellos aristócratas altivos. Pero sabía cuál era su sitio y su deber, y si bien era astuta, también era bondadosa con la gente en general.

No obstante, hacía tiempo que había entregado su afecto a Ana. Ahora tenía cuarenta y ocho años y llevaba veinte sirviendo a la princesa; su marido estaba empleado como escribiente en las fincas de Pastrana y ayudante del preceptor de los hijos de Ana; su único hijo se estaba preparando para ser administrador en Pastrana; de modo que sus intereses iban paralelos a los de Ana. Ruy Gómez había sido un buen patrono, y Ana llevaba el gobierno de la casa tal como él lo había encarrilado. Así pues, Bernardina estaba satisfecha con su situación en la vida y, naturalmente, se sentía unida a su benefactora. Pero, lo que es más, a menudo encontraba a Ana enigmática hasta un punto que no sabía precisar, pero que daba a su trato un toque de incertidumbre e intriga novedoso para Bernardina.

Ana la hacía enojar con frecuencia; en numerosas ocasiones la había contrariado la infantil indiferencia con que pasaba junto a posibilidades de aventuras; a menudo se quedaba absolutamente pasmada ante el rígido castellanismo de que hacía gala Ana de Mendoza y la cómica inconsciencia de la gran dama respecto a lo absurdo de su posición; con frecuencia había pensado que el brillante Ruy Gómez, al menos en las cuestiones domésticas, era el burro más complaciente de toda la historia. Sin embargo, con el paso de los años, cada vez los quería más a ambos, y disfrutaba, a la vez con malicia y bondad, de la cercana visión del gran mundo que le proporcionaban sus vidas. Y Ana, sin saberlo, siempre mantenía la ligera duda, el misterio, vivos. En su felicidad y luego, a la muerte de Ruy, en su pena mal orientada, en su virtud, en su simplicidad, Bernardina tenía la impresión, aun-

83

que no era capaz de formularla, de que estaba esperando algo, o de que no se expresaba a sí misma; como si dentro de ella hubiera algo mal colocado, que no le permitiría manifestarse plenamente.

Esto llegaba a Bernardina más en forma de sensación que de pensamiento, y lo consideraba algo disparatado por su parte, como si aplicara una melancolía falsa o poética a una vida a la que no le faltaba nada, a una mujer que no se había corrompido porque, en su inocente arrogancia, estaba más allá del poder de los corruptores. Sin embargo, la sensación era constante y originaba una especie de ternura, una indulgencia perenne en la dueña, que ahora era ya con seguridad amor, el cual, por su naturaleza, se convertía en lealtad. Amor y lealtad no expresados y apenas transformados en pensamiento, pues Bernardina era lacónica y prefería divertir que acariciar.

Pero ésta no era una ocasión para la falsa melancolía. Ahora que casi era demasiado tarde, la íntegra y autosuficiente aristócrata se había rebajado ante un tópico humano y había permitido que se apoderara de ella. Bernardina hubiera debido sentirse complacida, y con frecuencia se decía que lo estaba. Prefería las aventuras amorosas a la virtud; le gustaba la intriga y le disgustaba la austeridad; siempre había deseado que Ana se divirtiera haciendo lo que ella consideraba natural y disfrutara de los placeres de las debilidades normales.

No obstante, lo que había ocurrido era demasiado normal. Al principio, Bernardina aprobó fríamente, si bien con sorpresa, lo que veía. El asunto había comenzado como un capricho, podría jurarlo, y prosiguió gracias a alguna particularísima forma de cálculo, como una fría búsqueda del placer. Bernardina era incapaz de decidir si se debía a que el placer era una tierra desconocida, o a que al haberse perdido deseaba hollarla una vez más antes del fin. Pero el placer era la presa de Ana uno o dos meses antes. ¿Y del hombre que se lo procuró? Placer de los sentidos, sí. Y también otro tipo de satisfacción personal. Algo relacionado con el orgullo, la política, el amor al peligro y la necesidad de demostrar su dominio sobre cada uno de sus antojos mundanos más insignificantes.

Pero ahora el hombre había sido atrapado por la pasión, estaba locamente enamorado. Y Bernardina, que sabía muchas cosas de su vida secreta, sacaba como conclusión de ellas, así como del grado de su frenesí actual, que su deseo se habría convertido en cenizas, en el mejor de los casos, en un año. A no ser que la fabulosa generosidad y grandeza de la dama pudiera mantener fascinado su espíritu mundano, pero eso no sería pasión, aunque él lo disimulara con toda su habilidad.

De cualquier forma, esas cosas eran mejores breves y ardientes. Y también más seguras. No podía esperarse que se mantuviera el secreto eternamente. Sin duda los criados estarían ya al corriente. ¡Por todos los santos! ¿De qué pensaba Ana que estaban hechos? Pero los criados de los Éboli querían conservar sus puestos de trabajo, y Bernardina supuso que, si una indiscreción de su señora no iba demasiado lejos ni duraba demasiado, tanto ellos como sus lenguas serían manejables. Los escándalos breves raramente resultaban muy perjudiciales. «De lo contrario, ¿dónde estaríamos todos nosotros?», pensó la dueña.

Así reflexionaba Bernardina por aquellos días, y se infundía confianza y disfrutaba de su propio sentido común y de las conclusiones de éste.

Con todo, una sombra cuya forma se le escapaba se cernía sobre ellas. Algo nuevo había ahora en su señora que en los momentos bajos incluso la enojaba. Pues Ana ya no era la misma que en septiembre y octubre. Ahora no estaba entregada al placer. Bernardina creía que estaba enamorada; y la dueña no tenía modo de suponer qué haría en tal estado una criatura tan extrañamente fogosa. Pero no era romántica y las perspectivas la asustaban. Por otra parte, a veces le parecía que hiciera lo que hiciera Ana de ahora en adelante del amor, el amor casi tenía poder para hacerla parecer ridícula.

–¡Jesús, Bernardina! ¡Vaya estornudo!

–Rodrigo dice que Bernardina es la que estornuda más fuerte de todo Madrid –dijo Fernando–. ¿Lo sabíais, madre?

El Ángelus, que en Madrid se tocaba a la puesta del sol, llegó a sus oídos procedente de Santa María de la Almudena.

–Ya está, vamos a llegar tarde –dijo Ana.

La totalidad de la vida callejera se detuvo al tañer la campana, y la comitiva con ella. Todo el mundo se santiguó y pronunció las avemarías acostumbradas y una oración por los fieles difuntos. Para ello, los caballos se detuvieron en la esquina de la plaza de Santa María y la calle de Segovia.

Bernardina sonreía mientras rezaba, pues se encontraban en la misma entrada del palacio de Antonio Pérez. Un buen lugar para que la familia dijera el Ángelus, pensó, y miró a Ana a ver si sonreía, pero descubrió que su rostro seguía sereno.

En tanto cruzaban la plaza, Anichu se volvió a señalar la casa que acababan de dejar atrás.

–Doña Juana vive ahí con don Antonio –dijo.

–Tienen muchísimos hijos –añadió Fernando.

–Sí –repuso Anichu–, y tienen uno muy pequeño, lo he visto. Es tan pequeño que me parece que todavía no puede abrir los ojos. ¿Por qué no tenéis vos uno tan pequeño como ése, madre?

–Soy demasiado vieja, Anichu. Y de todos modos, tú acabaste conmigo. Tú fuiste la última gota, preciosa.

Cruzaron el portalón del palacio Pastrana y desmontaron en el patio.

II

Antonio Pérez arrojó más leña al ardiente fuego y a continuación se inclinó para calentarse las manos. Acababa de abandonar la sala de trabajo del rey después de una larga conferencia y el contraste de ésta con su propio despacho lo animó. «Felipe es un pobre diablo incómodo», pensó. Hizo sonar una campanilla y se dirigió a su escritorio.

–Traedme vino –le dijo al criado–, y que me manden algo de comer dentro de un rato. Algo sencillo que no me retrase, una morcilla o algo así, y un poco de pan. ¿Hay suficientes velas? Esta noche me voy a quedar hasta tarde.

Se dispuso a trabajar. Las cajas de despachos se amontonaban en los estantes junto a él; la mesa estaba salpicada de papeles. Despabiló la vela que tenía más cerca y comenzó a cortar unas plumas.

La reunión del gabinete celebrada aquella mañana había sido larga y complicada; a primeras horas de la tarde había trabajado mucho con sus secretarios; a las cinco, Felipe lo había mandado llamar y las tres horas de debate siguientes significaron –como casi todas las sesiones privadas con el rey– reajustes secretos y dificultosos de muchas decisiones tomadas penosamente con el gabinete.

«Estaré aquí hasta medianoche –reflexionó–. Ah, pero a ella le gusta la madrugada; en eso se adapta a mí perfectamente.» Sonrió con una sonrisa luminosa y satisfecha. Entonces pensó con diversión compasiva en Mateo Vázquez, con quien se había encontrado un momento antes en el pasillo, camino a su vez del despacho de Felipe. Vázquez, un sacerdote muy serio, era el rival de Pérez dentro del gabinete en la competición por la confianza de Felipe. «¡Pobre Mateo! Si va a empezar la conferencia ahora, seguro que se tiene que quedar a trabajar hasta la hora de desayunar. Muy conveniente para su voto de castidad. Y ahora, en las próximas tres horas, Felipe va a anular con Mateo, o a fingir que anula, todo lo que él y yo acabamos de fingir que hemos resuelto. Y cuando le mande el informe de esta noche mañana por la mañana, volverá lleno de rectificaciones marginales derivadas de su conversación con Mateo. Aunque a mí no me lo diga, naturalmente. Es milagroso que, entre nosotros, consigamos que este reino funcione.»

Las plumas estaban dispuestas. Escogió una y se puso a trabajar. Un minuto después estaba inmerso en la nueva redacción de un despacho muy privado dirigido al recién nombrado embajador en París, Vargas Mejía. Quizá bromeara sobre la multiplicidad de sus tareas, pero le gustaba mucho el trabajo y se compenetraba profundamente con la peculiar y tortuosa política exterior de Felipe. Le prestaba una atención total y nunca permitía que su tendencia al placer lo desviara de sus labores de Estado.

Trabajó en paz durante más de una hora. De vez en cuando se levantaba a consultar archivos o simplemente a pasear por la habitación o a observar de cerca el fuego. A veces cogía un trozo de pan de la bandeja que le habían llevado; a veces masticaba abstraído un muslo de pollo. Luego regresaba a la mesa, a una nueva pluma y a los documentos de Estado extendidos ante él.

Cuando oyó que se abría la puerta, tardó unos instantes en alzar la vista. Ninguno de sus escribientes se encontraba a aquellas horas en el Alcázar; no podía ser más que un mozo que entraba a arreglar el fuego. Pero no le gustaba tener gente mariposeando por la habitación, y cuando terminó la nota levantó la cabeza con impaciencia.

Al otro lado de la mesa estaba Juan Escobedo.

–¡Escoda en persona! –dijo Pérez, y le agradó ver que el otro se sorprendía al oír tal apelativo–. Escoda sin anunciarse y sin ser invitado. ¿Puedo preguntaros cómo os han dejado entrar en mi despacho a estas horas?

–No seáis tonto –dijo Escobedo lacónicamente–. Todos los criados del Alcázar me conocen.

–Sí, pero también me conocen a mí, y saben que desobedecer mis órdenes es un método rápido de perder un buen empleo.

–Os estáis volviendo muy arrogante, Antonio.

–¿Sí? –Hizo una pausa para servir un poco de vino–. Quizá sí. ¿Queréis?

Escobedo movió la cabeza negativamente. Permanecía rígido; su largo y oscuro rostro tenso y solemne. Pérez lo miró calculador y con desdén. Era una visita indeseada, y especialmente indeseada porque aquellos meses constituía una pesada carga en la mente del secretario de Estado. Pero ahora que estaba allí, ¿no podía resultarle útil a Felipe hacer un claro y firme llamamiento a lo que le quedara de discernimiento político a aquel hombre?

En tanto reflexionaba sobre ello y sobre el posible enfoque de tal llamamiento, dobló cuidadosamente y cubrió todos los papeles que tenía sobre la mesa y cerró las tapas de todas las cajas de despachos.

Escobedo casi sonreía mientras lo observaba.

–No hace falta que hagáis eso, Antonio. No tengo vuestra habilidad para leer las cartas de otros.

–Ya lo sé, pero no quiero arriesgarme, Escoda. ¿No os gusta que use vuestro nuevo apodo papal? ¿Veis? El que lo haga demuestra que el papa Gregorio y su embajador no son tan ordenados con sus escritorios como yo con el mío...

–Todos conocemos vuestros métodos...

–Sí, soy muy minucioso. Me entero de todo. Pero deberíais haberlo recordado antes, Juan.

Escobedo se puso todavía más rígido y habló con fanática y solemne aversión.

–Os habéis convertido en un hombre totalmente corrupto y vil.

Pérez se apoyó en el respaldo de la silla y sonrió.

–Para alguien que durante dos años al menos ha estado tramando constantes deshonras para el rey, que lo hizo lo que es, y a quien le debe todo, es una afirmación audaz y cómica.

Escobedo hizo un gesto con la mano liquidando el asunto.

–He venido a hablaros de cuestiones personales.

–No me importa en absoluto de qué habéis venido a hablar. No tenéis ningún derecho a venir aquí a estas horas y sin haber concertado visita. Pero ahora que estáis aquí, hablaréis del tema que yo escoja. Antes que nada, ¿queréis hacer el favor de sentaros?

Escobedo negó con la cabeza.

–¿No? Entonces me pondré yo en pie. No tengo necesidad de que luego me duela el cuello por miraros.

Se levantó, se acercó al fuego y echó un tronco. Cuando volvió nuevamente el rostro hacia Escobedo, su expresión había cambiado. Parecía infantil y serio.

–Juan –dijo–, antes éramos amigos. Y aprendimos juntos esta profesión, con el mejor de los maestros. –Escobedo inspiró bruscamente, como si le hubiera asaltado un dolor agudo, pero Antonio continuó hablando–. Antes de entrar en detalles de este lío que estáis armando, voy a daros unas instrucciones estrictamente personales, y son exactamente las que os daría Ruy Gómez...

–En nombre de Dios, ¿queréis hacer el favor de quitaros ese nombre de la boca?

–¡No seáis tan necio! Escuchadme, Juan. Ante Dios os pido que me escuchéis ahora, por vuestro propio bien. Debéis hacer tres cosas: a) No volver a escribirle ninguna de esas descabelladas cartas al rey; b) renunciar inmediatamente del servicio de don Juan; c) retiraros al campo y vivir discretamente por lo menos durante cinco años. Por vuestro propio bien, ¡hombre!, ¿os comprometéis a hacer esas tres cosas tan sencillas y a hacerlas inmediatamente?

–Por favor, no gastéis saliva. Repito que no he venido aquí para discutir con vos sobre mi labor política.

–¡Vuestra labor política! ¡Dios mío! –Antonio paseaba intranquilo por la habitación; de pronto regresó y encaró de nuevo a Escobedo–. Entonces ¿insistís? ¿Emprendéis voluntariamente una traición?

Traición era una palabra peligrosa en la corte de Felipe. Iba ligada a siniestros recuerdos y rumores. Por tanto, Antonio la usaba deliberadamente. Y produjo su efecto.

–¿Traición? Disentir de vuestro partido en el Gobierno sobre la política a seguir en los Países Bajos no es traición, Pérez. Yo sirvo a España tal como se me encargó; promoviendo los legítimos y valientes proyectos de don Juan de Austria.

–¡Legítimos proyectos de un bastardo!

–Vos también sois bastardo, Pérez.

–Sí, pero plebeyo. De modo que no puedo pedir a gritos el pabellón y la insignia de un príncipe legítimo de España, como vuestro precioso don Juan. Y, de todos modos, puede hacerse cargo del pabellón y la insignia, aunque sin título, cuando quiera, si tiene la gentileza de tratar de complacer a su sufrido hermano en uno o dos asuntos de Estado. Felipe es demasiado indulgente con sus parientes. Pero, volviendo al tema, estábamos hablando de traición, Juan...

–Estabais vos.

–Sí, yo. Mirad, ya sabéis, porque os lo he dicho claramente muchas veces, lo mismo que el rey de manera más indirecta, sabéis que en este Alcázar conocemos todas vuestras confabulaciones y negociaciones europeas probablemente al mismo tiempo que vosotros mismos. No voy a extenderme sobre la traición ahora, porque no deja de ser infantil fingir que los sueños de don Juan son otra cosa que un desafío al rey. Simplemente he usado la palabra para que sepáis que aquí se está utilizando referida a vuestras actividades, y, una vez avisado, procedáis a placer. Pero me propongo hablar de política un minuto... –Escobedo se movía impaciente–. Y vos vais a escucharme. En primer lugar, tendremos paz en los Países Bajos. Vos nos la estropeasteis este verano, pero, creedme, la vamos a recuperar. Gracias a las recientes y absurdas «victorias» de Juan, quizá tengamos que volver a mandar a Parma con algunas tropas durante un tiempo, puesto que parece que tenéis el país algo revuelto. Pero como sabéis, hay ya una comisión camino de Bruselas para que restablezca a toda costa el Edicto Perpetuo. Y les vamos a pedir a los Estados que elijan un nuevo gobernador, ¿lo sabíais?, en lugar de vuestro precioso Juan. Tendrán el que ellos quieran, probablemente uno de sus queridos archiduques del Sacro Imperio Romano, Matthais o Ferdinand; tienen que elegirlo ellos. Nuestros ejércitos regresarán a casa, y habrá paz.

Escobedo sonrió en silencio.

–Juan conoce los ejércitos, vos no.

–¡Sois capaz de decir semejante cosa y luego poner objeciones a la palabra traición! Por Dios, hombre, debéis de confiar ciegamente en nuestra antigua amistad. Entretanto, conozca quien conozca los ejércitos, es Felipe el que los paga, y ya no va a seguir pagándolos. Así que ahí tenéis los Países Bajos y los desastrosos esfuerzos que habéis hecho.

»Lo siguiente es que no va a haber caballeroso reclutamiento de voluntarios para ir a Francia, por favor, y desde luego nada de ofrecimientos de tropas españolas al duque de Guisa. ¿Queréis informar firmemente una vez más a don Juan en este sentido? Guisa ni siquiera ha pedido su ayuda, y es demasiado astuto para arriesgarse a enojar a Felipe en esta situación. No nos vamos a meter en los asuntos particulares de Francia, ¿entendido?

–Una guerra santa concierne a todos los cristianos.

–¿Una guerra santa? –Antonio se echó a reír–. Ay, Juan, ¿qué se ha hecho de vuestra antigua perspicacia? ¿Qué os ha hecho Jeromín? Pero el término «guerra santa» me lleva directamente a nuestra última y más terminante prohibición. Escuchad, amigo. La invasión de Inglaterra por parte de don Juan no va a tener lugar. Eso, como sabéis, quedó resuelto hace años. El rey lo consideró en su momento, con vacilación y a mi juicio sin motivos. Pero ahora no lo acepta a ningún precio, ¿está claro? Y está furioso con esta recuperación ampliada del plan. Sí, conocemos todas vuestras ofertas. La bendición del papa, el dinero del papa y los hombres del papa. Sabemos que nuestro Encantador ha de liberar a María de Escocia, casarse con ella y convertirse en rey de Escocia. Sabemos que ha de dividir toda Inglaterra y devolverla a la Fe; naturalmente, capturará a Isabel y la tendrá una temporada en el castillo de Sheffield. Una «guerra santa», ya lo creo. Os lo juro, Juan, es la fantasía más maravillosa que he visto en mi vida. Y es tan maravillosa porque no guarda la más remota relación con la situación política actual ni con las tendencias ni en Inglaterra, ni en Escocia ni en ninguna parte del norte de Europa. Realmente es el sueño perfecto. Desde luego, a los Países Bajos les encantaría, porque arrojaría a Isabel y a toda Inglaterra directamente a los brazos del príncipe de Orange. Francia resplandecería de alegría ante lo que con razón anticiparía como el fin de España, y el Sacro Imperio Romano estaría divertidísimo. E Isabel, antes de que la encarcelarais, bueno, Isabel os derrotaría, Juan.

–Sois absurdo y cínico –dijo Escobedo–. Y lo que es peor, como secretario de Estado de España, sois asombrosamente indiferente ante su responsabilidad espiritual en Europa. Pero si os dignaseis tratar de lo que os negáis a examinar imparcialmente...

–¡Llevo dos años examinándolo! Me habéis obligado. Nos habéis hecho perder más tiempo y habéis causado más preocupaciones a Felipe que ningún otro problema de asuntos exteriores. El rey ha tenido una paciencia extraordinaria. Quiere a Juan y desea dejarlo decidir por sí mismo, poner a prueba sus propias ambiciones y encontrar su lugar en el Gobierno. Pero nadie podía prever este desarrollo de vanidad ciega y sobrenatural, o, lo que es peor, la fuerza de esa vanidad para trastornar el juicio de un político preparado como vos. Sin embargo, os he avisado, por última vez. Y si estas lunáticas confabulaciones avanzan un solo palmo más, no me hago responsable de vuestro destino, ni del de don Juan. Felipe está muy resentido con vos, mucho más de lo que os permitirá advertir por ahora. Pero ya conocéis sus métodos cuando está furioso. No tengo que deciros nada sobre el complicado carácter del rey.

–Habláis como si fuerais el dueño del rey –dijo Escobedo–. Yo estoy aquí en Madrid como emisario de don Juan ante él sin esconderme de nadie. Estoy aquí para discutir con él sobre la conveniencia para España de emprender ciertas acciones en el norte de Europa que nosotros proponemos. Veo a Felipe con bastante frecuencia, como sabéis, y mantengo correspondencia con él. Conozco bien su carácter y por lo tanto sé que probablemente en este momento está más en contra de mis propuestas de lo que me permite ver. Incluso acepto vuestra opinión de que está muy enfadado con nosotros ahora, y que por tanto mi carrera y la de don Juan, e incluso nuestras vidas, pueden estar en peligro.

Cuando Escobedo dijo aquello los dos hombres se miraron fijamente.

–Continuad –dijo Pérez.

–Pero es mi deber abogar por esta causa y enfrentar mis convicciones a las vuestras. Felipe, después de todo, es hombre de profunda fe religiosa, y ahí es donde vuestra influencia deja de contar y comienza la mía. Quizá no le influya directamente, pero puedo encontrar quienes lo hagan. Naturalmente, puesto que ninguno de los dos estamos «cometiendo traición», don Juan y yo nos damos cuenta de que solamente podemos emprender las acciones que consideramos necesarias cuando Felipe nos conceda su bendición, o al menos su tolerancia. Y si lo hace, vivirá para alegrarse por ello y nosotros estaremos satisfechos de ceder el honor a Su Majestad. Pero ahora tiene un claro deber para con la Fe Eterna, y don Juan es el instrumento de Dios, que espera en su mano.

Antonio Pérez recorrió la habitación con la vista como si no encontrara medios de expresión. Lentamente se sirvió más vino y lentamente lo bebió.

–Elocuente e idealista –dijo tras una pausa–. Pero por desgracia he descifrado más de lo que sabéis. Todavía no os he descrito totalmente el sueño de don Juan. Hay un epílogo. Cuando Juan sea rey de Escocia e Inglaterra, e Isabel esté en la Torre, piensa hacer algo más que ser abrazado por el papa y disfrutar de los famosos placeres del lecho de María. Hay un codicilo que habla de traer todos vuestros nuevos ejércitos y flotas del norte a Santander y de lanzarse a la empresa de rescatar España de la inercia y el cinismo del actual gobernante. Todo eso está anotado en mis archivos privados, Juan.

Escobedo separó los brazos.

–¡Y no es cierto! –exclamó–. Me lo han echado en cara en otras ocasiones; es una vil y absurda mentira. No hay ninguna conspiración contra el rey, nunca la ha habido y nunca la habrá.

–Lo he visto escrito.

—No será de mi puño y letra, ni de la de él. Don Juan se enfurece a veces. ¿Quién no lo haría, con las eternas evasivas y retrasos del rey? Y lo he oído perder el control de modo muy indiscreto, y decir cosas sin sentido sobre que él es el mejor gobernante de España y sobre invasiones y demás, pero eran sólo momentos breves y encendidos de exasperación. Y aun así, lo he reprendido por ello, y he temido que alguien lo oyera.

—Ese tipo de cosas llegan a los informes de los embajadores, y a despachos de los que vos no tenéis ni idea, Escoda.

—En ese caso, vos debéis saber valorarlas. Sois ahora cínico, corrupto y oportunista, como todos sabemos, y sois la influencia más corrosiva sobre Felipe; de modo que se ha hecho imperativo acudir a rescatarlo de ella. A él y a España. Pero sois astuto, y no podéis engañaros sobre mi lealtad a la persona del rey. ¡No podéis, Pérez!

—En mi trabajo nunca considero a las personas, sino a lo que las veo hacer. Una persona más o menos no tiene importancia en los asuntos de Estado, es lo que promueve y lo que hace lo que yo tengo que considerar. Y veo vuestras acciones recientes y vuestras intenciones futuras y las considero injuriosas. De modo que no me interesan los recuerdos emotivos del tipo de persona que sois, o aparentabais ser. Sólo me baso en lo que os veo hacer. Y pienso poner fin a lo que estáis haciendo ahora, porque es mi deber. Sois un hombre valiente y antes os consideraba inteligente y os tenía simpatía, pero vuestras actuales actividades políticas constituyen un peligro para España, por lo tanto habrán de cesar. No soy un sentimental, Juan.

—No, no sois un sentimental. Y ése es el asunto que me ha hecho venir.

—Vos no tenéis ningún asunto que tratar aquí. Ya hemos terminado. Os he dado la última instrucción. A partir de este momento ya sabéis lo que se espera de vos, y se os ha avisado sobre el extremo descontento del rey. De modo que buenas noches. Tengo mucho trabajo. —Pérez regresó a su mesa y se sentó.

Escobedo no se movió.

—Voy a decir lo que he venido a decir —declaró. Pérez no levantó la vista de su trabajo—. He descubierto que sois el amante de la princesa de Éboli.

Pérez alzó entonces los ojos con calculada sorpresa.

—¿Qué?

—Ya me habéis oído.

—Ya lo creo. —Antonio se recostó en el respaldo de la silla y se rió—. Os he oído, procaz comadre. —Hizo una pausa—. Llevo once años en el cargo de secretario de Estado. Durante diez de esos años he estado felizmente casado; tengo ocho hijos, Juan. Sin embargo, durante este período se ha «descubierto» que soy el amante de al menos once damas de la nobleza, la mayoría, que yo sepa, de casi tan alta cuna e impecable virtud como la gran dama que acabáis de nombrar, zopenco. Y todavía llevan la cabeza bien alta en la sociedad, lo mismo que yo y mi familia, y más que nunca sigo siendo secretario de Estado.

—Yo siempre he sabido que esos cuentos eran ciertos...

—¿Sí? ¡Cuán generoso de vuestra parte, Juan! Me atribuís poderes, de todo tipo, que de verdad no poseo. Y ahora, ¿queréis tener la amabilidad de trasladaros a un lugar más apropiado con vuestros chismes de mozo de cocina?

—Ya veo que no os vais a dejar desenmascarar, pero ello no altera nada. Sé que lo que he dicho es cierto, y en nombre de Ruy Gómez, por su honor y sus hijos, yo protesto con toda mi alma contra tan ignominiosa situación. ¡Dios mío! —Por fin se movió para dar unos pasos por la habitación—. ¡Dios mío! ¡Era nuestro amigo y nuestro padre, Antonio! Él la adoraba y la amaba. Yo fui albacea de su testamento, como sabéis, y me confió muchos de los asuntos de ella y de sus hijos. Yo conocía sus sentimientos respecto a este tipo de cosas. Y vos también. –Hizo una pausa, pero Pérez continuó observándolo fijamente con frío asombro–. ¡Y ahora esta espantosa y solapada deshonra en su casa y en su cama!

–¡Solapada deshonra, muy bien! La dama a quien estáis difamando con tanta efectividad es un honor por quien muchos hombres más grandes que vos y que yo harían cualquier cosa. Siempre lo hemos sabido, Juan. Solíamos sopesar sus posibilidades, incluso la del rey, ¿os acordáis?, aquí en este mismo Alcázar, cuando trabajábamos juntos al final de este pasillo, en la sala de los secretarios. Con Ruy vivo para ser deshonrado. Pero entonces erais joven y teníais cierto sentido del humor.

–Entonces Ruy estaba vivo y podía ocuparse de su esposa. ¿No lo creéis así?

–De acuerdo. Pero supongamos que esta idea vuestra fuera cierta... Supongamos, para divertirnos, que la princesa de Éboli está teniendo una aventura amorosa con, bueno, con vos, o conmigo, o con el embajador de Francia. ¿Qué tiene eso de particular?

–Está teniendo una aventura amorosa, como la llamáis vos. Y no es conmigo ni con el embajador de Francia. Y yo os digo que es intolerable.

–¿Por qué? ¿Porque no es con vos?

Escobedo hizo caso omiso de la impertinencia.

–¿De verdad queréis saber por qué? Es vieja...

–Unos ocho años más joven que vos y yo, si no me equivoco...

–Es fea...

–*Belle laide* –dijo Antonio–. Yo siempre he pensado que era hermosísima. Pero, claro, mi gusto en cuanto a mujeres es extraordinariamente bueno. Acepto lo que encuentro, os lo aseguro, pero al mismo tiempo sé lo que me gusta. –Se rió y se puso en pie de nuevo–. Bueno, viejo amigo, habéis interrumpido mi trabajo nocturno para decirme que la princesa de Éboli es vieja y fea, y que por tanto debe ser aborrecida por consolar su desgraciada vida con una aventura amorosa. Si la única manera de hacer que volváis a casa es decir que tenéis razón sobre todo esto, naturalmente lo digo. Tenéis toda la razón, Escobedo, y vuestro celo por la castidad es consolador. ¿Puedo ya, por favor, proseguir mi trabajo?

–Yo hubiera hecho cualquier cosa, en cualquier momento, por Ruy Gómez. Él lo sabía. Y sólo porque ya no está entre nosotros, no permitiré que su nombre sea deshonrado en intrigas, que sus hijos sean ridiculizados y que sus fortunas se despilfarren en mequetrefes venales que pretenden ascender y cuya fama y destino fueron labrados por él.

–Muy bien. Adelante, ya que lo consideráis vuestro deber.

Se produjo una pausa durante la cual se miraron mutuamente. El rostro de Antonio era frío y neutral; el de Escobedo manchado de cólera. Sin embargo, cuando volvió a hablar su voz era tan firme como podía haberlo sido la de Pérez.

–Puede que me vea en la necesidad de decírselo al rey –dijo.

Aparentemente Pérez sopesó la observación antes de contestar.

–Abandonándoos a una hipótesis que ni siquiera habéis tratado de demostrarme.

–A vos no tengo que demostrárosla.

–Abandonándoos, he dicho. ¿Puedo recordaros que Felipe todavía está un poco enamorado de Ana de Mendoza? A su particular manera, lo acepto, pero aun así, yo diría que está enamorado. Y aparte de eso, la estima muchísimo.

–Razón de más para que la vea tal como es.

–Quizá. Pero no le gustan los portadores de malas noticias. Ay, Escobedo, bobo, ¿es que estáis enamorado de la muerte?

–Le llega a todo el mundo.

–No, algunos corren a su encuentro. Y creedme, si ahora añadís a vuestros errores con don Juan la locura de hacer esta grave acusación contra alguien tan querido para el rey, si lo hacéis, estáis acabado.

–¿Qué más da? Habré salvado el honor de Ruy Gómez.

–Pero él era de Portugal. Era un hombre de juicio. No tenía esta enfermedad castellana del honor. Además, ¿cómo lo habréis «salvado»? ¿Iniciando un enorme y risible escándalo sobre su esposa y su familia? ¡Ay, pobre Ruy, cómo se estremecería ante vuestra torpeza!

–O ante vuestro cinismo.

–Sí, claro, también ante eso. Siempre me lo advertía, pero a fin de cuentas uno es como es. Vos, sin embargo, últimamente estáis siendo vos mismo en exceso. ¿Es que no lo veis? Si le contáis a Felipe lo que sospecháis de la princesa, posiblemente tardará años en decidir si debe o no creeros. Entretanto se torturará y se vengará con vos de la incomodidad que le habéis causado. Incluso es probable que se deshaga de vos, ya sabéis con qué facilidad hace estas cosas, antes de decidirse a pediros pruebas. Pero digamos que sí os pide esas pruebas...

–Las tengo.

–¡Sí! Contra los juramentos, amenazas y testimonios unidos de todos los Mendoza de España, todos sus vasallos, primos, capellanes y criados; contra el férreo anillo de la lealtad y, de ser necesario, perjurio que la casa de Ruy Gómez formaría al instante en torno a su viuda; contra la inmediata simpatía de Madrid hacia cualquier mujer censurada de un modo tan disparatado; y por encima de todo, contra el vanidoso y megalómano deseo de Felipe de probar vuestro error, pues si no ama a Ana, creedme, ama la leyenda de su amor, ama las habladurías y su eco, recordatorio de días más felices, le gusta pensar, quizá, que sólo el amor que compartían por Ruy evitó que Ana y él incurrieran en un escándalo realmente flagrante hace mucho tiempo; y también le gusta pensar que lo que él estima no lo toca ningún hombre que no cuente con el permiso real. Él se la dio a Ruy, de modo que ello era aceptable. Pero no va a volver a dársela a nadie, la quiera él o no. De modo que, ¿lo veis?, contra todo eso, sobre todo contra la colosal vanidad de Felipe, vos aportaríais vuestras pruebas: un lacayo comprado, una costurera o un despensero, criados demasiado jóvenes e inmaduros para saber que no se vende a los grandes por unos pocos ducados, y que, si se hace, con eso se termina su posibilidad de trabajar para cualquier mayordomo de la sociedad española a partir de ese momento. No, no, no me importa lo que vos creéis saber contra Ana de Mendoza; como una vez os estimé, os imploro por vuestro propio bien que lo olvidéis. Don Juan de Austria os ha llevado ya demasiado lejos en el desprecio del rey, demasiado lejos para mi gusto, os lo prometo. En nombre del buen juicio, abandonad este mortífero capricho, que de todos modos es indecoroso. Es una cuestión innoble e impropia de vos.

Escobedo sonrió un poco.

—Un buen discurso, en circunstancias difíciles, Antonio. Desde luego sois un diplomático muy preparado.

—Sí, tan bien preparado que veo diplomacia detrás de todo este oscuro y «honorable» enredo que me traéis esta noche. De hecho, veo vuestro juego. Pero vais a perder en todos los aspectos. Vais por mal camino. Considerad con detenimiento lo que acabo de deciros. Ha de ser un hombre valiente el que altere las ilusiones del rey.

—Por lo general he sido tan valiente como la mayoría.

–Entonces eso ha de bastar. A mí al menos me gusta que estéis vivo, Escoda.

–Gracias. Buenas noches.

–Buenas noches.

Una vez Escobedo se hubo marchado, Antonio permaneció sentado, inmóvil, tras su escritorio, con los ojos medio cerrados. Cuando tocaron las doce en la capilla del otro lado del patio, abrió los ojos y comenzó a desdoblar los papeles que había cubierto durante la entrevista. Alerta y sosegado, volvió al trabajo.

III

Ana oyó sus silenciosos pasos por el largo salón. La puerta que comunicaba con su dormitorio estaba entreabierta.

–Podéis entrar –dijo.

Antonio penetró en el dormitorio y se acercó al lecho. Llevaba una bandeja con vino y vasos y le sonrió.

–¿Os importa que beba?

–¿Es que alguna vez me importa?

Dejó la bandeja y se sentó en el borde de la cama.

Junto a Ana dos velas ardían en un candelabro. Tenía la cabeza hundida en la almohada; su cabellera se extendía más allá de su despejada frente; el negro parche de seda, pequeño y trágico, prieto contra el pómulo derecho. Le alargó la hermosa mano y él se la cogió.

–Estáis muy delgada, Ana, demasiado. Cuando estáis tumbada así, casi parece que no hay nadie.

–No os esperaba esta noche.

–No me voy a quedar mucho rato. Pero ahora me resulta casi imposible pasar por vuestra puerta sin entrar. Me siento ligado a vos. –Soltó la mano y se sirvió un poco de vino–. ¿Os sentís vos ligada a mí?

–Sí. Pero yo puedo pasar por delante de vuestra casa sin entrar.

Antonio sonrió.

–Bueno, tampoco tenéis otro remedio.

–Creo que eso no importaría si no pudiera.

–¿Queréis decir que entraríais, en casa de Juana?

–Si no pudiera evitarlo, si no pudiera pasar sin entrar.

Ambos se echaron a reír.

–Entonces gracias a Dios que podéis –dijo Antonio.

–Sí, porque soy muy fastidiosa, de verdad.

Él la contemplaba en tanto sorbía el vino.

–Eso es cierto; estoy seguro. Y sin embargo, nunca habéis fastidiado a nadie en lo más mínimo.

Ella no contestó. Él la miró y supuso que estaría pensando en la madre Teresa de Jesús y en las carmelitas descalzas de Pastrana.

–Pero nadie podría conoceros bien –prosiguió él sin tener en cuenta sus pensamientos–, y no darse cuenta de eso. De ese sentido de amenaza que hay en vos.

Ella rió.

–Yo no soy quién para juzgar, como sabéis –dijo–, pero creo que debéis de ser un amante excelente.

–En realidad, lo soy –repuso él alegremente–. Pero ¿a qué viene eso ahora?

–A qué venís aquí, fatigado del viejo papa, de los Países Bajos, y del bey de Argelia a las dos de la madrugada, os sentáis y empezáis a hablar, como si en el mundo no hubiera nada más, sobre mí.

–Qué tonta, qué tonta e inexperta sois, Ana. Por eso vengo a vos. Porque siempre me hacéis el mismo truco y nunca, nunca puedo adivinar cómo.

–No tengo ningún truco, de verdad –declaró ella–. ¿Qué os preocupa, Antón?

103

–Ahora nada. Vuestro vigilante me ha dejado entrar con la misma amabilidad de siempre. Me he cruzado con ese lacayo que os es tan simpático, Esteban, en el patio; y en el pasillo que conduce a vuestras habitaciones una de vuestras doncellas me ha saludado. ¿Os parece bien esto, Ana?

–No, no me parece bien. No hace falta que me lo diga mi capellán. Pero no es asunto de los criados. Es asunto mío. Y también vuestro y de vuestra esposa. De nadie más.

–Hacéis trampa. Eso no es lo que quería decir.

–Pero por desgracia, es todo lo que yo quiero decir. Ojalá fuera retorcida como otras damas. ¿Qué hacen para ayudaros a superar esa preocupación acerca del vigilante y todo lo demás?

–Ay, inventan todo tipo de planes y estratagemas; muy fatigoso.

–Eso pensaba yo, fatigoso. Y pese a ello, mi dueña siempre sabe todo lo que está haciendo Madrid en pleno.

–Eso supongo. ¿Sabe lo que estáis haciendo vos?

–Bernardina sabe lo que pasa en Madrid, pero no siempre sabe por qué suceden las cosas. No obstante, puede sorprenderse sin que se le note. Tiene buen juicio.

Antonio se apoyó contra el pie de la cama y miró hacia ella con una expresión de perplejo placer en los ojos.

–Debería haber más luz –dijo–. Tenéis un aspecto demasiado trágico en este momento, sí, incluso cuando sonreís. ¿Queréis un poco de vino? –Ella movió la cabeza negativamente. Antonio se volvió a llenar el vaso y se apoyó de nuevo en el poste que sostenía los doseles de seda–. En Toledo hay un pintor extranjero, un griego llamado Theotocopuli...

–El rey me habló de él el otro día...

–¿Sí?

–Está pensando en la posibilidad de poner unos lienzos suyos en El Escorial...

–Menuda suerte para el extranjero.

–Pero Felipe no está del todo seguro de que le guste su trabajo.

–Yo tampoco. Muy emocional, santos y éxtasis. Estuve hace poco en su estudio, con el arzobispo. A propósito, ¿os había dicho que a aquel buen amigo vuestro le van a poner el bonete rojo? Me alegro, ¿vos no? Pero volviendo al griego, Theotocopuli, lo que quería decir es que muchos de sus muchachos en oración y anunciaciones y otras cosas me recordaron a vos. De hecho, creo que quizá debería pintaros. Pero antes tendríais que haceros un poco más santa, al parecer no le interesan las mundanas.

–Yo no soy ninguna de esas cosas.

–¡Ana! Sois el máximo exponente de ello.

–Quizá por eso no me interesa.

–Pero ¿no os interesáis vos misma?

–Inmensamente. Por eso estáis vos aquí. Por eso soy vuestra amante.

–¡Ah! ¿Un experimento?

Responder a aquello tal como lo hubiera hecho espontáneamente hubiera resultado pomposo y egoísta, de modo que prefirió reírse de sí misma.

–No os ofendáis. Es que me obligáis a hablar egoístamente de lo bondadoso que sois. Pero ahora sabéis que estoy enamorada.

Lo dijo y sabía que era cierto, tal como había imaginado que sería antes de hacer el experimento de aceptarlo. Sin embargo, pronunciada, la frase siempre le sonaba exagerada, y siempre tenía la impresión de que su alma arqueaba una ceja al oírla, pues sonaba como si fuera importante, como si demostrara algo y justificara al que la decía, cuando lo único que hacía era ponerla en su sitio, entre los pecadores.

Era correcto. Era una pecadora, y en ese momento estaba impúdicamente contenta de descubrir que de verdad podía materializar los míticos placeres de las relaciones sexuales que había esperado legítimamente del matrimonio, pero que nunca había alcanzado. Sin embargo, resultaba irónico lograrlos finalmente de modo ilícito y encontrarlos acompañados de un sentido de pecado que no pasaba de ser convencional, casi una comedia. Era irónico sentirse como una mujer libertina. La culpa –o la gracia, más bien, de ello, puesto que no deseaba censurarlo– residía en el carácter de Antonio. Sospechaba ahora que hace tiempo, cuando Felipe, en pleno apogeo de su arrogancia sensual e inquietud, la atrajo con tanta fuerza, no se convirtió en su amante simplemente porque él no podía renunciar a las obligaciones de su moralidad personal. Un adulterio más o menos no significaba nada para Felipe, el rey, cuando era joven; pero pecar contra Ruy Gómez iba más allá de sus fuerzas. Ana nunca sabría si hubiera estado más allá de las suyas, porque Felipe, con todos sus amoríos, nunca la había enfrentado con la decisión final. Los teólogos dirían que el pecado de ahora contra Juana de Coello, la esposa de Antonio, era exactamente igual al que ella y Felipe hubieran cometido contra Ruy. Pero ni ella ni Felipe estarían de acuerdo con los teólogos, pues Antonio Pérez era amoral por naturaleza, y nunca, ni siquiera al pronunciarlo, había considerado su compromiso de matrimonio otra cosa que una mera formalidad. Juana y sus hijos siempre tendrían su dedicación, su amabilidad y su cuidado; pero ella, Ana, aunque la amara con fascinación, era simplemente otra deliciosa y necesaria mujer libertina. Después de todo, pensó Ana divertida, no se puede pecar contra el sexto mandamiento solo, y Antonio nunca había aceptado su existencia. De modo que, cuando dijo –en privado, a su amante, para el placer de los dos y porque era cierto– que estaba enamorada, sintió no obstante que estaba provocando una tormenta.

No es que fuera a evitar o a maldecir la tormenta; de joven nunca había soñado llevar una vida apacible. Había sido una niña malcriada y arrogante llena de tempestades. Se llevó la mano al parche de seda negra y apretó las puntas de los dedos contra el hueco del ojo. Aquel absurdo desastre, aquel duelo con el muchacho de Granada, el paje de su padre –¿cómo se llamaba?– había sido la primera prueba de su espontaneidad. La primera y quizá para siempre la más efectiva. Nunca se había resignado –aunque nadie la había oído decirlo, ni Ruy ni su madre– a ser tuerta. No era vanidosa desde el punto de vista de la coquetería, pero desde la infancia se había sentido satisfecha por la corrección, según sus propias normas, de su apariencia. Belleza, buen aspecto, en las cosas y en las personas, eran cualidades que apreciaba rápidamente; se sentía atraída o repelida de modo decisivo por los atributos físicos. De modo que –después de desafiar y castigar un dicterio andaluz contra las aspiraciones castellanas a la preeminencia sobre todos los demás reinos españoles– se encontró desfigurada, grotesca para siempre; el golpe que sufrió su confianza en sí misma fue tan profundo que comprendió que, si había de vivir con ello, debía hacerlo con una aparente indiferencia. Nadie debía lamentarse ni sacar importancia a una desgracia que sólo ella podía medir. Ella misma, una niña-esposa de quince años, escribió a su maduro esposo, que se encontraba en los Países Bajos, para contarle lo que le había ocurrido, y se sintió agradecida hacia él por la inalterada ternura con que respondió a su carta. A partir de entonces, como hábilmente aprendió Ruy, aparte de que en algunas ocasiones la llamara Tuerta y de que una o dos veces hiciera alguna broma sobre su marcial sacrificio por el honor de Castilla, hubo de dejar su desfiguramiento como asunto de su incumbencia particular, y suponer en qué medida la molestaba. En ocasiones ella pensaba que le era fiel, buena y dócil, y vivía como él deseaba que viviera simplemente porque había perdido un ojo; y algunas veces pensaba que él también lo pensaba. Pero de esto nada se decía, y fueron felices juntos, y ella llevaba el parche en forma de rombo con una indiferencia que el mundo admiraba.

Antonio se inclinó, le cogió la mano y se la besó.

–¿En qué pensáis ahora?

–En una disputa en que participé cuando era pequeña.

–Eso pensaba –dijo él con delicadeza y ella lo miró cautelosa. A menudo sospechaba que sus intuiciones eran muy acertadas. Sin embargo, nunca desvelaba más que un vislumbre de las que ella no deseaba que descubriera.

Ana se maravillaba de la delicadeza de sentimientos que se encontraba en los hombres, y se preguntaba si ella lo percibiría sólo porque los pocos que conocía estaban preparadísimos para la vida cortesana y la diplomacia.

–¡Ah! Casi se me olvida –dijo, y se rió algo tímidamente mientras sacaba una cajita de piel de debajo de la almohada y se la daba–. A ver si os gusta, Antón.

Regalarle cosas era para ella un gran placer y sin embargo la ponía nerviosa, pues tenía un gusto por las chucherías y los adornos que ella no compartía, de modo que siempre tenía miedo de elegir mal y desilusionarlo. Como defensa, compraba de modo extravagante y a los comerciantes de moda, pero le gustaba, en la medida de lo posible, regalarle cosas que a ella también le agradaran. Así pues, dado que el gusto de ella era tan moderado como el de él florido, cada regalo era un riesgo.

–¿Otro regalo? –Le brillaban los ojos–. No debéis hacerlo, Ana. ¿Es para Navidad?

–No, no. Es sólo para hoy.

Era una pulsera, gruesa, flexible, con grandes y claros topacios engarzados. Llevaba un broche de diamantes en forma de corazón.

–Vos lleváis estas cosas, mi afrancesado *mignon*.

–Ya lo creo, o al menos las llevaré. ¡Oh, Ana! Es demasiado bonita.

–¿De verdad? Como sabéis, nunca estoy segura...

Él se echó a reír.

–¡Cómo os estoy envileciendo! ¡Cuánto os estoy enseñando! ¡Y todo malo!

–Ponéosla.

–¿Me la pongo? –Se la colocó en la muñeca y la lució complacido–. ¡Es preciosa! ¡Sorprendente, sorprendente, Ana!

–Está hecha en París, pero los topacios son de nuestro propio imperio...

–¡Botín de los conquistadores!

–Sí. Parece adecuado que el secretario de Estado tenga unos cuantos.

–¡Qué indulgente y traviesa sois, Ana!

Se rió y la besó. Ana sintió el inevitable placer que nacía en ambos y lo recibió de buena gana. Sin embargo, su espíritu le decía a la vez que incluso la sensualidad y el pecado, cuando se permitían a regañadientes y tarde debían revelar algo más, aparte de que era una pecadora tan natural como cualquier mujer, una amante vulgar, satisfecha y satisfaciente. La razón le decía que la vida privada, por muy benevolentemente que se considere, debe consistir en algo más que en el lugar común de cualquier calle o cualquier cama. «Todavía debe haber una razón –pensaba Ana–, para ser uno mismo, y esto no lo es. Sufrimiento quizá, conflicto, fe, o una disputa o una prueba de algún tipo.»

CAPÍTULO TERCERO
(Febrero de 1578)

Los niños Éboli no habían pasado el Carnaval en Madrid desde la muerte de su padre en 1573.

–Así que no vamos a perdernos ni una sola diversión –le decía Ana al marqués de los Vélez–. Bernardina y yo andamos locas con tantos enredos y preparativos.

La larga y silenciosa sala proclamaba la festividad. Por todas partes había máscaras y cintas de papel; las cajas y cestitas doradas rebosaban frutas confitadas y mazapán; y una peluca de pelo negro y rizado –de hombre– sobre un soporte, encima del escritorio de Ana.

Vélez la señaló divertido.

–Oíd, Ana, ¿no sabéis que ni siquiera vos podéis vestiros de hombre? Lo prohíbe la ley, querida.

–No es para mí. Rodrigo va mañana a la fiesta de disfraces del embajador veneciano vestido de Santillana, su antepasado.

–¡Ah, el poeta!

–Sí. Y claro, Rodrigo está demasiado enamorado de su cabello rubio para teñírselo. De modo que han hecho esta carísima peluca a partir del retrato de Santillana que hay en la casa del Infantado de Guadalajara.

–Todo vale para que Rodrigo se luzca, ¿eh? Pero, ¿qué hace aquí la peluca, querida?

–Ah, sí, voy a ver cómo se la prueba y a sugerir cómo debe maquillarse la cara. El caso es que piensa que su madre es tan vieja que sin duda tiene que acordarse de cómo era su tatarabuelo.

El viejo marqués se echó a reír.

–Y en lugar de haceros vieja para complacer a vuestro hijo, os volvéis más joven. De repente habéis rejuvenecido mucho. ¿Por qué?

Después de salir de una reunión del gabinete, celebrada en el Alcázar, el marqués había ido a ver a Ana por mandato del rey para decirle que éste le haría una visita informal aquella misma tarde. Y también para despedirse de ella, pues se retiraba para la Cuaresma a la residencia de campo que tenía en Alcalá de Henares. Cuando Ana estaba en Pastrana eran vecinos y tenían muchas cosas en común. Él había servido con Ruy Gómez en el gabinete y siempre había defendido la política de liberalización y progreso proclamada por Ruy. Estimaba a la esposa y a los hijos de Ruy.

–Estáis cansado –dijo Ana.

–Sí, me estoy haciendo demasiado viejo para las tácticas dilatorias del rey. Me hubiera gustado ver cómo se tomaban unas cuantas decisiones para España antes de morir.

Ambos se echaron a reír.

–¿Qué es eso de hablar de la muerte? ¿Es que las sesiones del gabinete son como una especie de muerte lenta?

–Sí, querida, parálisis progresiva. Con todo, Vázquez y Pérez son hombres muy activos, y creo que, pese a Felipe, consiguen hacer alguna cosa. Pero el rey ha regresado de El Pardo de un talante particularmente precavido.

–La caza de jabalíes tendría que haberlo animado, antes siempre lo hacía.

–Querida, ahora ya no caza. Incluso en El Pardo se pasa el tiempo rezando, ¡pobre hombre! Y me ha dicho que mañana se marcha para El Escorial con intención de iniciar los cuarenta días en buena armonía con sus monjes. ¡Ay, pobre España!

–Y pobre Felipe. Es un buen rey, al menos tiene un extraordinario sentido del deber. Quizá si la reina fuera un poco más divertida...

–Yo diría más... Quizá si fuera mucho más divertida y mínimamente atractiva. –Se rió y se pasó la vieja mano surcada de venas por el rostro–. Quizá ni así se alterarían los métodos del gabinete.

–No. Yo creo que todo esto que estáis diciendo es culpa nuestra, ¿sabéis?, culpa de nuestra clase, quiero decir. Siempre se lo decía a Ruy, que ninguno de mis parientes ni ningún terrateniente tiene ni idea de cómo se gobierna España. Él no creía que importara; a él no le gustaba mi clase.

–Quizás ahora estaría más de acuerdo con vos; en cualquier caso, deploraría la obsesión de Felipe por la política europea y la inercia total ante nuestra situación económica. Sobre el papel estamos arruinados, y Felipe siempre anda buscando dinero; no hay más que cruzar esta ciudad o salir una legua de ella para ver que en la realidad también estamos arruinados: el pueblo se muere de hambre y no se está haciendo nada por él. Sin embargo, tenemos más posesiones que ninguna otra nación del mundo. Nuestro imperio es un absoluto misterio de riquezas. Unos navíos mercantes, algún tipo de sistema de transporte, una poca atención a las importaciones y exportaciones, inversiones en los puertos, la agricultura y los caminos reales... Lástima, soy viejo y no veré cómo estas cosas tan sencillas se hacen en España, querida.

–Felipe se ocuparía de esas cosas, son el tipo de cosas que le importan, creedme, pero sencillamente no tiene tiempo. Tiene demasiadas cosas que hacer. Y es la pereza y la cobardía de nuestra clase lo que imposibilita que haga nada.

–Él no quiere que intervengamos, Ana. Quiere gobernar solo.

–Pero no debería permitírsele. Nosotros somos los dueños de España, ¿por qué tiene que gobernarla él?

–Su padre nos engañó para que lo dejáramos y ahora nos da lo mismo...

–A mí no, cuando me acuerdo.

–Exactamente, cuando os acordáis. Y de todos modos vos sólo sois una, y una criatura viuda e indefensa.

–Hemos perdido los principios –dijo Ana.

–Y mucho más. Bueno, vaya conversación para la víspera de Carnaval y con mi encantadora Ana. Esta noche estaré contentísimo en mi casa con el balido de las ovejas en el campo.

–¿Os vais esta noche?

–Sí, para evitar el barullo de mañana. Llegaremos a casa a la hora de cenar.

–Dadle recuerdos míos al camino.

–Descuidad. Estaréis en Pastrana para Pascua, ¿no?

–Claro que sí. Y celebraremos nuestros banquetes juntos como siempre, ¿verdad?

–Naturalmente, querida. Ah, mirad, aquí viene Rodrigo, y seguro que cargado de chismes, ahora que tengo que marcharme.

Rodrigo Gómez y de Mendoza, duque de Pastrana, hizo una correctísima reverencia ante el marqués. Era un muchacho ágil de dieciséis años, cabello rubio que se estaba tornando castaño y facciones suaves y bien moldeadas. Los chismosos que lo hacían hijo de Felipe eran poco observadores, pues el tono claro de su cabello no tenía nada de la palidez del rey, y el contorno de su rostro era armonioso, agudo y pequeño, como el de Ruy Gómez.

–¿Contándole a mi madre los secretos del gabinete, señor? Habéis estado todo el día reunidos, ¿no?

–Ya lo creo, muchacho, y estoy fatigadísimo. Contadme alguna habladuría picante para que me ría un poco.

—Os contaría muchas si mi madre no estuviera aquí. ¿Puedo tomar un poco de vino con vos? —Se sirvió un vaso—. ¡Ah, mirad, mi peluca! Ah, y ahora recuerdo una noticia que puede convertirse en escándalo y no es picante, madre, ¡al parecer!

—¡Qué lástima! —dijo Vélez—. De todos modos, oigámosla. ¡Hay que estar al corriente de todo!

—¿Sabíais que don Juan de Escobedo ha estado enfermo? No es que sea importante, ¡por Dios!, es aburridísimo, ¿verdad, madre? Pero a lo que iba es, me lo ha dicho Pepe Salazar, que se sospecha de envenenamiento. Envenenamiento deliberado, quiero decir. No me sorprende en absoluto. ¿Y a vos, madre? Me pregunto si se morirá.

—Supongo que no —dijo el marqués de buen humor—. Resulta demasiado molesto para todos nosotros ahora.

—Por eso pienso que puede morir, señor. Pepe dice que se está haciendo enemigos políticos constantemente. Después de todo, puede ser una de las estupendas ideas del rey...

—Rodrigo... —comenzó a decir Ana.

Pero Vélez se puso en pie y la interrumpió.

—Jovencito, sois tan joven y tan tonto todavía que no puedo molestarme en responderos como debería —dijo con frialdad—. Pero no volváis a decir una idiotez semejante en mi presencia ni en la de vuestra madre. —Tiró con cierta crueldad de la oreja del muchacho y Rodrigo reculó, más a causa de la reprimenda que del dolor. El marqués no había mirado a Ana mientras había durado el relato sobre Escobedo, y ella tampoco a él—. Venga, pedazo de bobo. Probaos esa peluca antes de que me vaya. A ver si sois capaz de parecer un gran Mendoza cuando os lo proponéis.

Rodrigo —que consideraba a Vélez un viejo necio y anticuado, y le había contado aquella traicionera habladuría deliberadamente para verlo excitarse, y también para molestar

115

a su madre, que, como él sabía, adoraba al rey– estaba más que dispuesto a lucir la peluca nueva y a ser admirado.

–Está bastante bien hecha –dijo, en tanto se la ponía ante un espejo–. Y más vale que lo esté, con lo que ha costado. Mirad, madre, ¿qué os parece?

–Exactamente tal como yo recuerdo al querido tatarabuelo. Un viejo muy feo.

–Por desgracia, tendré que maquillarme para parecer muy pálido. Ay, las caras cetrinas de los Mendoza, ¡menudo linaje!

–Eso es, ¡menudo linaje! –dijo el marqués–. Sencillamente, la historia de España. No sois suficientemente corpulento, Rodrigo...

–No es más que una fiesta de disfraces, eso no importa –dijo Ana.

Rodrigo no les prestaba atención; se estaba mirando gravemente al espejo.

–Cabello negro, está bien, ¿no, madre? Estos días he leído al viejo marqués de Santillana, tengo que ambientarme un poco en mi personaje. ¿Sabéis que era un poeta bastante bueno, señor?

–Sí, lo he leído. Es una de nuestras glorias, Rodrigo.

–Introdujo el soneto desde Italia. Eso es loable por su parte, debo admitirlo. Admiro mucho a Italia y las ideas italianas.

Se abrió la puerta del extremo de la larga habitación y, tras un breve anuncio, entró el rey.

Ana atravesó rápidamente la estancia para recibirlo, riendo en tanto se acercaba a él. Pero cuando lo alcanzó se inclinó en una reverencia correctísima y le besó la mano.

–Sea bienvenida Vuestra Majestad.

–Gracias, princesa. He venido antes de lo que pensaba. De pronto me he encontrado libre de trabajo durante media hora, y como esta noche voy a estar ocupadísimo, he decidido venir a veros ahora.

–Esta casa y todo lo que ella contiene es vuestro a cualquier hora, Majestad. –A continuación, dejando a un lado las formalidades, señaló la desordenada habitación y a Rodrigo tratando de arreglarse el cabello con una mano y colocando la peluca en su soporte con la otra–. Debéis perdonarnos, Señor. Es Carnaval y nos estábamos probando los disfraces.

–Eso veo –dijo el rey, contemplando la escena amistosamente y con atención–. Sentaos, amigo –le dijo en tono amable a Vélez–. Ya os he hecho pasar un día bastante pesado; no debería haber interrumpido vuestro momento de distracción.

Vélez hizo una reverencia.

–En absoluto, Señor. Me alegro mucho, mucho –murmuró cortésmente, aunque en realidad hubiera preferido terminar el vaso de vino en paz con su «querida niña» Ana.

Rodrigo, tratando de olvidar su revuelto cabello, hizo una cumplida reverencia y le presentó sus respetos.

–Muchas gracias, chico –dijo Felipe. Siempre miraba con indulgencia a Rodrigo, según observó Ana, aunque éste no respondía precisamente al tipo de persona que interesaba al rey. A veces sospechaba que la leyenda de la paternidad real del muchacho, que divertía y casi complacía a Felipe, lo tentaba en ocasiones a fomentarla–. Os hemos echado de menos entre los pajes, Rodrigo, este invierno. Pero también nos damos cuenta de que debéis estudiar. Supongo que volveréis a la corte durante parte del verano.

–Sí, Señor, ya lo creo. Tengo muchas ganas de estar en la corte unas semanas antes de ir a los ejercicios militares.

–¡Ay, claro! Me han dicho que vais a ser soldado.

Rodrigo se inclinó en señal de asentimiento.

–Con vuestra caballería, Señor.

–Y entretanto, ¿qué os enseñan en la universidad?

–Filosofía, o algo parecido, Majestad. Y también estudio francés e italiano; y leo mucha historia militar.

–¡Ah! Ana, me temo que es culto. Muy culto. ¿Cuánta filosofía tenéis vos para hacer frente a la de él?

–Ninguna, Señor. Nunca la he necesitado. Mi vida ha transcurrido en lugares felices.

El rey le sonrió, advirtiendo un cumplido en sus palabras, y sintiéndose ya relajado gracias a su amistad. Se sentó en una silla alta junto a la ventana y contempló a Rodrigo a placer.

–Vélez, ¿se portan bien en Alcalá estos jóvenes estudiantes?

–Bueno, no siempre, Señor –dijo el marqués alegremente–. He oído quejas del alcalde. Pero Rodrigo no ha cometido ningún acto punible de momento. Si Su Majestad me lo permite, y vos también, princesa querida, me marcho. Esta noche me voy al campo...

–Sí, claro –dijo el rey, y Ana hizo sonar una campanilla–. Buenas huertas las vuestras, amigo, pero no tan fértiles como las de Pastrana.

–Bueno, Ruy Gómez era el mejor agricultor que he conocido, a la excepción de Vuestra Majestad. Ciertamente vos constituís un gran ejemplo para todos nosotros con vuestros magníficos jardines.

Hizo una profunda inclinación de despedida sobre la mano del rey.

–Un jardín es la más agradecida de las posesiones terrenales, querido amigo –dijo Felipe–. A veces resulta un gran consuelo.

–Así es, y os deseo que disfrutéis de todo su solaz, Señor, las próximas semanas en El Escorial.

–Gracias, marqués.

El criado estaba esperando y, tras dirigir sonrisas a Ana y Rodrigo, Vélez salió de la habitación.

Rodrigo consideraba al rey un mojigato y un pesado, pero tenía un gran concepto de todo lo que representaba y le encantaba la familiaridad con que el gobernante de España honraba la casa de su madre. A veces Ana pensaba divertida que, si bien –de no ser un monarca reinante– Rodrigo no podía ostentar mayor rango en Europa que el que su nacimiento le otorgaba, el muchacho manifestaba todos los síntomas del que tiene por objetivo ascender socialmente. «¿A dónde piensa ascender?», se preguntaba a menudo, y encontraba cómicas sus presuntuosas bufonadas. En aquel momento, aunque la conversación lo aburriría, con sus alusiones piadosas y su ausencia de habladurías y de malicia, a Rodrigo le hubiera gustado quedarse a charlar con Felipe –Ana lo sabía– para disfrutar del efecto que causaba en el otro y también por la satisfacción que le proporcionaba el poder decir que había estado tranquilamente con el rey durante un rato en un salón particular. Pero era ya demasiado buen cortesano para ceder a tal inclinación. Sabía que no era apropiado imponer su presencia durante demasiado rato cuando el rey iba a ver a su madre. Conocía todas las viejas habladurías de la corte sobre ellos, aunque no sabía con certeza qué posición tomar respecto a ellas; lo que sí sabía era que eran amigos íntimos, y que no era discreto entrometerse cuando el rey visitaba a Ana.

De modo que volvió a inclinarse sobre la mano de Felipe.

–Vuestra Majestad deseará que me retire. Ha sido un gran honor y un placer. Adiós, Señor.

–Adiós, Rodrigo.

En tanto atravesaba la habitación, cogió la peluca que descansaba en el soporte.

–Me la llevo, madre. Es un poco incongruente aquí. –Se rió, hizo una reverencia y se marchó.

–Es un muchacho agradable, Ana, pero nunca será el hombre que fue su padre. –Felipe se permitió sonreír con una ligera malicia.

–Supongo que tiene cierto encanto –repuso Ana–, pero desde luego no es un Ruy Gómez. A veces pienso que hubiera exasperado mucho a Ruy, y no era fácil hacerlo.

–¿Os exaspera a vos?

–Anda cerca. Me desagradan todas esas melindrosas tonterías sociales. Pero me alegro de veros, después de tanto tiempo. ¿Puedo sentarme?

–¡No digáis disparates! –Ana se sentó frente a él–. Sí, hace mucho tiempo; lamento decir que desde poco después de Navidades.

Ana se había llevado a la familia a Pastrana para Reyes, que siempre celebraban allí, y no había regresado a Madrid hasta la Candelaria. Entonces el rey y la corte estaban en El Pardo. De modo que aquella visita fugaz, de paso hacia El Escorial, era importante para Felipe. Ahora, siempre que estaba en el Alcázar iba a verla, sin ceremonia, cada vez que se permitía abandonar el trabajo una hora. A veces venía sin avisar, a veces mandaba a un criado a decir que pasaría, pero nunca fijaba la hora. Evidentemente, la consideraba como una posesión suya, a su disposición con sólo cruzar la calle.

Esta suposición significaba que cuando la corte estaba en Madrid, Ana y Antonio Pérez tenían que adaptarse delicadamente a los horarios del rey, que podían calcularse entre las doce del mediodía y las doce de la noche. En cuanto a ella, ahora que Ruy había muerto, no reconocía la autoridad de ningún hombre sobre sus días o sus acciones, y Felipe podía entrar en su sala de estar cuando quisiera, le gustara o no lo que encontrara allí, allá él. En cuanto a su derecho a hacer lo que se le antojara en su propia casa, no otorgaba más importancia a la opinión de Felipe que a la del pinche más joven de la cocina.

Pero se daba cuenta de que la carrera de Antonio Pérez podía quedar truncada por el más mínimo arranque de celos o irritación contra él por parte de Felipe. Y sabía que su carrera era lo único que realmente le importaba a Antonio en la vida, y en general pensaba que era una actitud correcta para un hombre inteligente. Creía que cualquier amenaza para su ambición que partiera de ella la privaría de su amor; y estaba enamorada de él y deseaba que él la amara todo el tiempo que fuera posible. De modo que, en contra de su naturaleza, tomaba precauciones cuando Felipe estaba en Madrid.

Ahora, no obstante, sonreía, inclinándose sobre el escritorio para apartar de la vista una nota que había recibido aquella tarde.

–Parece que voy a tener que trabajar hasta el alba, si quiero estar en El Escorial para la cena del martes de Carnaval, que es mañana. Especialmente porque quiero evitar ir tan pronto. Así que apagad las velas cuando queráis y acostaos. Puede que tenga un momento libre cuando se disuelva el gabinete, y en ese caso cruzaré la calle para celebrar la ocasión con Fernán y Anichu. También tengo un regalo de Carnaval para vos, pero supongo que no os gustará. De todos modos, no os lo voy a dar esta tarde, no sería correcto. Espero veros antes de que termine la noche. Vos sois mi distracción, Ana.

Podía producirse el encuentro, como ya había sucedido una o dos veces. Pero que un político visitara a una gran dama no tenía nada de incorrecto, especialmente a aquella hora de la tarde. Y Antonio, secretamente furioso por el *contretemps*, saldría del apuro con gracia.

Felipe cogió una uva confitada y se la comió.

–Le he dicho a mi gente que les envíen a vuestros hijos un pastel de Carnaval de mi parte, Ana. Insistí en que fuera muy bonito.

–¡Ah! ¡Qué atento por vuestra parte! Estarán encantados.

–No es que piense que les van a faltar los pasteles.

–¡No, por Dios! ¡Menuda glotonería! Pero ¡un pastel del rey! A mi familia le encantan vuestras especiales muestras de amistad, Felipe. ¡Me temo que presumen de ello por todo Madrid!

–Son buenos chicos. –Sonrió–. Qué acertado estuve haciéndoos traerlos a Madrid.

–Ellos desde luego así lo creen.

–Y tienen razón. Para ellos es bueno mezclarse con sus contemporáneos y empezar a comprender lo que España es realmente y cómo la gobernamos. Y, naturalmente, es muy importante que yo pueda vigilarlos, como deseaba Ruy.

Se apoyó en el respaldo de la silla y cerró los ojos.

–¿Descansasteis en El Pardo?

–No. Yo no descanso.

–Eso es muy imprudente por vuestra parte; e incluso un incumplimiento del deber.

Él sonrió un poco ante la crítica y abrió los ojos, que parecían cansados y estaban enrojecidos.

–Puede que fuera un incumplimiento mayor de mi deber –dijo– el buscar el descanso que me gustaría disfrutar.

Ella se permitió aparentar desconcierto; podía referirse a la muerte o a la abdicación.

–Podría descansar aquí, Ana –dijo en tono quejumbroso–. Vos siempre me relajáis.

–Me alegro –respondió ella y se esforzó por mantener un tono sinceramente afectuoso y a la vez de inocente provocación–, pero puedo hacer tan poco por vos, y con tan poca frecuencia...

Lo que necesitaba de ella, lo tomaba, pese a las reservas de Ana: la insinuación de tentación entre ellos a la que él nunca permitiría que cedieran. Y Ana, en tanto lo observaba seguir el juego, pensó divertida –enamorada de otro hombre como lo estaba– que el juego de Felipe se basaba en hechos, pues seguía siendo cierto que la atraía y la emocionaba, y pensó que eso era lo que quería decir al declarar que lo relajaba, pues lo sabía. Su sensibilidad percibía una particular cualidad en su afecto por él. «Eso nos relaja a todos –reflexionó Ana, pensando en sí misma– y seamos amantes o no, y Felipe ya no lo es de nadie, puede llenarnos la cabeza de fantasía.»

–No debería suceder nunca –dijo con gravedad, creyéndose dueño de un gran deseo–. Querida Ana, debemos dar gracias a Dios por hacernos viejos. Vos sois algo más joven que yo, naturalmente, pero las mujeres envejecen antes.

Ella se rió ante tal sentencia.

–Querido amigo, ¿sabéis que siempre me cortejáis (si puedo llamarlo así) de manera que parece que os alegráis de haber escapado de mí?

–Quizá sea así. Pues, suponiendo que hubiéramos sido amantes, ¿sería concebible que estuviéramos aquí sentados, como ahora, en una confianza y amistad totales?

La inocencia de esta declaración sorprendió a Ana. Sin embargo, se dijo que sus pasiones eran únicamente cosa suya, y que los que hacían declaraciones inocentes sólo se perjudicaban a sí mismos, si es que perjudicaban a alguien.

–¿Es que los amantes no pueden ser amigos? –replicó.

–¿Qué sabéis vos de amantes? –preguntó él, indulgente–. Y ahora ya se os ha pasado el momento y es culpa mía que no hayáis disfrutado de todos los pecados a que os daba derecho vuestra belleza. Pero tenía razón, creedme. Y ahora, en la vejez, tenéis muchas menos penitencias que hacer que yo, por desgracia. Pero al menos hay un pecado que no he cometido, no le robé a Ruy lo que le había dado.

–Entre vos y Ruy me cuidasteis muy bien –dijo Ana en voz baja.

–Eso creo –dijo Felipe sin percibir la ironía–. Y yo continúo la tarea. Aunque ahora es fácil.

–Mejor, dado que habéis estado muy ocupado estos años.

–Me reprochan –dijo de repente–, sí, sé que lo hacen, mi método de gobierno. Pero no hay ningún otro. Hay muchos detalles y sutilezas que sopesar en Europa que por su naturaleza no deben explicarse abiertamente a ningún gabinete. Sólo yo puedo juzgar la totalidad de la situación, Ana, en todos nuestros problemas exteriores. Sencillamente, porque sólo yo siento el deber y el destino de España, y sólo a mí puede confiárseme. Un hombre puede considerarse adecuado hasta el momento, y otro en otro aspecto, pero no son más que políticos, y por lo tanto yo sé que no son capaces de juzgar en nombre de España.

Había emprendido un tema frecuente, la autojustificación. Ella creía que era demasiado orgulloso para hablar de aquel modo a nadie más que a ella y que por tanto aquellos discursos acalorados y vagamente defensivos que tenía el placer de dedicarle le hacían más bien y significaban más de lo que parecía. Nunca contenían información objetiva; nunca señalaba una preocupación ni daba ningún nombre importante; simplemente se dignaba a irritarse y discutir consigo mismo en presencia de ella, y Ana sabía que era una relajación normalmente imposible para su vanidad en presencia de otra persona.

«Es un poco como estar casada con él», pensó.

Se preguntaba si pensaría en Juan de Escobedo, o si, después de dirigir despiadadamente esa angustia a su lógico fin, ahora la despreciaba, aun estando sin resolver, en favor de otros problemas.

La conciencia del rey, aunque florecía y se extendía exuberante y excéntricamente por toda su vida y su política, era imposible de separar o desenredar de su exagerada conciencia de privilegio sagrado. Ana se preguntaba dónde –de ser en algún sitio–, bajo todas sus actividades de contrición, su escrupulosidad, penitencia, debates y engreimiento, yacía el sentido del bien y del mal de Felipe. Se preguntaba si su mente permanecía quieta en algún momento, lo suficientemente quieta para aceptar un momento de culpa o duda.

Ana daba por sentado el despotismo político de su época. Había conocido a hombres muertos en nombre del rey o por deseo secreto del rey; había conocido arrestos y juicios llevados a cabo por causas falsas, simplemente porque lo que se consideraba el bien de la nación requería un arrinconamiento rápido y limpio. Su esposo, más humano y moderado que la mayoría de sus contemporáneos, no se había acobardado ante la traicionera eliminación de De Monigny y Berghen, emisarios bienintencionados de los Países Bajos. Las habladurías habían dicho que cuando en 1568 la locura del hijo de Felipe, don Carlos, hizo de su muerte una necesidad para España, Ruy Gómez aconsejó y alentó su asesinato. Ana sabía que ello no era cierto, y que Carlos había muerto, espantosamente, de muerte natural. Pero también sabía que Ruy consideraba necesaria su muerte y la hubiera planeado sin escrúpulo si no hubiera habido otro remedio.

Durante el invierno se había enterado de las cosas suficientes, y deducido otras, de boca de Antonio Pérez, para comprender que Juan de Escobedo se había convertido en una molestia de la que el rey pensaba deshacerse. No había forma de hacerlo cejar en su defensa de los vanagloriosos proyectos de don Juan de Austria para el norte de Europa; y puesto que suyo era el cerebro que había tras ellos, y, que Felipe supiera, él era el único español de los círculos gubernamentales que estaba dispuesto a hacer cualquier cosa para alimentar los sueños del príncipe bastardo, lo más sencillo para España era que muriera.

Los cargos que el servicio secreto de Felipe había acumulado contra Escobedo alcanzaban, según creía Ana, la categoría de traición. Por tanto se preguntaba, y así lo dijo, si el rey seguiría la vía sensata de encausar a su súbdito y someterlo a juicio. Pero Pérez dijo que ello dirigiría la atención pública hacia una situación que no la merecía y podía transformar las pretensiones de don Juan en algo parecido a una causa. Podían formarse bandos, engendrarse animosidades, perderse muchas vidas y causarse muchas complicaciones si se permitiera que Escobedo fuera sometido a juicio. Había sido avisado repetidamente; conocía la implacabilidad y los métodos del rey; sabía que estaba marcado para ser eliminado; pero era un fanático y continuaba tratando de conseguir ejércitos y dinero y algún tipo de bendición fraternal para su necio amo de Bruselas. De modo que debía desaparecer, morir de causa natural, según los deseos de Felipe, y sin comentarios ni publicidad. No era más que un hombre y planeaba destruir a muchos. Había hecho el ridículo y, cuando hubiera desaparecido, don Juan sin duda se achicaría y abandonaría sus descabelladas intrigas. Y eso sería lo último que oirían, gracias a Dios, decía Pérez, de aquella absurda empresa contra Inglaterra que había echado a perder tantos años y tantos cerebros españoles.

Ana sabía, aunque nunca se dijera, que Antonio se había hecho cargo totalmente, en nombre de Felipe, del plan de asesinato. Ello la preocupaba, pero no fue consultada ni se le hicieron confidencias al respecto; solamente podía maravillarse de la aparente serenidad y entusiasmo con que continuaba viviendo, trabajando y divirtiéndose, sin dar señal alguna de preocupación por el asesinato de un hombre con quien se había criado y que había sido amigo suyo. Pero ya se había maravillado ante ejemplos similares de frialdad masculina, en su esposo y en Felipe. Aquella pasión por los negocios, por el gobierno, que era tan fuerte en los tres hombres, debía de contener, pensaba ella, el secreto de cómo la insensibilidad podía vivir día tras día en aparente armonía con cualidades humanas, emocionantes y encantadoras, que eran capitales, con características variaciones, en los tres.

Cuando a veces insistía en que Felipe debería arrestar y juzgar a Escobedo, Antonio respondía con bromas.

–Los procesos por traición son una cosa muy complicada; incluso es posible que despertara a la nobleza de su prolongado sopor...

–Eso es lo que quiero decir. Eso sería bueno.

–Tonterías, ya estamos bastante ocupados ahora. No, no. Una muertecita... Es muy sencillo, y todos tenemos que morir. –Se detuvo y le sonrió–. A mí no me importará, y a vos tampoco debe importaros, cuando el pobre Juan esté bajo tierra. Se ha convertido en una insoportable molestia para mi vida privada.

–Ya lo sé. Gracias a Dios, parece haber abandonado la esperanza de reformarme a mí. Por fin ha dejado de visitarme.

–No os hagáis la ilusión de que ya no se ocupa de vuestros asuntos, porque creedme, lo está haciendo.

–No sé por qué habrá adoptado esta... bueno, esta impertinente posición.

–Yo también lo he pensado y creo que principalmente es por devoción a Ruy. Es que le escandaliza que deshonréis la memoria de un gran hombre, y de sus hijos, mediante una intriga con un aventurero barato y casado; también le molesta que os gastéis los bienes de Ruy y de sus hijos en esa mercenaria criatura. Y en eso tiene toda la razón.

–Lo que gasto son mis propios bienes. Los niños son riquísimos, están cargados de propiedades con las que yo no tengo nada que ver...

–Lo sé. De todas formas, sois demasiado generosa.

–Vos también.

–No, yo no, Ana. Yo siempre estoy en deuda y dispuesto a sacar partido de las cosas. No soy nada honrado, como sabéis.

–Yo os encuentro honrado.

–Vos no sois juez; no prestáis atención al dinero ni a los bienes materiales. Yo los tengo siempre presentes.

–Bueno, me alegro de que alguien lo haga. Parece que las cosas están más en orden así.

Él se rió de ella.

–Pero, volviendo a Escobedo, creo que su indignación con nosotros es bastante sincera y natural, aunque estoy de acuerdo en que es condenadamente impertinente, como ya he dicho. Pero creo que su creciente resquemor le hace ver este escandaloso secreto como una poderosa arma política.

–Ya. Eso es lo que temía desde el principio.

–¿Temíais? ¿Es que teméis algo, Ana?

–Por mí, no. ¿Qué puedo temer yo? ¿Quién es mi dueño? ¿Qué delitos cometo yo? Es por vos. El primer ministro del rey tiene todo que temer.

–No tanto, no hay necesidad de ponerse dramáticos. Generalmente el primer ministro del rey comprende al rey. Y en el caso de Felipe es lo único que hace falta. Es despierto, pero es lento; yo también soy despierto, y rápido. Mirad, Escobedo tiene el corazón de oro. Respeta las viejas amistades y los viejos tiempos...

–¿Cómo podéis decir esas cosas de él y apoyar la intención de Felipe?

–Porque tengo inteligencia. Porque por eso soy primer ministro; porque nunca, nunca me engaño a mí mismo. Nunca se mata a los hombres porque sean monstruos, Ana; mucha gente encantadora ha de ser eliminada, y todos tenemos que morir. Bueno, como iba diciendo, Escobedo tiene un corazón de oro. Eso es lo que ha traicionado a su cerebro y a su preparación en el asunto de don Juan. Bueno, siendo lo que es, no desea ser él quien desvele la humillación *post mortem* de Ruy. Preferiría con mucho que nunca se supiera que la viuda de ese gran hombre lo insultó con aventuras amorosas. Y también se acuerda de lo que nos divertimos él y yo cuando éramos pajes y subsecretarios juntos; recuerda algunos favores que le hice y que siempre había pensado que había algo bueno en mí. Preferiría no destruirme. Y en eso lo comprendo perfectamente, porque yo preferiría no destruirlo a él. Aunque yo lo considero un gran majadero igual que él me considera un sinvergüenza. Hasta aquí estamos empatados; pero yo ganaré, y en el lado político. Yo no mataría a un hombre, ni lo mandaría matar, creo, porque fuera una irritación personal. Dejando la moral a un lado, es una tendencia peligrosa. Pero cuando el rey insiste en la eliminación, a causa de elevados motivos, de alguien que en el terreno privado también me irrita, entonces me es fácil comprender al rey.

—¿Podría «destruiros» Escobedo, como decís?

—No sé. Podría crear una situación en que yo perdiera el norte. Pero, naturalmente, vos podríais devolvérmelo. Nunca hemos hablado de esto, y no es necesario que lo hagamos ahora, sin duda, pero ¿está Felipe muy enamorado de vos?

—En este momento está enamorado de nuestra virtud, y del sueño de desesperadas tentaciones vencidas hace mucho tiempo.

—¿Qué queréis decir con todo eso?

Ana hizo una pausa.

—Bueno, en resumen, que Felipe y yo nunca hemos sido amantes.

—Ah.

—¿Me creéis?

–Sí, os creo, Ana. –No hizo ninguna otra pregunta sobre su relación con el rey, pero regresó, pensativo, al tema de Escobedo–. Su aversión hacia la vida privada del secretario de Estado creo que se está convirtiendo ahora en parte de la pasión política de Juan. Puede que le parezca que si desilusiona a Felipe sobre el hombre que es su mano derecha y de paso sobre una amiga tan antigua como vos, ganaría su confianza personal y lo convencería para que se alejara de consejeros corruptos y regresara al terreno del honor tradicional de España. Pasaría de lo particular a lo general e iría ocupando mi lugar. No por razones egoístas, no creáis. Simple altruismo, el deber para con España. Pero naturalmente no tiene ni idea de cómo funciona la mente de Felipe. No conoce su peligrosa tendencia a tomarla con los portadores de malas noticias. Y sobre todo no sabe que no va a vivir mucho tiempo más.

La mayor parte de esta conversación tuvo lugar alrededor de Año Nuevo. De eso hacía seis semanas. Desde entonces era evidente que Pérez había hecho nuevas propuestas a Escobedo como si se esforzara por hacerle aceptar finalmente las condiciones necesarias para el gobierno de don Juan. Lo había convocado a celebrar conferencias en el palacio; Ana los vio una vez cabalgar juntos en El Retiro; y hacía una o dos noches Antonio había invitado al otro a cenar en su casa.

Ahora Escobedo estaba enfermo, y si, como decía Rodrigo, había sido envenenado, era probable que hubiera ingerido el veneno en la mesa de Pérez. El fin del asunto estaba a la vista, quizás incluso ya lo tuvieran encima, y Antonio era el encargado de llevarlo a cabo sin dejar traslucir emoción alguna. De la actitud y la respuesta del marqués de los Vélez cuando Rodrigo explicó la imprudente habladuría, se deducía que el viejo político había sido objeto en cierta medida de las confidencias del rey en lo relativo al destino de Escobedo;

pero no totalmente, supuso Ana. Nadie, ni siquiera Pérez, estaba nunca totalmente al corriente de las intenciones del rey. La gran virtud de Pérez residía, como la de Ruy, en que nunca lo olvidaba, ni olvidaba contar con sus peligros.

Ana contemplaba ahora a Felipe con cierta angustia. Debía de saber que Escobedo estaba enfermo; si la historia del envenenamiento era cierta, la conocería. Uno de sus súbditos, un hombre de honor que lo había servido bien y que todavía estaba a su servicio, iba a ser asesinado por deseo suyo.

Entonces se le ocurrió con claridad que si algo salía mal, si se producía una investigación o una protesta pública tras la muerte de Escobedo, podía resultar gravísimo para Felipe. Los teólogos defendían el derecho divino de los reyes y los derechos de los príncipes sobre la vida y la muerte de sus súbditos. Ciertos viejos irritables como Diego de Chaves, el confesor de Felipe, podían manipular la moral hasta hacerla adoptar cualquier forma que conviniera a su amo. Pero ninguna persona inteligente concedía a aquella trasnochada idea más que un tolerante encogimiento de hombros de cortesía, y Ana estaba segura que el propio Felipe no la creía, aunque en apariencia nunca descartaba ningún concepto que incrementara el poder de un gobernante.

Dado que el pueblo español no era informado de los acontecimientos hasta que ya habían pasado y sus motivos habían quedado difusos en el tiempo, y dado el letargo en que se hallaba sumida la aristocracia, la cual, hasta que fuera conducida al sopor por el camino de la intimidación por Carlos V, había sido una clase gobernante, Felipe había cometido varios delitos peligrosos contra los derechos humanos y manteniendo la calma había conseguido sortear sin daño las consecuencias. Pero esas acciones siempre habían entrañado riesgos, y no había razón para que la suerte acompañara siempre a su absolutismo.

La muerte repentina, aquí en Madrid, de un español famoso, renombrado por su servicio con el amado y romántico don Juan, había de despertar interés. Si se producía una investigación –y podía haber mucha gente que, por principios, por motivos de familia o por antojo personal, la promovieran–, Felipe se encontraría en una situación difícil. Antonio Pérez también estaría en peligro. Pero tendría a Felipe en sus manos, el rey, la carta de triunfo.

La maquinación era perversa y además criminal. Sin embargo, ahora Ana casi sonreía al considerar sus melodramáticos elementos. «¡Qué aventureros y soñadores, y a la vez qué salvajes e infantiles, pueden ser los hombres!» ¿Favorecían alguna cosa sus elaborados procesos de astucia y criminalidad? ¿Sería el mundo gobernado alguna vez por algo mejor que la pasión personal y la competencia de colegiales amorales?

Entretanto ahí estaba aquel hombre de cincuenta y un años, hábil monarca de las mayores posesiones de la tierra, aquel buen hombre, Felipe, a quien ella conocía y quería, planeando un vil asesinato y defendiendo con toda sinceridad que sólo él «puede juzgar por España». «Y a primera vista tiene razón –pensó–. En cualquier caso, España sólo lo tiene a él, y a él le importa. Hay que admitir que en este momento parece un hombre de activa conciencia. Que es más de lo que se puede decir de Antonio.»

–... Son políticos, ¿comprendéis? Yo sólo...

Seguía centrado en el mismo tema, mientras ella reflexionaba sobre el obsesivo asunto de Escobedo. Ahora el rey haría una pausa y esperaría su delicada intervención. Como cada vez que descansaba refunfuñando ante ella sin desvelar nada, le venían a la mente fragmentos de consejos, como los que una mujer prudente e ingeniosa daría a un hombre. Pero ella no era proclive al consejo ni a las agudezas. En su interior encerraba su personal idea del bien y del mal y de las acciones humanas, pero sabía que eran tan particulares, tan peculiarmente suyas, que nunca era capaz de liberar ninguna. Su forma, en su tímida manipulación, nunca se adaptaría a la necesidad de otro; y, en cualquier caso, aborrecía la idea de dar consejos. Qué buscaba en ella Felipe, qué encontraba en ella por aquellos días, sinceramente no lo sabía. Sabía, con constante sorpresa, lo que encontraba Antonio: puro deleite sexual y paz. Basándose en eso, pero con modestia e inseguridad, suponía que quizá, puesto que Felipe era más imaginativo que Pérez, más poético y delicado en sus reacciones que cualquiera de los hombres que conocía, encontraba, prescindiendo de lo que ella dijera o hiciera, una vertiente, un contenido de placer propio, un símbolo de recuerdos, un eco, un perfume de lo que nunca se había hecho realidad. Pensó que en verdad apenas importaba lo que dijera o hiciera en presencia de Felipe, siempre que no lo ofendiera. La existencia y la imagen de ella despertaban ciertas fantasías que él nunca tendría la ingenuidad de explicar.

En efecto, estaba en lo cierto. Ella era la única vanidad que ahora se permitía; ella era lo único que quedaba de los días de orgullo de vivir; y le tenía mucho afecto y se alegraba mucho de tenerla para él solo en aquellas condiciones sencillas y maduras que no despertaban en él culpabilidad. También le agradaba que fuera viuda y que hubiera rebasado con creces la plenitud de la vida, igual que siempre le había complacido que fuera tuerta. Pensaba que era una excentricidad por su parte el admirar tanto a una mujer que tuviera aquella tara; y ello siempre lo había hecho sentirse seguro respecto a ella. Pero la superficie de su conciencia no revelaba esta confianza. Lo primero que le decía su mente era que era segura y relajante no porque estuviera envejeciendo, porque estuviera desfigurada y tuviera un aspecto demasiado poco usual para atraer a la mayoría, sino porque era la admirada y escogida amiga íntima del rey, y por tanto ningún hombre sería lo suficientemente necio para aspirar a ella.

—España os está agradecida, Felipe —dijo obediente cuando él calló—. Pero preferiríamos que no envejecierais prematuramente a nuestro servicio.

Él alargó el brazo para cogerle la mano y se la extendió para admirarla.

—Hay mucha gente que no cree que seáis hermosa, Ana —dijo—, pero tenéis unas manos como de niña.

—Supongo que sí. Yo, personalmente, prefiero algunos de mis rasgos menos convencionales...

—Espero que en parte sea porque yo los admiro.

—Ésa es una buena razón. Siempre he estado muy orgullosa de vuestra admiración —declaró ella.

—Decís que yo envejezco, pero eso es bueno; es necesario; yo lo acepto contento.

—No veo por qué.

—No se puede ser rey y hombre, el tipo de rey que yo tengo que ser; no se puede ahora ni en España. —Felipe inclinó la cabeza sobre la mano de Ana y apoyó la frente en ella—. Si pudiera llevaros conmigo mañana —dijo en voz baja—. Allí, en El Escorial, a veces me siento muy joven, Ana. Y entonces pienso en vos. —Le soltó la mano—. Si hubiera tiempo para el placer...

Ella le sonrió.

—Evidentemente, hay tiempo para soñar con él —declaró.

—Sí, justo. Y es mejor así, Ana. Ahora vos y yo somos viejos, y es nuestro deber no hacer el ridículo.

Ella se rió abiertamente, pues la palabra «ridículo» le traía unas imágenes muy íntimas y desenfadadas a la mente.

—Querido Felipe, querido mentor —dijo—. ¡Cuán firmemente me guiáis en la virtud!

–Tengo que hacerlo. Siempre tengo una cierta angustia respecto a vos y a mí.

–Quizás ésa sea mi venganza por ser mi primer amor...

–Quizá –dijo él encantado–. Una larga y verdadera venganza. –Comió otra fruta confitada–. ¿Dónde están los niños?

–Fernán y Ana pueden entrar en cualquier momento, no saben que estáis conmigo. Y estarían encantados de encontraros aquí. El pobre Diego está pasando el Carnaval con la familia Cárdenas y su adulta novia.

–Hacen buena pareja, Ana.

–Ella es bastante cruel con él, me parece. Sólo tiene catorce años. Todos lo echamos de menos.

–Estoy seguro. De todas formas, habéis hecho bien.

–El joven Ruy ha salido con su preceptor. Parece que se está volviendo un joven muy culto. Y a Rodrigo ya lo acabáis de ver. Crecen y viven su vida. He oído que nuestra pequeña duquesa de Medina Sidonia se ha adaptado ya al matrimonio y está a la cabeza de la sociedad del sur.

–Así es como debe ser. Tengo presente a su esposo para futuros cargos. Es un joven muy prometedor.

–¿Decís que «prometedor»? Es muy bueno y agradable, pero lo encuentro un poco tonto.

–Quizá parezca tonto, en sociedad, pero creo que en los asuntos públicos es observador y serio.

–Bueno, de cualquier modo, Magdalena y él parecen encantados el uno con el otro, lo cual es un poco sorprendente si tenemos en cuenta lo pesada que es Magdalena.

–Oíd, Ana, ya sabéis que no me gusta nada que habléis de una manera tan cruel de vuestros propios hijos.

–Supongo que será cruel. Pero no lo hago delante de cualquiera.

–Eso espero. Es un fingimiento muy extraño, y absurdo, querida.

–No, no es ningún fingimiento. ¡Ay! Me parece que oigo a los niños. ¿Os importa que entren?

–Me encantará –dijo Felipe, en tanto se abría una puerta y Ana y Fernando entraban seguidos de Antonio Pérez.

Los niños vestían los trajes de montar; Fernando llevaba un molinillo de juguete pintado y con aspas de colores, y Ana un borriquillo de madera, enjaezado con una tela escarlata.

Corrieron hacia el rey y se arrodillaron para besarle la mano.

–Majestad –dijeron gravemente, y se levantaron.

–En realidad –dijo Fernando–, sabíamos que estabais aquí. Esteban nos lo ha dicho en el patio.

–Supongo que no deberíamos haber subido sin permiso –añadió Anichu.

Antonio Pérez, después de presentar sus respetos al rey, intervino:

–Yo he sido consultado, Señor, abajo, sobre lo que procedía, y como vuestro secretario de Estado, me he arriesgado a aconsejar que subiéramos todos. –Se volvió a Ana e hizo una profunda reverencia–. He venido, princesa, para dejar estas ofrendas de Carnaval –señaló los juguetes que llevaban los niños– y me he encontrado con los destinatarios, que venían de montar a caballo, de modo que me he aventurado a subir a desearos también un muy feliz Carnaval.

–Me alegro de que lo hayáis hecho, don Antonio.

–Sí. Feliz coincidencia. ¿Vais camino del Alcázar? –Pérez se inclinó afirmativamente–. Entonces dentro de un momento podemos marcharnos. ¡Qué regalos más bonitos os han dado, niños! ¿Os han traído ya mi pastel?

–¿Vuestro pastel, Señor? –preguntó Fernando educadamente.

–He encargado que os manden un pastel de Carnaval. Y he dicho que quiero que sea muy bonito.

–¡Oh! –exclamó Fernando–. Seguro que será muy bonito, Majestad.

–¿Cómo estará decorado? –dijo la pequeña Ana.

Todo el mundo se echó a reír.

–Cuando nos lo hayamos comido, Señor –dijo la princesa–, Anichu en persona os escribirá para daros las gracias en nombre de todos.

–¡Oh! –dijo Anichu.

–Espero esa carta –repuso Felipe.

–Acabo de pasar por casa de Juan de Escobedo, Señor –dijo Antonio. Felipe lo miró con moderado interés–. No sé si os habréis enterado, pero no se encuentra bien y yo estaba un poco preocupado por él. También quería mandar unas noticias personales sobre él en el despacho de Bruselas.

–Bueno, y ¿cómo está? ¿Serán buenas esas noticias?

–Bastante buenas. Todavía se halla en cama. He estado un rato con él. Espera levantarse mañana, y en cualquier caso, lo que fuera, parece que algún problema de estómago, ya está superado.

–Me alegro –dijo Felipe con frialdad–. No me había enterado de que estaba enfermo.

Antonio se echó a reír.

–Pensaba que a lo mejor habíais echado de menos sus cartas e informes diarios, Señor. Pero podéis alegraros, porque pronto se reanudarán.

Felipe sonrió.

–Últimamente no leo sus escritos. Me parece que me sé de memoria su contenido. De todas formas, me alegro de que ya no esté enfermo. Mi hermano se alegrará de recibir buenas noticias sobre él.

Ana observaba esta conversación; ninguno de los dos interlocutores dejaba entrever que se tratara de otra cosa que de una charla informal, sin embargo, sabía que Antonio la había iniciado por deseos de alardear ante ella, y que Felipe, con su lentitud característica, había disfrutado de su fría insolencia.

—¿Cómo está don Juan de Austria, Majestad? —preguntó Ana.

Felipe se encogió de hombros.

—Deprimido, princesa, y petulante. Le gusta hacer lo que quiere, y disponer de mucho dinero. Y nosotros no le concedemos ninguna de las dos cosas, ¿verdad, Pérez?

—No, Señor, no.

Fernando contemplaba con tristeza una cesta de dulces que había sobre la mesa de Ana y miraba también interrogativamente a su madre.

—¿Sería una gran falta de modales, Majestad —dijo—, que Fernán comiera una fruta confitada?

—No si primero me da una a mí, princesa.

Sonrojado y encantado, el niño le llevó la cesta al rey. Felipe escogió un trozo de mazapán.

—Creo que la siguiente es Anichu —dijo, y la pequeña Ana se acercó a escoger un dulce, sin soltar el burro—. ¿Quién va a montar ese burro? —le preguntó el rey.

—Es para Juana la Loca, Majestad.

—¡La pobre muñeca! —El rey se rió y buscó la muñeca con la vista por la habitación—. Pero ella seguro que ya no monta en burro.

—Desde luego tiene muy mala salud —dijo la princesa.

—La madre Teresa, ¿conocéis, Señor, a la gran madre Teresa?, bueno pues ella va en burro a todas partes —dijo Anichu.

—Y Bernardina dice que está enferma muchas veces —añadió Fernando.

—Sí que lo está —corroboró Felipe.

—Pero no usa silla, Anichu —dijo Antonio—. ¿Crees que Juana la Loca se permitirá usar esta silla?

–Bueno, está muy delgada, tan delgada como mi madre, en verdad –dijo Anichu–. Creo que debe usar la silla.

Antonio sonrió. Felipe acarició la cabeza de la niña.

–No, Fernán –dijo–. Llévate esa cesta de aquí o tendré problemas de estómago.

–Como don Juan de Escobedo –comentó Fernando.

–Exactamente. Ay, querida amiga –le dijo a Ana–, ¡cómo nos conquistáis! Me encantaría pasar el Carnaval aquí, con Anichu, Fernán y Juana la Loca.

–Seríais profundamente bienvenido, Majestad.

–Lo creo, princesa, y os lo agradezco. ¡Vamos, Pérez! ¿Qué es este conjuro de indolencia que nos ha echado esta dama? Tened cuidado, amigo –dijo poniéndose en pie–. No tenéis tiempo para estos placeres, y yo tampoco, por desgracia.

–Sois muy amable por avisarme, Señor. Tendré cuidado, creedme.

–Adiós, princesa –dijo Felipe–. Gracias por estos encantadores momentos. Disfruto de muy pocos.

Ana se arrodilló y le besó la mano. Los niños la imitaron.

–Que Dios os bendiga –dijo Felipe en tanto se levantaban–. Os deseo un feliz Carnaval y una sagrada Cuaresma.

–Y nosotros os deseamos gran paz y alegría en El Escorial.

Felipe inclinó la cabeza. Antonio Pérez hizo una cortés reverencia sobre la mano de Ana. Tras sonreír nuevamente a los niños, los dos hombres atravesaron la habitación y salieron sin más ceremonia.

CAPÍTULO CUARTO
(Lunes de Pascua de 1578)

Ana se levantó y abandonó la mesa estando la cena todavía mediada. Los niños, sus invitados y sus preceptores estaban muy alegres y apenas notaron sus movimientos. Era una comida informal de familia después de un largo día de fiestas populares. Sólo Anichu, soñolienta en su alta silla, protestó cuando pasó.

–Te estás durmiendo, cariño –dijo Ana y le besó el cabello–. Bernardina, que la lleven a la cama. Ya pasan de las doce.

–Ya la llevaré yo misma. Yo también estoy cansada de todo este alboroto –dijo Bernardina, y cogió a la niña para llevársela.

Ana salió al jardín y subió hasta el último bancal. Le gustaba estar elevada, pues desde esta amplia y tranquila terraza, retirada y por encima de la casa y del pueblo, podía mirar en muchas direcciones sobre las suaves llanuras de Pastrana y oler y disfrutar de su fértil paz.

Aquella última noche de marzo, estrellada y clara, parecía de fines de abril. Muchos frutales estaban ya floridos; la luz de medianoche iluminaba una multitud de fantasmagóricos rostros de flor y el aire transportaba una confusa mezcla de dulces perfumes.

Ana paseó por su rincón preferido y escudriñó el panorama que se extendía debajo como si buscara algo nuevo en lo que le era tan familiar. El pueblo se apiñaba contra la oscura masa de su casa; viviendas, gallineros, escuelas y almacenes, todos se resguardaban con prosperidad todavía bajo la protección del duque fallecido. Los huesos de Ruy descansaban allí, en la iglesia de la Colegiata, con los de cuatro de sus hijos, y allí descansarían también los suyos. «Es mucho haber enterrado los huesos de un esposo y cuatro hijos –pensó–. Mientras que la vida todavía arde con fuerza en mi pecho, haber puesto fin a tantas cosas quiere decir que soy vieja, aunque lo olvide. Quiere decir que estos cinco años he sido vieja, desde que todos esos huesos míos se reunieron para esperarme.»

Más allá de la Colegiata brillaban los tejados del monasterio y el convento franciscanos. Ana era protectora de esas dos comunidades religiosas y por tanto tenía mucha relación y contacto con sus miembros; sin embargo, secretamente, nunca pensaba en ellos ni entraba en sus recintos sin sentir cierta incomodidad.

Cuando Ruy fundó el ducado y se dispuso a trabajar para desarrollar la vida de Pastrana, su monasterio y su convento llevaban años cerrados, de modo que los ofreció, junto con donaciones y un generoso patrocinio, a las carmelitas reformadas o descalzas.

El gesto tenía amplias implicaciones, pues asociaba la tendencia progresista de su gobierno con la causa de la rebelde madre Teresa, que entonces, como todavía años después, recorría España en busca de fundaciones donde poder ejemplificar con sus seguidores los ideales de la primera Iglesia cristiana. El apoyo y la amistad de Ruy Gómez constituyeron un gran beneficio político para la madre Teresa, y las nuevas carmelitas se instalaron contentas en Pastrana.

Ana no era una persona de orientación religiosa, ni siquiera dispuesta a examinar ni sufrir los verdaderos rigores del progreso espiritual. Para ella era tan natural ser un castellano cristiano como tener uñas en los dedos y apetito a la hora de cenar. Creía, con toda sencillez, en los dogmas esenciales de su fe y se despreocupaba de los detalles. Decía sus oraciones con un convencimiento inmaculado y, hasta que cayó por mediación de Antonio Pérez en lo que sinceramente calificaba para sí misma de pecado mortal de la carne, había cumplido las principales reglas de la vida católica. Había habido momentos de sueños y tentaciones cuando era joven y Felipe y su deseo la atraían; pero aparte de eso había sido buena e irreductible. Ahora que, según reconocía ella misma, vivía una vida de pecado, no hacía trampas; puesto que no sentía arrepentimiento, tampoco lo fingía, y hubo de abandonar la recepción de los sacramentos. Con frecuencia y honestamente contemplaba consternada esta *impasse* de su alma. Pero tenía que aguantar. No veía otro modo de liberarse que renunciar al placer de Antonio Pérez. Viviendo en pecado mortal, sabía que lo que hacía no merecía el infierno eterno a los ojos de ningún juez humano, y se preguntaba, como lo había hecho a menudo con mayor imparcialidad, cómo se atrevían los teólogos a pronunciarse categóricamente. Pero no era una mística y no tenía facilidad de comunicación con Dios, de modo que tenía que contentarse con arriesgarse a presentarse ante los tribunales de la eternidad como una pecadora. Si las reglas eran en verdad tal como las anunciaban los predicadores, que así fuera.

Pero todo ello no tenía nada que ver con su intranquilidad ante las edificaciones religiosas del pueblo, o eso pensaba ella.

En su momento le gustó que las nuevas fundaciones carmelitas estuvieran bajo la protección de su esposo. Aun siendo menos consciente que Ruy de la importancia nacional de la madre Teresa y sintiéndose menos vinculada que él a su compleja personalidad, el carácter en acción le interesaba, y creía sinceramente que la madre Teresa vivía como debería hacerlo el mejor español, y que era una gran persona y una gran castellana. Y las fundaciones se establecieron y prosperaron.

Lo que sucedió después fue que una causa nimia y particular originó una gran vergüenza.

Cuando Ruy murió, Ana, que había terminado entregando toda su voluntad y toda su olvidada y enterrada personalidad al callado e insistente dominio de él, se sintió invadida por el pánico. Una sensación de total incapacidad, de ser una lisiada, se apoderó de ella. Enojada y dolida, pensaba que su guardián había muerto demasiado tarde o demasiado pronto. Sentía que su larga subyugación había sido un gran derroche, y que toda su vida había sido como el entrenamiento de un atleta para una carrera que nunca se correría. Ansiosa de aislamiento, dolida con Ruy por estropearlo todo y dejándola sola y obligándola a ser ella misma cuando antes había tenido que amoldarse a ser totalmente suya, quiso alejarse del futuro. Decidió, en un arranque de total histeria, hacerse monja. Sin recordar que debía pedir permiso a la priora, se presentó como novicia a las carmelitas descalzas de Pastrana.

Si la consentida gran dama de nacimiento hubiera podido en algún momento aceptar las reglas de una comunidad religiosa, no era entonces, que estaba enferma, trastornada y absurdamente empeñada en hacer lo que no era natural.

El incidente fue disparatado y humillante. Fue el único intento en su vida de expresar una violencia interior, y fracasó estrepitosamente. Ana se peleaba con la priora, alborotaba a la comunidad y causaba consternación en su madre y amigos. La madre Teresa le negó el hábito carmelita y ordenó a sus monjes y monjas que abandonaran Pastrana. Ana se retiró a su propia casa e inició la viudez en una reclusión apropiada. Los que en Madrid se enteraron del breve alboroto se rieron y se dijeron que la muerte de Ruy la había desquiciado. Posteriormente, vinieron los franciscanos a enseñar y rezar en sus conventos; la vida del pueblo continuaba y se olvidó la breve locura de la princesa.

La olvidó todo el mundo menos la princesa. Su recuerdo era una herida que seguía sin cicatrizar en su vanidad, y le corroía el coraje. Antes de que Ruy se uniera a ella perdió el ojo; después de abandonarla actuaba como una loca; y mientras vivía, amable, considerado y devoto, nunca pudo ser otra cosa que totalmente suya, tal como él la moldeó. Aparentemente estaba mutilada, tuerta, disminuida en algún sentido que nunca descubriría gracias a la perfecta dirección de su vida.

Pero su intento de hacerse monja la perjudicó además en otros aspectos, aparte de en la vanidad. Al enemistarse con la madre Teresa, al atentar contra la causa de la reforma, Ana sabía que había contravenido un principio que era importante para ella: el coraje y la vida de acción, lo mejor de Castilla. No había enmienda para ello, pero cuanto más pensaba sobre ello, más le dolía en su instinto y en su espíritu.

Era ahora un dolor viejo, y –como se ha dicho– a menudo la sobresaltaba. Era como su ojo ciego; ambos eran potentes centinelas de su conciencia sorprendida de no haber podido nunca, en toda su singular vida de éxitos, ser ella misma. La propia Ana medio intuía que ambos eran responsables del momento, del imprevisible instante en que, visitada por un deseo físico tan preciso como el frío y la sorpresa, se había convertido en amante de Antonio Pérez. Pero, al menos y por fin, en eso no habían sido estériles; habían nacido sentimientos en ella, sentimientos totalmente suyos, por nadie defendidos ni cultivados. Así, y que rabiaran los teólogos todo lo que quisieran, había encontrado en el placer lo que posiblemente podría llamarse amor.

Pero ahora no era feliz. Su infelicidad tenía diez días de existencia. Databa de una noche, tres días antes de salir de Madrid para pasar la Semana Santa en Pastrana. Nunca, pensó, se había alegrado tanto de regresar a la inocencia y al recato rural de Pastrana. No obstante, ahora las mismas cualidades que tanto apreciaba en el lugar le dolían día y noche.

Miró hacia el este, hacia donde se erguía Alcalá de Henares.

Sus hijos y ella habían pasado el día anterior, Domingo de Resurrección, allí, como hacían tradicionalmente, invitados por el marqués de los Vélez. Antonio Pérez pasaba toda la Semana Santa con él; la proximidad a Pastrana del marqués combinada con su mundana afabilidad e indulgente cariño por Ana, era muy útil para los amantes. Había sido un día luminoso y todo el mundo se había sentido animado y a gusto; los niños habían exigido que se siguieran todas las santificadas costumbres de esta salida. En el pueblo se celebró una corrida de toros, no muy buena, pero sí correcta y emocionante. Luego hubo banquetes y fuegos artificiales.

Antonio, que llevaba una semana sin ver a Ana, estaba nuevamente y sin disimulo prendado de ella, y no se apartaba de su lado. Lucía el regalo de Pascua que ella le había hecho, un collar de rubíes gruesos y apretados; estaba alegre como un niño y se comportaba como correspondía a unas jornadas de asueto. Con todo, a ella le pareció que estaba secretamente preocupado porque Ana no se contagiaba de su humor. Hubo de aceptar que era sensible, pues ella podía fingirlo, o eso esperaba, pero no podía sentirse alegre.

Mientras la familia se introducía en los carruajes disponiéndose para el viaje de vuelta, Antonio, de diferente humor, le suplicó muy suavemente que le permitiera ir a verla aquella noche, después de las doce, a Pastrana. Y por primera vez en el tiempo que llevaba amándolo, lo cual quería decir por primera vez en su vida, dudó y denegó la petición de su amante.

Ello lo afligió. Ana se sintió enternecida por el hecho de que, aun siendo arrogante por naturaleza, no demostró frialdad ni enfado. Simplemente lo afligió. Pérez le explicó que tenía que estar de vuelta en el Alcázar el martes por la tarde y que la noche siguiente a aquella noche, la del lunes, llegarían sus despachos de Madrid; que el mensajero podía llegar con retraso y que tendría que esperar a que llegara a no ser que no hubiera noticias que requirieran una respuesta inmediata; que, en resumen, el lunes por la noche no sería fácil y probablemente imposible.

Ana no respondió, pues, para su propia y dolorosa sorpresa, la mayor parte de sí misma le decía que así estaba bien y que se alegraría si no iba. No se lo dijo porque seguía resultándole muy atractivo a los sentidos y recordaba lo que sentía estando con él y enamorada. Todavía lo quería en el plano sensual, y lo que era más, llevada de la gratitud, amistad y conocimiento mutuo nacidos del placer sensual. Pero su espíritu había recibido hacía poco un fuerte golpe. Sabía, porque se lo decían las profundidades de sus ojos, que él se sentía angustiado por ello, pero que no lo percibía en su justa medida. No había razón para que lo hiciera. Él pensaba –con apasionada compasión, Ana lo sabía– que el golpe, el ultraje, iba dirigido, como cualquiera podía pensar, contra su amor propio, contra su sentido de la decencia, contra todas las reglas heredadas y códigos que gobiernan la vida civilizada. Ella no desechaba ni despreciaba estas últimas, y le estaba agradecida por la pasión con que había reaccionado contra el loco que recientemente las había violado. Pero nunca podría explicarle que su preocupación era otra, que ella también estaba loca, que quizá la había vuelto loca el descabellado gesto de Juan de Escobedo, y que a partir de entonces compartía su punto de vista sobre ella misma y su amante.

No, era todo lo que tenía que decir a su ansiedad. Fría y cobardemente. No, no debía ir a verla a Pastrana aquella noche. ¿Y al día siguiente por la noche, el lunes? Pero sus despachos... Quizá no podría... Sí, sí podría, muy tarde. Tal vez tuviera que decirle algo. Y tenía que estar en Madrid el martes, de modo que Dios sabía cuándo volvería a verla.

Así pues, volvió a casa dejándolo intranquilo. Ella era plenamente consciente de su infantil e indigna torpeza. Carecía de tacto, de estilo para hacer frente a los caprichos del amor.

Pero ¿era aquello un capricho? Sospechaba que no tenía estilo para los caprichos porque no tenía caprichos.

Bernardina se acercó a ella en el jardín llevando una capa de seda.

–Va a helar –dijo–. No hace falta que cojáis frío. Ya estáis bastante mal.

Ana le dio las gracias y se puso la capa.

–¿Por qué dices que estoy mal?

Bernardina, que sabía –como era su deber– todo lo que le ocurría a Ana, conocía por tanto el espantoso incidente que había ocurrido en su dormitorio de Madrid hacía diez días. Todavía sudaba sólo de pensarlo, y sabía que mientras viviera no se perdonaría que cosa tan increíble hubiera tenido lugar estando ella de servicio. A Diego, el mayordomo, y a ella no les había importado llorar por la humillación de Ana cuando lo comentaron juntos, en susurros y tras puertas cerradas con llave. Estaban horrorizados y no les hubiera sorprendido ser despedidos de inmediato del servicio de la princesa.

Pero no se dijo nada, nada en absoluto. Sin que nadie se lo indicara, Diego cambió las cerraduras de todas las puertas y apostó vigilantes nocturnos en las entradas laterales, que hasta entonces se usaban poco y se dejaban al azar. Los criados fueron instruidos con claridad, pero sin explicaciones, sobre a quién debían y no debían dejar entrar. Diego no sabía que conocían o suponían de la razón de aquel revuelo y, en su enfado y aflicción, apenas le importaba.

La princesa no dijo nada, y al poco tiempo abandonó Madrid con sus hijos, tal como se había previsto. Sólo Bernardina, que la conocía bien, se percató de que de la noche al día se había operado un cambio en ella. ¡Y Dios sabía que no la culpaba!

Con todo, sería mejor para ella hablar del tema con alguien, una sola vez, y luego no volver a nombrarlo. La pregunta era casi como una invitación. Bernardina, haciendo acopio de todo su cariño y compasión, respondió.

—Porque supongo que lo estáis aunque no sea patente. Ana, nunca me lo perdonaré mientras viva. —Alzó la mano—. No, no me interrumpáis. Escuchad, es mejor que me dejéis hablar, por esta vez. Así evitaremos esta situación tan poco natural.

Ana contemplaba el apacible paisaje como si buscara algo.

—No fue poco natural; ésa no es la palabra adecuada —dijo—. Fue como una visión del juicio, o como verse a sí mismo en el infierno.

Bernardina estaba asombrada.

—Querida Ana, querida Ana —dijo con la voz alterada por las lágrimas—. No habléis de esa manera, como si fuerais sonámbula. Ahora ya es cosa del pasado y es como si no hubiera ocurrido...

La habitación que ocupaba Bernardina en la casa de Madrid estaba muy cerca de la de Ana. Las noches en que Antonio Pérez se quedaba hasta muy tarde y cuando sabía que estaba en el dormitorio de Ana, Bernardina dormía mal o apenas podía conciliar el sueño. Siempre sentía una ligera desazón, un criado joven podía entrar por equivocación en la habitación de Ana, o uno de los niños podía ir a buscarla. Bernardina vigilaba. Generalmente oía a Antonio salir de puntillas al amanecer y entonces se tranquilizaba y dormía profundamente hasta bien entrado el día.

Una noche, hacía diez días, estando medio dormida, a las tres y media le pareció oír los pasos de un hombre en el pasillo. «Es muy pronto para que se vaya –pensó–, y además es un paso demasiado fuerte para él, y va hacia la habitación, no sale de ella.» Se despertó del todo. «Algún criado idiota paseándose por donde no lo llaman», pensó y salió de la habitación al pasillo justo a tiempo para ver fugazmente un hombro y una pierna de hombre, vestidos con ropa de cortesano, a la luz de la habitación de Ana, antes de que la puerta se cerrara tras ellos. Ah, habría salido un momento, pensó, pero entonces se dio cuenta de que la figura que había visto era más corpulenta que la de Antonio Pérez. Permaneció petrificada de intriga, y al cabo de unos segundos de inmovilidad oyó una voz de hombre en el cuarto de Ana. Clara, fuerte y acusadora, no era la voz de un amante de noche, no era el eco de Antonio Pérez. Volvió a hablar, sin recibir respuesta que oyera Bernardina. No distinguía las palabras dichas con furia, sólo que eran pronunciadas con furia. Conocía la voz; sin embargo, su nerviosismo no le permitía identificarla. Permaneció quieta en una alcoba cerrada por cortinajes, sin saber qué pensar ni qué hacer... Se produjo de nuevo el silencio; no había respuesta a la masculina increpación. Entonces se abrió la puerta de Ana y salió Juan de Escobedo. Las velas que había en el pasillo iluminaron su rostro con precisión. Pasó, sin molestarse en no hacer ruido, por delante de donde se encontraba Bernardina. Ella lo siguió por unas pequeñas escaleras y lo vio salir de la casa por una puerta lateral en la que no había vigilante y que nunca se usaba. Abrió dicha puerta con una llave que se sacó del cinto. Le oyó cerrarla de nuevo desde el otro lado y alejarse. Cuando regresó a su cuarto no pudo volver a conciliar el sueño. Empezó a pasear arriba y abajo, apenada y angustiada. Antes de que tocaran las cinco en Santa María de la Almudena, oyó a Antonio Pérez salir de puntillas como siempre y marcharse por las escaleras que tenía por costumbre usar.

Aquello fue todo. No sabía nada más, y, se mirara como se mirara, el incidente era repugnante. No sabía cómo ayudar a Ana, sin embargo se sentía impulsada a intentarlo.

La cogió del brazo y la obligó a acercarse a ella.

–Lo olvidaréis, os lo prometo, chiquita. Quedaos aquí en Pastrana un tiempo y descansad, dejad que todo se os vaya de la cabeza. Nadie sabe nada de nada, sólo yo. ¡Os lo juro! Pero lo que todo el mundo sabe es que ese pobre individuo está loco. ¡Hace meses que lo sabemos! Lleva todo el invierno buscándose complicaciones con el rey y con todo el mundo. Pero ahora, bueno, en esto hay alguien más que sabrá hacerle responder por ello, no tengáis miedo. Dejádselo todo a él...

Ana siempre andaba demasiado deprisa para Bernardina, pero ésta no lo notaba ahora y corría tras ella, cogida del brazo y mimándola. Ana se sintió algo reconfortada por los esfuerzos de Bernardina. Era un alivio oír aquella voz práctica y amable acariciar la zona golpeada; en cierto sentido la apartaba del oculto centro, la hacía ver el incidente de la manera que lo veían los demás, como un extraordinario motivo de escándalo. De modo que repentinamente sintió un gran deseo de reír, de reír con descaro y mucho tiempo, y pensó en cuán a gusto y perversamente se habría reído la querida y leal Bernardina si le hubieran contado el mismo cuento de otra mujer cualquiera de Madrid, excepto de ella. Pensó en los detalles del relato que hubiera desenterrado y en la crudeza y crueldad con que hubieran sido aderezados y engordados. Pobre Bernardina, en esta ocasión no había lugar para el realismo, para la elaboración.

Sin embargo, el momento había sido rabiosamente cierto y crudo. Tan crudo y cierto que por necesidad se convirtió, gracias a su propia fuerza, en una visión de pecado y de juicio. «¿Qué habría hecho la jovial Bernardina de la realidad?», se preguntaba Ana. Juan de Escobedo, su rostro oscuro endurecido y torturado, sus manos y hombros agitados, su voz cortante como una lima sobre palabras de hierro y rabia; y ella y su amante acorralados en la amplia e iluminada cama; echados, abandonados, extenuados de voluptuosidad, sorprendidos absurdamente en pecado, sin poder hablar, sin poder moverse a causa de la lastimosa farsa de la desnudez en hora tan amarga. ¿Qué haría Bernardina con el cúmulo de detalles de aquel cómico suceso?

Por su parte, Ana sabía que o bien era desternillante o gravísimo en el descabellado sentido en que lo veía Escobedo. Era las dos cosas y nada intermedio. Por lo tanto, quizá fuera más sencillo reír y hacer reír a Bernardina. Pues la otra perspectiva debía guardársela para sí sola. Nadie la comprendería si decía lo que era la verdad más absoluta: que su dignidad, como podía llamarse, o su amor propio o cualquiera de las acostumbradas abstracciones que definen a una dama, que ninguna de esas cosas habían salido dañadas, que ella supiera, y que en realidad lo único que le importaba, fuera del ridículo del momento, era que entonces se dio cuenta de que para ella Escobedo tenía razón. Estaba loco y tenía razón.

Ese descubrimiento planteó un problema que era únicamente suyo y que constituía el motivo de su infelicidad. Pero el insulto que había recibido carecía de importancia, y no había manera de hacérselo entender a la gente, de modo que

152

no lo iba a intentar. Lo único que podía hacer era reírse de la farsa y así tranquilizar a Bernardina en cierta medida.

Posó una mano sobre la de Bernardina, que le apretaba el brazo en un gesto afectuoso.

—Ay, querida y fiel Bernardina —dijo—. No debéis preocuparos. Ya se me olvidará. Se lo llevará el viento. Siempre acaba ocurriendo así.

—Eso es verdad, chiquita. Buena chica...

—¿Sabéis? —dijo Ana haciendo acopio de fuerzas—. ¿Sabéis que lo lamento por vos?

—¿Por mí?

—Sí, por vos. Ay, Bernardina, debéis de tener unas ganas locas de reír. Sí, reíd.

—¿De qué? Si me permitís preguntarlo.

—Querida amiga, de la más descabellada farsa de alcoba que ha tenido lugar en Madrid. —Mientras hablaba, Ana se reía a carcajadas, con patente regocijo—. Pobre Berni. ¿Se habrá visto jamás semejante mala suerte?

—No —dijo Bernardina con firmeza, pues aquel estado de ánimo le resultaba confuso y no le parecía nada saludable—. Admito francamente que me desternillaría de risa si le hubiera ocurrido a otra. Pero la gracia de una cosa depende de a quien le ocurra, chiquita. Y hay algo en vos que no tiene gracia. No, no me vais a hacer reír de ese asunto. Me dan ganas de matar a alguien. De eso es de lo que tengo ganas.

—¿De veras, Bernardina? —dijo Antonio Pérez desde los escalones—. Entonces, ¿sois vos acaso la asesina?

Las dos mujeres se volvieron hacia él.

—¿Qué asesina?

Se acercó a ellas y cogiendo a Ana del brazo le sonrió con cierto nerviosismo. Cuando habló lo hizo con voz grave.

—Traigo extrañas noticias —dijo—. Hoy a la puesta del sol, en la calle de Santa María de Madrid, Juan de Escobedo ha sido atacado y apuñalado. Se busca a tres hombres. Mi despacho dice que Escobedo está muerto.

Los tres permanecieron en silencio. Bernardina soltó el brazo de Ana y se alejó un paso.

–Gracias a Dios –dijo con frialdad–, un español siempre sabe lo que hay que hacer.

A continuación descendió los escalones y se encaminó a la casa. En tanto andaba sintió un brutal impulso de reír y soltó una carcajada, pero se reprimió inmediatamente esperando que los que acababa de dejar no la hubieran oído.

Antonio sí la oyó y sonrió. Pero Ana sollozaba en sus brazos. Pérez percibía como su cuerpo se retorcía y agitaba contra él. Nunca la había visto llorar, pero después de la tensión de los últimos días y como reacción a la violenta noticia que le había dado, pensó que era natural. Le acarició el cabello y la consoló.

SEGUNDA PARTE

Pastrana y Madrid

CAPÍTULO PRIMERO
(Mayo y junio de 1578)

I

Ana permaneció en Pastrana toda la primavera y el verano. Envió a los niños a Madrid en abril y mayo, acompañados de preceptores e institutrices y capitaneados todos por Bernardina.

El rey se sintió decepcionado. En sus breves visitas a Madrid contaba ahora con que ella estuviera esperándolo para complacerlo en la larga y silenciosa sala frente al Alcázar. Le escribió perentoriamente para expresarle su disgusto, pero ella permaneció en Pastrana.

Durante la ausencia de Bernardina y de los niños hizo las paces consigo misma.

La muerte, el asesinato de Juan de Escobedo oportunamente acaecido después del terrible encuentro que habían tenido, la había conducido a un mundo de dolor y de controversia en el que su sencillez no contribuía a orientarla. Que el asesinato hubiera sido ordenado y dirigido por el hombre que había compartido con ella la última e intolerable visión de Escobedo y que se había sentido responsable de que hubiera tenido que sufrirlo, era una amenaza oscura e insoportable en su particular confusión. Sin embargo, siendo española, podía relegarla a un lugar inferior al plano de la acción. Hacía mucho que el rey había ordenado el asesinato, que ya se había intentado –dos veces, según Antonio– antes de que se produjera la terrible injuria particular.

Aquello lo aceptaba; sabía que era cierto. Sin embargo, ello no disminuyó el pánico visionario, la supersticiosa aflicción con que sintió el golpe que supuso la muerte de Escobedo. Para ella, los pequeños planes de los hombres, y la proa y la popa de los días en sus designios, eran piezas diminutas, peones, en los dedos de Dios. Un pecado y un alma, por pequeños y mezquinos que fueran, podrían ser a la vez predichos e importantes en el Cielo, más importantes que la política de Felipe en los Países Bajos. Se rió de su intento de comprender la oportunidad de la posible intervención divina, se rió de su propia pomposidad descubierta. No obstante, sabía lo que quería decir, que una brizna de hierba, según los valores celestiales, podía valer lo que una explosión planetaria.

No formuló su histérica idea, sino que encontró ánimos para reírse de ella cuando iba a concretarse en palabras y le pareció megalomanía. Sin embargo, su alma se conformaba. Lo había hecho desde la noche en que Escobedo se plantó junto a su cama para gritarle. De modo que ahora que iba a yacer en su tumba, adonde había sido enviado por Felipe y por su amante, mucho más. Su amonestación no le había molestado cuando vivía; únicamente advirtió su veracidad. Ahora lo veía más claro que nunca.

Así pues, con un tiempo resplandeciente y suave, paseó por las plantaciones de moreras y las huertas de frutales y dejó que su tranquilidad la calmara. Aquel extremo oriental de Castilla, flanqueado por Aragón, no era la España de su corazón; ella comprendía mejor y admiraba más las tierras que rodeaban Toledo y la gran meseta que se extendía de Salamanca a Medina y Segovia; también la gente de allí –los catalanes y los aragoneses habían mezclado su sangre práctica y estimulante con la del pueblo lento y ceremonioso, cruce estudiadamente mejorado por Ruy, el buen cultivador, con la plantación de moriscos, los cultivadores de moreras y fabricantes de seda que deseaba–, como le había dicho con frecuencia a Ruy, eran solamente castellanos por cortesía. Ante lo cual, él se reía y negaba con suavidad la necesidad de cortesía.

«No es nada siniestro no haber nacido en un peñasco de granito y no haber pasado diez generaciones muriéndose allí de hambre, Ana –le decía–. No es ninguna pena no tener el cerebro hecho de granito. Yo también soy extranjero, y me llevo bien con mis colegas mestizos. Lo que a mí me gusta es ver eficacia siempre que sea posible.»

Le complacía la intransigencia innata de Ana, si bien no cedía ni un ápice ante ella en la vida real. No obstante, ella había aceptado la pragmática filosofía de Ruy y se había mostrado obediente durante su vida y, en la medida en que le fue posible al no contar con su orientación, después de su muerte, mientras mantenía el derecho a hacer las arcaicas y conservadoras observaciones que le eran propias y que, como sabía bien, él encontraba encantadoras. Halló la paz con él en aquellas tierras tranquilas y bien gobernadas y, desde los primeros días en que se instalaron allí, nunca se le había ocurrido desear vivir en otro sitio. Incluso en la desesperación que le sobrevino a la muerte de Ruy, su única idea de refugio había ido asociada al convento de Pastrana. Apartada de allí con deshonor y cólera, no se le ocurrió siquiera buscar otro convento. Regresó a su casa y se sumergió en la benéfica oscuridad del pueblo que conocía.

Y ahora, humillada y culpable de nuevo, sintiéndose dolida y sucia, se alegraba de estar en Pastrana y deseaba permanecer allí.

«Estoy destinada a lo grotesco», se decía a sí misma, igual que antes, en la noche inexorable. Y sola, se quitaba el parche negro en forma de rombo y se quedaba mirando en el espejo su rostro largo y demacrado, dividido y separado por la oscuridad, y el hueco cerrado, vacío y morado del ojo. Pensaba en Escobedo en su tumba, en la fría animalidad del amor-placer calculado, y en lo absurdo del deleite sexual. Y paseaba por su habitación hasta que los gallos cantaban al amanecer.

Pero poco a poco la luz del día la iba ganando. Observando, al principio con resentimiento y desesperación, cómo el proceso externo de los trabajos y los días continuaba, cuán complicado era todo esto y en qué medida dependía del autocontrol y la atención de los hombres que, cabía suponer, eran algo más en sus corazones que cumplidores de sus deberes visibles, comenzó a encontrar paciencia consigo misma.

Observaba los movimientos del cielo y los cambios de los campos; veía cómo, siguiendo los dictados de las campanas y de la luz, los hombres iban del trabajo a la comida y de la comida al descanso. Pasión, después de todo, relaciones sexuales, trampas y contar dinero; oraciones, miedo a la muerte, deseo de conocer a Dios y de tener hijos, todas estas cosas, llenas de trampas para los impacientes, yacían discretamente en la superficie suave y evidente, para cada uno de los actores. De lo contrario, la rutina carecería de significado, y quizá su gracia aparente derivara, al igual que su gracia celestial, de la realidad de los peligros profundos, las vergüenzas y las acechanzas particulares. El pecado, después de todo, era cosa corriente; y quizá también otros sintieran en ocasiones que la parte más absurda del pecado es nuestra incapacidad de comprender nuestros propios motivos. «Pero una parte de la repugnancia hacia nosotros mismos debe ser –pensó– que la llevamos solos; tenemos que aprender a vivir con ella en silencio, y a la vez continuar siendo las personas que nuestros semejantes conocen y con las cuales trabajan.»

Así cavilaba mientras paseaba por Pastrana a caballo o a pie y miraba los rostros de los lugareños que le sonreían para desearle los buenos días. Miraba el hermoso y cambiante cielo con atención y los puros y elevados montes de la sierra de Guadarrama, así como los rosales en flor que había plantado Ruy. Con frecuencia se arrodillaba en la iglesia de la Colegiata junto a la tumba de Ruy, preguntándose qué pensaría él de sus crudos y disparatados pecados y de su amor por Pérez; y le suplicaba que la ayudara si podía y que tuviera misericordia de ella.

A menudo llegaban noticias de Madrid, de mucha gente, pero las mejor recibidas eran las de Bernardina y las de Antonio. Le había pedido a Antonio que no la fuera a ver durante un tiempo y él la obedecía, aunque protestaba con donaire contra la prohibición. Pero ella sabía por sus cartas que estaba agobiado de trabajo y más angustiado que de costumbre, y que los viajes secretos al campo hubieran añadido una carga excesiva a sus tareas.

Las principales noticias, que llegaron antes de que abril estuviera mediado, no la sorprendieron. La familia de Escobedo no había aceptado su muerte como un acto divino, y tampoco la sociedad madrileña en general. Se pedían arrestos y la instrucción de un proceso, y a medida que pasaban las semanas y no ocurría nada, comenzaban a ser exigidos con más intensidad.

Antonio contaba con petulancia que cuando su esposa Juana fue a ver a la viuda de Escobedo, en un acto de cortesía, para expresarle su pésame, ésta había lanzado un dramático gemido al verla entrar y había amenazado con vengarse de unos enemigos cuyo nombre no especificó. Otras damas de Madrid habían presenciado la curiosa escena y Juana se sintió muy sorprendida, decía Antonio. «No obstante –continuaba–, la familia ha llevado sus quejas al lugar adecuado. Mi erudito colega, Mateo Vázquez, ¿lo recordáis? El clérigo andaluz, mi *vis-à-vis*, que controla la mitad de la mente real que no es territorio mío, bueno, es un amigo de la familia Escobedo, y por tanto con todo derecho se ocupa de presentar una solicitud en su nombre ante el rey para que se apresure la acción de la justicia. Naturalmente, rapidez no es precisamente lo que se consigue presentando solicitudes al rey, pero los Escobedo no lo saben todavía. El bueno de Vázquez está ahora en El Escorial y sin duda hará todo lo que pueda. Entretanto en toda la ciudad no se habla de otra cosa que del desgraciado asunto...»

Ana recibió estas noticias con mayor gravedad de lo que se esperaba. Sabía que le habían sido comunicadas con sumo cuidado, como si sólo se pretendiera mostrarle hacia donde soplaba el viento e indicar cuán ciego era presentar la solicitud a Felipe por mediación de Vázquez. El propio Vázquez actuaba con perfecta corrección haciéndose cargo de la solicitud, y, claro está, no tenía más idea que el joven hijo de Escobedo de la patética comedia que representaba apelar a ese tribunal.

Ana sabía que Pérez se sentía a salvo. Felipe estaba ligado a él por amistad y por gratitud; e incluso más por los peligrosos secretos de alta política compartidos con los cuales Pérez podía causarle graves perjuicios; ligado sobre todo en este caso por su propia culpabilidad. Escobedo fue asesinado por mandato real. Aquella afirmación no debía pronunciarse nunca en un tribunal de justicia español. Incluso en el caso de que no pudiera ser demostrada –Pérez tenía las instrucciones de puño y letra del rey– no debía ser pronunciada. Pondría en peligro al rey y toda su política, pasada y futura, hasta un punto que Felipe no se atrevía a medir. Así pues, era evidente que Pérez se sentía seguro y no podía evitar gozar con cierta brutalidad de la farsa que se representaría cuando Vázquez expusiera la aflicción de la familia de la víctima con toda su buena fe ante el asesino de la víctima. Sin embargo, ella pensaba en la noticia con mayor gravedad y frecuencia de las que Antonio hubiera considerado necesarias.

Bernardina escribía a menudo sobre los niños, la casa, las compras que le había encargado y sobre cómo encontraba Madrid. Ella, que no disfrutaba del privilegio del secretario de Estado para mandar cartas selladas por salvoconducto, tenía mucho cuidado en lo que ponía. «[...] a decir verdad, todos estamos un poco tristes sin vos, chiquita. Incluso los niños lo admiten, si bien hacemos lo que podemos con nuestras fiestas y visitas. Y nos estamos haciendo tantos trajes que volveremos hechos unos figurines de la corte de ese presumido rey Enrique de Francia. Nos viene a ver mucha gente, y todos lamentan que os hayáis quedado en el campo. Pero no os preocupéis por ellos, habéis hecho bien. Espero que descanséis y durmáis bien, y que bebáis vino tinto por las noches como os dije. Doña Beatriz de Frías os manda recuerdos especiales. Toda la familia Escobedo está en Madrid, pero naturalmente de luto riguroso, de modo que no los vemos. No obstante, se dice que están armando un gran revuelo para que cojan a los asesinos, lo cual es muy natural. He oído que van a apelar al rey. Diego me ha dicho que él no ve que la policía haga nada en absoluto, y piensa que el que lo hiciera hace mucho que salió de España. Eso supongo. He hecho desmontar vuestra habitación y quitar todos los cuadros y adornos como me ordenasteis. Ese cuarto que queréis usar como dormitorio es muy pequeño, chiquita, y está bastante lejos de vuestras habitaciones. De todas maneras, buscaré las cortinas y las demás cosas que me encargasteis y os mandaré retales pronto. Anichu y yo estábamos buscando una cosa en vuestra sala de estar esta mañana y me ha dicho: "Hoy no me gusta la

163

sala larga. Pero la encuentro preciosa cuando madre está aquí". Tiene razón; sin vos es un agujero muerto. Fernán y Anichu os escribirán pronto. Ruy dice que os escribió ayer. No os olvidamos...»

II

A fines de mayo el marqués de los Vélez se acercó desde Alcalá a verla. Había pasado unas semanas en Madrid y El Escorial por asuntos de Gobierno, de modo que Ana no había hablado con él desde el Domingo de Resurrección.

Sus ojos reflejaban preocupación, pensó Ana, y su alegría parecía algo apagada. Llegó a última hora de la tarde y estaba cansado. Dijo que lo había fatigado el viaje. Se sentaron en la sala que daba al patio y los criados les llevaron una merienda compuesta de pan y varios embutidos; Ana le sirvió vino y lo instó a comer.

Sabía que quería hablar de Antonio, no acertaba a empezar, pero no estaría a gusto hasta que diera con una excusa. Así pues, luego de haber comido un bocado y bebido un trago, Ana habló abiertamente.

–¿Hay algún peligro para Antonio en el asunto de los Escobedo? –preguntó Ana.

Él la miró agradecido.

–No estoy seguro –dijo–. No veo ningún peligro inminente; sin embargo, es cierto que el rey está actuando de una manera extraña. ¿Estáis al tanto de las noticias recientes? ¿Qué cuenta Antonio?

–Nada real, en estos momentos. Sus cartas son alegres y evasivas como si estuviera muy ocupado, de lo cual estoy segura. Y no lo he visto desde... desde la noche de la muerte de Escobedo.

–¡Ah! –Vélez la miró y a continuación cogió un poco de pan y de pescado curado y lo masticó lentamente.

Sabía que Ana era amante de Antonio Pérez, y que ella sabía que lo sabía; sabía que el rey y Pérez compartían la responsabilidad de la muerte de Escobedo, y que Ana también lo sabía; sabía que el muerto los había sermoneado y se había inmiscuido inexcusablemente en su ilícita relación amorosa. Antonio se lo había contado, así como la rabia que sentía contra Escobedo por sus fanáticas prédicas. Lo que no le había contado era el horrible clímax de esas prédicas. Ana sabía que ningún ser viviente lo oiría de labios de Antonio ni de los suyos. Con todo, el viejo marqués conocía en general las sombras tanto personales como políticas que se cernían sobre la tumba de Escobedo.

Consideraba que mientras les acecharan posibles peligros era más conveniente, incluso para los amigos más íntimos, hacer pocas, muy pocas afirmaciones categóricas. Si nunca se ha oído decir una cosa, o no se ha dicho, uno puede jurar en tal sentido, de ser necesario. Así pues, nunca dijo, ni oyó a nadie decir –ni a Ana ni a Pérez–, que los dos eran amantes; y suponía, con razón, que Pérez nunca habría admitido ante Ana, verbalmente ni por escrito, que él hubiera intervenido en la muerte de Escobedo. Sin embargo, estos detalles eran conocidos por los implicados y podían darse por sabidos si se tenían las fórmulas apropiadas, en la conversación de dos o tres amigos íntimos.

Vélez buscaba ahora, mientras comía, una expresión o declaración abierta que no resultara ni ofensiva ni peligrosa. Levantó la copa.

–Bebamos por Felipe –dijo con una maliciosa risilla–. ¿Sentís lealtad hacia él?

Ana levantó inmediatamente su copa.

–Siempre –dijo–. Mucha más de la que necesita o piensa.

Bebieron y se sonrieron mutuamente mientras dejaban las copas.

–Sí, ya lo creo –dijo Vélez–. Lo que hace falta es que él comprenda vuestra lealtad, lo sencilla y lo sincera que es. No sé por qué de vez en cuando tiene que hacer una especie de pócima con los sentimientos de sus servidores fieles. ¡Por Dios! ¡Mirad lo que hacemos por él! ¡Mirad lo que hace Pérez y lo que arriesga! Y sin embargo...

–Sin embargo, ¿qué? ¿Qué es lo que está maquinando?

–Ojalá lo supiera. –Hizo una pausa–. Pérez no os ha hablado de ello, y quizás eso significa que no le da más importancia que a cualquier otra payasada del rey. O quizá se enfadará mucho conmigo si os lo digo. De cualquier forma, creo que deberíais saberlo. Quizá me tranquilizaréis.

–¿Qué es?

–¿Sabíais que Mateo Vázquez se ha hecho cargo, con gran amabilidad por su parte y con todo derecho, de la petición de la familia Escobedo respecto al asesinato de su padre? Pero Vázquez no tiene acceso a los archivos de los Países Bajos en asuntos exteriores, y por culpa del retorcimiento del rey no tiene idea de toda la exasperación que Juan de Escobedo producía en él. No tiene ni la menor idea de la verdad del asunto que se propone llevar adelante. Pero los Escobedo y sus consejeros, muchos de los cuales son personas que ocupan altos cargos y que vos conocéis muy bien, personas que saben desenvolverse en política y que, tengan o no alguna queja que formular, saben que es mejor no hacer acusaciones tontas en un caso como éste, bueno, pues esa gente le ha asegurado a Mateo Vázquez que Antonio Pérez asesinó a Escobedo. –Hizo una pausa y Ana ni se movió ni interrumpió–. Afirman, Ana, que el asesinato fue en expiación por un agravio particular; que Escobedo conocía unos amoríos ilícitos de Pérez, y amenazaba con desvelar su secreto al rey.

Se detuvo y la miró. La respuesta de ella lo sorprendió.

–Escobedo lo sabía –dijo–, y amenazó con revelarle lo que sabía al rey, pero eso es accidental. El rey ordenó su muerte y el rey fue obedecido.

–Sí, así es. Bueno, Vázquez mandó un despacho al rey sobre la muerte de Escobedo. En él exponía abiertamente su acusación. Decía que la familia de Escobedo sabía que Pérez lo había mandado matar por causa de una mujer. Decía que Pérez temía que se desvelara porque esa mujer era conocida y su honor estaba en sus manos. Le presentó el despacho al rey.

Ana sonrió ligeramente.

–Pero ¿cómo lo sabéis? –preguntó.

Vélez se echó a reír con franqueza.

–Esa pregunta es de alguien que conoce a Felipe –exclamó complacido, pero al instante volvió a recuperar la gravedad, se sirvió más vino y bebió un sorbo antes de proseguir–. Conozco el contenido de ese despacho –dijo–, porque Felipe hizo lo que considero una cosa bastante inexplicable con él. Después de guardárselo para él solo unos días, se lo enseñó a Pérez, y a mí, y nos preguntó cómo debía responder.

–Pero, sin duda, enseñárselo a Pérez fue muy imprudente.

–Muchísimo, hasta un niño lo sabría. Sin embargo, Felipe lo hizo con premeditación. Y si tiene algún defecto, y Dios sabe que tiene muchos, es su exceso de prudencia. Así que, ya veis, no lo entiendo.

–¿Qué piensa Antonio?

–¿No os ha contado nada de esto?

–No.

–Ah. Entonces no sé lo que eso quiere decir. Bueno, primero se quedó algo impresionado por lo atrevido de la acusación y por la audacia que demostró Vázquez al presentarla. Después de todo, Pérez es el ministro favorito del rey y lleva mucho más tiempo que Vázquez colaborando estrechamente con él. Aparte, tiene una influencia general muy superior a la que Vázquez tendrá nunca. De modo que el despacho le pareció valiente e ingenuo. Pero creo que pensó que el hecho de que el rey se lo enseñara era muestra de su ingenuidad.

–Quizá lo sea –dijo Ana–. Después de todo demuestra la poca importancia que le concede el rey, y quizá tampoco él le dé importancia, con todo lo que sabe de Escobedo. Y demuestra su confianza en Antonio.

–Tal vez. Creo que Antonio piensa que tan evidente indiscreción por parte del rey significa que está harto de Vázquez, que se propone librarse de él. Yo no lo creo. Pero no os he contado el final de la historia, que es que Pérez, a petición de Felipe, hizo un borrador de la respuesta al despacho de Vázquez. Eso, creo yo, es muy curioso.

–Tan curioso –dijo Ana–, que me parece que Antonio debe de tener razón.

Vélez movió la cabeza.

–No hay ningún indicio de ello –dijo–. Vázquez vale demasiado; el problema de Felipe es que ambos secretarios son en este momento insustituibles. Los ha preparado para que se complementen perfectamente en los asuntos exteriores, y sencillamente no desea verse importunado por la pérdida de ninguno de ellos. Yo he observado a Vázquez en las sesiones del gabinete, querida, y leo a menudo sus memorándums y discuto sus ideas. Tiene categoría, además es una persona intachable, y es una fiera con el trabajo.

–Antonio también –dijo Ana–. Quiero decir que también es una fiera con el trabajo.

Ambos se echaron a reír.

–Ya. No había interpretado que fuera una persona intachable.

–Yo siempre he tenido a Vázquez por un pesado insufrible.

–Sí, es pedante y no tiene ninguna gracia; para la gente no es más que un clérigo aburrido y bueno. Parece no tener gustos ni ambiciones personales, y ningún vicio. No acepta sobornos y no les roba las esposas a los nobles de edad avanzada. No se fija en si los pajes de la corte son guapos o no. No se le conocen defectos y no tiene enemigos.

–Todo lo cual da como resultado, tristemente, que no tiene tampoco amigos –dijo Ana.

Vélez rió.

–Eso es muy cierto, tal como vos y yo interpretamos la palabra «amigos». Admito que yo, por ejemplo, me tomaría muchas molestias para escapar del aburrimiento de diez innecesarios minutos en compañía de Vázquez, mientras que su *vis-à-vis,* ese bribón de Antonio, puede disponer a voluntad de mi tiempo, mi casa, mi bolsa y todo lo que tengo, excepto quizá mis hijas, si es que alguna vez las hubiera pretendido y si, un largo si, yo hubiera podido apartarlas de su encanto.

El marqués se iba alegrando poco a poco. Se había terminado un plato de anchoas y consumido una gran cantidad de salchichón y de jamón. Ahora se dedicaba a pescar melocotones en almíbar y a comérselos enteros.

–Deliciosos, Ana. ¿Cuál es vuestro secreto para conservarlos? Es que no puedo conseguir que me los hagan así en casa.

Pero la mente de Ana estaba con Antonio y el rey.

–¿Qué tiene que ver esta comparación de personalidades con la petición de los Escobedo? –preguntó.

–Nada, todavía. Pero si un día la actual situación se convierte en una disputa abierta entre los dos secretarios, no os extrañéis si el hombre de los mil amigos y de la gran influencia y poder pierde la partida ante el que simplemente no tiene enemigos.

Ana se levantó y echó a andar por la habitación hacia el ventanal. Vélez la observó comprensivo.

—No tiene que ser así, claro. Pero las curiosas tácticas de Felipe pueden forzar la situación en ese sentido. Es probable que él mismo se encuentre en apuros si las habladurías de Madrid y la exigencia de que sean castigados los asesinos de Escobedo no decrecen; él se da cuenta y, como siempre, le está dando tiempo al tiempo. Por extraño que parezca, da la impresión de que piensa que ganará algo, o eso supongo yo, enfrentando a Pérez y Vázquez. Una pista falsa, supongo, pero, francamente, no acabo de entender el juego. No obstante, creo que es peligroso para Pérez.

—Yo no veo el peligro. Felipe es el culpable, y él lo sabe.

—Querida, ¡el derecho divino!

Ambos se echaron a reír, pero la alegría de Ana no era total.

—Entonces, ¿están ya enfrentados Antonio y Vázquez? —preguntó.

—Desde luego, Antonio le tiene una rabia muy peligrosa a Mateo, y éste, que no sabe que el rey ha entregado su despacho privado al hombre a quien se acusaba en él, está perplejo. Después de todo, no hace sino cumplir su deber, y continuará haciéndolo. Entra dentro de sus funciones presentar recursos contra la injusticia ante el rey. Entretanto, Pérez ha perdido la cabeza, un poquito.

Ana regresó lentamente de la ventana.

—¡Qué alta sois! —dijo Vélez—. La verdad es que demasiado alta.

—¿En qué sentido ha perdido la cabeza?

—Ha empezado a insultar a Vázquez a diestro y siniestro en la mesa del gabinete, en reuniones públicas y en cualquier sitio. Se burla de su defensa de la causa de Escobedo y en general lo trata mal. Una política muy poco acertada.

–Quizás. –Hizo una pausa–. No me habéis dicho cuál fue la respuesta de Felipe al despacho de Vázquez. ¿Qué le preparó Antonio?

–Fue muy hábil, muy ingenioso. Venía a decir, ahora no recuerdo con precisión, que Vázquez iba por mal camino, que Felipe tenía mejor información pero esperaba una determinada prueba antes de proceder a la acción de la justicia; que el crimen no tenía nada que ver con ninguna mujer sino que su ejecutor tenía un motivo mucho más grave; y le suplicaba a Vázquez que no siguiera dando crédito a las apresuradas suposiciones y acusaciones de los Escobedo y de sus amigos. Este tipo de cosas. Que se sepa, ha acallado a Vázquez.

–¿Entonces?

–Pero sólo de momento. Los Escobedo todavía lo instigan y, naturalmente, para él es evidente que hay que iniciar un proceso legal cuando un inocente ciudadano es asesinado. Además, está convencido de que tiene razón en cuanto a Pérez, y presionado por el trato vejatorio de que Pérez lo está haciendo objeto, ha comenzado a decir lo que piensa, en pura defensa propia, a unos y a otros. Volverá al ataque. Y entretanto está claro que Pérez no va a tolerarlo mucho tiempo como colega, lo cual es muy fácil de comprender. Ay, querida, las habladurías corren; se forman bandos y se hacen conjeturas. En Madrid este tema se está convirtiendo en una pesadez. Habéis hecho bien en manteneros al margen.

Ana guardó silencio un rato. Entró un criado y retiró la bandeja de la comida; luego regresó y encendió unas velas.

–No, no, no corráis las cortinas –dijo Ana, y el criado salió.

–Quería levantarme a mirar ese cuadro antes de que se fuera la luz –dijo Vélez–. Es nuevo, ¿no?

Ana miró complacida el pequeño lienzo que señalaba.

171

–Sí, sólo lleva aquí unos días. Debéis mirarlo bien antes de marchar. Es un Mantegna. Antonio lo encontró no sé como, por algún comerciante.

–Parece muy bonito desde aquí.

–Sí, es una preciosidad.

Ana posó la vista en el cuadro y pensó, angustiada en muchos sentidos, en el hombre que se lo había regalado. «Justo cuando está empezando a perder lo que más valoraba de nosotros –pensaba la superficie de su mente con tristeza– comienza a conocerme. Este cuadro, por ejemplo...», pero su atención no era realmente para él, ni para el intercambio de regalos entre amantes. Estaba perpleja por la charla y las noticias de Vélez; vagamente y contra su voluntad se dio cuenta de que trataba de adivinar el futuro y de medir la lenta crueldad de Felipe frente al poder que en aquel momento Antonio tenía sobre él.

–No, Ana –dijo el marqués–, no pongáis esa cara, querida. Os he puesto triste con mis detestables chismes de la corte. Y probablemente no son más que eso, nada más que chismes. En cualquier caso, ¿qué es un mero altercado doméstico como éste para Antonio, que se pasa la vida haciendo alarde de sus habilidades en las vastas intrigas de Francia e Italia? Tiene todos los hilos en las manos, querida. Lo arreglará todo sin perder el sueño. Y de todas formas, ¿qué puede hacer Felipe, excepto protegerlo de sus difamadores?

Ana sonrió casi imperceptiblemente al oír la palabra «difamadores».

–Es una situación atroz y brutal –dijo–. Nada más de pensar en ella, te hace estremecer de pena. ¡Pobre familia Escobedo!

–Bueno, sí, pobre familia Escobedo –dijo Vélez con frialdad–. Pero de repente son importantísimos en Madrid, lo cual para ellos es una novedad, y creo que no les desagrada precisamente.

–Eso es muy despiadado por vuestra parte.

–Estoy de acuerdo. Llevo demasiado tiempo en la corte. Con todo, me queda un poco de conmiseración para el pobre Vázquez. Haber hecho de Antonio su enemigo, y luego tener que trabajar tan cerca de él todos los días... –Se echó a reír.

–Supongo que Felipe se lamentará ya del error del despacho –dijo Ana.

–Por extraño que parezca, me parece que no. Me da la impresión de que sembró la cizaña a propósito. Pero no creo que sepa cuál será la cosecha.

–¿Cómo está Felipe?

–Como siempre. Atareado, cansado, amigable, inmensamente complacido con el nuevo infante, claro. Un gran alivio para todo el mundo que la criatura naciera viva y siga viva hasta ahora.

–¿Es un niño saludable?

–¡Qué va! Creo que parece un pequeño monstruo.

–Pobre Felipe.

–Pero él está encantado, Ana. Muy orgulloso. Y con mucho trabajo; interesadísimo por todas las construcciones y plantaciones de allí arriba. Es imposible de saber. Pero tengo una idea, y éste es mi último comentario, lo prometo, sobre estas deprimentes noticias, y sólo os lo voy a decir porque creo que puede ser importante: tengo la impresión de que sí que sospecha de que Pérez tiene a una mujer metida, por accidente, en el asunto de Escobedo. Creo que tiene ganas de comprobar esa sospecha y de descubrir el nombre de la mujer. Hasta ahora no se ha dado ningún nombre.

Sus ojos volvían a reflejar angustia.

Ana se inclinó hacia delante y le rozó la manga, como tranquilizándolo.

–Gracias –dijo–, sabía que queríais decirlo. Y no hay nada que temer. Nuestras vidas privadas no pertenecen al rey.

–Habláis como una buena Mendoza –dijo Vélez, pero no parecía totalmente tranquilo–. Y esperemos que no tengáis que poner a prueba vuestra teoría de las vidas privadas.

–No hay modo de ponerla a prueba –dijo ella divertida–. La vida privada no se somete a pruebas públicas.

–Querida, querida Ana. ¿Tengo que empezar a rezar por vos? ¡Santa inocencia! Dadme un poco de vino. Ya se ha hecho de noche y mi cochero debe morirse de ganas de volver a casa.

III

Bernardina y los niños regresaron a Pastrana a principios de junio.

El tiempo se volvió soporíferamente caluroso. Pero corría el agua en los ríos que nacían en la sierra de Guadarrama y los jardines y los campos florecían; los frondosos árboles proyectaban amplias sombras. Los niños jugaban con sus amigos del pueblo. La vida transcurría al ritmo de las campanas de la Colegiata y Madrid quedaba muy lejos.

Bernardina fue descargando su carro de chismes poco a poco, y entre ellos, naturalmente, había muchos rumores sobre el escándalo Escobedo, pero ninguno de ellos parecía otra cosa que un rumor y no llevaba las cosas más allá de lo que había hecho el marqués.

Llegaban cartas de Antonio; también regalos y lujos de Madrid, constantes pruebas de que pensaba en ella. Pero Ana siguió sin invitarlo a irla a ver; él se limitaba a hacer protestas en broma. «Vélez me ha dicho que os contó mi disputa con Vázquez –le escribió una vez–. Bueno, comprenderéis que tengo motivos. El imbécil está callado de momento, aunque llegan a mis oídos extraordinarios relatos de sus subterráneas investigaciones sobre mí. Y sus clientes no se quedan callados. No obstante, esa parte es problema del rey, no mío. Lo único que tengo que vigilar son las acusaciones de mi colega contra mí. No voy a permitírselo. Tarde o temprano el rey tendrá que escoger entre los dos o enfrentarse a una investigación judicial. Así que, naturalmente, no me preocupo. En cualquier caso, trabajo como siete mulas. Y cuando salgo por la puerta lateral del Alcázar a altas horas de la noche miro en vano hacia las ventanas de la sala larga. Nunca hay luz, no hay nadie. Pero esta noche me voy a El Escorial. ¡Que Dios me ayude! Varios días de conferencias, y ya sabéis lo poco que me gusta ese sitio. Sin embargo, el rey se muestra agradable e incluso considerado estos días. Y Madrid no es precisamente tentador. No sé por qué no estaba tan muerto cuando al menos vuestra casa estaba abierta y de vez en cuando veía a los niños trotando por ahí. Pero ahora me aburro tanto que casi os odio, y me entran ganas de apedrear vuestras detestables ventanas sin luz. De todas maneras, os volveré a ver. Y cuando os vea, ¿qué pasará, princesa?...»

El verano seguía su curso; el asunto Escobedo pasó a segundo término; incluso parecía que Bernardina también lo había olvidado, y Antonio dejó de incluir el ominoso nombre en sus cartas. Ana tenía los días ocupados por hábitos campestres fijos; por las mañanas dirección de la finca y de la familia, ya fuera detrás del escritorio o a caballo por las tierras con administradores o arrendatarios, o hablando con los comerciantes en sedas de Zaragoza o de Madrid; por las tardes, demasiado calurosas para moverse, cosiendo, escribiendo cartas o perezoseando en la sala, o con los niños en el patio regado; a última hora de la tarde había paseos a caballo y meriendas campestres con los niños, cantos en el jardín con ellos a la luz de la luna, acompañados por la guitarra de Bernardina; y pronto a la cama –o al menos eso le parecía a medianoche a Anichu– en medio de la música que todavía llegaba hasta ellos procedente de las calles del pueblo.

«Una vida apropiada y sumisa, del gusto de Felipe», pensaba. La vida que Ruy había dispuesto para ella y que Ana se sabía de memoria.

Le proporcionaba tiempo para pensar. Pero no pensaba, o pensaba cada vez menos a medida que pasaban los días, en política o en los crímenes de Felipe y Pérez y en el posible conflicto que podían hacer estallar los temperamentos de los dos hombres. Sin saber cómo, su mente se fue retirando día a día de todo ese asunto, apartándolo con actitud fatalista hasta que fuera necesario volver a considerarlo.

Pensaba en su pasión por Pérez, y trataba de descubrir si de verdad se arrepentía de ella o si la extraña impresión que había sufrido, de identificación con el desprecio de Escobedo y la aceptación de su veredicto, no había sido sino una reacción de histerismo, una escapatoria histérica quizá de un ultraje que debería haber sido insoportable.

Temía convertirse en una mojigata y por tanto en una hipócrita consigo misma; lo que es más, temía caer en la trampa de parecer que juzgaba a Antonio, en lugar de dejar que se juzgase él. Le horrorizaba toda impertinencia y por tanto tenía que haber sentido, como Pérez, una intensa y pura repugnancia hacia su insensato juez, Escobedo. Pero no podía. La misma insensatez de su último gesto de condena la atraía y le llamaba la atención, igual que todos los anteriores y aburridos sermones la habían hecho reír con impaciencia de sus malos modales. En el último no intervenían los modales. Era fanatismo, correcto o incorrecto.

Aquellos días echaba mucho de menos a Antonio. Él la había hecho adentrarse en el placer; le había enseñado, tarde, todo el arte, lo grande y lo pequeño, del amor recíproco. Agradecida, había aprendido a contar con su placer y ahora tenía los nervios alterados; la potente luz del día, las noches oscuras, estrelladas, la herían.

–No somos más que dos campesinas sosas y aburridas, Bernardina –le dijo una noche en el jardín.

–Hablad por vos –dijo Bernardina–. ¿Me permitís que os recuerde que yo tengo un buen marido aquí a mi alcance?

Ana se echó a reír.

–Quizás hacéis bien recordándomelo –dijo. Bernardina no le era fiel a su Espinosa.

–Os estáis volviendo atrevida –le dijo divertida–. Hace un año o así, si yo hubiera dicho que éramos dos campesinas viejas y aburridas, hubierais pensado que por qué demonios suspiraba. Habéis aprendido mucho en un invierno en Madrid, chiquita.

–No sé. No sé si lo que de verdad he aprendido es que más vale quedarse aquí y ser aburrida.

–Hoy estáis triste. Os duele un poco la cabeza. Ya se os pasará.

Ana levantó la vista hacia la sierra de Guadarrama y pensó en Antonio, en el extremo occidental, con Felipe en su monasterio. Monasterios, conventos; Felipe con sus monjes, rezos y ceremoniosas barricadas contra el pecado. Pero la respuesta natural al amor y a sus perplejidades no era ésa. Y en cualquier caso, Antonio no buscaba respuestas, no conocía perplejidad alguna. Carecía tan absolutamente de sentimiento de culpa en su explotación de los sentidos que era inocente. A ella le gustaba aquella deslumbrante inocencia pagana que lo hacía a un tiempo casi extranjero a sus ojos y un niño comprensible.

Se avergonzaba de ofenderse por aquella arrolladora sencillez de su sensualidad, aquel rechazo de la agitación, aquella generosidad y sencillez que daba estilo a su técnica amorosa y había resultado de inconmensurable ayuda para la

177

inseguridad que tenía ella los primeros días de su unión. ¿Iba ahora, a causa de una resolución interna que él nunca podría aceptar, a herir y golpear aquella parte de él que más había significado para Ana cuando su pasión permanecía íntegra? ¿Iba ahora, después de aceptar todo lo que él le daba, a mostrarse contrita a sus expensas y a atormentarlo con plegarias y explicaciones que a él sólo podían parecerle absurdas, medievales, histéricas y una desfiguración de ella?

Se avergonzaba, aunque la salvación de su alma dependiera de ello, de cargar al alma de él con sus remordimientos. Despreciaba la injusticia y la interferencia con él de un arrepentimiento que sólo era suyo. Le había cogido afecto a Antonio Pérez, de modo que no deseaba ni herirlo ni, por torpeza, perder su querida estima. Y era fácil que ocurrieran las dos cosas. Se dio cuenta que deseaba que su amor se hubiera debilitado, como había pensado que podía pasar, durante la primavera que acababa de transcurrir.

Una tarde Anichu y ella bajaron al pueblo para darle un recado a una mujer que les estaba tejiendo una tela para las sillas del comedor.

De regreso, al pasar por el convento franciscano, unas cuantas monjas que venían de la escuela se cruzaron con ellas. Les sonrieron, se inclinaron ante Ana y una de ellas besó a Anichu.

La niña estaba contentísima. Conocía todos sus nombres y se los dijo a Ana.

—Me gusta tener a nuestras franciscanas aquí, ¿sabéis? —le dijo a su madre una vez reanudada la marcha—. Son tan buenas como las carmelitas, ¿verdad?

—Seguro que sí, cariño. Son unas monjas muy buenas y amables.

—Claro que yo estoy de acuerdo con Fernán en que es una pena que vos os pelearais con la madre Teresa.

Ana quedó perpleja. No pensaba que los niños supieran tantas cosas de ella.

–Sí, es una pena. Lamento que pasara.

–Pero, claro, vos no podíais ser monja. De verdad que no. ¿No lo sabíais?

–No estaba segura hasta que lo intenté.

–Si yo hubiera sido mayor, no os hubiera dejado –dijo Anichu.

Ana sonrió a la pequeña.

–Bueno, ahora ya puedes cuidar de mí –dijo–. Vamos a entrar a decir una oración.

Las dos dejaron el ardiente sol para penetrar en la oscura iglesia de la Colegiata. Ana levantó a Anichu para que alcanzara la pila del agua bendita, se salpicaron las frentes mutuamente e hicieron la señal de la cruz. A continuación fueron a arrodillarse una junto a otra sobre las losas próximas a la tumba de Ruy Gómez.

CAPÍTULO SEGUNDO
(Octubre de 1578)

A mediados de octubre Antonio fue a Pastrana. Oficialmente iba a ver al marqués de los Vélez, con quien descansaría dos días y cazaría en Alcalá de Henares. Pero durante la tarde del primer día se desplazó al este para cenar con Ana.

Entró ansioso en la sala, casi corriendo hacia ella y hacia el fuego. Le besó las manos y se estremeció ligeramente mientras le sonreía a ella y a la clara e iluminada habitación.

–Es estupendo –dijo–, es estupendo estar otra vez con vos, y estar a cubierto. –Se arrodilló para acercarse más al fuego–. Perdonad que me caliente las manos un momento. Me encanta esta habitación. Y cómo ahuyentáis los aullidos de la noche. No se oye nada a través de esas gruesas paredes.

–¿Está muy alborotada?

–Horrible. Me alegro de no haber venido a caballo. Pensaba hacerlo porque de verdad necesito ejercicio, pero lo cierto es que estaba demasiado cansado.

Ana nunca lo había oído decir que estaba cansado, y ahora además se le notaba.

–¿Qué queréis que haga para que descanséis?

–Dejadme estar aquí en el suelo junto al fuego, y venid a sentaros cerca de mí, donde yo os vea. Así, ahí mismo. –Se apoyó contra una silla que había al otro lado de la chimenea, frente a Ana–. Luego os diré cómo os encuentro –le dijo suavemente–, qué se siente al volveros a ver.

181

Ella sonrió ante su característica y halagadora sencillez. Tal vez no le dijera nunca, como afirmaba, cómo la encontraba, sin embargo, si quería, incluiría en casi todas sus frases un cumplido a su belleza.

—Solamente deseo obedeceros —dijo ella—, pero ¿no creéis que debo ofreceros algo de comer o de beber?

—Nada. No os podéis mover. ¡Oh, Ana! Esto es descansar.

—Nunca os había oído hablar de descansar.

Tenía el rostro a la altura del fuego y en ese instante lo volvió hacia él, de modo que Ana pudo observar gracias a aquella luz que exageraba la realidad, los profundos surcos causados por la preocupación. Pero él reía al volverse hacia ella.

—Me estoy haciendo viejo, amiga mía, eso es lo que pasa. ¿Sabéis que me he pasado el viaje desde Alcalá medio dormido? Y no es que sea dormilón, ¿no? ¡Y cuando venía a veros a vos, después de tanto tiempo!

Ana sonrió.

—Es un aviso.

—Yo no hago caso de los avisos —dijo, estirándose hacia el fuego con placer. Ella percibió una ligera duda en sus palabras, pero la dejó pasar.

—Una triste noticia la de los Países Bajos —comentó Ana—. Pobre don Juan de Austria. Era demasiado joven para morir.

—Sí, parece ser que había estado enfermo todo el verano. Las últimas cartas que le mandó a Felipe eran muy tristes.

—Y no hacía falta que muriera Escobedo.

Antes de responder apartó de sus ojos un reflejo de diversión.

—Bueno, no —dijo—. Por los motivos de Felipe, no.

—¿Cómo murió don Juan?

—La peste. Su desdichado ejército lleva cayendo como moscas varias semanas. ¡Los enredos de toda esa campaña!

–Quizás hubiera tenido éxito con los flamencos. Después de todo era uno de ellos.

–Sí. Y había muchos que lo adoraban incondicionalmente. Pero él los odiaba, no compartía los sentimientos de su padre hacia ellos. Sus cartas eran extraordinariamente injuriosas e impacientes.

–Era atractivo.

–A mí nunca me gustó. Pero es que yo no aguanto a esos mequetrefes soldadescos tan encantadores.

–Habláis como Ruy.

–Es que soy discípulo de Ruy.

Ana pensaba en sus primeros días de matrimonio, cuando Isabel de Valois era la reina, y los dos brillantes muchachos, don Juan de Austria y Alejandro Farnesio, fueron escogidos para compañeros del hijo de Felipe, don Carlos. Carlos evidenciaba ya la mala salud que terminaría en horrible padecimiento; pero nadie lo preveía y el muchacho parecía prometedor y original; eso alimentaba las esperanzas de Felipe y, junto con el orgullo que sentía por su hermosa nueva esposa, le había llevado la felicidad y lo había vuelto aventurero. La corte era entonces joven de carácter y a Isabel debía su gracia ligera y exótica; Ruy era su astuto y discreto controlador; y los muchachos, los tres vástagos reales, con sus rivalidades, locuras y hazañas, rodeaban las rebuscadas travesuras de sus mayores de un aura de inocente y cautivadora promesa.

Carlos murió, ni inocente ni cautivador; y ahora don Juan estaba camino de la patria para recibir sepultura.

–Murió el primero de octubre, ¿verdad?

Antonio asintió con la cabeza.

–Siempre decía que desde Lepanto, octubre era su mes de la suerte.

–En mi opinión –dijo Antonio–, Lepanto fue bastante desafortunado. ¿En qué pensáis?

–En el pasado. En los días de Isabel. ¿Os acordáis de aquella época?

–Perfectamente. Regresé de Italia antes del matrimonio francés y me convertí en el atareado subsecretario de Ruy.

–Me acuerdo. Erais una criatura vana y presumida.

–Todavía lo soy.

–Es verdad. ¿Dónde está ahora Alejandro Farnesio?

–¿El duque de Parma? En Bruselas, espero. Vamos a poner en sus manos el precioso embrollo de los Países Bajos.

–Bueno, él no se ha convertido en un «encantador mequetrefe soldadesco».

–No. Es inteligente. Debe tener paciencia y esperar. A su madre no le fue tan mal allí, ya sabéis. Al menos comparado con lo que pasó después. ¡Dios mío, Ana! No me hagáis hablar de las locuras de nuestra política exterior. Dios sabe que no he venido a veros para eso.

Ana se acercó al fuego para echarle más leña. Antonio se puso de rodillas con la intención de ayudarla. Permanecieron arrodillados uno al lado de otro colocando los gruesos troncos y él observó su rostro atentamente, los rasgos bañados y acentuados por la cálida luz. Veía su perfil izquierdo y advirtió cómo la fina piel, casi demasiado delicada, se tensaba sobre el diminuto pómulo; observó la sombra entre azulada y marrón que asomaba por encima y por debajo del ojo hueco, pero con cuánto vigor y sinceridad su ojo brillaba a la luz del fuego, y sus pestañas eran, como siempre, brillantes e infantiles. Desde luego era una lástima, pensó, que hubiera perdido un ojo precisamente ella. Desde muy cerca, los detalles de su belleza, su secreto, tesoros no desvelados de delicadeza, de niñez accidental, continuaban, por mucho que se fijara en ellos, sorprendiéndole, tomando sus remilgos por asalto. A menudo, mirando de reojo, en un momento de relajación o en lo que él pensaba que era una completa falta de atención por parte de ella, lo despertaba con una nueva e inesperada sensación de agrado; el borde de la ceja, el exquisitamente torneado hueso de la muñeca, el grácil tendón que iba desde la oreja al cuello, tales cosas podían apoderarse de su desprevenida atención y sugerirle que contenían toda la belleza. «Por ellas –se decía a veces–, por estas pequeñas cosas la recordaré siempre.»

Ana se inclinó hacia delante, lanzando piñas aquí y allí entre los troncos del fuego. Él se puso en cuclillas y la dejó trabajar.

–Tenéis mala suerte –dijo–, vuestra belleza es de una clase a la cual sólo un amante o un niño puede acercarse lo suficiente para verla.

Ana se levantó y le pasó la mano rápidamente por la frente al hacerlo.

–No sé qué voy a hacer sin vos –se lamentó.

Él se puso en pie de un salto.

–¡Ah! ¿Así que ésas tenemos?

–Esperad. Tenemos que hablar.

–Sí, sí, ya lo creo. Ay, Ana, me lo temía.

Recorrió la habitación con la vista y luego volvió a mirarla a ella; Ana se disgustó al comprobar que sus ojos reflejaban realmente temor. Se acercó a una mesa donde había comida y vino y se volvió hacia ella como disculpándose antes de servirse un poco de vino.

–¿Puedo?

Ella sonrió.

–Oh, Ana, bebed también. Bebamos por mi poder sobre vos. Que no nos falle. ¡Venid!

Se aproximó a ella con dos copas llenas de vino tinto. En tanto Ana alargaba la mano para coger una, la gran puerta del extremo más alejado de la habitación se abrió y entró su hijo mayor, Rodrigo.

No era correcto que entrara en su sala de estar sin ser autorizado mientras estaba en compañía de un invitado; Ana pensaba que todavía se encontraba en una fiesta celebrada en Guadalajara con sus primos. Sin embargo, le sonrió sin alterarse. Él parecía estar a gusto e iba vestido con ropas de casa, por lo tanto debía de haber regresado a Pastrana un poco antes o después de la llegada de Antonio. Dedicó una graciosa reverencia a su madre y al visitante de ésta. Ana pensó que en el saludo de Antonio al chico había algo menos de humor. Generalmente, Rodrigo lo divertía muchísimo, pero Ana supuso que lo inoportuno de su entrada resultaba exasperante para un hombre que ya se encontraba cansado y demasiado tenso. No estaba de humor para charlas cortesanas. Bueno, se desharían del niño en unos minutos.

–¿He interrumpido vuestra pequeña fiesta? Perdonadme –dijo.

Ana levantó las cejas. Aquello era una insolencia, pero como nunca había desempeñado un papel de madre con Rodrigo, no podía entonces empezar a reprenderlo. Además, su tono la sorprendía más que la molestaba. Como cortesano, siempre era muy obsequioso con los hombres poderosos, y consideraba a Antonio Pérez como un subordinado sólo del rey de España que en algunos aspectos tenía incluso más poder que el rey. Ana lo había oído alguna vez mofarse ligeramente con aires de aristócrata de la reciente grandeza de Pérez, pero nunca en situación en que pudiera llegar a oídos del secretario de Estado; cara a cara con Pérez siempre era el encanto personificado; siempre parecía contentísimo de encontrarse en la compañía de este gran hombre y hacía todo lo que podía para complacerlo y entretenerlo. Por tanto, aquella impertinente maniobra de entrada sorprendió tanto a Ana que pensó que quizá lo había oído mal.

Pérez miró al muchacho con frialdad.

–Sí, nos habéis interrumpido –dijo–, ¿por qué?

Ana sonrió más confundida que nunca. No era propio de Antonio malgastar su desprecio en personas triviales o irritaciones triviales. «Pobre Rodrigo», pensó divertida, y se dispuso a presenciar una escena que no acababa de comprender.

–Porque no sabía que se esperaba a Su Excelencia, y además mi primo, el duque del Infantado, me ha dicho esta mañana, he estado con él en Guadalajara, que ibais a pasar unos días en casa de los Vélez, suponía que para ir de caza.

«Ah –pensó Ana con fría sorpresa–, entonces por eso ha regresado tan pronto. Ha venido a espiarme. Desde luego, mis hijos crecen. Quizás incluso se vuelven peligrosos para mis amigos.»

–Pero cuando he llegado, poco después de oscurecer –continuó Rodrigo mansamente–, he visto unos hombres con el uniforme de vuestra casa en el patio. Iban mucho más elegantes que los nuestros, no podía equivocarme. De modo que en cuanto me he cambiado he venido a asegurarme. Puesto que la visita de Su Excelencia es imprevista, supongo que no es oficial.

Cuando este discurso, tan hábilmente bordado de impertinencia, terminó, Ana y Antonio, de pie a cierta distancia uno de otro y sin mirarse, se echaron a reír. Dos risas claras, maduras y espontáneas que finalizaron con civilizada precisión antes de que la diversión que expresaban se agotara. Ambos se dieron cuenta con placer, al observar el rostro de Rodrigo y en tanto se abstenían de mirarse entre ellos, de que no podían haberlo hecho mejor. No se podía negar la natural diversión de las dos risas, y observaron que Rodrigo se acobardaba y adoptaba cierta cautela. Ana no apartó la vista de su hijo. Todavía no era capaz de interpretar lo que estaba ocurriendo.

–¿Qué queréis decir con que no es oficial? –preguntó Antonio en un tono aburrido e indescifrable. Se acercó al fuego con la copa de vino en la mano–. Uno no suele llevarse las cajas de despachos a las cenas en las casas de campo.

–No, naturalmente –repuso Rodrigo, como un hombre de mundo–. Lo que quiero decir es que en el Alcázar piensan que estáis en la casa del marqués de los Vélez.

–Y es verdad. Allí es donde me alojo. ¿Podemos continuar ahora nuestra conversación, princesa? Estoy cansado y no pienso perder el tiempo en interrupciones.

–Lo sé –dijo Ana–, y lo siento. He invitado a don Antonio a venir a verme a mí esta noche, Rodrigo. Si hubiera querido que tú estuvieras con nosotros te hubiera mandado avisar. Y sabes que no ha sido correcto por tu parte entrar aquí sin permiso habiendo un invitado. –Estaba a punto de indicarle que se retirara, pero de repente, apenas sin darse cuenta, percibió, en los ojos de Antonio, a los que no miraba directamente, o en una corriente de afecto procedente de éstos, por primera vez en toda la escena, un peligro real para Antonio, una amenaza lejana y oculta de su propio mundo ancho y adulto, esbozado, anunciado quizás en forma de caricatura, por aquel muchacho impertinente, su hijo. De modo que en vez de indicarle que se retirara inmediatamente, para defender a Antonio, apaciguó su fría irritación y sonrió como si perdonara un error juvenil–. Pero ahora que estáis aquí, pasemos eso por alto y quizá te apetezca tomar una copa de vino con mi visitante antes de dejarnos.

–No, gracias, madre. –Rodrigo hizo una reverencia y luego se enderezó y habló en tono solemne–. En realidad he venido a expresar una protesta. En el pasado no siempre habéis guardado nuestro honor; supongo que la familia debería estar acostumbrada. Yo mismo he crecido sin protesta bajo la sombra de vuestro murmurado galanteo real. Pero ahora en Madrid resuena otro escándalo, en esta ocasión criminal. Su Excelencia quizá crea que el mundo está perdido, y creo que efectivamente para él lo está. Eso es asunto suyo. Aunque bien extraño. Pero nosotros, los Mendoza, estamos hartos de vuestra leyenda, madre. Ahora sois vieja y un poco ridícula. Y en cualquier caso vuestros hijos ponen su nombre por encima de vuestros penosos placeres. De modo que he de pediros que despidáis a un invitado que esperaba no tener que volver a encontrar en mi casa.

Ana, educada para no dejarse traicionar por la ira, y nada acostumbrada a tener enfrentamientos con sus hijos, oyó la alocución con una perplejidad que la dejó tan aplacada que al principio ni siquiera pensó que debía responder. Aunque lo oyó todo y no pasó por alto sus implicaciones, que retuvo para someterlas a posterior análisis, prestó especial atención a esta nadería: que si bien le desagradaba Rodrigo cuando hablaba, pues siempre le tenía una despiadada aversión, y aunque consideró que algunas de sus frases, hechas todas las consideraciones, eran censurables, vio con claridad la justicia y la conveniencia de su argumentación. Y lo observó apesadumbrada, preguntándose qué sería oportuno que dijera, por el bien de todos, incluido el de Antonio, cuando terminara de hablar.

Pero Antonio se adelantó a ella.

Dio unos pasos al frente, abandonando su posición junto al fuego, y le hizo una seña con la mano para que guardara silencio.

—Escuchad, Rodrigo —dijo—, si tenéis por costumbre insultar a vuestra madre en la cara como si fuera una prostituta de la calle que os hubiera cobrado un real de más, permitidme indicaros que guardéis esa costumbre para el lugar al que pertenece, vuestra vida privada. Porque según las reglas del honor españolas, que ya es hora de que aprendáis, cualquier hombre que os pille en falta, tiene derecho a atravesaros el cuerpo. Me habéis permitido a mí, por ejemplo, presenciar uno de vuestros momentos de bajeza. No debéis hacer este tipo de cosas, si queréis vivir. Porque... –el tono de Antonio era uniformemente frío y orientativo; no había prisas ni alteraciones de la voz–... porque si os hago responder por ello, y sólo titubeo porque sois tan jovencito, y también porque sois el primogénito de mis amigos Ruy Gómez y Ana de Mendoza, pero si os desafío, moriréis en el primer minuto del enfrentamiento. Sois un espadachín prometedor, pero sabéis que mi habilidad está fuera de vuestro alcance.

–Espero vuestros padrinos, Su Excelencia. Buenas noches, madre.

–No, no he terminado –dijo Antonio–. Todo lo anterior se refería sólo a vuestros modales, que es la razón general de que quizás os mate antes de que cumpláis los diecisiete, pero quiero decir una cosa sobre las habladurías que acabáis de contar tan indecorosamente. Yo soy el secretario de Estado de Su Majestad y tengo el aburrido deber de estar al corriente de los principales escándalos políticos como el que según vos resuenan en Madrid. En Madrid no resuena nada; es evidente que no habéis estado allí recientemente. Y tampoco ese ejemplo de provincialismo, el duque del Infantado. Si cualquiera de los dos estuviera un poco al tanto de los acontecimientos sabría que se han aquietado en Madrid los rumores sobre la petición de los Escobedo, y la razón de esa discreción es que el presidente de Castilla, don Antonio Pazos, cuya eminencia y poder no considero necesario destacar, ha examinado el caso que iba a presentarse al Tribunal Supremo de Justicia. El último consejo que les dio a los desgraciados Escobedo fue inequívoco, y en estos momentos lo conoce la mayoría de la gente importante. Pero, claro, unos duques de tres al cuarto como el del Infantado y vos no lo conocéis. Sin embargo, si queréis seguir con vida y prosperar os conviene ya sea manteneros al tanto de nuestros escándalos o, si no podéis, manteneros al margen. En conclusión, Rodrigo, esta noche he sido testigo de una ofensa de lesa majestad. Tenéis edad suficiente para ir a la cárcel por ello. De modo que, ya veis, puedo hacer lo que me plazca con vos. Esto es todo de momento. Pensad si habéis hecho o no el ridículo.

Antonio levantó la barbilla bruscamente para indicarle que se retirara y luego regresó a la mesa donde estaba la comida y se sirvió un puñado de langostinos.

Ana miró a su hijo apenada. Era evidente que se hallaba desconcertado; necesitaba tiempo para pensar.

–Debes retirarte, Rodrigo –dijo con dulzura.

–Me voy presto –repuso él–. Pobre madre, ¡qué tonta sois! Buenas noches.

–Buenas noches, Rodrigo.

Le dedicó una reverencia y abandonó la habitación.

–Ha sido una pequeña farsa –dijo Antonio–, pero espero que le haya bajado los humos.

Ana paseaba a lo largo de la habitación.

–Ah, sí –declaró dando a entender que no deseaba hacer hincapié en los detalles del incidente con un gesto de la mano–. Lo habéis manejado muy bien. Y me habéis ahorrado el problema de responder a sus escrúpulos morales, lo cual no podía hacer muy bien, ¿verdad? –Se detuvo en mitad de la sala. Antonio percibió que estaba sonrojada; parecía exaltada y joven. Se acercó con la copa de vino.

–Íbamos a brindar, ¿recordáis?, por mi poder sobre vos, Ana.

Ella cogió la copa sin prestar atención ni al vino ni a lo que decía él.

–¿Qué ha estado ocurriendo en Madrid que yo desconozca, Antonio? ¿Qué quiere decir y a qué se debe este sorprendente comportamiento de Rodrigo?

Antonio esperó unos instantes antes de responderle.

–En realidad –dijo por fin–, creo que significa muchas cosas. En sí mismo no es nada, pero es un indicio. Me ha sorprendido mucho más de lo que supone Rodrigo, espero. De ello se pueden deducir muchas cosas que yo desconocía. –Hablaba con los ojos entrecerrados y despacio, con descuido; parecía que sus pensamientos iban mucho más deprisa que sus palabras, que dejaban atrás rápidamente obstáculos y conjeturas a largo plazo–. Venid a beber –dijo cambiando de humor–. Y, si no os parece bien el otro brindis, bebed por mi poder y omnisciencia como secretario de Estado. ¡Menuda farsa! ¡Qué juego tan aburrido practicamos los que trabajamos con el rey!

–Estáis preocupado. ¿Por qué? ¿Corréis peligro?

–Preocupado, no, pero en peligro, seguramente sí. Creo que los dos corremos peligro, Ana.

–¿Yo, correr peligro? –Se rió, incrédula–. No puede ser.

Antonio se sentó junto al fuego.

–Quizá no. Quizá yo piense demasiado deprisa. Suelo hacerlo. Mientras venía hacia aquí estaba indeciso sobre cuánto debía contaros. Pero ahora veo que más vale que hable. Ya que vuestro propio hijo va por ahí difundiendo la noticia, es posible que necesitéis conocer los hechos.

Ana se aproximó a él. Le cogió la mano a Pérez y se la sujetó entre las suyas. Se sentía muy enamorada de él.

–Entonces, los dos estábamos indecisos sobre lo que debíamos decir esta noche. Eso no es propio de nosotros. Supongo que quiere decir que se aproximan cambios.

–No, las cosas que nos ocurren proceden del exterior, ocurren deprisa y a traición, me parece, y tenemos que estar preparados para hacerles frente. Pero nada ha cambiado entre nosotros. Yo os pertenezco lo mismo que lo he hecho desde la noche en que me conquistasteis con tanta frialdad. Y vos me pertenecéis a mí.

–Sí, os pertenezco, tal como vos lo interpretáis, aunque tal vez ahora no sea posible demostrarlo.

Él reaccionó con una brusca risotada de protesta al oír la áspera palabra «demostrar», la cogió de la mano y la estrechó contra sí.

–¿No se puede demostrar? Ay, ¿queréis que os demuestre en este mismo instante lo que quiere decir que me pertenecéis?

–No es preciso. Os pertenezco mucho más esta noche que la primera. Aunque aquello fue como estar en el cielo, Antón.

–Pero no lo mejor, ¿verdad? ¿No lo mejor de todo?

–No, no lo mejor. Os estoy agradecidísima. Os estaré eternamente agradecida.

–Eso es lo que quiero decir al hablar de poder sobre vos, Princesa.

Ana le besó la frente y luego se apartó de él deshaciéndose de su abrazo.

–Hay otros poderes –dijo–: el poder de Felipe sobre vos, el de Escobedo sobre mí.

–¿El de Escobedo?

Ana hizo sonar una campanilla de plata.

–Esperad –dijo–. Eso debe esperar. Esta noche tenemos mucho que hablar.

Entró un criado.

–Decidle a doña Bernardina que tenga la bondad de venir un momento, por favor.

El hombre se retiró.

–Creo que ahora voy a tomar un poco de vino –dijo Ana.

–Adelante, os lo suplico. Estoy cansado de ofrecéroslo y ver cómo me lo rechazáis. Bernardina os es fiel, ¿verdad? ¿Confiáis en ella?

–Sí. Aunque no espero que soporte las tres torturas del Santo Oficio por mí. ¿Por qué habría de hacerlo? Pero tiene buen corazón y es honrada.

–¿Conoce vuestros secretos?

–Supongo que sí. No hablamos de nuestras vidas privadas, pero sabemos algunas cosas una de otra.

–Ah, un chantaje recíproco.

–Sí, ¿tenéis hambre?

–Ya lo creo.

–Entonces, cenaremos temprano.

En ese momento entró Bernardina y Antonio la saludó.

–Nos alegramos mucho de volveros a ver por aquí, don Antonio –dijo–. Ha sido una larga ausencia.

–Demasiado larga, querida amiga. Estoy muy contento de encontrarme de nuevo en casa de la princesa.

–Es lugar más seguro, creo yo, que otros, Señor.

–Desde luego –repuso él, divertido por su ironía.

–Escuchad, Bernardina –dijo Ana–. Ya había encargado la cena para don Antonio y para mí, pero, por favor, decid que la queremos ahora y en esta habitación. Que no se precipiten en la cocina; decidles que si no lo tienen todo listo, que nos traigan lo que tengan. ¿Os parece bien? –le preguntó a Antonio. Éste asintió con la cabeza.

Pérez estaba pensando en Bernardina y deseaba asegurarse su amistad. Posiblemente Ana necesitaría pronto de la devoción de su servidumbre, pero no se le ocurriría fomentarla deliberadamente.

–Sí, cualquier cosa bastará –dijo–. Tengo mucho apetito. ¿Os apetece tomar un vaso de vino con nosotros, doña Bernardina?

–Tomáoslo, Berni. ¿Me servís un poco más, Antón?

En tanto servía el vino, Pérez sonrió ante la familiaridad con que lo había tratado delante de Bernardina al llamarlo Antón. Desde luego no era dada a las intrigas, debía recordarlo.

–Gracias –dijo Bernardina–. Tomaré un traguito a vuestra salud y luego me voy volando a decir que se den prisa con la cena.

–Sí, por favor, decidles que no preparen un banquete para el secretario de Estado –dijo Ana–. Basta con que traigan unas cuantas cosas en una bandeja.

–Haré lo que pueda, pero ya sabéis que a Diego no le gustan vuestras costumbres sencillas. Parecéis cansado, don Antonio. Seguro que trabajáis demasiado.

–Naturalmente, ¿y vos?

–Bueno, Ana me hace sudar lo que gano.

–No es más que una vaga andaluza –dijo Ana–. Ah, Berni, y esto va para todo el mundo, incluido mi hijo Rodrigo, voy a cenar sola con don Antonio, y no deseo recibir a nadie más esta noche. Que quede claro, ¿entendido?

Antonio se sorprendió ante aquellas enfáticas instrucciones.

–Ya lo creo, chiquita –dijo Bernardina–. Os ruego me perdonéis por haber permitido que Rodrigo entrara a molestaros, pero ni siquiera sabía que había regresado de Guadalajara.

–Vos no podíais evitarlo. Estaba decidido a ver a don Antonio.

–Eso supongo –dijo Bernardina compungida–. Acabo de decirle cuatro cosas bien dichas. Se está pasando un poco de la raya. Ahora quiere hacer de señor de la casa.

–Esa impresión me ha dado –dijo Antonio, y Bernardina y él se echaron a reír.

La dueña dejó el vaso vacío.

–Os traerán la cena enseguida –dijo–, y os prometo que os dejarán en paz, chiquita.

Una vez hubo abandonado la estancia, Antonio miró inquisitivamente a Ana.

–Desde que somos amantes –dijo–, nunca os he oído decir una mentira para proteger vuestro secreto, pero, hasta ahora, tampoco os había oído anunciarlo. ¿Por qué habéis insistido tanto en que todo el mundo supiera que deseabais estar a solas conmigo?

–Por Rodrigo, y creo que Bernardina me ha comprendido. ¿Os importa?

Él rió y sacudió la cabeza.

–Adelante, explicádmelo.

–Es muy sencillo. Si Rodrigo y el mundo en general van a hablar tan claramente como lo están haciendo, entonces tiene que ser evidente para ellos que vos sois un amigo muy querido y muy íntimo...

Pérez se echó a reír encantado.

–¡Perversa y temeraria! ¡Oh, Ana!

–Nada de temeraria. Tengo un plan. Y además, vos me sois muy, muy querido y, si en la actualidad soplan vientos fríos para vos, me gustaría que se supiera que siempre os refugiaréis aquí.

Él se la quedó mirando fijamente.

–Desde luego, debéis de tener un plan.

–Eso acabo de decir –respondió ella con inocencia–. Naturalmente, vos tenéis que contarme todavía todo lo que está ocurriendo; pero de todas formas tengo un plan general.

–Tener planes os sienta bien –dijo él–. Se os ve muy excitada.

–Y lo estoy.

–Bueno, ¿me lo explicáis?

Los criados abrieron de par en par la puerta grande y entraron con una mesa cargada de manjares.

–Sacar de ahí ese feo Pantoja de la Cruz –dijo Ana, señalando el cuadro–. Quiero dejar más espacio en torno al Mantegna.

–Sí, deberíais hacerlo. Pero ¿qué dirá el que os ha regalado el Pantoja?

–Dudo que vuelva a venir por aquí. El Mantegna es precioso, ¿verdad?

Antonio se acercó al pequeño lienzo y lo estudió. Los criados dispusieron las sillas en torno a la mesa, atizaron el fuego, recogieron los vasos sucios y se retiraron.

–Venid a comer, Antón.

Se sentaron a la mesa.

–¿Y el plan? Me muero de ganas de oírlo.

Ella se echó a reír con cierta timidez.

–No sé lo que vos llamaréis un plan –dijo–, pero a mí se me ha ocurrido de repente una idea general de ataque.

–Ataque ¿a qué?

–Eso me lo tenéis que decir vos.

–Ha de ser un plan magnífico –dijo él riendo, divertido y feliz como no se sentía desde hacía meses–. ¡Hacedme un resumen!

–Cuando hayamos comido un poco más –dijo, pues un lacayo había entrado en tanto hablaba para cambiarles los platos–. Desde que nací –comenzó a decir cuando se hallaron solos de nuevo– he estado oyendo que seguramente soy la mujer más poderosa de España. Cuando era pequeña me imaginaba que ello significaba alguna cosa. Me creía un peón, un peón muy importante en las manos de nuestra nobleza.

–¿Qué edad teníais cuando pensabais en asuntos de política?

–Seis, siete o quizás ocho años.

–¿Piensa Anichu de esta manera tan grandiosa y masculina?

–No tengo idea. Pero parece tener un carácter más dócil, más modesto que el mío.

–Yo considero que vuestra modestia es conmovedora.

–En caso de que tenga algo de modestia, es porque la vida me ha obligado a tenerla, Antón. Con mucha razón. Pero de niña me daba mucha importancia, como Rodrigo.

—No os parecíais en absoluto a Rodrigo. Él es un majadero.

—Bueno, de todos modos, me creía un importantísimo personaje de la vida española.

—¡Una niñita sentada entre sus muñecas! —dijo Antonio—. Y teníais razón. Los Mendoza justificaron vuestra fe y os vendieron a un alto precio.

—En aquel momento no me pareció lo suficientemente alto. El matrimonio me sorprendió, pensaba que me iban a casar con el rey.

—¡Qué niña más terrible! —dijo él—. ¿Qué edad teníais cuando se firmó el compromiso?

—Once años. No creo que todo fuera cuestión de política. Cuando era pequeña veía a Felipe a menudo, y tenía un aspecto muy romántico. A los veinticuatro años y viudo seguía pareciéndome un muchacho. Y Ruy, claro, era un viejo de treinta y seis. Creo que era el cabello rubio de Felipe lo que me daba la impresión de qué tenía mi edad. ¡Y era el único hombre rubio de España!

—¿Le hablasteis a Ruy de vuestra desilusión matrimonial?

—Sí, claro. Y le gustó mucho la historia.

—No, no llaméis al servicio. Dejaré los platos allí y nos comemos la fruta y ya está, ¿no os parece?

Ella asintió con la cabeza.

—A Felipe también le gusta esa historia.

—Ah, ¿también la conoce?

—Ya lo creo. Se la conté más tarde.

—¿Cuando estaba enamorado de vos?

—Sí. Le dije que no había elegido bien el momento, que había sido mi primer amor.

—Debió gustarle. ¿Os lo recuerda alguna vez?

—Sí, en ocasiones me sorprende con bromas alusivas.

—¿Os sorprende? ¿No conocéis el alcance de su memoria y la profundidad de su vanidad?

–Yo no creo que sea más vanidoso que otros hombres.

–Quizá no. Pero tiene poder para santificar la vanidad, y para vengarse de sus heridas de ser necesario, cosa que otros no tienen.

–Tal vez. Pero esta fantasía infantil mía no es más que un viejo chiste familiar, Antón.

–Pero él se enamoró de vos cuando ya no erais una niña.

–Sí. Sí y no. Creo que tal vez yo estuviera más enamorada que él.

–¿Enamorada de verdad, Ana?

–Atraída, inquieta; me gustaba mucho. Pero él me había entregado a Ruy, sabía que mi esposo concedía mucha importancia a su matrimonio y estaba decidido a conservar mi fidelidad. De modo que, seamos justos con él, no quiso pecar contra su amado Ruy. Y tampoco creo, sinceramente, que me deseara lo suficiente. Entonces tenía a Isabel y era bastante feliz.

–Así pues hubo interminables escenas de amor y una y otra vez os sometía a la prueba de su seducción.

–Parece que lo conocéis. Habláis como una mujer.

–La política es como una aventura amorosa. Ya lo creo, conozco a Felipe. Y creo, por lo que me contáis, que corréis peligro.

–Pues yo creo que no. Por eso os he contado todo esto. Es parte del plan.

Él se echó a reír.

–Si es así, se trata de un plan peligroso.

–Los planes siempre lo son. Al fin y al cabo, sólo se hacen planes cuando se está en peligro.

–Tonterías, Ana. Se hacen planes para que no aparezca el peligro.

–Entonces, ¿cómo se hacen?

–Habláis como Anichu. Cabeza loca, contadme el plan. Luego yo os diré lo que debéis planear.

–Quizá no sea un gran plan –dijo ella nerviosa–. Es sencillamente que vuelvo a Madrid. Voy a estar allí, a mano, mientras vos os encontréis en peligro, para verlo todo.

–¡Ana! –exclamó él con los ojos centelleantes–. Ana, no tengo nada que objetar a eso, pero continuad, estoy esperando la idea.

Ella se inclinó sobre una fuente de fruta.

–No me gustan nada las granadas –dijo–. ¿Y a vos? Eso de tener que escupir...

–No es imprescindible escupir.

–No veo cómo se pueden comer si no. Éstos son los últimos higos, comámonoslos.

–Sean los primeros o los últimos, nos los comeremos.

–Ésta es la idea. Vuestra seguridad se ve amenazada por Mateo Vázquez.

Antonio le dirigió una mirada inquisitiva antes de responder.

–Él es el instrumento de los Escobedo.

–No lo creo. Los Escobedo han sufrido una grave ofensa, pero, ¿qué razón pueden tener para suponer que vos sois su objetivo?

–Conocen nuestras diferencias políticas. Probablemente él hablaba en casa sobre lo que opinaba de mi vida privada. Incluso es probable que dijera que nos habíamos peleado por ello.

–Aun así, ¿cómo iban los pobres Escobedo a atreverse, por sí solos, a hacer una acusación grave contra vos con semejantes pruebas?

–Es muy arriesgado por su parte, lo admito. Desde luego, alguien los empuja, quizá los estén utilizando...

–¿Vázquez?

–Y sus amigos.

–¿Tiene amigos? ¿Quiénes son?

–No los conocéis.

Ana sonrió.

–Tal vez, pero decidme sus nombres.

–Hay un hombre, Agustín Álvarez de Toledo, está en Tesorería. Y tiene un hermano, un sacerdote muy inteligente.

–Nunca he oído hablar de ellos.

–Pues ya oiréis. Son grandes defensores de Vázquez. Creo que viven con él.

–Debe de ser muy agradable para ellos.

–También hay otro que se llama Milio. Es medio italiano y muy rico. Se hace llamar doctor Milio y se codea con la aristocracia. Parece tener alguna relación oculta con el asunto. En este momento es muy amigo de Vázquez. Pero en realidad es una especie de protegido del duque de Alba. Pese a que no se opondría a ningún plan destinado a hundirme, no creo que ese viejo egoísta se inmiscuya en ninguna confabulación cortesana. Es posible que Milio use su nombre para alentar a los timoratos en este asunto. Pero el nombre de Alba me ha hecho recordar lo que ha ocurrido hace unos minutos, el comportamiento de Rodrigo.

–¿Tiene Alba algo que ver con ello? –preguntó Ana sorprendida.

–Creo que sí. ¿Sabíais que Rodrigo se está volviendo un antiliberal?

–Sí. Habla de manera sorprendente sobre los errores de su padre. Y le he oído censurar el dominio que ejerce el partido liberal en el gabinete. Pero las ideas políticas de Rodrigo, después de todo...

–Quizás os hagan sonreír, pero se están formando dentro de su cabecita. Es un reaccionario y admira el modo de hacer de los soldados en el Gobierno. Por lo tanto, admira a Alba y simpatiza con su partido.

–Pero Rodrigo quiere entrar en la Caballería...

–Sí, y está empezando a darse cuenta de que le gustaría ser un soldado de Caballería con poder político, como Alba. Y puede que a vos os parezca tonto, pero en nuestro mundo es el duque de Pastrana, y por lo tanto, si lo deseara, podría ocupar un puesto importante en política.

–Aun así no veo por qué esa remota idea habría de hacerle perder de repente el comedimiento y los buenos modales ante vos. Generalmente es educadísimo con las personas importantes.

Antonio sonrió.

–Eso es. Ahí está la clave. Rodrigo actúa siempre con premeditación. Todas las águilas se van a cernir sobre mi cabeza, Ana. Creen que ya ha llegado el momento.

Ana se puso en pie.

–Todas no.

«Varios siglos de seguridad y confianza están detrás de esa frase pronunciada a la ligera», pensó Antonio.

Ana hizo sonar la campanilla de plata y entraron unos criados a recoger la mesa. En tanto ordenaban las cosas, la princesa se dedicó a pasear arriba y abajo.

Llevaba un vestido negro, como siempre, y muy pocas joyas. Antonio pensaba que era una pena que, como viuda, estuviera obligada a vestir de negro a perpetuidad, pues en su opinión era un color que no armonizaba con su cabello negro y su palidez castellana. A veces trataba de convencerla de que se pusiera más joyas, más adornos que realzaran su distinción; pero era evidente que ella no veía la necesidad de llevarlos. Era de una austeridad incorregible, y Antonio sospechaba que su excéntrica elegancia innata la complacía más de lo que daba a entender. Pérez era consciente de la intensidad con que en unos pocos meses de intimidad había aumentado su agrado por las cualidades físicas de ella. De joven, cuando Ana hacía poco que se había convertido en esposa de

Ruy, la encontraba extraña, demasiado delgada y exagerada en todo; consideraba que la devoción que Ruy le profesaba era la gratitud ligeramente senil de un hombre de edad hacia una muchacha.

Sonrió. Podía muy bien ser gratitud, pues ahora sabía lo que era sentirse ligado a Ana por gratitud, gratitud por un tipo de amor que no había conocido en ninguna otra mujer y que contradecía lo que se entendía tradicionalmente por amor. Sencillez, sinceridad, tolerancia incluso exasperante; carencia de deseos de cambiar, de influir o de asistir al amante; carencia de pretensiones; incapacidad para dejarse domesticar y para dominar en el amor; incapacidad para alborotar o para ponerse pesada. Y junto con estas características negativas, otras más positivas: poca disposición a hablar de sí misma; rechazo de las intimidades que no se deben compartir y que son producto de una sensualidad descuidada; precaución y delicadeza ante la parte de la vida de un hombre que no era suya. Sí, gratitud podía ser muy bien la palabra que designara lo que Ruy Gómez sentía por ella. Era un término amplio que se adaptaba a lo que ella ofrecía.

En tanto paseaba, Ana se apretaba la mano contra el parche del ojo. Antonio había observado que lo hacía cuando se encontraba molesta o nerviosa. Tal vez le dolía el ojo perdido.

Cuando ambos eran jóvenes y hasta convertirse en amante suyo, había pensado que su desfiguramiento era terrible, y le incomodaba pensar que algún marido tuviera que soportarlo. Ahora, en tanto la observaba con ternura y se preguntaba si le dolía la cavidad, se le ocurrió que si un arcángel aparecía en la habitación con la intención de devolverle el ojo derecho a Ana, probablemente él le rogaría que rehusara el milagro. Aquella idea egoísta le hizo sonreír y pensó que ojalá pudiera contársela. Seguramente le gustaría. Pero no debía hablarle de su ojo ciego.

–¿De qué os sonreís? –preguntó ella.

Los criados estaban abandonando la estancia.

–De lo que habéis dicho de las águilas –repuso él–. Vos no os parecéis en absoluto a un águila, gracias a Dios. Vos sois un galgo, con todos sus defectos de carácter.

Preocupada, no le prestó atención.

–No veo qué tienen que ver con nuestro problema el partido reaccionario y el dominante Rodrigo. Al fin y al cabo, Vázquez es liberal como vos.

–Es que piensan usarlo a él y al asunto Escobedo en su propio beneficio. No es de su agrado, pero podrían separarnos a los dos de Felipe, y yo soy con mucho el más molesto. No en vano soy el jefe del partido y peligroso por naturaleza. Tengo además demasiado éxito para su gusto. Es posible que la política de Vázquez sea en este momento algo incorrecta, pero es bueno y piadoso, y saben que podrían manejarlo. De cualquier modo es mejor que sea uno y no dos el que controle a Felipe, y es a mí a quien temen. De modo que les interesa la amenaza de Escobedo y se dan cuenta de que si se lleva con habilidad podría hundirme.

–Ya comprendo. Son inocentes, ¿no es cierto? Y la indignación moral de Rodrigo contra mí, ¿cómo se entiende?

–Rodrigo ha oído las noticias y ha tomado posición. Le va a dejar perfectamente claro al próximo grupo que ocupe el poder que él, su casa y su nombre están completamente en contra del favorito derribado. Y éste es el quid del asunto, que, si me permitís, os explicaré.

–Os lo permito. Rodrigo debe actuar según su entender en lo referente al honor de la casa, pero yo me ocupo de mi propio honor y no permito que nadie se inmiscuya. ¿Queréis oír mi plan?

–¿Es que no lo he oído ya?

–No del todo. Es el siguiente. El peligro que corréis procede de ese cura, Mateo Vázquez, y de varias personas que habéis nombrado de las cuales yo no había oído hablar nunca. –Antonio se echó a reír–. Bueno, como he dicho, ya estoy cansada de oír durante toda la vida que soy una persona poderosa y privilegiada. Por fin veo una ventaja en esa leyenda. Vos tenéis esos enemigos, Antón. Y tenéis dos amigos.

Él parecía perplejo.

–¿Dos amigos?

–Me tenéis a mí.

–Sí, os tengo a vos. ¿Quién es mi segundo amigo?

Ella se lo quedó mirando fijamente.

–¡El rey! El rey que os pidió que corrierais por él el peligro en que ahora os encontráis; el rey, que se encuentra en el mismo peligro que vos. El rey y vos, que os halláis juntos en el peligro, sois en este momento, por mucho que proteste Rodrigo, los dos hombres más poderosos de España. Y yo soy, según dicen, la mujer más poderosa. Y la amiga de los dos. Después de Anichu, vos sois las dos criaturas que más estimo en el mundo.

–Ya veo. Y ¿qué pensáis hacer?

–Irme a Madrid. Voy a ir a ver a todo el mundo. Incluido Felipe, naturalmente. Voy a quedarme allí y a armar un revuelo, a ver qué pasa. Nada más.

Pérez se le acercó, le cogió las manos y las besó, riendo emocionado.

–¿No lleváis ningún anillo? Ana, ¿dónde está mi esmeralda?

–No me apetecía ponérmela. Decidme, ¿no es acaso un plan razonable?

–Carece totalmente de sentido. ¡Venid a Madrid! ¡Venid! Sin vos es un lugar insoportable. Y vuestro plan, Ana, vuestro descabellado plan, constituiría un excelente acto final, si insistís en llevarlo a cabo. Pero no nos sacará a ninguno de los dos del aprieto en que nos encontramos.

Ella se rió y apartó sus manos de él.

–Venid a sentaros y habladme de ese aprieto.

Pérez obedeció despacio.

–Bueno, ya habéis oído cosas, ¿no? Vélez os habrá contado.

–Sí. Bernardina también me cuenta cosas, va haciendo referencias. Que vos tenéis un enredo con una mujer, alguien muy importante. Y que Escobedo fue asesinado porque quería entrometerse en vuestra relación. El pobre Vélez me previno con toda delicadeza de que Felipe podía sentir curiosidad respecto a ello. Creo que Bernardina piensa lo mismo. Estoy de acuerdo que puede ser. ¿Y si así fuera? Tienen poca memoria sobre la ineficacia de las habladurías, o quizá vos no habéis sido paciente objeto de esas habladurías como yo.

–Continuad.

–Creo que ya lo he dicho casi todo antes. En resumen, desde que tengo uso de razón, el populacho siempre ha dicho que llevo una vida llena de escándalos. No voy a aburriros con todos los cuentos que ya conocéis. Ni siquiera pudieron enterrar al pobre muchacho, don Carlos, sin decir que era amante mío y que por tanto había sido asesinado como resultado de un acuerdo criminal entre Felipe y Ruy, que tenían por costumbre compartirme. A partir de entonces han dicho sobre mí todo lo que les ha venido en gana, sin olvidarse de que estoy loca de atar, y yo sé por qué. Porque nací en un lugar alto y vulnerable, y porque, bueno, tengo una extraña apariencia. Hubo una época en que estas oleadas de maliciosa diversión popular contra mí preocupaban a Ruy, y a Felipe, pero a mí nunca me han afectado. Los chismes son una cosa natural. Si decidís vivir a vuestro modo tenéis que aceptarlos, y mientras no tratéis de hacerles frente, ni siquiera os rozarán. Miradme a mí. ¿Sabéis de algún momento en que no se me haya difamado en Madrid?

–No, sinceramente, no.

–Y, sin embargo, aquí estoy sana y salva, y no existe ningún sentimiento de encono entre mis detractores habituales y yo. De modo que dejemos que empiecen de nuevo. Yo puedo soportar estas pequeñas tormentas y vos también. Las soportaremos juntos si queréis, Antón. ¡Éste es el plan! Enriquecer su trivial entretenimiento. Y si le cuentan a Felipe toda la verdad sobre nosotros, bueno, ¿por qué no habría de oírla? Si le molesta, me sentiré halagada y emocionada. Pero, aparte de que socave su ya medio muerta vanidad, que nosotros seamos amantes no es asunto suyo. Y en cuanto al resto de la historia, ya sabe por qué murió Escobedo.

Antonio atizó el fuego y no respondió.

–De modo que ¿por qué ponerse solemnes por nuestro aprieto, como vos lo llamáis? Cierto o falso, no es más que un fuego fatuo. ¿O es que os preocupa lo que se dice en la calle como a Felipe y a Ruy? Me da la impresión de que sí. Es curioso que los tres seáis así. Mis tres hombres favoritos.

–Felipe. En todo lo que decís tiene que salir Felipe. Es extraño. Ruy era vuestro esposo; yo soy vuestro amante. Pero Felipe, ¿por qué tiene que salir siempre?

–Porque siempre le he tenido aprecio; tengo un corazoncito pequeño y fiel.

Antonio se sintió de repente muy fatigado.

¿Qué relación podía haber entre los razonamientos liberales y humanos de aquella mujer y las intrigas de los despachos de los secretarios en el Alcázar? Él la había arrastrado a una situación en la cual sería de capital importancia y se encontraría totalmente desorientada. Estaba ya cansado de darle vueltas en la cabeza. ¿Debía tratar de explicársela a alguien que sería totalmente incapaz de comprenderla, y que, aun cuando percibiera sus razones, sería víctima callada de ella pero nunca la suscribiría? Rebuscó en su mente un modo de resumir todo lo que tenía que decir.

–Vuestro afecto por Felipe es molesto –dijo suavemente.

–¿Sí? –Hizo una pausa–. Es extraño, lo sé, pero confío en él.

Antonio sonrió ligeramente. Ya había encontrado el modo de resumirlo.

–Si tenéis razón, Ana, quiero decir si durante los próximos meses demuestra merecer la confianza que tenéis en él, no debemos preocuparnos. Yo, sin embargo, no confío en él. Y si yo tengo razón, será imposible prever el futuro, para bien o para mal.

–Explicadme eso.

Antonio se enderezó en la silla y tomó un sorbo de vino.

–Estoy de acuerdo con vos respecto a las habladurías. No presto atención a lo que se dice en la calle, no puedo permitírmelo, puesto que no vivo como la nobleza. Siempre he dejado que propagaran los chismes que quisieran, y como vos, aunque me lo merezca menos, estoy vivo para contarlo. De modo que no estoy aquí para molestaros con habladurías. Ésta es la verdadera situación, chismorreos aparte. La familia Escobedo no chismorrea. Y está ya harta de las peticiones de Vázquez al rey. Ahora ha recurrido a buenos abogados y tiene una o dos pruebas en las cuales puede basar razonablemente su demanda. Han redactado un informe completo que desean presentar ante el Tribunal Supremo. Vázquez informó hace poco al rey de que el escrito estaba listo, pensando sin duda que a Felipe le complacería tal alarde de energía. Naturalmente, nunca sabremos lo que Felipe le dijo a Mateo, pero sí sé que la noticia asustó mucho a Su Majestad. Después de consultar conmigo, con el cardenal, con Vélez y con Dios sabe quién más, le indicó a Vázquez que los Escobedo debían presentar el documento a Antonio de Pazos, el presidente de Castilla, para que lo estudiara. ¿Lo habíais deducido de lo que le he dicho a Rodrigo?

–Sí. Y luego ¿qué?

–Pazos quedó asombrado por lo que leyó. Los Escobedo me acusan directamente del asesinato de Juan, y os acusan a vos, nombrándoos explícitamente, de ser cómplice del crimen. Se especifican nuestras razones y se incluyen las declaraciones de varios testigos; uno o dos criados, ninguno de vuestra casa, pero algunos de la mía y del Alcázar, personas a quienes había mandado a daros recados o que habían observado mi recorrido nocturno.

Se sonrieron mutuamente. Ana se encogió de hombros divertida.

–Siempre hay alguien –dijo–. Eso lo sabíamos. Pero ¿es que hay que subirse al pico de la sierra de Gredos para encontrarse con el amante de uno?

–Una situación incómoda. Por favor, no seáis frívola. Está la declaración de un herrero que hizo una llave para una puerta lateral poco usada del palacio de Éboli en la calle de Santa María de la Almudena.

Ana lo miró y se echó a reír, casi como una niña pequeña.

–¿Ese episodio también consta?

Antonio estaba perplejo.

–Supongo que se alude a él. Pazos fue más bien delicado al hablarme de ello. ¿Por qué os reís ahora? Nunca os he vuelto a mentar esa terrible noche porque... bueno, porque, evidentemente, debió de ser un golpe terrible... –Todavía estaba perplejo y confuso.

–Sí, fue un golpe –dijo ella, y ahora la expresión de su rostro era grave y evasiva–. Pero no como vos os imagináis. Fue un golpe particular.

Él esperaba, sin comprender, que dijera algo más.

–Continuad, Antón. Ambos somos acusados de la muerte de Escobedo, ¿porque nos amenazó con revelar nuestras relaciones?

–Sí, y hay también cargos adicionales derivados de la explicación dada por los abogados de la opinión de Escobedo. Su ira no se limitaba simplemente a nuestra falta de virtud sexual, sino que, como albacea del testamento de Ruy Gómez, deseaba proteger a los hijos de éste de mi venalidad, de modo que el escrito me acusa de vivir a costa vuestra, de obligaros a pagar a los prestamistas, etcétera, y os acusa a vos de derrochar conmigo lo que pertenece a vuestros hijos. Ésta es la acusación, expuesta con habilidad, según dice Pazos.

–Totalmente falsa.

–No del todo, Ana. Habéis pagado deudas mías; gastáis dinero sin medida en mí.

–Pero no me gasto el dinero de los niños. Eso es falso.

–Pazos advirtió sobre eso a los abogados y les avisó que iban por mal camino y que se encontraban en terreno peligroso; asimismo les aconsejó con firmeza que retiraran un documento que no haría más que perjudicar gravemente a sus clientes. Parece que este consejo los ha calmado, y de momento reina el silencio.

–Sin embargo, los Escobedo han presentado una querella ante la autoridad civil.

–Exactamente. Y piensan hacerse oír. Y Vázquez, que está a cargo de todo, está convencido de nuestra culpabilidad y encantado de la nueva preocupación que ha recaído sobre él. Ese escrito no está todavía archivado.

–Muy bien. Cuando vuelvan a remover el asunto, que se haga público. Decídselo a Felipe.

Él se echó a reír. Luego se puso en pie y comenzó a dar vueltas por la habitación.

–¡Que se lo diga a Felipe! ¡Sois fantástica! Dios sabe adónde nos haríais ir a parar con este asunto.

Ana lo miró comprensiva. Ella podía contemplar el futuro con calma, se dijo a sí misma. Era inocente de los cargos que se le hacían, y el escándalo del juicio no le importaba un comino. Si se propagaba la corriente noticia de que una mujer tenía un amante ilícito, ello era comprensible y debía soportarse, de producirse, durante el breve tiempo que durara el interés público. Ella lo soportaría contenta si había de hacerlo. Sabía dónde residían las verdaderas humillaciones, y también podía resistirlas en silencio. Pero el mundo, a quien no tenía necesidad de pedir nada, no podía negarle nada que ambicionara. Injustamente, le había dado todo lo que tenía que darle antes de nacer, y nunca había tenido que pedirle nada. Aun cuando ahora le retirara todo su poder y pompa terrenales, no le importaría, lo sabía. No los usaba para otra cosa que para disfrutar de la tranquilidad que le proporcionaban, pero podía pasar sin tranquilidad. Puesto que no tenía nada que exigir a la vida, podía hacer frente a sus protestas sin alterarse.

Pero Antonio, igual que Ruy, era esclavo del éxito. Había competido para ganar premios, y ahora los tenía en su poder. Las posesiones y las responsabilidades conformaban su ser y, al arriesgarlas, arriesgaba cuarenta y seis años de su vida, lo arriesgaba todo, lo suyo y lo de su esposa e hijos. Y, junto con Felipe, era culpable de la muerte de Escobedo.

–No os colocaré en ninguna situación peligrosa, si puedo evitarlo. Os lo prometo –dijo suavemente.

–Lo sé. Y estoy de acuerdo con vos en que debe oírse la causa. Ya conocéis a qué riesgos me enfrento. Pero ahora que nos encontramos en esta situación, creo que sería mejor que se celebrara el juicio y se dijera la verdad.

–Me alegro. Entonces lo que debemos hacer es prepararnos para soportar pronto la prueba que se avecina, vos, Felipe y yo.

–No, Ana. Felipe no se preparará y, a menos que lo haga, vos y yo no podemos.

–Pero si va a suceder, debe hacerlo.

–Él no permitirá que suceda. Yo comprendo su terrible dilema. No puede comparecer ante el tribunal y admitir su culpabilidad en el asesinato de Juan de Escobedo.

–Si se demuestra, se verá obligado. Y para él no será ni la mitad de malo que para un ciudadano corriente. Por un lado, no pueden ejecutar al rey, y por otro todos los teólogos del país estarán dispuestos a jurar en favor del derecho divino y de la grave necesidad nacional...

–No, Felipe nunca se someterá a ello. Ocurra lo que ocurra en el caso Escobedo, no será eso. Felipe no tiene la resolución necesaria y, para serle justo, en su fuero interno es demasiado escéptico sobre el derecho divino para apelar a él de forma abierta. No, si se produjera el juicio, estaría más apurado que yo y él lo sabe. Después de todo, yo podría aparecer como el audaz hombre de Estado que ejecuta los designios del rey arriesgándolo todo por servirlo.

–Y eso es lo que sois y lo que hicisteis.

–Sí, mirándolo bien –dijo Antonio tras soltar una carcajada–. Pero las cosas no saldrán así.

–¿Cómo saldrán?

–No lo sé. Nadie lo sabe. Vázquez se ha propuesto hundirme. Los Escobedo, naturalmente, quieren que se haga justicia. Y Felipe espera que todo acabe lo mejor posible. Es probable que el tiempo lo resuelva todo, como dice él. Él y el tiempo, ya sabéis que es su estilo cuando tiene algún problema.

–Sí, lo conozco. Pero lo conozco en ciertos aspectos en que vos no lo conocéis. Hablaré con él, Antón.

Pérez la miró primero como asombrado por lo que acababa de decir, pero luego su expresión se trocó por otra de suspicacia. Estaba sentado en el borde de una mesa sobre la cual había una bandeja de botellas de vino y vasos. Se volvió, como para no tener que seguir mirándola y poder dedicar un poco de tiempo a pensar, y llenó un vaso de vino. Tomó un sorbo y paseó la vista por la habitación.

–Hasta este momento –dijo lentamente–, ninguna de las personas que intervienen en estas confabulaciones y habladurías os ha nombrado delante del rey. Todos lo sabemos. Parece que incluso el asexual e inocente Vázquez ha intuido que debía ser precavido con esa parte de la historia. Se ha hablado de una mujer, una instigadora, y Felipe, extrañamente, ha demostrado cierta animosidad contra ella. Digo extrañamente porque conoce la verdadera historia de la muerte de Escobedo. Pero busca excusas y motivos de retraso, por eso quiere conocer todos los detalles. Vélez piensa que vuestro nombre ha pasado por la mente de Felipe y ello lo ha puesto nervioso. Pero yo no lo creo. Me considera un cerdo capaz de acostarse con cualquiera que se le ponga delante. Pero no creo que me asocie en absoluto con, bueno, con sus posesiones particulares.

–¿Por qué han tenido miedo de nombrarme?

–Saben que vos, la memoria de vuestro esposo, y todo lo relativo a vos es muy importante para Felipe, consista en lo que consista esa importancia. Conocen el riesgo que corren si hablan en contra vuestra; no están seguros del espesor del hielo. Ya sabéis que, aun cuando las malas noticias sean ciertas, Felipe suele tomarla con sus portadores. Todos somos conscientes de ello y actuamos con cautela. Pero ahora pasa el tiempo y apoyado por abogados, escritos y testimonios, impulsado por el sentido del deber y el deseo de deshacerse de mí, creo que Vázquez le contará al rey el contenido del documento de los Escobedo. Pazos y Vélez son de la misma opinión. Al igual que vuestro amigo el cardenal. –La miró, bebió más vino y sonrió–. Si vais a Madrid, Ana, si ponéis en práctica vuestro plan, recordad que Felipe sabe que somos amantes.

–No importa.

–En eso disiento de vos. Pero, claro, vos confiáis en él.

Ana pensó que ahora tenía ya más elementos de juicio que nadie sobre el problema de Pérez.

Felipe no podía enfrentarse a una investigación pública de la muerte de Escobedo; sin embargo, mientras se defendiera de las consecuencias de su crimen también defendería lealmente al servidor que había puesto en práctica sus órdenes arriesgándolo todo. Pero, si un hombre inteligente como Vázquez lo convencía de que aquel servidor lo había engañado, o medio engañado; si le hacía sospechar que ese servidor deseaba por motivos particulares la muerte de Escobedo y que su deseo, el deseo del rey, había sido utilizado como pretexto, entonces, aterrorizado por una demanda de justicia que todo el mundo reconocía como un derecho de los Escobedo, Felipe podía refugiarse en esa sospecha, dejar que Pérez cargara con toda la culpa e incluso destruirlo, mientras su amo se salvaba.

Felipe era capaz de ello. Pero existían dos argumentos en contra. Uno, que Pérez, Pazos y Vélez sabían de boca del propio rey que había ordenado la muerte de Escobedo, igual que, le parecía a Ana, el cardenal Quiroga y el capellán del rey, Chaves. Y estaban también las instrucciones que tenía Pérez del rey, en la inimitable letra de Felipe; de modo que un juicio, a menos que se enfrentara a él honradamente, podía resultar peligroso e ignominioso para el rey. El segundo argumento era que en aquel momento Pérez era insustituible en su trabajo; tenía en sus manos todos los hilos de las relaciones con Italia, Francia, el Papa y los Países Bajos, en un tiempo en que al rey le era indispensable disponer de libertad para ocuparse de Portugal y de la campaña por la inminente sucesión. Felipe se tomaría muchas molestias antes de perder un primer secretario en el que confiaba.

Pero –un pero oscuro e informe– si se sentía herido personalmente, si su incalculable autocompasión y sus sueños se veían ofendidos por este incidente, si la noticia de que ella era la amante de Pérez constituía un duro golpe que le producía un secreto dolor, en ese caso, Ana lo admitía, no había modo de trazarse un plan. Felipe habría de seguir protegiendo a Pérez de la penosa experiencia del juicio, por obligación; habría de obstruir y calmar a Mateo Vázquez y buscar fraudulentamente mentiras y motivos de retraso, e incluso, en caso desesperado, algún desafortunado chivo expiatorio. Y entretanto habría de portarse bien con Pérez, si deseaba que la complicada tarea del Ministerio de Asuntos Exteriores siguiera su curso sin complicaciones. Pero, tras aquel telón inamovible, admitía que no había modo de adivinar qué escape hallaría la tormenta interna de Felipe, impulsada por la vanidad y la exasperación. Podía ser tan despiadado y traicionero como fiel. Y Ruy, desde la tumba, le revelaba la medida exacta de su fidelidad. De modo que comprendía perfectamente la situación de Pérez y por qué contemplaba el futuro con intranquilidad.

Sin embargo, ella veía cierta luz, pues no creía, como aquellos hombres, en la monstruosa vanidad de Felipe. No pensaba que el aletargado sentimiento de amistad que despertaba en él lo llevara a una deshonestidad y crueldad verdaderas. No valía tanto. Con el tiempo había perdido el espíritu arriesgado y vengativo; estaba demasiado fatigado para ello. Ana pensaba que, dadas las innumerables dificultades que la muerte de Escobedo habían hecho recaer sobre él, podía hacérsele renunciar a su vanidad masculina, incluso se podría hacer que la admitiera y que se riera de ella. Una tarea delicada, pero valía la pena. Y, si no podía, el muy presumido, entonces ¿qué? ¿Qué haría en tal dilema? ¿Es que los castellanos tenían que pedirle permiso al rey antes de acostarse con alguien?

Sí, había posibilidades. España era un país de gente libre. Y si convertían a Antonio en víctima del engreimiento de Felipe, Ana disfrutaría preguntándole al rey cómo osaba entrometerse en la vida privada de otra persona.

—Creo que ahora estoy al corriente de la mayor parte de lo que sabéis y pensáis vos sobre la situación. —Antonio asintió con la cabeza—. Gracias, Antón. Y no estéis tan triste. Dejemos el tema, no hay necesidad de seguir hablando de esto. Ya hablaremos de ello durante todo el invierno en Madrid.

—¿En Madrid? ¿De veras vais a volver, insensata mujer? —Se echó a reír encantado—. En ese caso ya no estoy triste. O quizá debiera estarlo. ¿Debiera, Ana?

Se acercó al hogar y se plantó ante la silla que ocupaba ella observándola desde su altura.

—Ha sido una abstinencia muy larga. Y sé que no ha sido accidental. Sé que deseabais mantenerme alejado. Hace seis meses y dos semanas que no os veía; y casi siete meses desde que hicimos el amor. Creo, o creía, saber por qué.

Esperó a que ella dijera algo, pero no habló. Ana tenía la vista clavada en el fuego y las hermosas manos entrelazadas en el regazo.

—No quiero hablar sobre la última vez —prosiguió él—. Cuando pienso en ello me entran ganas de que Escobedo viva para matarlo, y matarlo otra vez y volverlo a matar...

—Ah, no —dijo Ana—. No es eso.

—Perdonadme. Lo que quiero decir es que comprendía, o creía comprender, vuestro disgusto, la necesidad de apartaros de todo, la repugnancia. Es todo cuanto puedo decir. Pero todo debe pasar, debe ser olvidado, ¿no?

–No lo creo –dijo ella suavemente.

–Ah, ¿entonces tenía razón al sentirme atemorizado mientras venía aquí esta noche? ¿Al hablar de vivir sin mí, teníais algo concreto en mente?

Ana volvió el rostro hacia él; estaba pálida y ojerosa.

–Juan de Escobedo –dijo Pérez–, ¿también me habéis hecho esto?

Ana titubeó. Deseaba hablar, hablar de sí misma, quizás egoístamente, descuidadamente, de ser necesario, llevada por la indecisión que bullía en su cerebro. Pero sencillamente no sabía cometer tal ignominia con otra criatura, y ahora era demasiado tarde para aprender. «Juan de Escobedo me persigue –deseaba decir–. He perdonado el ultraje y lo descabellado de la situación, creo que incluso he olvidado nuestra incomodidad, la vuestra y la mía. No os ofendáis, a veces me río grosera y tranquilamente de aquellas circunstancias. Lo externo no importa. Es una humillación que cualquiera podría soportar y merecer. Lo que recuerdo es que mis pensamientos estaban de acuerdo con los suyos cuando gritaba y que lo comprendía muy bien. Sencillamente me estaba diciendo lo que mi espíritu ya sabía, que el amor y el placer en nuestras circunstancias, Antonio, son malos. Para mí, tenía razón; estoy de acuerdo con lo que dijo. Mi alma no tiene lugar en vuestros brazos. Es una cosa horrorosa y jactanciosa, son las palabras de un egoísta y yo las aborrezco, pero no conozco ningún otro modo de decirlo. ¿Podríais ayudarme? ¿Podríais decirme qué hacer, pues todavía os amo, todavía os deseo?»

Pero nunca sería capaz de hablar en voz alta así ni de llamar la atención de otro sobre sus estados de ánimo. Y en cuanto a aquel hombre, su amante, sabía que le diera lo que le diera y tratara cuanto tratara, como siempre lo hacía, de estar en armonía con ella, no podía, por naturaleza, coincidir con las interioridades de su espíritu. Pues allí, guardada por su apariencia mundana y por su voluntad de sentir, disfrutar y comportarse de acuerdo con su ley natural, era crédula y sencilla. Allí era pura y buscaba un propósito en sí misma que debía evitar la satisfacción de los deseos propios. Para conseguir ese propósito había llevado a cabo una vez una acción descabellada y egoísta y había hecho el ridículo. A partir de entonces quiso reprimirlo, y quiso repudiar la idea de que su yo era el centro de la vida. Y escapó de ella fácilmente mediante las prácticas sociales y a través de ellas regresó a sus curiosidades y deseos naturales. Pero Escobedo, el loco, ahora muerto, asesinado por el hombre que la había lanzado a una libertad sensual perfecta, que la había llevado fuera del alcance de aquella pequeña parte perdida de su persona que buscaba una clarificadora explicación de sí misma, había renovado la búsqueda y la había devuelto al lugar en que era sencilla y crédula, y sabía que tenía un alma que debía salvar.

Separó las manos y se quedó mirando casi estupefacta el rostro de Antonio.

«Está cansado –pensó–. Y preocupadísimo; incluso está próximo al desastre. Yo lo he arrastrado al peligro. Cuando todo le iba bien yo tomé con avidez lo que quería sin preocuparme por mi alma ni por la de él. Ahora que el mundo que disfruto y conozco, el mundo por el que él trabaja tanto, está buscando excusas para destruirlo, ¿es el momento de molestarlo con metafísicas de convento y los interrogantes insignificantes y particulares de mi alma?»

–Absurdo, disparatado –dijo.

–¿El qué?

–¿He dicho algo?

–En voz bastante alta para vos.

Ana se echó a reír y le cogió las manos

–¡Qué cosa más fea! Venid aquí. Agachaos.

Él se arrodilló; tenía el rostro radiante.

–Pero...

–Sí, claro, hay «peros». Cuando no estáis aquí hay toda una escuela de teología de ellos.

–¿Y cuando estoy aquí?

Ana se acercó a su rostro levantado con el mismo placer de las noches invernales que habían pasado en Madrid. Agradecida por aquella sensación, culpable y turbada, buscó una respuesta que lo complaciera.

–¿Cuando estáis aquí? ¡Ay, pobre teología! ¿Tenéis acaso un poco olvidado vuestro poder sobre mí, Antón?

Para su sorpresa, no se rió. Permaneció inmóvil a sus pies, mirándola. Y, asombrada, vio lo que nunca había visto hasta entonces, vio que de sus ojos brotaban lágrimas que luego rodaban mejillas abajo. Entonces él se inclinó hacia delante y enterró el rostro contra ella.

Ana le cogió la cabeza y besó su cabello perfumado. Sonrió. Había olvidado su perfume de sándalo. «Hace mucho tiempo», pensó.

«¿Son mis pobres escrúpulos algo más importante que lo que le doy a este hombre y lo que obtengo de él? ¿Debo colocar mi pequeño sentido del pecado por encima de su deseo y su infelicidad? ¿Estoy engañándolo porque lo quiero y me he cansado de la insignificante agitación de mi alma inmortal? ¿Finjo ser generosa simplemente para volver a su poder? Bueno, él tiene poder, y yo parece que no tengo ninguno. Responded a mis preguntas, Escobedo.»

Cuando Antonio se marchó, de madrugada, bajó a los establos con él para despertar a sus hombres.

Él protestó por ello, pero en el fondo le gustaba.

–Forma parte del plan –dijo ella–. Ya veréis. Y espero que Rodrigo nos oiga y se asome a la ventana.

–Sois una madre irresponsable.

–Tengo mis propias ideas sobre lo que es el honor, pero me temo que Rodrigo no las comprende.

Paseaban por el patio mientras esperaban el carruaje. Reinaba un ambiente frío y en calma; se oyó el canto de un gallo en la lejanía y el tañido de una campana en el convento franciscano.

–Vos y yo estamos acostumbrados a las campanas de los conventos –dijo Antonio, recordando el son de las de Santa María de la Almudena de Madrid.

Ana se estremeció un poco y se ciñó la capa.

–¿Tenéis frío? ¿Estáis inquieta?

–Ninguna de las dos cosas, ya deberíais saberlo. Ahí vienen.

El carruaje entró en el patio.

–Que Dios os bendiga. Volveré a Madrid casi al mismo tiempo que vos.

–Ojalá pudiéramos quedarnos aquí.

Subió al carruaje.

–Dadle recuerdos a Felipe –dijo Ana maliciosamente en tanto se cerraba la puerta.

Una vez que se hubo alejado, Ana cruzó el portal y salió a la desierta plaza del pueblecito; contempló cómo se desvanecía la última estrella y la delgada capa de escarcha se derretía sobre los tejados. Calle abajo cerraron una puerta de golpe y un hombre comenzó a cantar. Al otro lado de la plaza, el encorvado y viejo sacristán abrió la puerta de la iglesia de la Colegiata.

Finalmente dejaron de oírse las ruedas del carruaje por el camino de Alcalá.

Cruzó la plaza y entró en la Colegiata a esperar la primera misa. Era la primera feligresa. Se sentó en un banco próximo a la tumba de su esposo.

CAPÍTULO TERCERO
(Abril de 1579)

I

Ana le había dicho a Antonio que en Madrid tendrían tiempo todo el invierno para hablar del asunto Escobedo. Pero se equivocaba.

El tema se desvaneció sorprendentemente, no sólo de la atención de las malas lenguas, sino también del horizonte de los implicados. Parecía que el presidente de Castilla había impresionado a los demandantes con su consejo, y puesto que el mundo en general dirigía su curiosidad y sus charlas hacia otra cosa, el marqués de los Vélez y Antonio, tal como mandaban las normas de la diplomacia, no fomentaron ni las más privadas referencias a lo que mejor estaba aletargado.

Ana, con cierta curiosidad, siguió su ejemplo y dejó que el interrogante siguiera sin responder, aunque no había desaparecido de su mente. De las pocas referencias rápidas, siempre despiadadas, que hacía Antonio a Vázquez, y de la exagerada discreción del viejo marqués, así como de sus propias observaciones, Ana deducía que el problema no estaba muerto y que Felipe habría de resolverlo a expensas de alguien.

Entre Todos los Santos y Navidad estuvo en el Alcázar dos veces; sin embargo, no cruzó la calle para verla.

–¿Le han dicho, pues, que matasteis a Juan de Escobedo por mí? –preguntó a Antonio.

–Seguramente. Pero, ya sabéis, Ana, nadie puede saberlo. Ese hombre es extraordinario. Estoy con él horas y días seguidos, igual que Vázquez. Y sabe que sé lo que Vázquez le ha hecho a mi reputación, y conoce la verdad sobre la situación y que Vázquez está completamente equivocado, pero, mientras a principios de verano estaba excesivamente amigable conmigo, lo cual me ponía muy nervioso, ahora está como siempre. Perfectamente natural, tranquilo y amable, haciéndome trabajar como a un negro, confiándome todo tipo de información y de opiniones comprometidas sin referirse ni una sola vez a nada que no sea oficial, excepto para burlarse, como siempre lo ha hecho, de mi extravagancia, de las mujeres, etc., y para preguntarme de vez en cuando por Juana y los niños. He de decir que lo admiro; aunque sea lento, es sutil. Es capaz de dejar intrigado a cualquiera, incluso a mí, cuando se lo propone.

Antonio podía tranquilizarla, pero Ana se sentía ofendida y sorprendida. Felipe debería ir a verla. Si estaba enfadado con ella, debía ir a decírselo. Tenían la suficiente confianza para eso, y tenía derecho a estar celoso, si quería ser tan tonto, pero no a interrumpir su amistad porque ella tuviera un amante.

Para Navidad les mandó regalos y felicitaciones a los niños, pero a ella nada. Ana dejó que Anichu y Fernando escribieran solos las notas de agradecimiento. Ella no le escribió. Esperó recelosa. En cierto modo la sorprendía cuánto le dolía el silencio del rey.

Sin embargo, pasó el invierno ocupada en cosas frívolas y se refugió –atolondradamente y de algo más que de sus suposiciones sobre Felipe– en las ligeras preocupaciones de la vida ciudadana.

Madrid, que siendo ella niña era un pequeño lugar de recreo elegido arbitrariamente por el viejo rey, Carlos, crecía ahora con rapidez y parecía que se había convertido en la capital indiscutible del reino. Felipe fomentaba el orgullo de la ciudad, pues estaba muy cerca de sus dos retiros preferidos, El Pardo y el nuevo y querido Escorial. Así pues, el Alcázar era ahora la sede del Gobierno y los embajadores tenían sus dependencias en Madrid. Naturalmente, todos los que pretendían ocupar cargos, hacer negocios, enterarse de las últimas noticias o llevar a cabo chantajes se reunían donde estaban los grandes, de forma que parecía haberse formado la capital.

Fue un extraño accidente. Que Castilla y el centro gobernaran el resto era evidente, pero Toledo, con su magnífica catedral, su larga historia, su belleza y su río de verdad, el Tajo, podía haber sido la depositaria del futuro; o incluso Ávila, con sus murallas, sus nueve torreones y su puro estilo castellano. Pero no. Aquel lugar seco y nuevo, que recibía el agua de un riachuelo y carecía de carácter, fuera del que le confería su clima, traicioneramente caluroso, y de que un rey viejo y pendenciero pensaba que se encontraba bien cuando estaba allí, este lugar sin pasado iba por lo visto a gobernar, caprichosamente, los reinos de España.

Resultaba divertido. Todos los grandes que anteriormente estaban satisfechos de tener sus casas en las poblaciones de donde procedían sus títulos o donde tenían sus posesiones, ahora buscaban afanosamente residencias en Madrid, al menos los jóvenes, los que gustaban de los placeres y las ramas ambiciosas de las grandes familias. Ana, que poseía un palacio en Madrid desde hacía mucho tiempo debido a los constantes quehaceres de Ruy en el Alcázar, pensaba, con cierto disgusto, que era una pionera de aquella ciudad nueva y fea y de su desacertada tendencia a la centralización.

Sin embargo, sus hijos, cada uno de acuerdo a su edad, participaban de su animado crecimiento y contribuían a crear sus convenciones, normas y rituales sociales. Conocían a todo el mundo, se relacionaban con todas las personalidades y eran halagados, consentidos y engañados asiduamente por enjambres de aspirantes a cargos importantes y de buscadores de dinero. Se divertían y llenaban la casa de Ana de amigos, y su tiempo de frívolos deberes para con ellos.

Por ser viuda y estar indefensa, no podía asistir a las grandes ceremonias de la sociedad madrileña, de lo cual se alegraba. Tampoco podía ser invitada a banquetes ni bailes, ni podía invitar a sus conocidos a reuniones de este tipo. Pero su casa estaba abierta de manera informal y la mayor parte de la aristocracia y del cuerpo diplomático no dejaba de visitar a una Mendoza que además era la viuda del príncipe de Éboli. Durante el invierno cenaron en su casa, individualmente o en grupos pequeños, la mayoría de los hombres importantes, españoles o extranjeros, que se encontraban en Madrid. Algunas veces los llevaba Antonio; otras veces los acompañaba el cardenal; y otras iban con sus esposas.

–Es curioso –le dijo a Antonio–, parece que no hay ninguna mujer importante en el mundo.

Él emitió un silbido.

–Margarita de Navarra, Isabel de Inglaterra, la madre Teresa, la princesa de Éboli...

–Pero en Madrid no hay ninguna.

–La princesa de Éboli.

–¡Qué Dios proteja a las mujeres!

«Margarita de Valois es poetisa y un personaje notable –pensó–, Isabel gobierna Inglaterra, la madre Teresa trata de reformar la Iglesia, pero yo no tengo nada que hacer. Nunca he tenido nada que hacer más que comportarme decorosamente y disfrutar de la vida. Qué absurdo», pensó como otras muchas veces a lo largo de su vida adulta. Cuando se encontraba de este ánimo, no suspiraba por la pobreza, por tener que lavarles la cara a los niños ni hacerles la comida. Suponía que hubiera podido hacer esas cosas de ser necesario, pero el ideal humilde nunca la había atraído. Sin embargo, la conciencia, o quizá más la personalidad que la conciencia, luchaba espasmódicamente en su interior con una sensación de nulidad. Cuando dio a luz los hijos de Ruy –diez en trece años– sintió que al menos según las normas del mundo, si bien no según las suyas, resultaba de utilidad; y su indiferencia hacia la función maternal y sus procesos incrementó su convicción. Al menos podía decir que Ruy, que tanto amaba a su numerosa familia, nunca oyó una palabra de queja o de autocompasión de sus labios durante todos los años en que Ana engrosaba su prole. Era su deber, como muy bien sabía, pero satisfacía una necesidad interna haciéndolo contenta, como si le gustara. Sin embargo, Dios no le permitió satisfacerla del todo, pues su salud fue siempre buena, los embarazos fáciles y, cuando terminaron, la dejaron casi igual que en los primeros días de casada, antes de concebir a Rodrigo.

Pero Anichu tenía ya seis años, Ruy llevaba más de cinco muerto; hacía ya mucho que la vieja máxima conciliadora de que estaba cumpliendo su deber en el estado en que Dios había querido dejarla, le parecía aburrida y falsa. Supervisaba los asuntos de Pastrana, pero los campos, las huertas y la fabricación de seda habían quedado tan bien encarrilados por Ruy que sabía que los capataces y administradores, siempre respetuosos y cariñosos, consideraban su autoridad puramente formal. Y observó divertida que ya prestaban mucha más atención a las ocasionales intervenciones de Rodrigo que a cualquier sugerencia suya. No le importaba. Mientras continuara la prosperidad de la propiedad, por el bien de todos y por la memoria de Ruy, ella estaría contenta. No buscaba grandes trabajos, ni brillar con ninguna luz especial, sino que simplemente experimentaba una continua necesidad íntima de percibir, más que aceptar, su contacto con la vida, de sentirse satisfecha de sí misma.

Si en ocasiones hablaba un poco con Ruy sobre esta inquietud, esta insatisfacción derivada de que todo lo encontraba hecho y tenía que ser siempre pasiva y dócil, él no se reía ni despreciaba su confesión. Al contrario, se mostraba serio y amable, aunque le gustaba gastarle bromas sobre ese estado de ánimo que él llamaba «ganas de pelea». «Pero yo soy pacifista, Ana; vivís con un hombre de paz.» Ella observó, con diversión, que cada vez que mantenían estas conversaciones, Ruy le hacía el amor con mucha mayor ternura y asiduidad. Y pensaba que comprendía por qué y lo consideraba positivo. Sin embargo, en realidad no tenía relación –¿cómo podía saberlo él?– con el estado anímico que Ana quería comentar con él.

Y había sido uno de esos arranques de búsqueda de una posición personal lo que la había llevado a aceptar repentina y sorprendentemente a Antonio Pérez como amante. Por fin, como le dijo aquella noche, había tomado una decisión propia, que había quedado justificada, al menos en un sentido, en su aceptación sensual de la alegría. Una alegría que al principio era molesta e informe, e iluminaba tan deslumbrantemente las veinticuatro horas del día que parecía ridícula y que en los lugares públicos podía considerarse fútil. Pero sus sentidos, tomados al asalto en mitad de la vida, no eran tan imprecisos como su corazón. La habían vencido por fin y la habían hecho pagar. Al principio había días en que sentía apetencia de Antonio Pérez igual que un pordiosero tenía hambre de comida. Había noches en que lo esperaba, acostada y escuchando las campanas de la Almudena, y pensaba en él, sentado tras su escritorio del otro lado de la calle, inmerso en el trabajo, totalmente en paz consigo mismo y teniéndola a ella por completo olvidada; pensaba en él y en si lo vería o no antes del alba con un ansia que la sorprendía y que a veces le parecía difícilmente controlable, de cometer un acto de declarada locura como levantarse, cruzar la entrada del Alcázar e intentar verlo a toda costa.

Pero era la vileza de la alegría y la presión del peligro, de la proximidad a la locura, lo que la hacía aceptar tan de buen grado y la capacitaba para ser fría y despiadada con su descarada conciencia. «De acuerdo –le decía a su vigilante–, vivo en pecado, pero he encontrado una cosa que siempre me ha faltado y que puede tener tanta importancia como la que me dice vuestra voz. Y no percibo esta sensación de pecado contra la que me prevenís. Sin duda la experimentaré, pero entretanto es una batalla, con reglas y pruebas que me ocultabais; este amor, este pecado, tiene una moralidad propia, que yo comprendo. Veo mi compromiso y todavía reconozco vuestros viejos imperativos, pero ahora no puedo obedecerlos, debo arriesgarme. Esto también es un imperativo, y lo que me gusta es que parece que es mío y no un vago mandato del Cielo.»

De modo que aceptó el riesgo. Y su bien entrenada conciencia no cedió sino que opuso tenaz resistencia. Fue una batalla reñida, pero el nuevo paganismo de Ana salía siempre vencedor; era un paganismo que comenzaba a sonreírse ante el egoísmo de la castidad. Pero Ana sabía que era demasiado vulnerable para seguir defendiéndose y lo desechó, maravillándose solamente de no sentirse pecadora ni ofendida en su vida de pecado.

Usualmente, ninguna de estas victorias es definitiva. Ana así lo comprendió, sin sorprenderse demasiado. No obstante, cuando Escobedo se interpuso sí se sorprendió, pese a todos sus razonamientos, al ver con qué frialdad coincidía con la doctrina en que se basaba la descabellada actitud de él. Vio como él que el sacrificio era mejor, o más de su gusto, que la expresión de su personalidad, y que ésta, realizada sólo a través de los sentidos y practicada estérilmente y con perfección como lo hacían Antonio y ella, era absolutamente mala. Podía argüir muy bien contra ello y en numerosas ocasiones lo había apartado de su mente, pero sabía que existía y que era consistente y lo oyó de labios de Escobedo con una aquiescencia que casi resultaba solemne, pues mientras éste gritaba Ana sintió que expresaba su propio concepto del placer, del amor sexual.

Aquella noche lo vio con claridad.

Y ahora que, por complicadas razones, había regresado al placer del que él la había apartado, sabía que su mensaje seguía siendo válido como si fuera propio y que el amor sería a partir de ese momento lo que habitualmente creía: una pasión cristiana.

Así pues, desde aquel instante, era la amante de Antonio en condiciones nuevas y cambiantes, por diversas causas: porque él la necesitaba, porque a veces no podía pasar sin él, porque los amigos lo estaban abandonando, porque lo quería, por todas las turbulentas razones de un corazón que se había prendado de otro; pero ya no simplemente porque estuviera enamorada.

Todo el invierno que pasó en Madrid se sintió embargada por una desazón provocada por aquel cambio de actitud. Sin embargo, superficialmente estaba alegre y desenfadada. Y si alguien poco informado se preguntaba de qué lado se decantaba la lealtad de la princesa de Éboli en la disputa entre los dos principales secretarios del rey, no daba lugar a duda alguna; era amiga y protectora de Antonio Pérez a la vista de todo el mundo y cada vez que se nombraba a Mateo Vázquez se preocupaba de atacarlo, incluso peligrosamente, fuera quien fuera el que la escuchara. Cuando Antonio protestaba por ello, aunque sólo lo hacía a medias, pues le gustaba que lo defendiera, Ana se reía de él. Era parte del plan, decía, y deseaba que Mateo Vázquez no tuviera duda alguna sobre la opinión que le merecía.

–Además, vos mismo decís cosas terribles de él a todo el mundo.

–Eso es diferente.

Una luminosa tarde de fines de marzo, Bernardina y ella, que venían de dar un paseo a caballo, hubieron de detenerse en una esquina de la calle del Carmen para permitir que el tráfico del mercado atravesara la Puerta del Sol; mientras esperaban, observó a un sacerdote alto y moreno, a pie, muy cerca de ella, que la saludaba con gran alarde de respeto y nerviosismo. Era Mateo Vázquez. Ana quedó perpleja y disgustada. Se lo quedó mirando, demostrando que lo reconocía pero que se negaba a devolverle el saludo. Todavía sin moverse y junto a él, se volvió hacia Bernardina y le dijo con toda claridad.

–Ahí está Mateo Vázquez tratando de saludarme. ¿Qué debe de pretender?

El esbelto sacerdote se perdió inmediatamente entre la multitud. Ana y su compañera prosiguieron su camino.

Bernardina admiraba la audacia, pero consideró que aquel gesto era innecesario y así lo manifestó.

Ana, sin embargo, parecía satisfecha de sí misma.

–Esperemos que ahora sepa que no se debe hacer reverencias ante aquellos a quienes se trata de destruir por otro lado. Vamos a enseñarle un poco de educación, Bernardina.

–Cuando os ha oído, se ha quedado aterrado.

–Ya me he dado cuenta. ¡Pobre diablo!

Tres semanas después, una tarde de abril, se hallaba sentada
con el cardenal en la sala larga. Antonio Pérez había de acudir también a cenar. Ana había llevado a los niños a Pastrana
para Semana Santa y acababa de regresar a Madrid.

Durante el mes de marzo se había vuelto a remover el
asunto Escobedo y Ana recibió algunas visitas extrañas. El cardenal tenía cosas que contarle.

Los ventanales de la sala larga estaban abiertos y por
ellos penetraban los alegres sonidos de la ciudad; la tarde era
clara y desde la posición que ocupaban veían a occidente los
brillantes picos de la sierra de Gredos, inmaculados, contra
el cielo azul. La sala estaba adornada con violetas y rosas tem-
pranas de Pastrana.

–Bueno, para ser una mujer que se encuentra en una
situación tan delicada, he de decir que estáis espléndida.

Gaspar de Quiroga, arzobispo de Toledo y cardenal, era
un eclesiástico distinguido y respetado. Su amistad con Ana y
su esposo venía de antiguo. Recientemente también se había
interesado por Pérez y le había cogido afecto. Antonio se aloja-
ba con frecuencia en el palacio episcopal de Toledo. La amistad
que había entre aquellos dos hombres era extraña –el político
venal y ambicioso por una parte y el sacerdote desprendido y
virtuoso por otra– pero también era desinteresada. Sencillamente sentían una simpatía recíproca.

–¿De verdad estoy en una situación tan delicada?
Él le sonrió.

–En realidad nadie lo sabe, pero todos presentimos
que sí.

–Creo que todos, con buena intención, estáis siendo demasiado intuitivos. Felipe sabe, aunque le pese, por qué murió Escobedo. Y en cuanto al resto del escándalo, si me per-

mitís decirlo, querido amigo, lo que yo haga con mi... corazón no es asunto del alcalde.

—Os lo permito, Ana, y estoy de acuerdo con vos.

Quiroga dijo esto de pie junto a la ventana. A continuación se paseó por la habitación como si estuviera en su propia casa. Cogió un libro que había sobre el escritorio.

—*Histoire des amants fortunés.* Ah, la primera edición. El mío se llama *El Heptamerón.*

—Sí. No lo había leído y Antonio encontró este ejemplar de 1558.

—¿Os divierten estas historias?

—Sí, aunque me sorprende. Me da pereza leer en francés; por extraño que parezca, leo el latín con mayor facilidad. Pero encuentro el libro muy ingenioso y natural.

—Sí, los relatos están contados con gracia. Confieso que los prefiero a Boccaccio. Me gustaría haber hablado con esta mujer. Me atrae más que su sobrina nieta, la actual Margarita de Navarra.

—Pero dicen que esta Margarita de Navarra es extraordinariamente bella.

—Eso he oído. —Dejó el libro—. Yo sólo he dicho que la dama del *Heptamerón* me atrae más.

Ana se echó a reír.

—Cuando declaráis sentiros atraído no queréis decir gran cosa.

—Gracias a Dios no. Me contento con una escritora muerta. Soy un hombre austero de nacimiento.

—Sois un santo.

Él lo negó con la cabeza.

—En absoluto, ingenua criatura. Ojalá lo fuera.

—Sí, lo sois. Pero ¿por qué continuáis viniendo a mi casa y siendo amigo mío y de Antonio? ¿No teméis que al hacerlo escandalicéis a alguien?

–Sí, a veces me preocupa. Antonio lleva mala vida y mi amistad con él puede interpretarse mal y perturbar a los inocentes. Y vos... Bueno...

La miró comprensivo.

–¿Qué pensáis de mí?

–Os tengo un gran cariño, lo cual probablemente afecta a mi pensamiento, o más bien a mi incapacidad para pensar nada. Simplemente me digo a mí mismo, Ana, que no soy vuestro confesor. Hasta que lo sea... (¡y ojalá esté muy lejano el día!) no tengo obligación de responderos. Vos nunca me habéis pedido consejo fuera del confesionario.

–¿Y si lo hiciera?

–Yo os diría que renunciarais a vuestro pecado, o que os cerciorarais de que no volvéis a tener ocasión de pecar con Antonio. Ya conocéis las enseñanzas cristianas. Sabéis que la fornicación es pecado y el adulterio también. Pero el primero basta para vuestra preparada mente. En cuanto al adulterio, no sería una ofensa ni para vos ni para Antonio, para no hablar de Juana Coello, su esposa, que dijera que es una excelente esposa, una entre un millón, amable, callada, orgullosa y sincera. –Hizo una pausa–. Es imposible no referirse a ello. Pero, aunque fuera una borracha, una ladrona y una prostituta, es su esposa y al amaros Antonio comete adulterio. Pero ambos lo sabéis, de modo que ¿de qué sirve repetirlo?

–Sí, ambos lo sabemos. Pero Antonio lo ve con escepticismo y yo con fe.

–Ah, entonces sois pecadora por definición. Un asunto grave, conocimiento pleno y consentimiento total.

Ella sonrió algo intranquila.

–Consentimiento total no. A veces pienso que el verdadero pecado es prácticamente imposible para la persona consciente del pecado según esa definición, porque el consentimiento no puede entonces ser total. Antonio cumple más los requisitos que yo –finalizó en tono bromista.

–No, Ana. Él descarta el primer punto, no cree que se trate de una falta grave. Su excusa es que no hay infracción alguna.

–Sí, y ésa no puedo hacerla mía. Siempre tengo miedo de dar a entender lo grave que me parece.

–Entonces, en contra de las apariencias, ¿sois culpable?

Ana no respondió de inmediato. Una rosa se había caído de un jarrón y se agachó a recogerla. Luego se volvió hacia el cardenal.

–Creo que hace un año no lo era –dijo–. Hace un año al menos tenía la esperanza de que Antonio estuviera en lo cierto.

–¿Y ahora?

–Ahora deseo que lo esté, pero sé que no es el caso.

–Entonces ¿deseáis arrepentiros?

Ana esbozó una risita.

–No. Ya me arrepentí durante siete meses enteros, después de la muerte de Escobedo, pero éste no es el momento. No se puede ser indulgente con uno mismo ni siquiera en lo que se refiera al arrepentimiento, cardenal. He llegado a amar a Antonio y le debo unos cuantos pecados y riesgos. Él se ha arriesgado por mí. No es el momento de autocompadecerse. El Cielo puede hacer lo que quiera de mi confusión. Es un riesgo que tengo derecho a correr.

–Es decir que lo seguís viendo por el asunto Escobedo, por lealtad.

–Oh, no, lo amo. Y como lo amo, sería poco natural dejar de quererlo ahora.

–Es una curiosa declaración, Ana, pero deduzco que le estáis diciendo a vuestra alma inmortal que espere a causa de la felicidad terrenal de Antonio Pérez.

–Quizás haya algo de eso. Pero ¿os dais cuenta, verdad, de que aun cuando sólo fuera eso le debo mucho por hacerme capaz de experimentar ese sentimiento por él? Y no es sólo eso. No quiero vivir sin él.

–Bien dicho. Sin embargo, creo que si ahora estuvierais en el confesionario admitiríais humildemente el peso de vuestro pecado.

–No podría estar en el confesionario porque no tengo ningún firme propósito de enmienda. Pienso que ojalá no tuviera que pecar, pero de ahí no paso.

–De todas maneras vuestra alma está inquieta y el placer no os colma.

–Pero está también el placer de él.

–Querida, él tiene esposa.

Ana se echó a reír y extendió los brazos.

–Habló el dogmático, el inocente sacerdote. También tuve yo un esposo, tan bueno como Juana Coello es esposa; sin embargo, hasta ahora, al final de mi vida, no había sabido lo que era la unión con otra persona.

–Éste no puede ser el caso de Antonio. Ha tenido tantas aventuras amorosas que el argumento sería ridículo.

–No, no es su caso. Él es experto en placer. Pero yo no estoy defendiendo su conciencia. Yo hablo por mí. Lo único que quiero decir es que yo represento su felicidad actual y para mí es una felicidad peligrosa, él ha sabido hacerla así. Antonio está ahora en peligro y lo calumnian por mí. Pero él afronta la situación con dignidad y también confía en mi amor. Y yo no estoy acostumbrada a la atracción y la devoción de los hombres para tratarlo a la ligera.

–Ya veo. En realidad, como sospechaba, tenéis conflictos anímicos.

–Si conflictos anímicos es amar a un hombre y pecar por él, que por sus propios defectos parece merecer ser amado, entonces sí.

–No, no es tan complicado. Tenéis conflictos con Dios.

Su derecho es eterno y está por encima de vuestro descabellado disfrute terreno. Y vos lo sabéis. Sin embargo, que Dios me perdone, os admiro un poco. Y debo decir que me maravillan las sutilezas que las sencillas criaturas carnales podéis entretejer con las necesidades animales.

Ana se llevó la mano al parche del ojo.

–El problema es que las necesidades no son suficientemente animales –dijo.

El cardenal sonrió, pero ella no lo advirtió.

–Quizá –dijo él–, no lo sé. –Se sentó y paseó la vista por la habitación con cariño–. Unas flores preciosas. Señal de que Pastrana florece. Y ¿cómo están los niños?

–Muy bien. Algunos vendrán a veros dentro de un momento. ¿Os importa?

–Me importaría que no vinieran. ¿Dejamos lo que he de deciros hasta que llegue Antonio? No me gusta nada repetirme.

–Entonces ¿habéis venido con alguna misión? –preguntó Ana riendo divertida.

–No de muy buena gana, querida, como podéis suponer.

–Este mes he tenido unas visitas curiosas e inesperadas, pero ¡vos también! Resulta realmente divertido.

–Lo mismo me parece a mí.

Al poco entraron los niños: Ruy, de doce años, pequeño, estudioso y más parecido al padre, cuyo nombre llevaba, a medida que pasaba el tiempo; Fernando, de nueve, que ya decía que deseaba ser monje franciscano; y Anichu, de seis. No conocían al cardenal tan bien como al rey, ni les era tan simpático; él, por su parte, era tímido con los niños. Pero Ana observó complacida cómo los tres se esforzaban por cumplir con su deber de agasajar al gran prelado.

III

Cuando llegó Antonio ya hacía mucho que había oscurecido. Las ventanas estaban cerradas y las velas encendidas en la sala larga; los niños se habían acostado. Ana, que lo había visto la noche anterior, supo de inmediato, por el brillo peculiar de sus ojos, que a lo largo del día había surgido algún factor nuevo y perturbador en sus asuntos.

Durante la cena, la conversación no podía ser ni continuada ni totalmente libre, pero Ana logró –cambiando rápidamente de tema mientras los criados retiraban los platos– divertir a sus invitados relatándoles las visitas que había recibido del misterioso doctor Milio, de los dos hermanos, Agustín Álvarez y Pedro Núñez de Toledo, y la más chocante, aquella misma mañana, del conde de Khevenhüller, el embajador del Imperio.

–Todas estas personas vienen, fingiendo que él no sabe nada, naturalmente, en nombre del ridículo de Mateo Vázquez. ¿Creéis que están cuerdos?

El cardenal vaciló.

–No estoy seguro de que tengáis sus credenciales claras, pero continuad.

–¿Qué le habéis dicho a Khevenhüller, Ana? –preguntó Antonio–. ¿He de suponer que su misión era la de todos?

–Sí. Esta gente tan curiosa y entrometida parece considerar de capital importancia que yo, como figura de la sociedad, portadora de un gran nombre, etcétera, retire mi enemistad hacia el bueno de Mateo Vázquez, y que incluso trate de ser amiga suya.

Todos rieron a carcajadas.

–¿Estarán trastornados, cardenal? Esta mañana le he dicho a nuestro pobre y perplejo alemán que siguiera mi consejo y se apartara de esta tormenta local, típicamente castellana. Le he dicho que, si bien es posible que él no lo creyera así, todos sabemos lo que hacemos en ella, pero que él nunca lo comprendería. Le he dado las gracias por su valentía y su amabilidad, y le he garantizado, como garantizo a todos estos excéntricos, que nunca consideraré otra cosa que enemigo a aquel que trate de culpar a Antonio Pérez de la muerte de Escobedo. Entonces le he pedido que tuviera la bondad de excusarme pues mi modista me esperaba en otra habitación.

Antonio profirió un silbido.

–¡Muy bien! –exclamó.

–¡Pobre Khevenhüller! El embajador del Sacro Imperio despedido por una modista. –El cardenal se reía perplejo–. Sois muy hábil insultando, Ana, pero no es un talento nada atractivo, ¿sabéis?

–No. Ruy decía lo mismo. Creo que se fue con el miedo de que la arpía que hay en mí llegara a dominarme.

–Me encantan las arpías –dijo Antonio.

Al regresar a la sala larga, Pérez no quiso sentarse cuando Ana lo invitó a ello.

–No pequeña –dijo con ternura, como si estuvieran solos. Y al verlo cometer aquel error, Ana supo que estaba nervioso–. No, permitid que me esté quieto. Esta noche voy a beber mucho vino, y vos, queridos amigos, habréis de tener paciencia.

–¿Por qué? –dijo el cardenal.

–Porque todo ha salido a la luz de nuevo. Felipe es traicionero, y hoy le he escrito para pedirle que me releve del cargo.

El cardenal se puso en pie de un salto.

–¡No, Antonio! ¡Eso no! ¡Ay, este Felipe, este rey, este farsante! ¿Qué ha hecho ahora?

Ana no dijo nada. Antonio posó los ojos en ella un momento, medio distraído. Cuando habló se volvió hacia el cardenal.

–¿Cómo puedo resumíroslo? ¿Cómo puedo abrir un camino por este caos para que veáis por qué he dimitido precisamente hoy y no ayer ni mañana?

–Bueno, para empezar, debéis de haber dado una razón aparentemente suficiente para dejar el cargo.

–Sí, pero también eso, como todo lo que toca Felipe, es complicado. Sin embargo, es ésta: como sabéis, el departamento que llamamos Consejo de Italia está a mi cargo, aunque es dirigido en las cuestiones generales por su propio secretario. Cuando recientemente murió Diego de Vargas, Felipe y yo hablamos de una reforma de este departamento, donde el trabajo podría hacerse de manera más económica y sencilla. Después de la usual agonía de retrasos, discusiones y pausas para rezar, el rey accedió a mi deseo de no nombrar de momento a ningún secretario a mis órdenes y dejarme a mí la tarea de preparar a uno o dos de los jóvenes del departamento (a los cuales ya había echado el ojo) para trabajar directamente en colaboración conmigo, sin intermediarios, como antes. Yo me alegré mucho de que accediera. ¿Lo recordáis, Ana? En todo el asunto demostró su confianza de siempre en mí y parecía contento de la decisión. Yo pensé que el episodio era un buen augurio. Aunque ahora parece que los augurios no eran favorables... Pero no quiero salirme del tema. Esta mañana, como salido de la nada, he recibido un despacho de El Escorial anunciando el nombramiento de un hombre llamado Gabriel de Zayas como secretario del Consejo de Italia. Junto a este documento venía una nota de un subsecretario pidiéndome que tuviera la amabilidad de hacer efectivo el nombramiento y de instruir a Zayas como considerara oportuno. Ni una palabra de Felipe, ni una explicación, ni una disculpa. Y, en apariencia, he dimitido por eso del servicio del rey hoy a mediodía. Mi carta va ahora camino de El Escorial.

Se volvió y se sirvió un poco de vino.

–Es un pretexto suficiente –aseguró el cardenal–, pero, como sabéis, no aceptará vuestra dimisión.

–Le he dado razones para aceptarla. He aprovechado la oportunidad. Este Zayas no tiene en sí ninguna importancia; no es más que un subsecretario que busca un ascenso, siempre ha andado pegado a Vázquez. Ahora el demonio no tiene nada que ver con Italia, pero se enteró de mis planes y decidió probar su poder contra el mío en un asunto de poca importancia. Ha ganado. Y yo no voy a tolerar más victorias de un hombre que vive para destruirme. Esto mismo he dicho. No puedo seguir trabajando para un rey que permite que mi enemigo mortal me sustituya en su confianza y que además se niega a comprobar y a castigar las malévolas actividades públicas de mi enemigo. Estoy dispuesto a mantener todo lo que he dicho. Que elija él.

–¿De qué vais a vivir si dimitís? –preguntó el cardenal.

–De nada. Es la ruina.

–Tenía que haberlo supuesto. Con todo, es una buena medida, Antonio. Puede ser lo que necesitabais para hacer que esta trágica farsa termine de una vez. Y, creedme, no os permitirá dimitir. Felipe se opondrá a ello con todas las artimañas que conoce, porque, aparte de perderos en un momento muy importante, si abandonarais su servicio, se encontraría totalmente en vuestras manos.

Antonio se echó a reír.

–Sí, lo sé. Y no se le pasará por alto. Bueno, que sufra.

Ana estaba sentada, inclinada hacia delante, con el codo en la rodilla y la mano contra el parche de seda negra. Los dos hombres la miraron pensativos.

–¿Cuáles son esos augurios de que habéis hablado, Antón? –le preguntó sin moverse ni levantar la vista.

–Hay muchos. Antes de Pascua recibí unas cartas de El Pardo. ¿Conocéis a Santayo? –le preguntó al cardenal–. Es un caballero de la Casa Real, persona de confianza. En marzo me escribió diciendo que las acusaciones contra mí y la princesa de Éboli que contenía el olvidado documento Escobedo del otoño pasado se estaban discutiendo abiertamente en la corte. Ahora me ha escrito desde El Escorial diciendo que las calumnias son mucho peores, que todo el mundo toma un partido u otro y que se espera que el rey emprenda alguna acción. Entretanto, otros me han escrito para comunicarme que Vázquez va de un lado a otro la mar de ufano y que el rey está de lo más suave pero no revela nada. ¿Qué os parece?

–Yo diría que no es del todo exacto –dijo el cardenal–. Como sabéis, yo tuve que ir a El Escorial dos días durante la Semana Santa, que es el motivo que me ha traído aquí esta noche...

–Sí, ha venido con una misión –le dijo Ana con una sonrisita a Antonio–. ¿Lo sabíais?

–¡Vaya! El canalla de dos caras. Bueno, proseguid, Eminencia. Decidnos lo que visteis allá arriba.

El cardenal sonrió.

–Naturalmente, como tengo fama de santo, nadie se atrevió a venirme con el cuento del poco edificante escándalo Escobedo. Quizá también fuera porque se dice que soy amigo de los dos criminales. Pero Vázquez, para empezar, no va por ahí tan ufano. Al contrario, está nervioso, alicaído y rastrero; yo diría que está enfermo.

Ana se echó a reír.

–Eso es lo que me han dicho sus embajadores. Esta mañana el pobre alemán me ha contado que me tiene terror.

–Sí –dijo Antonio–, yo os iba a ahorrar esa idiotez, Ana. Pero mi informante dice que ahora le ha dado a Vázquez por ir contándole a todo el mundo que estáis loca y que sois un peligro público, que lo insultáis con palabras obscenas en lugares públicos y que sabe que entre los dos planeamos asesinarlo.

—Pues no me parece mala idea —dijo Ana.

El cardenal levantó la mano en señal de advertencia.

—¡Niños, niños! ¿Quién sabe quién podría estar escuchando? Después de todo —añadió con gravedad—, Escobedo fue asesinado.

Antonio sonrió y bajó la cabeza.

—Cierto —dijo Ana—. ¿Y por qué no comienza el juicio por asesinato? Nadie lo rehúye.

—Excepto el rey —dijo Antonio.

—Callaos los dos —intervino el cardenal—. Decía que Vázquez en estos momentos no parece estar bien ni nada seguro de sí mismo. Y creo que Felipe es un misterio para él igual que para vos, Antonio.

—¿Cómo está Felipe? —preguntó Ana.

—Creo que es muy desdichado. Como siempre, trabaja demasiado y sigue con sus pomposas menudencias. Pero es evidente que este asunto le produce una inmensa desazón.

—¡Ay, Dios! Estoy harto de sus desazones —dijo Antonio.

—Le hice hablar de ello —dijo el cardenal—, y parece que su posición, dentro de su complicación característica, es bastante simple. No puede permitir, y no permitirá, que se celebre un juicio público contra un secretario de Estado por asesinato político. Eso parece definitivo. Tampoco puede permitir que se dé lectura al escrito de Escobedo. Dice que vos, Antonio, lo habéis instado a ello con la condición de que no se mencionara en el tribunal el nombre de la dama y que se disfrazaran los datos que pudieran contribuir a su identificación. ¿Es eso cierto?

Ana miró a Antonio sorprendida.

—¿Es eso cierto, Antón?

Él se echó a reír.

–Sí, le pedí que se leyera el escrito bajo esas condiciones. Ana alargó el brazo y le acarició la mano.

–¡Absurdo! –dijo suavemente–. Y, de verdad, sois tan so-lapado como Felipe.

–Estoy de acuerdo con Felipe –prosiguió el cardenal– en que el caso no podría ser presentado de esa forma. Felipe, seamos justos con él, no lo permitirá porque dice que la acu-sación es absolutamente falsa y que, de producirse, inevitable-mente desembocaría en el juicio político que no se puede ce-lebrar, y porque, cualquiera que fuera el resultado, vos saldríais perjudicado.

–Eso está muy bien –dijo Antonio–. Yo sé que todos sa-bemos quién saldría verdaderamente perjudicado.

–Vos saldríais perjudicado –prosiguió el cardenal– y se-ría muy peligroso para alguien a quien nos referimos como «esa dama». –Sonrió a Ana–. Nos comportamos con toda ca-ballerosidad. No se pronunció el nombre de ninguna dama.

Ana estaba erguida en su silla. Sus hermosas manos des-cansaban tensas sobre los brazos del mueble.

–¿Felipe no me nombró? –le preguntó al cardenal.

–No. No creo que os nombre delante de nadie. Antonio de Pazos me habló de la fórmula «esa dama».

–Pero sabe quién es esa dama –dijo Antonio.

–Sí, ya lo creo. Todos coincidimos en que lo sabe, en que Vázquez se lo habrá dicho. Pero nadie es capaz de sonsacarlo, ni de hacer que os nombre, Ana. –El cardenal hizo una pausa–. Creo que es un punto importante –dijo–, pero no sé exactamen-te por qué. Prosigamos. Felipe no piensa tolerar ningún juicio, ¿está claro? Pero tampoco puede tolerar que la actual situación continúe para su vergüenza y tormento perpetuos. Y tampoco está dispuesto a perder a ninguno de sus secretarios de Estado.

–Está demasiado seguro para encontrarse atrapado como se encuentra –comentó Antonio.

–Cree que a los infelices Escobedo se les podría convencer de que retiraran las acusaciones, imagino que con sobornos, buenos cargos para los hijos, una cuantiosa pensión para la viuda, etc., y con alguna patraña de cuán deshonroso para la reputación del difunto Juan de Escobedo sería que se realizara una investigación sobre las causas de su muerte.

Antonio se echó a reír con fatiga.

–Todo eso lo dije hace meses –declaró Antonio–. Cualquier tonto podría hacer callar a los Escobedo.

–Bueno, entonces lo único que queda es conseguir que Mateo Vázquez abandone su ingenua campaña en favor de la justicia. Y Felipe está convencido de que lo haría, de que ahora le horrorizan las enemistades que se ha creado. Felipe dice que ha oído de labios del propio Vázquez que lo único que quiere, para enterrarlo todo, es que vos, Antonio, y «esa dama» os retractéis de las recientes ofensas, y alguna prueba de la amistad de los dos.

Se produjo un silencio de perplejidad.

–¿Qué pensáis de ello, cómplices?

Antonio se volvió, se acercó al vino y volvió a llenarse el vaso. Regresó, tomó un sorbo y sonrió a Ana.

–Hablad vos –dijo–. Decís que sois una arpía. Vamos, éste es el momento.

Ana hizo un gesto con la cabeza y se volvió hacia el cardenal.

–¿Queréis decir que ése es el recado? ¿Vuestra misión?

–Exacto. No vi ningún mal en transmitirlo –dijo el cardenal–. Es la misma misión que las otras, Ana, la del alemán y los demás. Creo que todos los recados proceden del rey.

–¿Y él piensa que nos disculparemos ante Mateo Vázquez por haber protestado contra los recientes ataques públicos que nos ha dirigido? –preguntó Ana.

–Y lo que es más –añadió Antonio–, ¿creéis que piensa que estoy dispuesto a hipotecar todo mi futuro a merced del chantaje perpetuo de un loco? ¿Que estoy dispuesto a trabajar para el Estado en estrecha colaboración con un hombre cuyo perverso y alcahuete poder habría reconocido y al cual habría de temer mientras viva?

El cardenal sonrió.

–Ambos me habéis comprendido –dijo–. Eso es lo que os sugiere.

–Bueno, si no hay nada más, nos deja exactamente igual que estábamos –dijo Antonio.

–Quizás ahora sabéis un poco mejor cuál es vuestra situación –sugirió el cardenal.

–Sí –repuso Antonio–, eso es cierto. Os lo agradecemos.

–No debéis agradecérmelo –dijo el otro divertido–. Simplemente he pensado que no había ningún mal en transmitiros este curioso mensaje, tal como me pidieron. Debéis perdonarme. Mi excusa es que aclara un poco las cosas.

–Así es –lo tranquilizó Antonio–, de modo que os perdonamos, conspirador. –Se volvió entonces hacia Ana–. Lo perdonamos, ¿verdad?

Ana estaba recostada en el respaldo de su silla. Se hallaba pálida y parecía fatigada.

–Es incomprensible –dijo suavemente–. ¿Dónde está Felipe? ¿Qué le ocurre?

–Vos sois posiblemente la única que podría averiguarlo –respondió.

–Hace seis meses que no viene a verme –le explicó ella–. Tampoco me ha escrito. Y ahora me decís que no pronuncia ni escucha mi nombre. ¿Cómo voy a averiguar lo que le ocurre?

–No lo sé, Ana. Con todo, seguís siendo la única –dijo el cardenal.

CAPÍTULO CUARTO
(*Junio de 1579*)

El cardenal tenía razón. Felipe se negó a aceptar la dimisión de Pérez. La pospuso mediante todos los medios a su alcance de ganar tiempo, trató de persuadirlo con lisonjas y muestras de cariñosa preocupación. Ahora llegaban a manos de Pérez en el Alcázar notas casi diarias de puño y letra del propio rey. «Esperad –era su mensaje– y confiad en mí. Regresaré a Madrid dentro de poco y lo arreglaré todo. Veréis qué sencillo es y cómo mi buena voluntad para con vos pesará como la muerte sobre vuestros enemigos. Dejadme rezar, dejadme pedir consejo al Espíritu Santo. Os suplico que no os preocupéis. No tenéis motivos más que para confiar. Trabajad como siempre lo hacéis y tened confianza en mí. Eso bastará. Todo se arreglará según vuestros deseos. Yo lo sopesaré todo y decidiré según me instruya Dios. Tened un poco de paciencia. Sabéis que no soy inconstante. Podéis estar tranquilo respecto a este conflicto pasajero porque me tenéis a mí. Al tiempo y a mí...»

Este tipo de ruegos y exhortaciones, vagos y angustiados, llenaban ahora todas las misivas que Antonio recibía del rey. No lo tranquilizaban, pero, junto con las noticias del revuelo que había armado Felipe al enterarse de su decisión, lo llevaban a preguntarse si no podría todavía vencer haciendo un nuevo esfuerzo de astucia y paciencia.

No cedió ante el rey. Continuó afirmando, carta tras carta, que puesto que Su Majestad seguía sin resolver como era preciso sus justas quejas, no tenía otra alternativa que pedirle que le buscara un sucesor. Hasta que se nombrara a alguien continuaría cumpliendo sus deberes de secretario de Estado, salvo en las relaciones con el Consejo de Italia, de cuya dirección se retiraba. Pero debía rogarle a Su Majestad que buscara urgentemente otro primer ministro, pues él debía dedicarse desde aquel momento a su propio futuro y tenía muchas preocupaciones personales. La firmeza del tono, que no se debilitó ni un instante, junto con su negativa a responder a sentimentalismos tales como por ejemplo que sabía que el rey no era inconstante, logró el efecto deseado: mantener al rey en un constante estado de agitación.

Pérez no se sobrevaloraba, pero tenía motivos fundados para creer que su abandono del cargo aquel año constituiría un duro golpe para Felipe.

El gobierno de España, ahora que el rey envejecía, era más que nunca un procedimiento cerrado y secreto en el cual los hechos reales, la verdadera política, sólo eran conocidos por el monarca y los dos o tres ministros en quienes tenía que confiar por fuerza. Carlos V se había ocupado de viciar las antiguas libertades de Castilla, cuyas Cortes y Consejo no eran más que organismos rutinarios y ceremoniales, sin ningún poder ni deseos de obtenerlo. El gabinete del rey, dividido en dos partidos, el progresista y el reaccionario, era pequeño y en su mayoría inseguro o poco informado sobre lo que ocurría realmente tras la fachada de sus sesiones. Así pues, Felipe era, como él mismo anunciaba, «un rey absolutista». Pero aunque hubiera sido un pensador mucho más rápido y penetrante de lo que era, no hubiera podido gobernar como quería sin uno o dos ayudantes de excepcional seguridad y talento. Y éstos, para ser efectivos, precisaban de una larga formación y una completa asimilación de sus métodos y su temperamento. De modo que estos secretarios de Estado, como eran llamados, no resultaban fáciles de encontrar, y una vez hallados y adaptados a él, su amo dependía de ellos apasionadamente.

Hasta aquella disputa, Pérez y Vázquez habían funcionado perfectamente juntos como mano derecha de Felipe. Ambos se habían formado en el lado liberal de la mesa del gabinete, el costado honrado por la tradición de Gonzalo Pérez y Ruy Gómez. Tenían el mismo amor al trabajo, eran igualmente infatigables y se entregaban en igual medida; también eran iguales en su capacidad para captar, acumular y retener los hechos, lo mismo que en su habilidad para guardar secretos. Ambos tenían una amplia educación, ambos eran despiadados y leales en el cargo. También ambos se habían ganado la posición que ocupaban a pulso y procedían de la clase media. En todos estos aspectos eran ideales para los propósitos de Felipe; y los grandes contrastes que había entre ellos, fuera de los atributos anteriores, eran plenamente de su agrado. El que temperamentalmente fueran opuestos constituía para el rey una gran ventaja táctica, pues así no se relacionaban entre ellos fuera del gabinete, lo cual permitía que Felipe se entregara plenamente a su pasión de ocultar a su mano derecha lo que hacía la izquierda. Y en cuanto a su aplicación a los principios y a la política, mientras que la estabilidad, la incorruptibilidad y la callada obstinación de Vázquez eran excelentes, el mundano Pérez ponía en juego otros atributos de mayor viveza. A diferencia de Vázquez, conocía Europa, había estudiado y viajado por Francia e Italia, hablaba las lenguas de esos países, leía sus literaturas y le gustaba relacionarse con el cuerpo diplomático y con todos los visitantes distinguidos que llegaban a España. Tenía una inteligencia vivaz, era elocuente y siempre era capaz de dar, cosa imposible para Felipe, una respuesta firme o sutil, según la ocasión, en el gabinete o en la Sala de Embajadores. Pérez pensaba a la vez que hablaba, por dos conductos diferentes, lo cual ni Felipe ni

Vázquez sabían hacer. Y el rey era el primero en apreciar y usar aquel talento.

En aquel momento, como sabía Pérez, Felipe tenía las manos y la inteligencia más ocupadas que nunca; los asuntos internos, imperiales y extranjeros se acumulaban hasta requerir años de dedicación. Si Vázquez y el rey se quedaban solos con aquella carga gigantesca de aplazamientos y decisiones, no podían hacer otra cosa que ir trampeando, pues ambos eran muy lentos. Tal como estaban las cosas, Antonio miraba con júbilo el problema que había creado con su inexorable abandono del Consejo de Italia. Milán, Nápoles y Sicilia presentaban extraordinarios problemas de gobierno, y, aunque tradicionalmente los restantes príncipes italianos se consideraban débiles, el Papa era uno de ellos, y ciertamente ejercía en la misma medida de potencia temporal italiana que de vicario de Cristo. Que el pobre Zayas se enterara por sí mismo de todo aquello. Que se las compusiera con los descabellados planes contra el turco, que se entendiera con Venecia, y en general que buscara la manera de solucionar la cuestión del Mediterráneo. A veces Antonio sonreía sólo de pensarlo. Un mes o dos de confusión en el departamento de Italia le enseñarían a Felipe cosas que quizá deseara olvidar.

Sin embargo, en el resto del globo la variedad de asuntos que requerían atención constante era formidable. Parma se encontraba en el comienzo de lo que seguramente sería una dificilísima campaña de compromisos en los Países Bajos. Las relaciones de España con Inglaterra y Francia dependían de ello, y Pérez se encargaba de la estrategia de Parma. La guerra religiosa estaba consumiendo a Francia y por tanto ésta miraba a España con creciente recelo; pero Pérez, liberal y tolerante, era persona grata para la casa de Valois, y por tanto un contrapeso importantísimo para Felipe, cuya conciencia recibía constantemente peligrosos asaltos de los Guisa y del

Papa. En cuanto a Inglaterra, era esencial evitar que Isabel apoyara plenamente a Guillermo de Orange, y, a tal fin, crucial sacrificar la romántica causa de María Estuardo y los católicos ingleses. El Papa amonestaba repetidamente a Felipe a este respecto, pero Pérez permanecía imperturbable. María Estuardo era una princesa francesa de la casa de Guisa, insistía él, y por tanto, por el bien de todos, estaba mucho mejor donde estaba, en una fortaleza inglesa. Entretanto, no obstante, los piratas y bucaneros ingleses surcaban los mares; un tal Francis Drake había aparecido en escena y robaba a España las fortunas que se enviaban a la metrópoli desde el imperio occidental. Y el viejo almirante, Bazán, instaba insistentemente a Felipe para que se vengara de estos piratas permitiéndole planear una invasión de Inglaterra; y el Papa insistía sobre la única fe verdadera; y la Inquisición requería una vigilancia perpetua; y la madre Teresa y sus rivales estaban constantemente al borde del conflicto; y el rey pretendía anexionarse Portugal, con toda razón, en cualquier momento; y Alba estaba despertando de su sueño y volviendo a la política con su arcaico lema «fuego y espada».

Todo aquello daba trabajo más que suficiente a tres hombres. Para dos, si no contaban con el que pensaba con mayor rapidez y tenía mayor habilidad para aproximarse, atacar o retirarse, era evidentemente demasiado, y muy peligroso.

Así pues, contemplando Europa desde el punto de vista de Felipe, Antonio Pérez decidió que podía permitirse hacerle perder un tiempo en disputa personal, mientras mantenía una apariencia de frío despego e indiferencia. Pues cuanto más estudiaba a los hombres y los talentos de que podía disponer Felipe para su plan, más honestamente podía afirmar que no había nadie a mano capaz de intentar siquiera llevarlo a cabo. Sólo se le ocurrían nombres del pasado: su padre, Gonzalo Pérez, hubiera servido, pensó; o Ruy Gómez, el estadista perfecto; o tal vez, aunque no era tan capaz como los dos anteriores, el viejo cardenal Granvela. Éste, aunque su carrera en los Países Bajos como primer ministro de Margarita de Parma había terminado mal, sin duda había demostrado tener una capacidad del tipo que le gustaba a Felipe, tanto allí como en el posterior gobierno de Nápoles. Pero era viejo, estaba casi inválido, según se decía, y vivía en piadoso retiro en Roma. Así pues, sencillamente, no había nadie capacitado para ocupar su lugar, admitió Antonio, y por lo tanto decidió tener paciencia mientras jugaba la baza de fingir una gran impaciencia.

Entretanto, desde abril, el escándalo de la muerte de Juan de Escobedo, ocurrido el Lunes de Pascua del año anterior, que durante el invierno se había borrado tan tranquilizadoramente de la atención pública, volvía a estar en auge, con su acompañamiento de libelo, mentiras y añadidos, en todo Madrid. Todo el mundo hablaba de ello o permanecía ominosamente callado cuando se sacaba a relucir; todo el mundo tenía su opinión; todo el mundo decía que debía aclararse.

Incluso la gran familia Mendoza, que se extendía adormecida por toda la Península, desde Vizcaya y la Montaña, donde tenía sus bizarros orígenes, a través de las dos Castillas, hasta Cádiz y Málaga, comenzó a removerse y a murmurar vagamente en su sopor, como si oyera que se deshonraba su nombre en el viento. El duque del Infantado comenzó a agitarse en el centro, en Guadalajara; el viejo príncipe de Mélito blasfemaba; Íñigo López de Mendoza, que reclamaba en contra de la princesa de Éboli ciertos derechos de sucesión, demostró cómo pensaba abriendo un dudoso proceso por las tierras de Almenara; y el leal joven duque de Medina Sidonia, esposo de la hija mayor de la princesa de Éboli, abandonó la cría de caballos de que se ocupaba en Andalucía y se trasladó a Madrid para ver qué sucedía y usar lo que él llamaba su «influencia» para defender a su suegra.

Esta acción del joven duque hizo sonreír a Ana y a otros.

Alonso de Guzmán, duque de Medina Sidonia, que contaba treinta años de edad, era hombre rico y virtuoso. Aparentemente, había hecho del matrimonio con Ana Magdalena de Silva y de Mendoza un éxito. Ésta, diez años menor que él, era ahora una orgullosa matrona y la figura más destacada de los círculos sociales del sur de España. Pero en Castilla se daba poca importancia a lo que ocurría en Andalucía, y Madrid encontraba muy apropiado que la sociedad de allí estuviera regida por dos bobos como el bueno de Alonso y su aburrida esposa. Sin embargo, últimamente, el rey había tomado en consideración a Medina Sidonia; lo había nombrado consejero de Castilla, para diversión de los castellanos. Con frecuencia lo invitaba a las cacerías que se celebraban en El Pardo, y los observadores perspicaces de la corte decían que Felipe parecía estudiar especulativamente al joven. Dado que el método usual de Felipe era dejar a la aristocracia en paz con sus ridículas empresas rurales, y nunca se molestaba en relacionarse con nadie si no era para reforzar alguna medida política, era preciso suponer que consideraba a Medina Sidonia potencialmente útil para el reino.

Era imposible no sonreír y sentir curiosidad ante esta idea. El robusto joven no sabía nada de nada que no fueran caballos; no era culto ni inteligente; no se había formado para España ni como soldado ni como marino. Era apocado, hogareño, amable, y, para los castellanos, un pelmazo provinciano. Pero el rey continuaba halagándolo. Antonio Pérez decía que ello sólo podía tener relación con la próxima campaña contra Portugal; que las propiedades y la influencia de Medina Sidonia lindaban con Portugal por el sur, y que era rico y leal. Aun así, las atenciones del rey parecían excesivas.

No obstante, complacían a Medina Sidonia, y, claro, originaron cierto engreimiento por su parte. Así pues, puesto que tenía a la familia en gran estima y, por extraño que parezca, sentía simpatía por su excéntrica suegra, se trasladó rápidamente a Madrid en mayo, con la intención de usar su influencia sobre el rey en favor suyo.

Ana, aunque le estaba agradecida, no podía tomárselo en serio. Sin embargo, sí lo utilizó como medio, como transmisor de sus «indiscreciones».

–Es el plan –le dijo a Antonio–. Quiero que todos los necios que encuentre propaguen mis opiniones sobre el asunto, y mi intransigencia. Tengo principios...

–¡Absurdo! –repuso Antonio.

Ana hablaba con aparente libertad ante el ansioso y atento Medina Sidonia. En aquellas conversaciones descubrió divertida que, aunque se hubiera confesado con él arrodillada, aunque hubiera jurado sobre la cruz que, tal como la acusaban, era la amante de Antonio Pérez, él no la hubiera creído, sino que hubiera pensado que era alguna penosa aberración de la vejez, combinada con una exagerada consideración castellana hacia un hombre en apuros. Pues Ana descubrió que, para su yerno, era una mujer vieja y carente de atractivo que ningún hombre podía desear, y que debía ser protegida por su propio bien y por el bien de su gran nombre de las consecuencias de una ligera tendencia a la locura. Le tenía aprecio porque era amable y generosa, porque eran de la misma clase, y porque había criado a una numerosa familia y había sido una buena esposa; se compadecía de ella porque era flaca y fea y sólo tenía un ojo; y pensaba que era una pena que se permitiera al populacho chismorrear con tanta libertad y tan absurdamente sobre una Mendoza, que era además viuda y vieja, y estaba desfigurada. Estaba dispuesto a hacer todo lo que estuviera en su mano por ella y tenía motivos para creer que podía influir en el rey. Este punto de vista ahorraba problemas a Ana, la divertía y hacía posible que hablara con tanta libertad como quisiera.

Pero su hijo Rodrigo se tomó a su cuñado en serio. Rodrigo no ocultaba su ira y su descontento respecto a la vinculación de su madre con el escándalo Escobedo.

–¿Cómo iba a ser de otro modo? –le dijo el cardenal a Ana–. Es hijo vuestro. Para él todas estas habladurías son muy dolorosas.

–Ya lo comprendo –dijo Ana.

–Si pudierais decir algo, hacer algo, para retiraros del asunto, para aparentar que censurabais a los calumniadores, creo que eso lo ayudaría.

–Lo sé. En cuanto a los calumniadores, de verdad, no puedo molestarme en censurarlos. Pero sí me doy cuenta de lo que sufre mi hijo. Y lo siento. –Hizo una pausa–. ¡Ay, cardenal, hay zonas de mi alma a las que me gustaría retirarme, zonas que no tienen nada que ver con Rodrigo, donde podría descansar, os lo prometo!

–Os creo, Ana. ¿Por qué no las buscáis, muchacha?

–No es momento para la indulgencia con una misma.

–¿El arrepentimiento? ¿Eso es indulgencia?

–El arrepentimiento, como todo lo demás, puede ser inoportuno.

–Ya os he dicho otras veces que el tiempo de Dios no es vuestro.

–Vos sois un príncipe de la Iglesia, pero os conozco lo suficiente para decir que estáis demasiado seguro de Dios.

Él se echó a reír.

–Es probable que tengáis razón. Quizás es porque todavía no me he recuperado de la sorpresa que me produjo el capelo rojo.

–¡Qué gracioso sois!

–Ana, vos os arrepentís. Estáis cansada de vuestro pecado, y Dios os lo agradece. Confiad en él, que comprende al
menos tan bien como vos vuestra propia reticencia a arrepentiros en el momento que parece oportuno. Arrepentíos cuando el arrepentimiento es verdadero, Ana, y afrontad las consecuencias.

–Ahora no sería totalmente verdadero, y no estoy cansada de mi pecado. Pero sí lo reconozco y tengo que luchar
con él; eso sí es fatigoso.

–Os complicáis la vida.

–Quizá. De todas formas, yo escogí voluntariamente esta
relación amorosa con Antonio. Yo fui la que la desencadenó,
no él. Y la he disfrutado y me he vivificado en ella. Fue un don
para mí que no voy a intentar explicaros. Ahora es importante
para él, y todo su mundo está en peligro por esta causa, pero
él no titubea. Él es un libertino y un pecador acérrimo, pero no
se le pasa por las mientes que él y yo nos traicionemos en esta
prueba. Y no lo haremos. Simplemente fue mala suerte que antes de que surgiera el peligro yo comenzara a lamentarme de
mis pecados mortales. Me había abstenido de verlo durante
siete meses y estaba comenzando a alejarlo de mí. Pero la noche en que había decidido explicarle mi arrepentimiento fue
la noche en que me habló de la amenaza del peligro.

–¿De modo que reanudasteis la relación?

–Sí, y Rodrigo tuvo que ver con la decisión.

–¿Sí?

–Es una historia complicada y no la considero heroica.
La noche no fue de sacrificios, cardenal. Simplemente me di
cuenta de que todavía estaba demasiado enamorada de él, me
había acostumbrado demasiado a estar cerca de él para resis-
tirme a esta necesidad. No era el momento propicio para hur-
gar en mis sentimientos, ni para hacer una aparatosa escena
de renuncia.

–Sois muy apocada. O quizá muy vanidosa. Él se hubiera enfadado y disgustado y os hubiera abandonado, lo cual hubiera sido mucho mejor para ambos. Pero vos no queríais que se enfadara y os dejara.

–Eso es lo que acabo de decir. Y, de todas formas, nos separáramos o no, el daño para su carrera ya estaba hecho. La austeridad a posteriori no hubiera solucionado nada.

–Hmmm, ya veo –dijo el cardenal–. Un argumento muy humano, muy terrenal; pero no podéis burlaros de Dios.

–No, y de mi conciencia tampoco.

El cardenal se echó a reír.

–Por lo que he leído, eso me suena a protestante.

–Y a herético, supongo. ¿No os parece un poco pelagiano?

–Ana, querida, a veces sois sutilísima, para ser una criatura sencilla.

–Es que últimamente estoy pensando mucho, para ser una criatura sencilla.

–Sin embargo, vuestras reflexiones no os llevan a complacer a Dios, ni a Rodrigo.

–Mis reflexiones me dicen sin gran esfuerzo que tengo un alma que salvar y que su salvación es lo principal; mi honor, que no tiene nada que ver con mis reflexiones, me dice que ahora no es posible la retirada, y que todo, incluida mi alma inmortal, debe someterse al honor. El placer y el cariño también me empujan a seguir los dictados del honor. –Sonrió al cardenal humildemente.

–Sin embargo sabéis –dijo él sin devolverle la sonrisa– que en una ocasión tratasteis de haceros monja, un tanto alocadamente... –Ella se sobresaltó–. No, no me importa heriros. Lo intentasteis e hicisteis el ridículo. Anteriormente habíais vivido treinta y tres años castamente y, según me habéis dicho, sin los refinamientos del placer carnal.

Ana sonrió.

–Podéis ser todo lo irónico que queráis, viejo amigo. Es que vos sois un monje de nacimiento.

–Y con frecuencia he pensado que vos erais una monja por naturaleza.

Ana abrió los brazos.

–¡Qué tontería! –dijo–. ¿Por qué no vais a proclamarlo a la Puerta del Sol?

–Sería una proclamación justa, pero no mejoraría la situación actual, Ana.

–No. Lo único que se puede hacer en la situación actual, y lo siento por Rodrigo, es ser honesto y no ceder.

–Seguir pecando nunca es correcto.

–Lo sé, yo no hablaba de corrección. –Estaba inclinada hacia delante con la mano sobre la cuenca vacía–. Creedme, me debato en un campo de batalla. Y, lo que es peor, me persigue un fantasma.

–Ya lo supongo. ¿Qué tipo de fantasma os persigue, Ana?

–Juan de Escobedo.

El cardenal inspiró profundamente.

–¡Ana! –exclamó–. Ana, vos no tenéis nada que ver con su desaparición, ¿verdad?

La pregunta arrastraba una carga de verdadero temor, de verdadera ansiedad.

–No –repuso ella–. Yo sabía, pero sólo por deducción, que Felipe deseaba que muriera, y que moriría a principios del año pasado. Sabía, aunque esto tampoco llegó a decirse nunca ante mí, que Antonio era el encargado de liberar al rey de Escobedo. Pero una noche Escobedo, que estaba un poco ido, se comportó como si fuera el ángel justiciero. Antonio se encontraba presente. Y poco después, sin que se dijera una palabra, Escobedo fue asesinado por unos criminales desconocidos.

–Ya veo.

–Perdonadme, pero no lo creo. No me obsesiona su muerte. Yo soy muy racional. Tenía que morir, y no era cosa mía. Era asunto de Felipe. Pero, por un absurdo accidente, parece que haya muerto como un mártir. Secretamente, accidentalmente, murió por una causa justa, por una causa que él y yo sabemos que era justa.

–Pero ¿no se lo reconocéis?

–No. En este momento no puedo.

–¿Por eso que llamáis honor?

–Honor, amor y buena voluntad; y ser consecuente.

–Sois muy complicada. Y protestante. Pero tratad de ver las cosas desde la perspectiva de Dios, Ana.

–Creo que ahora hacerlo sería puro egoísmo.

–Pero ¿y Rodrigo?

–Si he de ser de alguna utilidad a mis hijos, cardenal, solamente puedo serlo siendo yo misma, aunque sea quisquillosa, pesada o enfurezca al mundo. Y algunos de mis hijos lo comprenderían, creo, si tuvieran edad suficiente. Pero, aunque no lo comprendieran, no puedo entregarles toda mi conciencia y sus errores.

Sin embargo, nadie que la viera hablar con Medina Sidonia o con Rodrigo hubiera dicho que se debatía en un campo de batalla, pues en las reuniones de aquella época sus modales eran tranquilos, despreocupados y frívolos.

–Alonso –le decía a su yerno–, es necesario que el rey comprenda que nosotros los aristócratas no aprobamos que este tipo de injusticia solapada se aplique a un funcionario. Si nadie más piensa expresar la opinión del honor respecto a este caso, lo haré yo en nombre de los Mendoza.

–Yo... ya veo... Pero ¿cómo definís exactamente esa injusticia, doña Ana?

–¡Querido muchacho! Escuchad. Hay dos secretarios de Estado. Uno calumnia al otro grave, repetida y públicamente.

El calumniado protesta con energía. Sin embargo, las calumnias continúan ante el rey y ante todas las personalidades. El rey no se define, no dice nada. Entretanto, el verdadero delito, fuente de las calumnias, sigue sin investigarse. Nadie es acusado judicialmente de nada, ni se toma ninguna medida. Las calumnias se propagan y se van abultando. Antonio Pérez, naturalmente, insulta y amenaza a su calumniador, y le pide al rey que se inicie un proceso judicial. Sin embargo, Felipe lo único que hace es pedirle por favor que envaine la espada y haga las paces con su enemigo.

—Desde luego, es absurdo.

—Ahora, como sabéis, Pérez ha dimitido. Era su único recurso. Pero el rey no quiere aceptar su dimisión. Toda esta tortura desvergonzada y autocrática de un hombre libre, toda esta obstaculización de los caminos de la justicia, es contraria a Castilla y un insulto para nosotros. Como castellana, no estoy dispuesta a tolerar esta impertinencia de un rey medio extranjero. Y así mismo podéis decírselo. Y decidle más, Alonso, que no se figure que va a retener a Pérez porque Pérez depende de su salario para vivir. Yo soy rica, y tengo casas en mis fincas a donde Antonio puede retirarse cuando quiera; puedo compensarlo con dinero, por el honor de Castilla, de cualquier perjuicio originado por la extraordinaria abulia e ingratitud del rey. Esto es lo que quiero que sepa el rey. Que creo que en este asunto se ve involucrado el honor de España, y que lo protegeré cuanto me permitan mis posesiones.

Cuando Medina Sidonia comentó este ultimátum con Rodrigo, éste pareció haber perdido la razón durante unos momentos.

—Es capaz, Alonso —dijo, paseándose con rapidez por su estudio con una mano sobre los ojos, reproduciendo inconscientemente los signos de agitación de su madre—. Es una irresponsable. Desde que murió mi padre, he pensado muchas veces que está loca.

–Vamos, vamos –dijo Alonso–. Un poco rara, lo admito, pero loca no, muchacho. Y además es vuestra madre –añadió piadosamente.

–Sí, por desgracia. Pero ¿habéis oído alguna vez mayor tontería que ésta de proteger el honor de España en la medida que se lo permitan sus posesiones? ¿Qué posesiones? Sus posesiones son nuestras.

Alonso entendía de cuestiones pecuniarias y comprendía el disgusto de Rodrigo ante la ligereza con que Ana manejaba el dinero. Pero tenía una mente recta y no le gustaba que se deformara la realidad.

–No, Rodrigo. Como sabéis, yo he tenido que ocuparme en cierta medida de vuestros asuntos familiares más o menos en vuestro lugar mientras vosotros erais menores de edad, y la realidad es que vuestra madre es una mujer muy rica por derecho propio, independientemente de que sea la fideicomisaria del patrimonio de sus hijos. Eso no lo puede tocar, ni tampoco creo que pretenda hacerlo. Todos sois muy ricos.

–Parece que lo vamos a necesitar, ya que nos estamos haciendo responsables del honor de España.

–Lo que estoy tratando de explicar es que vos no lo tenéis que hacer. Vos estáis perfectamente a salvo. Como heredera de los Mendoza y como hija única, vuestra madre dispone de unos vastísimos recursos sobre los cuales su dominio es absoluto. Gracias a la riqueza de ella, Ruy Gómez pudo legar prácticamente todas sus posesiones a sus hijos. Los dos lo acordaron así, decidieron dejar las propiedades de ella inviolables e independientes. Estoy totalmente seguro de ello porque vuestro padre me lo explicó cuando hablamos de la dote de mi esposa.

–Con todo, dado que somos los hijos de la heredera de los Mendoza, tenemos derecho a pensar que un día será nuestro. Sin duda podremos evitar que ella derroche todo el patrimonio sin contar con nosotros.

–No lo creo. Ella dice, y con razón, que ya tenéis demasiado. Todas las propiedades napolitanas y sicilianas, así como los títulos de la familia son mucho, Rodrigo. Estoy de acuerdo, naturalmente, en que el dinero de la familia debe quedarse en la familia, y comprendo que esperéis recibir parte del patrimonio de vuestra madre, pero entretanto no tenéis ningún control legal sobre lo que haga con sus propiedades mientras viva.

–Pero ¿y si estuviera loca?

–No está loca, Rodrigo. Os suplico que no seáis tan desconsiderado con vuestra madre.

–Si vos fuerais hijo suyo lo veríais de otra manera, Alonso. Si no está loca, puede que le pase algo peor. No me atrevo a deciros lo que pienso de su... su relación con el vulgar de Pérez.

Alonso se lo quedó mirando fijamente.

–Pero, muchacho, ¿no creeréis todas esas ridículas habladurías? ¿Vuestra madre? ¿A, su edad y con... todo lo demás? Vamos, vamos, Rodrigo, debéis tratar de ser un poco... realista, muchacho.

Ahora fue Rodrigo el que se quedó mirando el rostro redondo, grave y moreno de su virtuoso cuñado. Y lo que vio en él le hizo reír, con repentina fatiga.

«Pobre provinciano ridículo», pensó.

–Creo que seréis de gran ayuda para nosotros, Alonso –dijo sinceramente–. Habéis sido muy considerado viniendo a Madrid. Con todo, todavía sigo pensando que lo más fácil para todo el mundo, incluido el rey, sería que atravesara con mi espada a Antonio Pérez.

El duque de Medina Sidonia saltó de su silla. Detestaba las espadas y las peleas.

–¡Oh, no, no, muchacho! Eso no sería correcto, creedme.

–Estoy harto de él –dijo Rodrigo.

–Ésa no es excusa para matarlo –repuso Alonso severamente–. Y además es muy buen espadachín.

–Eso dice él. Pero ¿cuánto hace que libró un combate a espada por última vez? Se está haciendo viejo, y yo soy muy joven y estoy entrenado. Creo que podría matarlo fácilmente, y con más valentía de la que él demostró con Escobedo.

–Querido muchacho, os lo ruego, os lo ruego –dijo Alonso mirando con precaución a su alrededor.

Al duque de Medina Sidonia le agradaban los parientes de su esposa, pero los consideraba un poco excéntricos. Y ahora más que nunca, después de la conversación mantenida con Rodrigo, se daba cuenta de que necesitaban un hombre firme y sensato que los guiara. De modo que se propuso actuar de árbitro en el escándalo de Pérez.

Felipe fue informado, como deseaba Ana, de que Pérez no tenía por qué temer la pobreza, y de que las propiedades de ella estarían a su disposición. Nadie, ni mentes más despiertas que la de Medina Sidonia, ni el presidente de Castilla, ni el cardenal, fueron capaces de leer en el rostro de Felipe lo que pensaba de tan insolente comunicado.

Vázquez continuaba afirmando que se encontraba en peligro mortal, que Pérez y sus amigos habían declarado abiertamente su deseo de asesinarlo. Suplicaba al rey que protegiera su paz espiritual y que le permitiera hacer su trabajo con tranquilidad.

Era bastante cierto que la vida de Vázquez se había convertido en una tortura. Pérez se daba cuenta de ello.

El rey lo tranquilizó con las mismas alusiones al afecto real que empleaba para persuadir a Pérez. Y escribió a éste para ordenarle que cejara en su vergonzosa persecución de Mateo. Pérez replicó que así lo haría, que estaba cansado de toda la farsa, que pedía disculpas por todos los errores que había cometido, y que sólo le suplicaba que le permitiera abandonar el cargo inmediatamente. «Eso es todo lo que pido —escribió–. A cambio ofrezco silencio.»

Felipe no le contestó directamente.

Sin embargo, un día les comunicó al presidente y al cardenal que estaba considerando la posibilidad de mandar a Pérez a Venecia como embajador durante un tiempo. Los dos hombres se las arreglaron para no sonreír al oírlo y le aconsejaron al rey que no hiciera tan vano ofrecimiento.

Así pues, aquella sugerencia nunca le llegó a Antonio de manera oficial.

Fue el cardenal el que le habló de ella a Ana.

—Casi le dije a Su Majestad que no fuera tonto —dijo–. Desde luego, tiene unas ideas disparatadas para solucionar sus problemas.

Ana no dijo nada.

En aquella época, cuando sus amigos de verdad o las personas que consideraba inteligentes le hablaban del rey, ella no ahondaba en el tema. Cuando conversaba con Medina Sidonia, con Rodrigo, o incluso con Bernardina, hacía comentarios arrogantes y descabellados sobre él deliberadamente, y le enviaba unos mensajes verbales tan insolentes como se le ocurrían. En una ocasión en que había de escribirle en relación con el pleito de su primo, Íñigo López de Mendoza, aprovechó la oportunidad para reprenderlo con gran atrevimiento y orgullo por permitir que un ministro de Estado hiciera un libelo contra el nombre de ella sin tomar ninguna medida ni castigarlo. La misiva era arrogante pero estaba redactada siguiendo todas las formalidades y la etiqueta requerida por la corte. Podía ser leída por cualquiera del entorno de Felipe; y Ana esperaba que fueran muchos los que la leyeran.

Felipe no contestó.

Cuando los niños, Fernando y Anichu, preguntaban si el rey iba a ir a Madrid y los iba a visitar, Ana bromeaba diciendo que estaba cansado de ellos y que se había encariñado demasiado con el nuevo infante para preocuparse por nadie más. Pero a ellos no les importaba.

–El rey os quiere, de eso estamos seguros –le decía Anichu a su madre–. Nos vendrá a ver cuando tenga tiempo.

Pero, si bien Ana no decía nada sobre el rey por aquellos días, pensaba mucho en él llevada de su perplejidad. No lo creía frío ni traicionero, o, al menos, que pudiera ser ninguna de esas cosas con ella. Tampoco creía que fuera el cobarde amoral que ahora aparentaba ser. Y sabía que su silencio para con ella, prolongado durante muchos meses, junto con su incapacidad para pronunciar su nombre incluso ante sus amigos más queridos, eran signos de algo que no era el endurecimiento de su corazón. Esa dama. Sabía que Felipe tenía algún motivo, que no era bajo ni cruel, para convertirla en «esa dama» en sus labios.

Si continuaba ocultándose, ella iría a buscarlo para hablarle con libertad, con franqueza de amigos, como siempre le había hablado. Y si entonces pretendía sermonearla, o mostrarse celoso o impertinente respecto de Antonio Pérez, fácilmente, aun negándole el derecho a tal intromisión, se lo permitiría con el privilegio otorgado a un amigo muy especial, y oiría lo que tuviera que decirle, e incluso, en nombre de una vieja estima, llegaría a defender su relación amorosa en contra de su entrometida desaprobación. Pero esperaría un poco. Primero quería que se enterara bien de su pública y resuelta lealtad a Antonio Pérez en la disputa de los secretarios de Estado. Deseaba que los desafíos que difundía le llegaran por cualquier conducto. Pretendía dejar muy claro, perfectamente sentado, que por su parte no abrigaba temor alguno en aquel escándalo. Sabía que ello –que era cierto y él sin duda lo creería, pues la conocía bien– crearía a la vez angustia y curiosidad en él, al menos lo obligaría a abandonar el silencio y a hablar llanamente con ella. Pero podía esperar. Todavía había tiempo. Suponía que tenía algo que ver con la actual política, débil y disparatada, de inacción que practicaba Felipe. Tenía el presentimiento de que, si todos los demás caminos para salir del *impasse* fracasaban, el futuro de Antonio Pérez dependería de la naturaleza de los sentimientos que ella despertara en Felipe. Puesto que nunca había estado segura de ello, se encontraba intranquila, considerando la carga que pesaba sobre sus espaldas, y no tenía ninguna prisa por comprobarlo. Se enfrentaría a ello cuando llegara el momento, y rezaría para obrar con inteligencia y tacto. Entretanto, trataba de recordar al rey que conocía, y de comparar su realidad o irrealidad con el rey que ahora confundía y trastornaba a sus consejeros más capaces.

Una noche Antonio llegó a su casa antes de lo habitual. Era pleno verano, pero después del tórrido día, la sala larga, cuyas ventanas se abrían al oeste, iluminada tan sólo por el cielo estrellado y transparente, estaba fresca y en calma.

Cuando Antonio entró en la habitación, Ana estaba sola, sentada, quieta y erguida, en el sofá junto al ventanal. Tenía las manos entrelazadas en el regazo; la última luz de la noche estival la envolvía resaltando su natural oscuridad y haciéndola parecer una sombra.

Antonio se detuvo antes de llegar hasta ella para estudiarla.

–Tenéis un aspecto muy piadoso –dijo–. ¿Estáis rezando?
–No. Estaba pensando en Felipe.
–Lo creo.

Se acercó y se sentó en el sofá junto a ella; Ana le cogió la mano.

–Bienvenido –dijo–. Me alegro de veros. Pero ¿qué ha pasado? ¿Estáis nervioso por algo?

Él se echó a reír.

–¿Cómo demonios lo sabéis, Ana? ¿Es que mi mano desprende algún tipo de desagradable y curioso calor, o algo así? ¿O es que sois una bruja? No soporto las brujas.

–Entonces no soy bruja. Y a mí tampoco me gustan. No. Contadme qué sucede.

–Enseguida.

–Supongo que primero queréis beber mucho vino.

–No me importaría. Pero no, no os mováis. Así estoy bien. Con esto me basta.

Se tumbó en el sofá y acomodó la cabeza en el regazo de Ana.

–¡Dios mío, qué maravilla!

Ella se inclinó y lo besó.

–Junio, estamos en junio, ¿verdad? –dijo soñador–. En septiembre, el nueve de septiembre, hará dos años. ¿Os dais cuenta?

–Sí. Ya he estado pensando que no sé qué regalaros para el aniversario. ¿Qué queréis?

–Cualquier cosa. Todo. Me encantan los regalos. ¿Pesa demasiado mi cabeza? ¿Os hago daño?

–Qué tontería.

–Estáis tan delgada. Es terrible, de verdad. ¿Os acordáis de cómo lo celebramos el nueve de septiembre pasado? Creo que esa noche os emborrachasteis un poco.

–Bastante.

–¡Estabais tan graciosa! Este año os emborracharé más, mucho más. Cada aniversario os emborracharé un poco más, hasta que al final os convirtáis en una borrachina. Sería maravilloso.

–¿Esperáis amarme durante más aniversarios?

Él suspiró satisfecho.

—Os voy a decir una cosa. En mis tiempos de conquistador, raramente llegaba al primer aniversario. En una o dos ocasiones en que sí llegué, ya no deseaba estar allí. Pero ahora, estar a punto de celebrar el segundo, y hablar como un bobo del tercero, el cuarto y el quinto... es inexplicable. Es aterrador. Quizá sean cosas de la edad. Si lo son, me sorprende descubrir que me gusta.

—Hemos pasado ya de la mediana edad. Somos viejos. Medina Sidonia piensa que soy una mujeruca decrépita.

—Lo supongo. ¿Recordáis, Ana, el primer nueve de septiembre? Sobre la mesa había unas flores que os había enviado yo.

—Sí, unas flores de Aranjuez, me acuerdo.

—¡Unas flores de Felipe! Qué curioso. Recuerdo que antes de mandarlas pensé que eran una buena excusa, ya que procedían de Felipe. Quiero decir que hubiera sido un poco impertinente mandaros flores mías.

—Tonterías, entonces no sopesabais los pros y los contras que se referían a mí. Era una maniobra política, y yo era la poco agraciada viuda del primer ministro favorito del rey.

—Supongo que es cierto. Hace mucho tiempo. —Antonio la atrajo contra sí—. Os amo.

Ella estaba inclinada sobre él y se abrazaban, relajados, en paz.

—¿Sabéis que no lo decís nunca? —preguntó Ana.

—¿Queréis que lo diga?

—Solamente cuando os apetezca. Yo ya lo sé.

Antonio la abrazaba con fuerza.

—Quedaos así, no os mováis.

—Pero decidme qué pasa.

—Ah, bueno, para eso tenéis que incorporaros.

Ana se incorporó.

–Creo que voy a sentarme yo también para hacerle justicia.

–¿Es alguna noticia grave?

–No es ninguna noticia. –Se puso en pie–. Me parece que voy a empezar a beber vino.

–¿Veis? ¿Mando traer las luces?

–No. Claro que veo. –La luz de la luna era realmente intensa y penetraba por las ventanas. Antonio sirvió dos vasos de vino blanco–. Bebed conmigo, ascética –dijo–. Bebed por mi habilidad para averiguar lo que nadie sabe. –Tomó un sorbo de vino–. Felipe echará de menos este talento.

–¿Qué habéis averiguado?

–Recordaréis, de los tiempos de Ruy y de antes, a un clérigo flamenco llamado obispo Perrenot y luego cardenal Granvela.

–Ya lo creo. Era primer ministro de los Países Bajos con Margarita de Parma.

–Exacto. Y un administrador de talento. Posteriormente le fue bien como gobernador de Nápoles. En los últimos tiempos estaba medio inválido y vivía retirado en Roma. Era uno de los favoritos de Felipe, ¿os acordáis? Confiaba y comprendía el personal método de gobierno del rey.

Ana observaba a Antonio con interés. Hablaba de manera fría y precisa, casi como si se encontrara en una sesión del gabinete.

–Sí –dijo ella–, lo recuerdo. Era amigo de Ruy. Lo veía con frecuencia.

–Exactamente. Ése es uno de sus puntos fuertes.

–No os entiendo.

–Ya lo entenderéis. Voy a deciros una cosa que creo que en estos momentos sólo debe saber una persona en toda España, y esa persona es el rey. Yo no lo sabría si no fuera por mi extraña habilidad para prever que una cosa sin importan-

267

cia lleva a otra, y por las molestias que me tomo cuando esas cosas sin importancia me llaman la atención. Bueno, pues últimamente he tenido uno de esos ataques de intuición. No podría explicaros ahora la cantidad de tonterías que me llevaron a ello. Pero estaba en lo cierto.

–Dejad de presumir y decidme de qué se trata.

–Cuando lo considere oportuno. Bebed vuestro vino y esperad a oír lo que os voy a contar. –Hizo una pausa y emprendió un paseo por la habitación–. ¡Dios mío! ¡Dios mío! –exclamó.

–¿Qué ha ocurrido?

–Cuando escribí al rey para presentar la dimisión, naturalmente, como sabéis, estaba fanfarroneando. ¿Cómo iba a querer dimitir? Pero a vos no tengo que decíroslo. Ya sabéis cómo trabajo y lo bien que resuelvo los problemas, y que además me gusta mucho. Demos eso por sentado. Pero quería ver cómo se las arreglaba para dejarme marchar. No se atrevió. Sencillamente no hay nadie, nadie, capaz de ocupar mi puesto. Yo pensé que antes estaba mi padre, Gonzalo Pérez; y Ruy Gómez, naturalmente; otro posible candidato, pero no tan bueno, era Granvela. «Dos de ellos, los buenos, están muertos –pensé–, y el otro es un viejo, enfermo y retirado. De modo que no queda nadie. A ver cómo se las arregla para prescindir de mí.»

Hizo una nueva pausa y bebió un sorbo. Ana no dijo nada.

–Bueno, pues tiene un plan. No se le escapa nada. Granvela va a volver, invitado por él personalmente y para una visita privada. Creo que en este mismo instante ya está navegando. Felipe me ha buscado un sucesor. El único inconveniente es que es viejo. Pero aún le quedan unos años, los suficientes para ver la anexión de Portugal, y entonces ya habrá preparado a su sucesor. Así pues, he perdido, Ana. No me lo imaginaba. Pero creo que es así.

–Pues yo no. Todavía estáis en posesión de la verdadera historia de la muerte de Escobedo.

–Dado que ha encontrado a alguien que haga mi trabajo, hasta eso pierde fuerza. Ahora puedo ser asesinado como cualquiera. Como Escobedo.

–¿No sabéis por qué viene Granvela a España?

–Viene en respuesta a un despacho y llamamiento privado del rey. Pero yo sé lo que eso quiere decir. Os juro que viene a ocupar mi puesto.

–O el de Vázquez.

–También es posible. Pero su preparación se adapta mejor a mi tipo de trabajo. Es un hombre de mundo, un europeo. El complemento perfecto de Vázquez, igual que yo. Esperad y veréis.

–Felipe no es así.

–Felipe es cualquier cosa que considere necesaria.

–Sabéis que no estoy de acuerdo.

Antonio se acercó y se sentó junto a ella.

–Ay, qué cansado estoy. He disfrutado de mi vida, he disfrutado de mi trabajo por España.

Ana lo abrazó. Felipe se hubiera emocionado con aquella declaración, pensó.

CAPÍTULO QUINTO
(Julio de 1579)

Julio fue un mes calurosísimo. Ana envió a los tres pequeños, Ruy, Fernando y Anichu, a Pastrana. Rodrigo iba y venía a su gusto entre Alcalá, Madrid y las residencias campestres de sus amigos. Ana apenas lo veía; cuando se encontraban no tenía para ella más que reproches y malas noticias.

Bernardina y ella vivían casi exclusivamente en el ala de la casa en que estaban sus habitaciones privadas, como en un retiro. Hacía demasiado calor para montar a caballo e incluso para salir sin necesidad de día, y Ana tampoco fomentaba las visitas. Los pocos amigos a los que le hubiera gustado ver no estaban a mano; el presidente de Castilla estaba enfermo y el cardenal estaba dirigiendo una conferencia eclesiástica en Toledo; el marqués de los Vélez le escribía afligido desde su casa de Alcalá. «...Felipe está yendo demasiado lejos en sus engaños y dilaciones. Me desespera. Cuando hablo con él tengo la sensación de que hablo con una máscara o con un fantasma. Estoy cansado, querida. Quizá debería marcharme al extranjero. Estoy contemplando la posibilidad de pedirle que me haga gobernador de una de esas regiones de América. ¿Qué os parece? ¿Por qué no venís vos también? Esta absurda España en donde nosotros, los que antes la gobernábamos, ahora estamos siendo reducidos a títeres... Estoy harto. Entretanto me inquieta este triste *impasse* del asunto Escobedo, y temo por vuestro amigo. Y, sin motivo alguno, también temo por vos. Contadme alguna noticia. Soy demasiado viejo para soportar Madrid en julio. De verdad no comprendo cómo hemos podido dejarnos convencer para aceptarla como capital. Ojalá estuvierais aquí o en Pastrana. La cosecha se presenta buena...»

Antonio estaba melancólico y desanimado. Había perdido toda la energía en la lucha contra Vázquez y había vuelto a escribir al rey expresándole su cansancio, comprometiéndose a pasar por alto los perjuicios que el otro secretario de Estado le había causado y a sumergirse para siempre en el silencio si el rey le hacía un último favor: relevarlo inmediatamente del cargo.

Felipe no contestó. Los documentos oficiales seguían llegando a Pérez como si no existiera conflicto alguno entre ellos. Así pues, Antonio comenzó los preparativos para trasladar a su familia a Aragón, reino del que procedían.

–Las antiguas libertades de Aragón me protegerán –le dijo a Ana– contra cualquier intento de venganza; y el límite del reino no queda muy lejos de Pastrana.

Ana seguía creyendo que Felipe encontraría una manera mejor de poner fin a la confusión que había creado. Pero entretanto ayudó a Pérez a tomar las decisiones necesarias, pagó algunas deudas suyas e hizo todo lo que pudo, con amor y fidelidad, para que su abatimiento no fuera muy profundo.

Ella misma estaba ya deprimida e insegura; cansada del desgraciado enfrentamiento público con Vázquez y de la aparente estupidez del rey; deseosa con mucha frecuencia de rezar, pero su propio honor espiritual le impedía buscar el bálsamo de la oración; ansiosa de hallarse libre para retornar honesta y francamente a la cuestión de sus propios pecados y de los deseos de su alma, durante demasiado tiempo marginados. Sin embargo, en aquella disparatada situación, se debía a Antonio Pérez, y mientras sintiera que la necesitaba y que su necesidad estaba justificada, podría contar con ella. No obstante, durante los ratos que pasaba sola, exteriormente en reposo u ocupada, en la sala larga, la visitaba ahora a menudo el deseo desenfrenado y descabellado que había conocido seis años antes de apartarse de todo para hacerse monja. Ni siquiera se extrañó de lo absurdo de ello, sino que permitió que su espíritu se recreara indulgentemente, a sabiendas de que conservaba el control sobre sí misma y solamente podía soñarlo, mientras un paradójico deber pecaminoso la mantenía anclada en las maldades diarias.

En julio, Felipe se encontraba en el Alcázar y no le mandó recado alguno ni dio señales de vida. Ana se dedicó con ansiedad a maquinar planes para ir a verlo allí. Si iba, a lo que estaba decidida, no sabía qué le diría, excepto que no estaba dispuesta a tolerar ningún tipo de hipocresía entre ellos. Pero en aquella futura conversación con el rey, Antonio se jugaba mucho, de modo que Ana seguía pensando en ella y los calurosos días iban pasando.

Una tarde, mientras se hallaba sentada junto al ventanal de la sala larga pensando en él, Felipe se presentó sin anunciarse.

Ana atravesó corriendo la habitación, se arrodilló ante él como de costumbre y le besó la mano. Cuando se levantó y contempló el rostro fatigado de él, tenía tal expresión de placer y gratitud que el rey se olvidó de sí mismo y de sus complejas preocupaciones y le sonrió tal como lo había hecho durante años.

–¡Oh, qué amable sois! –dijo sin andarse con tratamientos de «Majestad» ni «Señor»–. ¡Ay, Felipe, tenía tantas ganas de veros! Sentaos. ¡Parecéis cansadísimo!

Felipe llevaba un paquetito sellado en la mano.

–He traído esto –dijo; pero no explicó qué contenía el paquete ni se sentó.

Permaneció de pie mirando en torno a la habitación como si deseara aprendérsela de memoria o como si estuviera poniendo a prueba sus recuerdos. Ana tenía la impresión de que estaba experimentando unos sentimientos muy intensos y de que quería evitar mirarla a la cara durante un rato. Pero estaba tan contenta de verlo y tan segura de que aquel gesto era señal de cordialidad y de que era un buen presagio para Antonio que decidió no preocuparse por el procedimiento y dejar que el rey dijera con libertad lo que tenía que decirle y confiar en su antigua sinceridad y afecto, tanto en los de Felipe hacia ella como en los de ella hacia Felipe, para llegar al entendimiento.

Resultaba peligroso que Ana siempre se viera impulsada a sentir agrado por él y a buscar lo mejor que tenía. Y en aquella ocasión era especialmente peligroso, pues ella siempre le comunicaba aquella sensación de agrado. Siempre había percibido un poderoso encanto en Felipe, y en su presencia la vanidad y todos sus atentos y tímidos ayudantes podían bajar la guardia y dormirse. Una vez que entregaba su afecto a un ser humano, éste podía sentirse seguro con Ana. Desaparecía en ella la agresividad, la burla y la ostentación, así como todo impulso de cambiar, superar o deslumbrar. Podía ser cruel o desconsiderada con aquellos a quienes no conocía o por quienes no sentía simpatía. Con Rodrigo era cruel constantemente, aunque fuera de forma pasiva; era cruel en su desdén por su viejo padre; era notoriamente cruel en toda declaración pública referente al enemigo de Antonio, Mateo Vázquez. Pero una vez que entregaba su afecto, la buena voluntad dominaba, de modo que aquellos a los que amaba podían descansar en ella, como en ningún otro sitio, de las persecuciones de su propio egoísmo. En el cariño no era meramente pasiva sino activa. Y era su actividad lo que diferenciaba este principio de la mansedumbre, lo que lo convertía en una fuerza inteligente y potente, casi en una peculiaridad, y en absoluto en una soñolienta benignidad.

Era este principio de buena voluntad, que podía enfrentarse a otros principios importantes de su naturaleza, lo que hizo posible que permaneciera en casa con Ruy durante los años que duró su matrimonio, que estuviera contenta y lo hiciera feliz a él. Ruy había tenido la suerte de llegar al centro de su corazón, y a partir de entonces Ana nunca pudo convencerse de que sus propios estados de ánimo y sus propias necesidades eran más importantes que los de él. En ello no había teatro ni virtud, era su destino, porque era así como funcionaba su naturaleza. Lo mismo sucedía con Antonio Pérez. Podía ser todo lo intrigante, egoísta y falso que quisiera, podía cometer delitos y arriesgar su honestidad e incluso sus buenos modales, pero le había llegado al corazón, se había ganado su buena voluntad y por lo tanto estaba a salvo.

Pero a Felipe el amor de cualquier tipo nunca le había producido, ni le podía producir, la tranquilidad que le producía a Ana. Para ella, y no era precisamente tonta y había hecho frente a muchos sentimientos complicados, el amor simplificaba la vida. Allí estaba, y en medio de muchos absurdos uno podía considerarlo real, y por tanto pesarlo y medirlo. Simplificaba la vida por su seguridad, y porque ella, por naturaleza, no regateaba.

Pero Felipe podía regatear hasta el fin de los tiempos. Era un regateador natural. Y, dado que Ana y él eran opuestos, en esto se complementaban bien. A lo largo de los años que había durado su deseo de ella había tenido que agitarse y regatear constantemente, pensaba él, como rey de España; y ella, que desconocía los métodos de los regateadores, apenas se daba cuenta de lo que hacía. Para ella su situación era sencilla. Sentían una duradera atracción mutua –los primeros años nunca lo veía sin preguntarse qué se sentiría siendo su amante– pero ambos amaban a Ruy, y Ruy y su felicidad eran muy valiosas para cualquiera que lo amara. De modo que no se tomó nunca la pecaminosa decisión, aunque Ana, honestamente, jamás estuvo segura de que se hubiera resistido si Felipe se hubiera mostrado verdaderamente apremiante.

Sin embargo, después de enviudar no trató de acercarse a ella. Estaba envejeciendo y le preocupaba sobremanera el salvar su alma inmortal, tener un heredero y ser un virtuoso. Durante estos últimos años regateaba con el Cielo y su menguante y fatigado deseo de ella se había convertido en una de las pruebas más sencillas a que lo sometía el Cielo. Ana lo comprendía y por tanto no sentía los vagos temores de Antonio y de Vélez de que el que ella tuviera un amante pudiera trastornarlo de modo que hiciera imprevisible su conducta futura. Amando a otro hombre no contravenía ninguna aspiración de él, y además, su vida privada era solamente suya. Sabía que era razonable, considerado, amable y leal. Desde hacía muchos años, sabía que era un hombre que no podía resistir una petición relacionada con la pobreza, con los niños pequeños, con lo sagrado, con los dementes, o con los enfermos. Sabía que era un hombre que ejercía constantemente la caridad y que se sentía naturalmente atraído por los pintores, los jardineros, los eruditos y los monjes. Sabía que le gustaba la sencillez y la quietud, y que, aparte de la santidad, le complacían las actividades terrenas que pudieran llamarse verdaderas y eternas. También sabía que era un político comprometido y un gobernante que se consideraba señalado por el Cielo, y conocía muchos de los pecados que había justificado en ese concepto de sí mismo. Pero hubiera dicho que, si bien era un ser culpable y presumido, fanático, pendenciero y megalómano, lo conocía mejor que sus jueces más perspicaces, porque lo conocía de otro modo; lo conocía en pequeña escala, lo conocía en casa, como si dijéramos, lo conocía en descanso.

Dado que el afecto significaba para ella buena voluntad y un rechazo de la crueldad, se inclinaba a pensar que eso era lo que significaba para todo el mundo. Que para otro pudiera ser, o tuviera que ser, poder, absolutismo, confianza en sí mismo, un apetito más sutil, voraz y constante, más celoso y severo que cualquier ansia sensual, era una idea que no le cabía en la cabeza. Si lo hería, Felipe podía estar indignado, ofendido, difícil, malintencionado, y todas las cosas aburridas y dilatorias que podía ser, pero el afecto –que era buena voluntad– prevalecería entre ellos, de existir. Y puesto que había ido a verla, y por el modo en que miraba la habitación, Ana sabía que todavía existía afecto, y que eso era lo que lo había llevado allí. Así pues, tras darle la bienvenida con natural alegría, se sintió repentinamente en paz y contenta dejándolo hablar y dejándolo ser todo lo ridículo e irritante que quisiera.

Una tonta.

Cuando Felipe entró en la estancia muchas eran las cosas que estaban en juego. Pero si hubiera salido a su encuentro de una manera diferente, si se hubiera comportado con frialdad o altanería, o incluso con malos modales, de modo falso o desconcertante, tal vez hubiera sido mucho mejor. Lo que de cualquier manera fue desafortunado –si bien ni ella ni Felipe podían saberlo entonces– es que en el primer minuto que pasaron juntos después de tanto tiempo le comunicó aquella sensación vieja y preciosa de paz, de haber llegado a un lugar en donde había descanso y fe. Para Felipe, el rey absolutista, el hombre solitario, desdichado y vanidoso, recibir aquella paz, aquella ilusión, de una mujer que era la amante declarada y descarada de un súbdito, resultaba insufrible.

Sin embargo, Ana, franca y generosa, que nunca le había negado a Felipe nada que le hubiera pedido ni había sido nunca objeto de su severidad, lo recibió en la sala larga con el corazón abierto e ilusionado.

–Pensaba que no volvería a ver esta habitación –dijo el rey.

–Qué cosa más terrible de decir. ¿Qué queréis dar a entender?

–¡Oh, Ana! –Se acercó lentamente a la silla que tenía por costumbre usar, situada junto a la ventana, y se sentó–. ¿Cómo están los niños? –preguntó.

–Están muy bien. Rodrigo viene y va. Ahora ya está hecho un hombre de mundo; apenas lo veo. La semana pasada mandé a los demás a Pastrana. Hacía demasiado calor y se estaban poniendo muy quisquillosos. Se llevarán un gran disgusto cuando sepan que habéis venido y no han podido veros.

–¿Querían verme?

–¡Naturalmente, Felipe! Os quieren mucho. En esta familia todos os queremos mucho.

Él se mordió el labio y mostró cierto nerviosismo.

–Pues no lo parece.

–Por lo visto, eso pensabais. Espero que me digáis por qué.

El rey la miró como si estuviera genuinamente sorprendido.

–Sois muy audaz –dijo–. Realmente muy atrevida. Supongo que la culpa es mía. Supongo que yo os he animado...

–¡Que la culpa es vuestra! –lo interrumpió–. ¿Que me habéis animado? Pero Felipe, querido amigo, ¿qué queréis decir? Solamente os he pedido que me digáis por qué os habéis apartado de nosotros.

–¡Ana, por favor!

Felipe dejó el paquetito sellado sobre la mesa que había junto a él y colocó la mano encima como resguardándolo. Ana observó que tenía la mano gruesa y rígida. También observó, ahora que se hallaba sentado a la cruel luz de occidente, que tenía el rostro blanquecino, que estaba más envejecido de lo que recordaba y que tenía los ojos fatigados y enrojecidos. El cabello, que en tiempos había sido rubio, era ahora de un color neutro, medio gris, medio pardo. Pero todavía le gustaba, y también le gustaba la palidez de sus cansados ojos. Siempre disfrutaba mirándolo; su desvaído alejamiento, su curioso aspecto extranjero, la atraían.

–Sí, Felipe, continuad.

–Me temo que debo proseguir –dijo cabizbajo–. Os habéis llenado de deshonra. Habéis deshonrado la memoria de Ruy y el nombre de vuestros hijos.

Ella sonrió ligeramente. Eran las tonterías que sabía que iba a decir. No se alteró.

–Podría fingir desconcierto –dijo–, pero no quiero engañaros. –Felipe se sorprendió ante tal respuesta, pero Ana prosiguió sin esperar a que protestara–. No he dañado en absoluto la memoria de Ruy ni el nombre de mis hijos. La parte de mí que pertenece a lo que asocio con esas frases todavía es de ellos. Pero mi vida privada es privada. En esa vida privada, Felipe, ha habido pensamientos, e incluso actos, que yo recuerdo y que, de hacerse públicos, sin duda podría parecer que ofendían a alguien. Eso le ocurre a todo el mundo, desde la cuna hasta la tumba. Sin embargo, yo no deseo presentar mi vida privada al mundo. Que no es lo mismo que decir que la sacrifico ante él. La dueña soy yo, Felipe. Si me equivoco, la equivocación queda entre el Cielo y yo. Pero aquí abajo, mientras no trate de convertirla en vida pública, insisto en que la dueña soy yo y no la memoria de Ruy ni el nombre de mis hijos. Eso no son más que nubes que apenas distingo, y hablo de ellas porque vos las habéis nombrado. Pero mi vida privada es lo único que tengo, e insisto en gobernarla yo sola, con la ayuda de Dios.

Nadie había hablado a Felipe, el rey absolutista, de aquel modo en toda su vida. Si censuraba o insinuaba una censura a algún súbdito, éste la aceptaba en silencio o con gran alarde de sumisión. Nunca había tenido ocasión de censurar en serio a Ana de Mendoza, pero su costumbre de disponer de una autoridad total seguramente lo había hecho imaginar que también ella, como súbdita suya, actuaría con solemnidad y desamparo ante sus reproches. Así pues, la amistosa frialdad de su respuesta le pareció una asombrosa costumbre extranjera, o incluso un discurso en una lengua desconocida. Sin embargo, una parte de sí mismo escuchó con aprobación y envidia lo que decía.

–Repito –declaró fríamente– que os habéis deshonrado. Este escándalo público es un ultraje contra todo lo que representáis.

–Estoy de acuerdo. Y he protestado contra ello y seguiré protestando. No fui yo la que causó el escándalo.

El rey se revolvió incómodo en el asiento. En la honestidad de su alocución y pese a la ausencia de giros ceremoniosos y de respeto a su dignidad real, sintió el encanto y la dulzura de Ana flotando hacia él como siempre. Era un hombre desconfiado y con la edad la desconfianza se estaba haciendo enfermiza, sin embargo ahora tenía la tranquilizadora sensación –totalmente nueva para él– de que en aquella habitación se podía decir o sufrir cualquier cosa sin peligro alguno. Podía defender allí el oscuro significado de su propia conducta, si así lo deseaba, y se revelara lo que se revelara en esa lucha, por humillante que fuera, se encontraría a salvo.

–Ana –dijo, y a ella no se le escapó la diferencia de tono, un tono casi de súplica y sin duda de buscada honestidad–, Ana, el que me ha informado a mí y a otra gente de vuestra inmoralidad es un funcionario honorable y tenía que cumplir con su deber.

Ana sonrió.

–Ya lo sé. Así es como empezó. Pero desde entonces ha ampliado el alcance de su deber. Ahora toda la ciudad sabe cosas de mí, Felipe, entre ellas que yo consentí la muerte de

Escobedo, que son totalmente falsas. Es un curioso resultado para el afán de cumplir con su deber de un funcionario público.

–Lo hizo en defensa propia. Vos lo obligasteis..., vos y otro.

–¿Por qué queréis trastocar las cosas? ¿Por qué tenéis que convertir a la víctima en criminal?

–Todos sois criminales ahora, en esta disputa pública que convierte el salón de sesiones del Gobierno en una cueva de ladrones. Pero yo voy a poner fin a este asunto tan ridículo. Tengo entre manos una tarea de enorme alcance, lo mismo que esos dos hombres, que son subordinados míos, y ya estoy harto de este obstáculo para nuestra eficacia.

–Todo el mundo está harto, Felipe. Ya lo sabéis. Ponedle fin.

El rey sonrió con fatiga ante tan simple consejo.

–Eso he intentado hacer. Mateo Vázquez está dispuesto a retirar la acusación –dijo con cuidado, sin dejar de observar a Ana.

Ella se echó a reír.

–Muy amable por su parte –dijo–, considerando las pocas molestias que ha causado a todo el mundo durante los últimos nueve meses. Pero ¿y los pobres Escobedo? La acusación también debe de ser algo suya, ¿no?

Felipe frunció el ceño.

–Ya nos ocuparemos de los Escobedo. El verdadero problema es Vázquez, como sabéis. Pero lo han aterrorizado tanto el... el otro secretario de Estado y sus partidarios que ahora está dispuesto a enterrar toda la cuestión para siempre.

Ana se reía en voz baja produciendo un continuo acompañamiento de las comedidas palabras de Felipe.

–Ya comprendo. Oh, Felipe, querido, ¿vos también habéis venido en una de esas absurdas misiones?

El rey pareció sorprendido.

–¿Absurda misión?

–Sí. Y si es así, por favor no volváis a repetírmela. He perdido ya la cuenta de las personas que han venido a esta casa, los últimos cinco meses, a decirme que don Mateo está dispuesto a perdonarse por sus recientes pecados de calumnia y libelo criminal, y que lo único que necesita para acabar de encontrarse cómodo es que Antonio Pérez y yo nos disculpemos por haber sido la causa de todos estos errores. Nada más que eso, una disculpa pública, una reverencia, y una promesa de retirar nuestras amenazas contra su vida. Yo les he dicho repetidamente a estos extraños embajadores que puesto que nunca hemos amenazado a esa ridícula vida, no podemos retirar la amenaza. Y que el resto de su proposición es un puro absurdo que no tiene relación alguna con la realidad. –Ana observó cómo el rostro del rey se ponía rígido de angustia ante aquella retahíla de insolencias, de modo que se levantó, se acercó a él, con las manos extendidas como para coger las de él, mientras continuaba hablando–. Así pues, Felipe, por favor, por el afecto que os tengo, ahorradme el absurdo de fingir que alguien, y no digamos yo, le debe algo que no sea desprecio eterno al pobre de Mateo Vázquez.

Le cogió las manos y se arrodilló junto a él, riendo con gracia. Él la miró a la cara perplejo y, muy a pesar suyo, sintió gratitud por la cordialidad, la vitalidad y la confianza del modo en que se había expresado, después de los políticos, los prelados y los cortesanos.

–Yo no iba a sugerir esta pacificación como otra cosa que el truco más cínico del mundo –dijo simplemente–. Creo que no podría decirle esto a nadie más, Ana, pero, como sabéis, el asunto Escobedo se ha llevado equivocadamente. Se cometió un error y ahora se nos ha escapado de las manos, de modo que estamos en un aprieto. –La miró, quizá desconfiando de sí mismo por hablarle de un asunto de Estado, y, lo que era peor, con aquella nueva libertad confidencial. Ella permaneció arrodillada junto a él, con las manos cogidas, y se limitó a esperar a que terminara lo que tenía que decir–. En un aprieto –repitió, todavía maravillado de poder decir «estamos» ante ella en aquel tono tan franco, casi de confesión–. Así pues, no podemos hacer otra cosa que remendar este feo asunto y esperar que el silencio y el tiempo nos favorezcan. El único modo de hacerlo es calmar a Mateo Vázquez. Desde luego, veo, como vos, lo absurdo que resulta éticamente, aunque nadie podría pediros disculpas estrictas. Lo único que quiere es algún compromiso que le permita enterrar el asunto sin humillarse demasiado, y con una garantía de seguridad para el futuro. Por eso he pensado que, en estas dolorosas circunstancias y por, bueno, por el bien de mucha gente, podríais ser lo suficientemente cínica y buscar una fórmula...

Hablaba con tal gravedad, y aquel honesto discurso era un sacrificio tan grande para su imagen pública, y por tanto un esfuerzo tan grande para él y un tributo tan profundo y conmovedor, que Ana no pudo volver a reír, aunque encontró el pasaje de la «fórmula» divertidísimo.

–Creo –prosiguió Felipe con cuidado–, creo que si pudierais, por formalmente que fuera, convencerlo de que vuestra animosidad ya no se dirige contra él, podría obtener lo mismo de... otro, pues creo que piensa que vos influís notablemente en su peor enemigo...

Se hizo el silencio. El rey había dicho una cosa que le resultaba muy difícil de decir. Desde luego, era difícil creer que lo hubiera dicho. «Debemos de estar en un gran aprieto –pensó Ana–. Es una pena. Y él es el rey de España.»

Le soltó las manos suavemente. A continuación se puso en pie y se alejó de él. No tenía ya sentido comportarse desdeñosa y burlonamente. Lo que iba a decir debía ser literal y sencillo, y debía evitar que volviera a adoptar su personalidad histriónica.

—Lo siento, Felipe —dijo suavemente—. No serviría. Deshonraría a todo el mundo.

—Ya os he dicho que no es más que un gesto cínico.

—Lo sé. —Comenzó a pasearse por la habitación—. Creo que no es lo suficientemente cínico. No, lo siento.

La observó en silencio unos segundos, golpeando nerviosamente con los dedos el paquetito sellado que descansaba junto a él.

—¿Y si os lo ordenara? —dijo por fin.

Ella dejó de pasearse y se acercó a él.

—Ya sabéis que siempre he sido un súbdito tan infantil como Fernán o Anichu. Sabéis que soy absolutamente vuestra en todo lo que ordenáis, pero si os olvidarais de ser rey, cosa que no podríais, pero si me ordenarais este disparate, sabéis que me negaría.

El tono coloquial y la tranquilidad y el afecto con que pronunció su alocución dio a sus palabras una fuerza formidable. Fue el comentario más calmado que se podía hacer de sus entuertos políticos; era un desafío dulce y suave, pero Felipe lo percibió en todas sus dimensiones.

Apartó la vista de ella y llevó los ojos hacia los distantes picos de la sierra de Gredos.

—Entonces seguiremos en un aprieto —dijo.

—Hay un sencillo modo de salir de él. Siempre lo ha habido.

El rey la miró casi esperanzado.

—¿Qué modo es ése?

—Felipe, ya lo sabéis. Lo sabéis desde siempre.

—Ojalá. ¿Cuál es esa solución?

Ana se acercó a la ventana y contempló los dorados campos de Castilla, de espaldas a él. Pero no pensaba en el paisaje. Le vino a la mente Ruy, su esposo, y a él apeló. «Ayudadme —dijo para sí misma—. Dadme coraje y ayudadme a ayudarlo.»

Se volvió y se apoyó en el marco de la ventana.

—Felipe —dijo—, Felipe, querido, por el cariño que os tengo, escuchadme. Haced que se vean las acusaciones de los Escobedo en el tribunal de justicia que les corresponde.

Él la miró como si no acabara de comprender lo que había dicho.

—No finjáis que os he ofendido —prosiguió ella—. Ya sabéis que eso es lo que hay que hacer.

—Eso es lo que nunca se hará —dijo él ásperamente. A continuación adoptó un tono misterioso y real—. En el fondo se trata de un grave asunto de Estado. Os he de rogar que no os entrometáis en él más allá de lo que os corresponde.

—No me estoy entrometiendo. Estoy al tanto de todo —dijo ella—. Antonio os ha pedido repetidas veces que se vea el caso, ¿verdad?

La miró ahora hoscamente. Le repugnaba la referencia a Pérez y le repugnaba responder a la pregunta. Pero respondió.

—Sí, me lo ha pedido.

—Tiene buen criterio en lo referente a líneas de acción.

—En este asunto no lo ha demostrado.

Ella sonrió. Estaba a punto de decir que al menos había demostrado tener el coraje de un hombre normal, pero decidió que «por el bien de todos», como hubiera dicho Felipe, más valía que dejara a Pérez de lado por el momento y volviera a conducir al rey hacia la honestidad de que había hecho gala anteriormente. Allí residía la esperanza, para Pérez.

—Felipe, os lo ruego... haced que se vea. No, escuchadme, haced que se presente el documento tal como está. Todo lo que es falso se demostrará fácilmente. Mi complicidad, por ejemplo, en la muerte de Escobedo, y todos los cargos menores reunidos como motivos: la venalidad de Antonio, su deseo de apoderarse de mi dinero, su temor de que Escobedo lo descubriera. Todo es falso y cualquier abogado lo podría demostrar con un par de frases.

–Callad, Ana, o me marcharé.

–No. Sabéis que soy amiga vuestra, y debéis escucharme, aunque sólo sea esta vez. Antonio se declarará culpable de la acusación principal. Ya sabéis que está dispuesto a hacerlo y que sólo espera vuestro permiso. Naturalmente, dirá por qué mandó asesinar a Escobedo. Después de eso, lo demás es fácil; el caso se convertirá en una larga discusión entre jueces y teólogos sobre el derecho divino. Y es probable que incluso condenen a Antonio a muerte, pero vos intervendréis con vuestra prerrogativa real, y después de mucha agitación y revuelo, todo se habrá aclarado. Y, como diría Ruy, todos habremos aprendido algo y comenzaremos de nuevo. Nunca me dijo qué quería decir con «comenzar de nuevo».

Había pronunciado aquel largo discurso para ayudarlo, para darle tiempo a ver la lógica del argumento y en general para asimilar lo que le proponía, pues le sorprendió la impotencia que reflejaban sus ojos fatigados y desvaídos, y deseaba que se reanimara. No le gustaba ver aquel pánico ridículo y abyecto en su rostro.

Sin embargo siguió allí.

–¿Qué os ocurre, Felipe? –dijo cambiando de tono–. ¿Por qué no podéis enfrentaros a esta sencilla acción? ¿Qué teméis?

El rey se levantó de su asiento y se alejó de ella.

–Callaos, Ana. Se os permiten grandes libertades, pero ni vos debéis preguntarme si tengo miedo.

–Me veo obligada –dijo ella fríamente–. Y, sin embargo, no lo creo. Digamos (supongo que es absurdo, pero no conozco las condiciones de vuestra soberanía) digamos, sólo por decir, que un tribunal de Madrid os declara a vos, el rey, culpable de asesinato, y digamos que os condena a muerte... –El rey sacudió la cabeza, casi divertido–. No creo que tengáis miedo de eso. ¿Qué es la muerte? Llega una sola vez y llega a todo el mundo. Es un fin, un mal momento, y no hay por qué temerla. Vos no teméis la muerte.

–Sí. Me aterra la muerte, Ana. Pero no la muerte física; no que me condenen a morir. No es ése el motivo de que me niegue a que se vea el caso Escobedo en un tribunal público.

–Lo sabía. Vos teméis los juicios morales.

El rey dio media vuelta en busca del rostro de ella. La observación era exacta y lo cogió completamente por sorpresa.

–Lo sabía –prosiguió ella–, pero en esta situación lo encuentro extraño. Al fin y al cabo, sois capaz de soportar, no sé si con facilidad pero lo hacéis, en vuestra alma y en el alma de unos cuantos amigos, el peso moral de vuestra decisión de disponer de la vida de Escobedo. ¿Por qué no podéis enfrentaros al mundo en general? Podría resultaros beneficioso; vuestros poderes podrían quedar definidos. Y desde luego, en cualquier caso, España tiene derecho a saber, si le interesa, por qué desaparecen de vez en cuando sus hombres públicos. Y vos amáis a España y la servís día y noche; si cometéis errores en ese servicio, España os perdonará, de recurrir a ella.

–No recurriré. Yo no cometo errores.

–Tonterías –dijo Ana–. No os comportéis como un extranjero, como un alemán. Acudid a nuestros tribunales y dejadnos enterarnos de por qué murió Escobedo.

–No soy alemán –dijo él fríamente.

–Supongo que no. ¿Qué sois entonces? ¿De qué procede vuestro rubio cabello? No tratéis de poneros tenso otra vez. Ya lo habéis hecho demasiado esta tarde. Sabéis que vuestros cabellos son encantadores; debe de ser triste ver cómo se van apagando.

–No digáis disparates –dijo defendiéndose del placer que le proporcionaba toda aquella insolencia de que Ana hacía gala ante él.

–Medio portugués –dijo ella–, medio flamenco, medio del Sacro Imperio...

–No puedo estar compuesto por tres mitades –dijo enojado–, y de cualquier modo, Juana la Loca fue mi abuela.

–Ay, se me había olvidado. Claro. Ello resulta providencial. Debe de ser por eso por lo que os aprecio tanto, Felipe.

Ana le sonrió y le alargó la mano; él se acercó lentamente y se la cogió.

–Escuchad –dijo–, escuchadme a mí, que soy castellana. Permitid que vuestro pueblo conozca la verdad, y luego que discutan. La discusión será interminable y nunca decidirán qué trato merece vuestra conducta, pero comprenderán inmediatamente, aquí en Castilla, que vuestro punto de vista es importantísimo, porque, en Castilla, todos los puntos de vista los son. Gobernadnos a nuestra manera, Felipe, y resolveréis vuestro problema.

El rey se apartó de ella.

–Me parece que sois muy cínica.

–¿Qué queréis decir con esa sutileza?

–«Gobernadnos a nuestra manera» decís, pero yo he estudiado para gobernar a mi manera. El gobierno es complicado y serio. No puede someterse a las opiniones vulgares y precipitadas de Madrid. Yo gobierno con los ojos puestos en el mundo real, Ana, donde deben estar; España tiene una misión mundial. Su rey no puede someter sus fracasos, sus errores, al juicio de los gitanos y los ladrones de la plaza de la Cebada. Parece que vos veis a España desde un punto de vista provinciano, como una cosa pequeña y sencilla que vosotros los ridículos castellanos cuidáis. Pero yo sé lo que es España. Y ante el mundo y ante el Cielo yo represento la

España que conozco. Si, en mi flaqueza, he cometido un error en el servicio de España, me contentaré con que el Cielo me juzgue, pero no la gentuza de Madrid. Mal o bien, yo no gobierno esta nación a la luz de su anárquica vulgaridad, sino ante la posteridad y el destino de Europa. Por lo tanto no puedo someterme a los pequeños juicios morales de Castilla. Vos los habéis llamado juicios morales. Yo no les haría tal honor.

Se encontraba el rey tan exaltado defendiendo su rectitud imperial que Ana decidió que se había perdido todo, que había desperdiciado una oportunidad y había hecho más mal que bien. Le respondió espontáneamente, sin molestarse en escoger las palabras ni en disimular su ira.

–Sin embargo, en definitiva sí estáis sometido a los «pequeños juicios morales» de Castilla. Y los tenéis. A este temor se debe que hayáis construido con tanta precaución este sistema de gobierno secreto, que ahora puede desmoronarse en cualquier momento, si insistís en ocultar vuestras acciones al pueblo. No, dejadme terminar, Felipe. Os estimo demasiado para no tener el privilegio de deciros en alguna ocasión lo que pienso. Este largo discurso que acabáis de hacer, sobre la posteridad, el destino de Europa y nuestra anárquica vulgaridad local, contiene a mi modo de ver la verdad de vuestro error de gobierno.

«Error de gobierno.» Felipe estaba tan perplejo de encontrarse escuchando inmóvil cómo una mujer le decía tales cosas que, cuando ésta se detuvo a la espera de su respuesta, no encontró qué decir. Era un momento único en su experiencia y no se hallaba preparado. Así pues, Ana, sorprendida por su silencio, prosiguió.

–Si Ruy nos hubiera escuchado... –dijo.

–¿Ruy? –preguntó el rey casi con vehemencia, olvidando su propia afrenta ante el constante y patético deseo, que se intensificaba a medida que envejecía, de saber qué hubiera pensado Ruy de esto o aquello.

–Quizá miro con sentimentalismo los días en que Ruy vivía. España tampoco estaba perfectamente dirigida entonces. De todos modos, creo que a Ruy le hubiera sorprendido lo que acabáis de decir. Hubiera pensado que os habíais dado a malas costumbres, Felipe. Desde mi punto de vista, lo descubrís todo cuando atacáis a los gitanos y los ladrones de la plaza de la Cebada y les negáis el derecho a formular juicios morales. Ello significa el fin de todo derecho moral en vos. Es el fin de vuestra nobleza y de vuestra comprensión de cuál es vuestro lugar en España.

–No sabía que os gustara filosofar, Ana.

–A mí y a otros. Muchos de vuestros mejores amigos «filosofan» como yo. Ay, Felipe, regresad de esa curiosa tela de araña que estáis tejiendo en El Escorial. Regresad a las calles donde estamos todos. Regresad para gobernarnos de modo que veamos lo que estáis haciendo. Aprovechad esta oportunidad en beneficio vuestro. Haced este gesto de celebrar un juicio justo y de enfrentaros a las consecuencias. Comenzad de nuevo a partir de este extraño suceso. Reunid las Cortes, reunid el Consejo de Castilla. Dejadnos percibir el movimiento del gobierno de España otra vez, dejadnos añadir nuestra responsabilidad a la vuestra y prestaros a esos juicios morales que tanto teméis. ¡Ay, Felipe! ¿Por qué no lo comprendéis? ¿Por qué no lo hacéis? Nunca lo había visto tan claro, aunque lo había intuido, lo había pensado. Pero ahora es evidente. Todo puede partir de este pequeño enredo. Haced que se celebre el juicio. Haced este gesto honrado que cogerá a todo el mundo por sorpresa, y a ver qué pasa. ¿Lo haréis, Felipe?

Mientras Ana hablaba, la sencillez de la solución que le sugería al rey iba adquiriendo atractivo para ella, y ofrecía, además, una esperanza totalmente nueva para España, un horizonte limpio. Se sentía feliz, y casi envidiaba a Felipe la oportunidad que debía aprovechar. Pero se recordó que ella también intervendría. El juicio de Escobedo no le resultaría agradable; no imponía a los demás una prueba que la dejaba a ella incólume. Y se alegraría de recibir su castigo –y de pensar que era menos de lo que se merecía, quizá– si renovaba la cooperación entre España y el rey, el resurgimiento de la confianza mutua, que era tan deseada.

Lo había sorprendido más allá de la ira, del inútil refugio de las órdenes imperiales de guardar silencio. Había sorprendido todas sus ansias de rey. Su afirmación de que temía los juicios morales de su pueblo; su petición de lo que llamaba movimiento en el gobierno y permitir que sus súbditos compartieran la responsabilidad con él; su insinuación de que aparte de ella otros amigos suyos observaban sus métodos con angustia, los observaban y los criticaban, todo ello era apropiado, audaz y paralizante. Y se centraba en la sencilla y evidente respuesta de ella al asunto Escobedo.

El problema se extendía en toda su amplitud ante él, en la silenciosa habitación, monumental e intrincado.

Ana esperó, reflexionando sobre lo que acababa de decir. Al entrar Felipe en la habitación no sabía que le iba a decir todo lo que le había dicho. En los últimos años de su amistad, desde su regreso a Madrid, Ana solía considerar con desagrado ese reservado estilo de gobierno, incluso había hablado medio en broma de ello, y había pensado que algún día expondría abiertamente lo que pensaba, por mucho que se enfadara él. Desde la aparición del informe Escobedo aquel otoño había defendido de forma constante que debía aparecer ante la justicia. Felipe sabía que tal era su deseo, porque le había hecho llegar su opinión a través del cardenal, de Pazos y del mismo Pérez. Y siempre había tenido la intención de repetírsela a él, cara a cara, cuando se le presentara la oportunidad. Pero, mientras discutía con él, al ver la penosa indecisión a que una sola pregunta podía reducir al rey de España, percibió la conexión existente entre el asunto Escobedo y el futuro de su relación con su pueblo. De repente vio que podía hacer de ello su reconciliación con él.

Ana temía que el deleite que le produjo esa idea la hubiera vuelto incoherente, emocional y quizá más enérgica de lo que le convenía. Pero era demasiado tarde para evitarlo y sabía que lo que había dicho le había salido del corazón, por España y por Felipe.

Ya había hecho cuanto podía hacer y no le quedaba más que esperar.

Felipe avanzó, con sus andares lentos y rígidos, hasta la silla que había ocupado junto a la ventana. Una vez que se hubo sentado y Ana alcanzó a ver su rostro, éste le resultó indescifrable. Era un rostro neutro y fatigado, cerrado a la expresión, como una mascarilla. No le sorprendía que sus secretarios juraran y se impacientaran bajo su yugo. Desde luego, podía resultar enigmático y cansado.

Cuando alzó los ojos hacia ella, que permanecía de pie, alta y grave, en el centro de la habitación, su tono azul brillaba con una curiosa luz.

—En lo que habéis dicho demostráis dotes de gobierno —dijo despacio.

«¿Es posible que vaya a ganar?», pensó Ana. Pero trató de no hacer visible lo que estaba pensando.

—Quizás hubierais sido una buena reina para España —añadió Felipe.

Con el fin de complacerlo y por tanto con la esperanza de ayudarlo a responder naturalmente a su súplica, admitió lo que dijo, aun siendo una desviación del tema, y por tanto peligrosa en alguien que con tanta frecuencia utilizaba las desviaciones.

–Una vez así lo pensé, Felipe, hace mucho tiempo.

El rey miró la habitación, cediendo un poco, como hacía antes a menudo, a su paz, al efecto benéfico que ejercía en él. Se le ocurrió que si pudiera quedarse allí, quedarse mucho tiempo allí, protegido por su presencia y su sosegado coraje, tal vez podría deshacer el enredo Escobedo, igual que otros, con su orientación; tal vez podría volver a empezar, como sugería ella, a gobernar al pueblo de la calle como uno de ellos y andar por las calles en su compañía. Si un hombre pudiera tener paz alguna vez y estar seguro de ser amado... En aquella habitación a veces le había suplicado que, cuando se encontrara envejecido, desvaído y fatigado como se encontraba ahora, lo recogiera y compasivamente le diera algo de la paz que reinaba donde vivía ella. Casi se lo había suplicado, él, el rey de España, que no la había hecho suya cuando podía.

Pero otros pensamientos se abrieron paso en su mente, pensamientos como los que durante todo el invierno habían socavado su amor propio tanto que había tenido que crear una especie de falso rechazo y negación de su existencia. Pensamientos referentes al amor y a la licencia tomada allí por otro hombre, un hombre del pueblo; pensamientos de cómo había hecho el ridículo acudiendo allí como a un refugio que sólo fuera suyo; pensamientos del día de Carnaval, hacía dieciocho meses, en que se había sentado, inocente como un ciego, entre los dos, creyéndose casi su amante, casi su tentación, dándoles motivos para reírse de él juntos después, en sus momentos de placer astutamente robados. Dos amigos suyos, y una casi su amante, y ambos reconociéndolo como rey, como su gobernante. En aquella habitación con la que solía soñar. Los pensamientos que durante todo el invierno no podía aceptar, y luego negar, lo asaltaron como una potente y amarga marea.

Se llevó las manos al rostro y gimió en voz alta.

–¡Felipe! ¡Felipe! –gritó Ana alarmada, pensando que se sentía enfermo y corriendo a su lado.

–Esto no se puede tolerar –dijo–. ¡Marchaos! ¡Esto no se puede tolerar!

–¿Qué es lo que no se puede tolerar?

Dejó de gemir y apartó las manos del rostro.

–Ana –dijo–, me habéis hecho sufrir. Me habéis hecho sufrir como ningún hombre debería sufrir.

Ana apenas pudo contener una sonrisa. E incluso le pasó por la cabeza decir que parecía que su propia autocompasión lo hacía sufrir como ningún hombre debería sufrir. Pero fue directa al grano.

–¿Queréis decir que os ha disgustado saber que tengo un amante?

El rey la observó como si pensara que se había vuelto un poco loca.

–Escogéis muy hábilmente las palabras –dijo–. ¿Disgustado? No he podido siquiera hablaros. He recibido un duro golpe, y sentido un gran dolor.

–Lo comprendo, Felipe. No es nada edificante. A veces también a mí me produce pena y dolor.

–Lo ha socavado todo –dijo–. Ha envenenado todos nuestros años de... de amor.

Ella no quiso hacer ningún comentario al escuchar la palabra «amor», medio divertida y medio exasperada por el uso que hacía de ella.

–¿Es eso cierto? –preguntó de repente, en tono agudo y brusco.

–Sí –repuso ella–, es cierto.

–¿Y es todavía así?

–Sí –contestó Ana, algo sorprendida.

–Pero ¿podríais renunciar a ello? –prosiguió él con la misma aspereza.

–No comprendo exactamente lo que queréis decir, Felipe. Ni con qué derecho me preguntáis estas cosas. De todas formas... –se encogió de hombros–, naturalmente que podría renunciar a ello. Y naturalmente uno de los dos se cansará o morirá antes que el otro.

Ana se retiró a la ventana, ofendida por aquel interrogatorio.

–He venido a daros esto –dijo Felipe.

La princesa se volvió. Felipe sostenía con ambas manos el paquetito sellado, y lo miraba como si pudiera herirlo o envenenarlo.

–¿Qué es eso, Felipe?

–Son unas cartas vuestras, dirigidas a Antonio Pérez.

Ana permaneció en pie mirándolo asombrada.

–¿De dónde las habéis sacado?

–Mateo Vázquez consideró su deber ponerlas a mi disposición para que yo creyera lo que era incapaz de creer.

Ana se apoyó en la ventana y se llevó la mano derecha al ojo dañado. Estaba tan alterada y tan pálida que Felipe pensó durante un momento que se iba a desmayar.

–No, no –dijo en voz baja–. No habéis podido hacer eso, Felipe. Mateo Vázquez sí, claro... pero vos, Felipe.

Le era imposible mirarlo. Permaneció donde estaba, apoyada contra la ventana.

–Tengo derecho... –comenzó a decir Felipe.

–No tenéis ni el más mínimo derecho –dijo ella fatigosamente– a robar y leer las cartas de otra persona.

–Como jefe de Estado...

–No, no. Callad. –De repente se incorporó y habló con voz vibrante–. ¿Quién está hablando de derechos y de jefes de Estado? Vos atentáis contra los sentimientos, los sentimientos que yo siempre he creído que existían entre vos y yo, la certeza de algo verdadero a lo cual yo siempre podría apelar en vos, la buena voluntad que siempre ha habido entre nosotros. –Hizo una pausa y volvió a mostrarse decaída–. Pero ahora... ¡Qué torpe, torpe imbécil!

–Sí, soy torpe –dijo Felipe con voz ligeramente temblorosa–, pero dejadme hablar. No he robado ninguna carta, ni las he mandado robar, ni siquiera me ha pasado por la cabeza. El celo de Mateo Vázquez lo llevó a hacerlo, sin que nadie se lo mandara. Cuando me entregó las cartas y me dijo lo que eran, le pedí que me las diera. Desde entonces no ha vuelto a oír nada de ellas ni las ha vuelto a ver.

Ana estaba furiosa y apenas podía tolerar sus explicaciones. Sin embargo lo escuchó porque el ligero temblor de la voz de Felipe era como una súplica, lo mismo que el golpeteo de sus dedos sobre el paquete sellado.

–Me asombró que me las diera, pero, claro está, él no sabía lo que hacía, especialmente a mí –prosiguió Felipe–. Yo me quedé anonadado al tener unas cartas vuestras en las manos dirigidas a otro hombre. Las guardé bajo llave y decidí no leerlas. Pero sabía que deseaba leerlas. Creo que una parte de mí estaba decidida. Las sacaba a menudo y las cogía y trataba de leerlas, pero, Ana, no podía. No sé muy bien por qué. Creo que tenía miedo del dolor, del terrible dolor que me iban a causar.

Por fin la miró; tenía los ojos inundados de lágrimas, que le corrían también por las mejillas.

–Cogedlas –dijo y le alargó el paquete.

Ana se acercó y se arrodilló como si lo recibiera ceremonialmente para coger el paquetito.

Le besó la mano.

–Gracias –dijo–. Y perdonadme.

Felipe posó la mano sobre su cabeza.

–Eso es mucho pedir.

Ana se levantó. Estaba demasiado cansada para captar el significado, y también le daba demasiada pena Felipe. Ya se habían dicho suficientes cosas por el momento. Se había roto el hielo del invierno; volvería a verlo. Se sentía satisfecha y esperanzada.

Felipe se secó las lágrimas.

–Ha sido para mí un privilegio ver llorar al rey –dijo Ana.

–Vuestro privilegio es todavía mayor –respondió él– porque pocas veces lloro y la mayoría de ellas es por vos.

–¡Felipe!

–Creo que debería estar ya en la sala de embajadores del Alcázar. Me parece que nadie sabe que estoy aquí.

–Bueno, pronto lo sabrán porque yo voy a pregonarlo. Y puesto que habéis regresado, ¿vendréis más a menudo?

El rey contempló la habitación.

–No lo sé. Antes me gustaba muchísimo venir...

–Aquí todo sigue igual, Felipe.

Felipe se levantó y Ana hizo sonar la campanilla de plata.

Inmediatamente llegaron los criados, que abrieron las puertas para que pasara el rey.

Ana se arrodilló de nuevo y le besó la mano ceremoniosamente.

–Adiós, princesa –dijo Felipe y a continuación se volvió y abandonó la habitación.

CAPÍTULO SEXTO
(28 de julio de 1579)

Pasaron los días, tórridos y sosegados.

Felipe no regresó, pero Ana se enteró por Antonio de que había ido a pasar una semana a Aranjuez y que regresaría a Madrid antes de que finalizara el mes.

Antonio se tranquilizó un poco, como esperaba Ana, cuando le relató la visita que le había hecho el rey. La noticia lo sorprendió y le hizo reflexionar sobre las posibles intenciones de Felipe.

–Pero supongo que para él la entrevista fue a la vez emocional y poco comprometida.

–Fue emocional para los dos, y yo me comprometí en todo momento.

–Ay, ojalá hubiera sido un ratón escondido debajo de vuestra silla. Pero son los sentimientos de Felipe los que lo hacen peligroso. En la política y en la vida en general he observado que mientras se puede hacer que mantenga más o menos la serenidad frente a un problema, razona excepcionalmente bien y con justicia, y se ocupa de ello con cordura, previsión, honestidad y consecuencia. Pero si se disparan sus sentimientos, si sospecha que su persona, su prestigio, su identidad interior, están relacionados con el asunto, comienzan las complicaciones. Entonces es cuando hay que tener en cuenta que no lo conocemos en absoluto, que nos movemos a través de la selva virgen. –Se echó a reír–. Y el problema es que Felipe también. Si averiguara, simplemente para su propia orientación, qué hay en esa selva y qué quiere encontrar en ella... –Comenzó a pasearse por la habitación–. No, Ana, el que vos os encontréis involucrada en este escándalo lo ha convertido en una tormenta emocional para él, y, cuando eso ocurre, es imposible prever su reacción. De todas formas, creo que es buena señal que tuviera la fuerza suficiente para venir a hablar con vos.

–Es buena señal que me trajera las cartas.

–Hmmm. Puede ser. Pero eso y que no las haya leído demuestra emoción, mucha emoción. Ya veremos. Estos días está siendo muy cariñoso, paternal y conciliatorio conmigo. Sigue diciendo que en sus manos estoy a salvo y que él solucionará todas mis quejas de conformidad con la voluntad de Dios.

Ana sonrió.

–No confiáis en él cuando recurre a la voluntad de Dios, ¿verdad?

–¿Y vos?

–No. No me gusta.

–Y ahora sé con seguridad que el viejo cardenal Granvela ha desembarcado en Cartagena. Seguro que será recibido en el Alcázar este mismo mes.

–No veo que tengáis nada que temer en el retorno de ese anciano. Al fin y al cabo, si Felipe va a dirigir la anexión de Portugal en persona, probablemente sólo desea disponer de un respetable regente de edad que dejar en Madrid.

–Sí, es muy posible. Entretanto me hace trabajar hasta el agotamiento y se niega en redondo a disponer mi cese. Pero yo me voy a llevar a mi familia y mis posesiones a Aragón el mes que viene. Desde allí podré ocuparme del asunto con facilidad y estaré mucho más seguro.

Ana no hablaba de todo esto con nadie. Ninguno de sus amigos de verdad estaban en Madrid y sentía deseos de marchar a Pastrana.

—Creo que cuando el rey regrese de Aranjuez le preguntaré si puedo volver a verlo –le dijo a Bernardina–. Quiero verlo, y cuando lo haya visto nos iremos a Pastrana. Me gustaría llegar antes del primero de agosto.

Así pues, Bernardina inició los preparativos para el regreso al campo.

—Se habla mucho de la reanudación de las visitas de Su Majestad –le dijo a Ana.

—¿De verdad? Y ¿qué dicen?

—Cosas. Muchas cosas que no deberían decir, podéis estar segura, pero, naturalmente, a mí no me llega mucho. Algunos dicen que es bueno. Otros dicen que es un escándalo, con todas las demás habladurías.

Ana se echó a reír.

—Bernardina, diles por mí que siempre es bueno que los amigos sean amigos.

Bernardina la miró inquisitivamente.

—Estarían de acuerdo con vos, lo mismo que yo. Pero siempre es bueno saber lo que se entiende por «amigos».

Ana estaba cansada de Madrid. Cosía, les escribía cartas a los niños, atendía sus asuntos, leía, charlaba con Bernardina, y al anochecer, cuando llegaba el fresco, echaba de menos los campos de Pastrana y sus paseos a caballo, y obligaba a la perezosa dueña a andar con ella por las calles, algunas veces hacia el bosque del Retiro, otras hasta San Isidro, o a lo largo del Manzanares.

Los domingos y fiestas de guardar oía misa en Santa María de la Almudena o en su propia capilla; a veces también asistía a las vísperas y leía el libro de oraciones con dedicación. Pero no se confesaba ni tomaba la sagrada comunión. Aquel estado anímico intermedio, aquel vivir en pecado mientras se negaba a ser apartada como una pecadora, la martirizaba.

Por ello pensaba con particular melancolía en Pastrana. Lejos de Antonio, a salvo de su incapacidad de cortar con él en aquellos momentos difíciles, lejos de la atractiva tenacidad de su pasión y de la tentación que seguía representando para ella, inalterada por cada rendición, podría enfrentarse mucho mejor a toda la magnitud de su pecado mortal e intentar tomar la decisión de arrepentimiento y abstinencia que era tan necesaria para una parte de su espíritu como rechazada diariamente por el resto.

No olvidó su último encuentro con Juan de Escobedo. Antonio pensaba, satisfecho, que lo había olvidado y que sólo lo recordaba en algún instante de inquietud superficial por un momento desafortunado. Y nunca hablaban de ello. Ana dormía ahora en un dormitorio distinto de su casa de Madrid. Él sospechaba que cuando hizo ese cambio tenía la intención de que no la visitara nunca allí, pero no había hecho ningún comentario ni había preguntado nada. Ella se lo agradecía y se despreciaba a sí misma por haberse comportado tan melodramáticamente cambiando de habitación y a la vez con tanta debilidad que no había podido completar el melodrama. Sin embargo, a menudo permanecía despierta en la nueva cama a la que la había conducido Juan de Escobedo y se enfrentaba a él con una mente libre y honesta. «Comprendí lo que dijisteis –le decía–. Estaba de acuerdo con vos y os había perdonado antes de que empezarais. Porque comparto vuestro aspecto de locura, de exageración. Estoy de acuerdo con la locura y la exageración. Podría haber sido una fanática, pero me casaron joven con un escéptico. Y nunca he escapado de la educación que me dio. Sin embargo, sé, por instinto, que tenéis razón. Pero yo no os hubiera matado por ello, creedme. Vuestra muerte es una cosa entre vos y él, y hubierais muerto de todos modos, porque el rey deseaba que murierais. No me persigáis, no es necesario. Lo recuerdo, y además creo que no necesitaba vuestra advertencia. La comprendí muy bien. Yo misma hubiera podido pronunciar vuestras palabras. A lo único que me opongo es a vuestra simplificación. Porque no es solamente lo que lo llamasteis. Es eso y es más, y es menos. De todas formas, comprendí lo que queríais decir. Creedme, creedme, no hacía falta que murierais por eso.»

Pero Antonio continuaba siendo su amante. Y Ana continuaba hallando placer en ello; sin embargo, continuaba deseando Pastrana y su soledad; y continuaba rezando y deseando poder rezar con un corazón arrepentido. «Cuando se vaya a Aragón –se dijo– todo terminará.» Sin embargo, no debía marcharse a Aragón porque ello significaba el fin de su vida y de su carrera, y constituiría una amarga injusticia por parte del rey, a quien había servido con toda minuciosidad. «Espera, espera –le decía medio avergonzada a su inquieta alma–. Primero debemos salvarlo a él, o al menos serle fieles cuando otros lo abandonan. Luego ya nos ocuparemos de nuestra salvación.»

Una noche de fines de julio llegó en sus paseos al extremo sur de la ciudad, cometiendo una imprudencia al decir de Bernardina. Hacía una noche muy hermosa e incluso soplaba un ligero vientecillo del oeste. Ana paseaba complacida entre la muchedumbre. La plaza de los Moros y la de la Cebada estaban muy animadas por la noche y Bernardina refunfuñó por el peligro en que según ella se encontraban y por la insensatez de que la princesa de Éboli se dejara ver en aquel barrio después de la puesta del sol. Ana no se sentía en peligro entre su propia gente y se rió de las amonestaciones de la exagerada andaluza. No podía decir que no las reconocerían porque suponía que era la única mujer en Madrid que llevaba un parche negro en el ojo, pero Bernardina no debía señalarlo. Así pues, prosiguieron el paseo a voluntad de Ana, pasaron incluso junto al mercado del Rastro y bajaron hasta el camino de Toledo, donde acampaban los gitanos y cantaban durante toda la noche.

Ana prestaba atención y miraba a su alrededor. Madrid podía ser nuevo y un accidente innecesario, pero estaba surgiendo del mismo corazón de España, de modo que era posible tenerle cierto cariño. «Qué animados y reales somos –pensó–, fuera de los solemnes monasterios y de los palacios ducales. Ay, Felipe, seguid mi consejo. Regresad y gobernadnos según las normas de nuestra vida.»

Le agradaban los cantos de los gitanos.

–A Anichu le gustaría escuchar a ese chico –dijo.

–Dios mío, no digáis tonterías –repuso Bernardina–. ¿No sabéis que en esta época del año cantan flamenco toda la noche en la plaza de Pastrana?

–Es cierto. Lo recuerdo. Esta noche tengo que contestar la carta de Anichu.

–Bueno, pues vámonos a casa, por Dios –dijo Bernardina, volviéndose implacablemente hacia el norte.

Ana la siguió riendo.

–No sé por qué fingís que os agrada la vida de la ciudad, Berni –dijo–. Cada vez que os saco a verla, la vida de verdad, como aquí, no paráis de refunfuñar hasta que estáis otra vez en casa con todos los cerrojos echados.

–Me gusta la vida de la ciudad en las calles respetables y cuando veo donde piso –dijo Bernardina.

–Bueno, dejémoslo, pronto estaréis a salvo en Pastrana. El rey ya ha vuelto de Aranjuez. Regresó ayer. Mañana le escribiré para pedirle audiencia. Nos iremos a Pastrana el día uno... ¿A cuántos estamos?

–Hoy es el veintiocho –contestó Bernardina.

–Nos quedan tres días. Creo que le diré a Anichu que nos espere el día uno. ¿De verdad tenemos que regresar tan pronto, Bernardina?

Pero Bernardina, que siempre remoloneaba en los paseos, abría la marcha al regreso y cogía todos los atajos. Ahora andaba a paso ligero por la calle de Segovia. Cuando volvieron la esquina de la plaza del Cordón, Ana levantó la vista para mirar el gran palacio de Antonio. «Cómo le debe disgustar perderlo –pensó–, pues él solo levantó todo lo que representa con su inteligencia y entusiasmo.» El edificio estaba oscuro, como si se hallara cerrado, lo cual era absurdo, pensó. Aquella noche no iba a ver a Antonio. Había dispuesto marcharse pronto del Alcázar para dedicar la tarde a ordenar y embalar sus documentos particulares. Estaba decidido a retirarse a Aragón en cuanto Granvela llegara a Madrid.

Ana sonrió mirando la casa y pensó en él con cariño, atareado allí dentro, concentrado, sin pensar en absoluto en ella. Al día siguiente se reiría cuando se enterara de que Ana había rondado su puerta poco antes de la medianoche.

–Vamos –dijo Bernardina–. Si me permitís decirlo, éste no es sitio para que os detengáis.

–Vos habéis escogido la ruta, no yo.

Cuando regresó a la sala larga encontró una carta de él.

«Me hubiera gustado tener aunque sólo fueran tres minutos para veros hoy. Mañana está todavía muy lejano. Percibo una cierta tensión en el aire, cierta ansiedad. Supongo que es mi decisión de marcharme a Aragón lo que exacerba mi sensibilidad. Es una tontería porque creo que el rey me considera esencial para él y haciendo esto lo obligaré a descubrir su juego. De todos modos, Juana y los niños estarán así más seguros. Con todo, me encuentro sobreexcitado. Creo que la visita que os hizo el rey me ha asustado. No sé explicar por qué, y probablemente no significa nada. Desde su regreso de Aranjuez, donde según me ha contado las rosas son como un milagro de Nuestra Señora y las higueras nuevas se inclinan prometedoras, está todavía más amable que hace diez días. Durante estos dos días no hemos hablado de mi cese en el servicio, a mí no me gusta discutir, pero estoy seguro de que su comportamiento ha sido calculado para calmar mi impaciencia. Hoy ha hecho un comentario general sobre la confianza que debo tener en él. "Tenéis que confiar en mí. Si no, ¿en quién vais a confiar?" Luego, cuando salía de su despacho, ha hecho una cosa bastante extraña. Me ha hablado de vos. No os ha relacionado con nuestras desavenencias y ha sido totalmente discreto, pero ha pronunciado vuestro nombre. Ha dicho que suponía que la princesa de Éboli todavía se encontraba en Madrid y me ha preguntado si sabía cuándo pensaba irse a Pastrana. Yo le he contestado que su suposición era acertada y que creía que la princesa se marcharía al campo el primero de agosto. Eso ha sido todo. Pero que me hablara de vos es muy importante. En realidad no sé qué significa. Con lo que he tardado en escribir esto podía haber cruzado la calle para veros y haber vuelto; eso hubiera sido mucho mejor que lo que he hecho. Bien, buenas noches, princesa. Cuidaos hasta que llegue nuestro próximo encuentro. A.»

Ana dobló la carta y la dejó a un lado con la intención de volverla a leer más tarde. Ella también sentía una cierta tensión en el corazón aquella noche, de modo que agradeció la carta y la frescura de sus sentimientos. «Siempre puede llegar a mí con esa vitalidad que tiene –pensó con la mano encima del papel doblado–, ese poder que tiene para comunicar lo que siente sin protestar nunca.»

–Bernardina, cenemos aquí las dos. Que no venga ningún criado a enredar. Vos misma podéis traer algo.

Bernardina sonrió. Le gustaba mucho cenar a solas con Ana informalmente, y Ana lo sugería a menudo.

–Mientras lo preparáis voy a escribir a Anichu.

Pese a que todas las velas estaban encendidas, no quería que se corrieran las cortinas. Los insectos revoloteaban por la habitación y Bernardina dijo que no tardarían en entrar los murciélagos, pero Ana no le hizo caso y se dirigió al escritorio a buscar la última carta de Anichu.

«...ayer pasamos la tarde con la hermana Josefa, viendo cómo se ocupaba de las abejas. Fernán dijo que le daban un poco de miedo. La hermana Josefa es mi franciscana preferida. Hoy, en el catecismo, Juliana –ya sabéis, Juliana la de la zapatería, no la del doctor Juan– no ha sabido responder nada sobre la unidad y la trinidad. Y tiene siete años. Don Diego dice que podré hacer la primera confesión antes de Adviento. ¿Dijo el rey que vendría a Pastrana? Hace mucho que no lo vemos. Fernando y yo nos acordamos de cuando vino. Fernando dice que era la primera vez que yo lo veía. Ruy estudia griego constantemente. Anoche habló en griego mientras cenábamos. A mí no me gustó mucho. ¿Está bien Bernardina? Espero que sí. Y espero que vos también estéis bien. ¿Cuándo vendréis? A veces quito el polvo de vuestra sala con Paca, cuando tengo tiempo. Venid pronto. Pronto escribiré al rey si decís que debo hacerlo. Fernán dice que él también. Es una carta muy larga y ahora tengo que estudiar geografía. Vuestra hija que os quiere. Anichu.»

Ana afiló una pluma.

«Querida Anichu: Me ha gustado mucho tu larga carta. Ésta no será tan larga porque no vale la pena escribir tanto sabiendo que estaré en casa casi a la vez que la recibas. Llegaré dentro de unos tres días, chiquita. Díselo a los demás. No quiero que hagas la primera confesión todavía, perdóname por entrometerme. Espera al menos hasta que tengas seis años. Ya hablaremos con don Diego cuando llegue. Escríbele al rey si quieres. Estará muy contento. Aquí llega Bernardina con la cena. Estoy segura de que te manda un beso. Ya terminaré la carta después de cenar, hijita...»

Bernardina dejó la bandeja sobre la mesa que había junto a la ventana.

—Vamos a cenar —dijo—. Tengo apetito, después de tanto andar.

Ana se acercó a la mesa y empezaron a cenar. Bernardina sirvió el vino.

—¡Está rico tan fresco! —dijo Ana después de tomar un sorbo.

—¿Le habéis dado recuerdos míos a Anichu?

—Sí. Todavía no he terminado la carta. Y le he dicho, aunque sé que se va a disgustar mucho, que no quiero que haga la primera confesión todavía.

—¡Claro que no! ¡El viejo Diego! ¡Menudas tonterías!

—¡La primera confesión de Anichu! —dijo Ana suavemente—. ¡Vaya pecados! Pobre niña.

—La mimáis demasiado —comentó Bernardina.

—¿Y cómo no la voy a mimar si es una criatura deliciosa? O eso me parece a mí.

—Sí, es buena niña.

En el reloj de Santa María de la Almudena sonó la una. Dieron cuenta de una buena cena en tanto charlaban o no, según les apetecía.

—Tengo ganas de regresar a Pastrana —dijo Ana.

De repente oyeron unos fuertes pasos en el pasillo y unas voces que parecían discutir.

Las dos se miraron intrigadas.

—Algún lacayo debe de andar borracho —dijo Ana.

En tanto hablaba se abrió violentamente la puerta del extremo más alejado de la habitación. Vio cómo dos criados eran empujados a un lado mientras tres hombres armados penetraban en la estancia.

Se detuvieron junto a la entrada.

Ana miró detrás de ellos a los alterados criados que se habían quedado fuera.

–Está bien, Esteban –dijo–. ¿Queréis cerrar la puerta, por favor?

Se cerró la puerta.

Ana reconoció al jefe de los tres soldados. Era don Rodrigo Manuel, capitán de la guardia del rey. Era amigo de Mateo Vázquez y durante la primavera había ido a verla en una de aquellas absurdas embajadas para solicitar su amistad. Supuso que se trataba de algo parecido, pero iniciado con menos tino.

Se levantó de la mesa pero le indicó a Bernardina que permaneciera sentada.

–Continuad cenando. No tenemos por qué molestaros.

Bernardina estaba muy alterada, pero obedeció los deseos de Ana y permaneció donde estaba.

Don Rodrigo y sus hombres saludaron a Ana con cortesía.

–Sorprendente entrada, don Rodrigo –dijo–. Ligeramente más sorprendente e inoportuna que la última. Supongo que venís con el mismo recado que la vez anterior, pero ¿por qué entráis armado y con tanto alboroto en mi tranquila casa?

Rodrigo volvió a inclinarse ante ella.

–Le suplico a Su Alteza que me perdone por la molestia; vuestros criados, como es natural, pusieron en duda mi derecho a entrar sin anunciarme. Sin embargo, es mi deber hacerlo.

–¿Vuestro deber?

Fue Bernardina la que habló. Por el aspecto pomposo, avergonzado y excesivamente militar de los tres hombres, y por las habladurías que había oído, comprendió mucho antes que la inocente y arrogante Ana el propósito de la visita.

Y la palabra «deber» hizo que se le encendiera una luz que le fulminó el corazón.

Don Rodrigo la miró. Ella se había situado junto a Ana. El soldado hizo una reverencia pero en esta ocasión menos ceremoniosa.

–Sí, señora, mi deber.

Ana se echó a reír.

–Esto sí que tiene gracia –dijo Ana–. ¿Cómo puede mi aversión por Mateo Vázquez influir en vuestro deber, don Rodrigo?

–Su Alteza, no vengo en nombre de Mateo Vázquez. Vengo como capitán de la guardia del rey. Vengo por orden de Su Majestad para hacerme cargo de vos.

Ana lo miró como si todavía encontrara graciosa su presencia, pero casi al instante su rostro adoptó una expresión grave y neutra. Si estaba sorprendida, si lo que había dicho la había dejado perpleja, Bernardina, que la observaba con dolorosa atención, no vio ninguna de las dos cosas. Simplemente le pareció que el rostro de Ana pasaba de la diversión a la neutralidad. Y así enmascarado, ese rostro se volvió del capitán de la guardia a ella.

–¿He oído bien, Bernardina? –Su voz todavía denotaba diversión a diferencia de su rostro–. Entonces supongo que lo siguiente es pedir la orden del rey.

Don Rodrigo dio un paso adelante y con otra reverencia le presentó un pergamino enrollado.

Ana lo cogió y lo miró. Ni siquiera lo desenrolló.

–La orden del rey –dijo en voz baja.

Don Rodrigo lo cogió y lo desenrolló. Señaló las primeras líneas, donde Bernardina y ella vieron sus nombres, y luego el último párrafo y la firma del rey.

–De Felipe para mí –dijo Ana.

El silencio se abatió sobre la sala.

–Bueno, Bernardina, vos sois una persona práctica. Cuando ocurre esto, ¿qué hay que hacer?

Bernardina perdió los estribos.

Le arrancó el pergamino de las manos y lo lanzó al otro lado de la habitación.

–¡Protestar! –gritó–. ¡Despertar a la ciudad! ¡Llamar inmediatamente al alcalde!

Ana la miró con admiración.

–Muy buena idea –dijo–. ¿Cómo podemos llamarlo?

Don Rodrigo sonrió y uno de sus ayudantes recogió el pergamino.

–No haréis nada parecido, señora –le dijo a Bernardina–. Preparad una bolsa con lo imprescindible para esta dama y lo antes posible nos iremos de esta casa.

–¿Adónde? –preguntó Ana todavía medio aturdida.

–Tengo instrucciones de llevaros esta noche a la Torre de Pinto.

–¿Dónde está la Torre de Pinto?

–A unas cuatro leguas de Madrid, Alteza. En el camino de Aranjuez.

En el camino de Aranjuez. Pero Fernando acababa de regresar de allí. Ana conocía el camino de Aranjuez. Durante la época en que Isabel era reina iban juntas con frecuencia a Aranjuez. A Isabel le gustaba mucho, y a Felipe también. Plantaba sus olmos ingleses y sus rosas inglesas. Recordaba la cascada, y a la hijita de Isabel jugando entre las fuentes.

–Debería saberlo –dijo–. Conozco el camino. Pero ¿por qué se me conduce allí? –preguntó confusa.

–¿Por qué? –preguntó Bernardina con mucha más energía–. ¿Qué es esta farsa? ¿Qué es este absurdo?

Don Rodrigo volvió a desenrollar el pergamino y se lo acercó a Ana. En tanto lo sostenía para que Bernardina lo viera también, leyó en voz alta un ampuloso fragmento en prosa.

Porque Ana de Mendoza y de la Cerda –se daban entonces todos sus títulos– estaba en la actualidad incapacitada para gobernar sus propiedades y por lo tanto estaba perjudicando en gran medida a sus hijos, porque además corría el peligro de convertirse en incitadora al desorden público y constituía una amenaza a la paz general, y finalmente, por su propio bien y seguridad, era necesario confinarla en un lugar aislado del mundo a la espera de la decisión real y la modificación de la dirección de sus asuntos que protegiera los intereses de su familia y los de ella misma.

Las frases eran largas y vagas. No se hacía acusación alguna, todo era difuso y carecía de base legal. Ana escuchó sorprendida y sintió lástima por el experimentado oficial que tenía que leer en voz alta tonterías para justificar una acción tan concreta. Pero los sellos y la firma de Felipe estaban en los lugares adecuados. La orden había sido emitida en el Alcázar y llevaba fecha del 28 de julio de 1579.

«Hoy –pensó Ana, mirando la palabra "Felipe"–. Hoy. El día en que ha sido capaz de pronunciar mi nombre ante Antonio.» Se volvió hacia el escritorio, sobre el cual descansaba la carta de Antonio. Felipe había hablado sobre la confianza. «Debéis confiar en mí. Si no ¿en quién vais a confiar?» La casa de Pérez estaba oscura como si ya no viviera nadie en ella, hacía una hora, cuando pasó por delante. «Pues no llegará a Aragón», pensó Ana.

–Gracias –le dijo a don Rodrigo, que seguía leyendo–. Con eso basta. Lo entiendo. Y os pido disculpas por haber obligado a un hombre que conoce las leyes españolas a leer en voz alta esa sarta de tonterías en nombre de esas leyes.

Bernardina agarró el documento y lo extendió sobre una mesa para leerlo ella misma.

–Aquí no hay ninguna acusación –dijo–. No se puede arrestar a nadie sin acusación.

–Esto no es exactamente un arresto –dijo don Rodrigo, incómodo–. Es una medida de seguridad, dirigida fundamentalmente al beneficio de la propia princesa.

Ana sonrió.

–¿Habéis hecho alguna otra detención esta noche, don Rodrigo?

Éste miró a Ana con prevención.

–No, Alteza, no he hecho ninguna.

–¿No? Pero habrá otros oficiales en el Alcázar que podrían tener una misión como ésta.

–Alteza, lamento deciros que responder preguntas que no vienen al caso no está dentro de mi deber.

Bernardina apartó de sí el documento.

–No hay ninguna acusación –dijo–. No podéis arrestarla con esto. Voy a bajar a decirle a Diego que vaya a buscar al alcalde y a sus hombres.

Se dirigió a toda prisa hacia la puerta, pero uno de los soldados jóvenes le interceptó el paso. Don Rodrigo estuvo a punto de echarse a reír.

–Señora, ¿de veras creéis que hacemos las cosas con tanto descuido? –preguntó–. Todos vuestros criados están custodiados abajo, y nadie puede abandonar esta casa bajo ningún pretexto. Estamos aquí por encargo del rey. Os ruego que os comportéis con seriedad.

–Lo intentaremos –dijo Ana–, pero vos lo hacéis difícil. Bernardina, venid aquí; sentaos un minuto. –La arrastró hasta sentarla junto a ella en un sofá–. Me da la impresión que de momento he de someterme a esta extraordinaria farsa. Al fin y al cabo, no puedo hacer que toda la casa pase a cuchillo. Pero no permaneceré mucho tiempo en esa... ¿Adónde decís que me lleváis, don Rodrigo?

–A la Torre de Pinto, Alteza.

–Ah, Torre de Pinto. Parece un lugar ridículo, por el

nombre. Felipe no puede hacerle esto a la gente, y se enterará por fin. No os preocupéis, Bernardina. Id a prepararme las cosas, por favor.

Bernardina se obstinó un momento más, pero luego se levantó.

—Supongamos que no se puede hacer otra cosa —dijo—, pero es un abuso intolerable. Me gustaría estrangular a esos tres —dijo con firmeza.

Los soldados permanecieron impasibles.

—No podríais, Berni —dijo Ana—. Id a preparar las cosas, por favor.

—Muy bien, pero tardaré un poco —repuso amenazadoramente—. Voy a preparar las cosas de las dos.

—Mis instrucciones sólo se refieren a la princesa de Éboli —dijo don Rodrigo.

—En presencia de la princesa no os voy a decir lo que pienso de vuestras instrucciones —dijo Bernardina—. Solamente os digo que yo también voy a esa Torre de Chinche.

—Y yo os digo, señora, que no podéis.

—¡Berni, no! ¿De qué serviría? De momento estamos en sus manos. Pero no será así por mucho tiempo, lo prometo. Y entretanto sois necesaria aquí. Si os quedáis me seréis de gran ayuda.

—Pero no podéis iros con ellos así, sola.

—La princesa dispondrá en Pinto del servicio femenino adecuado —dijo don Rodrigo.

—Claro, un servicio estupendo, seguro —dijo Bernardina—. Pero entretanto, ¿qué va a impedir que estos rufianes os torturen u os asesinen?

—No debéis insultarlos, Berni. Y, suponiendo que me asesinaran, sería mejor que vos siguierais viva, por Fernán y Anichu.

Bernardina la miró despavorida un instante.

–¡Ah! ¡Esos dos! ¡Sí! –A continuación se postró de rodillas ante Ana y se echó a llorar abrazándola–. Pero no puedo dejaros marchar así en la oscuridad, de noche. Tengo que hacer algo por vos, es mi deber hacerlo. Ay, querida, querida chiquita, no vayáis. No aceptéis ese absurdo pedazo de papel. Sois una Mendoza, una grande de España. Tenéis todos los duques y todo el pueblo de vuestro lado. Decidles a esos necios que se vayan a casa, Ana. Decidles que no metan las narices en cosas que no entienden.

Siguió despotricando pero con coraje y coherencia.

–Ojalá pudiera hacer lo que decís –repuso Ana–. Creo que es lo justo, pero todos esos duques están dispersos por España y profundamente dormidos en la cama, supongo. Incluso mi hijo Rodrigo está en Santander esta noche. Y aunque estuvieran en Madrid y despiertos, ¿cómo íbamos a comunicarnos con ellos, Berni? No, de momento debemos hacer lo que dice don Rodrigo. Ayudadme, por favor. Dejad de llorar, querida Berni. Así, así. ¿Estáis ya más calmada?

Bernardina se puso en pie, sorbiendo por la nariz y con los ojos enrojecidos, pero dueña ya de sí misma.

–Si no fuera por los niños, no permitiría nunca que esto sucediera, pero debemos procurar por ellos, supongo. Voy a preparar vuestras cosas, chiquita –dijo, y al pronunciar la última palabra volvió a temblarle la voz.

Uno de los soldados le abrió la puerta.

–Acompañad a la señora al vestidor de la princesa –le indicó don Rodrigo–. No os apartéis de ella y comprobad que se cumplen mis órdenes. Sólo puede llevarse lo imprescindible.

Bernardina lanzó una mirada feroz.

–Daos toda la prisa que podáis, Berni –le dijo Ana.

Bernardina salió precipitadamente de la habitación y Ana, en tanto la observaba, supuso apenada que estaba llorando de nuevo.

Se volvió hacia su escritorio.

—¿Puedo llevarme unas cartas? —le preguntó al capitán.

Él pareció indeciso.

—Supongo que sí. No tengo instrucciones al respecto.

—Gracias. ¿Os apetece a vos y a vuestro teniente un vaso de vino? Y sentaos, por favor. —Señaló la bandeja de botellas y vasos.

Los hombres demostraron su agradecimiento algo incómodos.

Ana les volvió la espalda y se sentó ante el escritorio.

Ya no podría terminar la carta a Anichu. La miró con miedo. No podría escribir en aquella carta que había sido arrestada como un malhechor cualquiera... por el rey, el rey tan querido para Anichu, a quien iba a escribir pronto. Cogió el papel que había escrito para romperlo pero volvió a dejarlo. La niña se alegraría de leerlo y Bernardina podía hacérselo llegar, después de explicarle por qué no estaba terminada. Y ¿cómo se lo explicaría?

Ana abrió una pesada caja taraceada, con herrajes de metal y cerrada con llave. En su interior había unos cuantos tesoros medio olvidados. Comenzó a añadir unas cuantas cosas, con descuido y medio ausente. La carta de Anichu, el sello de Ruy, un retrato en miniatura de su madre, la carta de Antonio que había recibido ese día. Miró con indiferencia por el escritorio. «Supongo que debo llevarme esto; no sé si echaré de menos aquello. Más vale que meta unas cuantas cosas para no sentirme tan sola. La Torre de Pinto. Parece realmente que fuera a la cárcel. Creo que los Arévalo tenían una residencia de caza en Pinto. Voy a la cárcel, Antón. ¿Vais vos también?»

Se apoyó en el codo con los dedos contra el parche. Permaneció inmóvil escuchando los sonidos de la noche. Pensó que si lo que parecía que estaba ocurriendo ocurría de verdad, que era cierto que un tirano la arrestaba sin ninguna acusación, entonces podía suceder cualquier cosa. «Tal vez no regresaré; tal vez no me volveré a sentar nunca aquí; la muerte puede estar cerca, de mí y de él. De él no puede ser; no puede morir todavía.»

El dulce olor de las rosas que tenía sobre la mesa le produjo una sensación de cansancio. Oía los cautelosos movimientos de sus guardianes, que trataban de hacer poco ruido con los vasos y los tintineantes pertrechos; oía los familiares ruidos de Madrid, y el más claro –como siempre de madrugada– la voz de un hombre joven cantando. Pensó en los niños que estaban en Pastrana dormidos. Dormidos. «Ay, Anichu, pequeña.»

«Supongo que debo llevarme unas plumas y tinta. ¿O pensará Bernardina en ello? ¿O me las darán allí? –Sonrió ante el absurdo de que se las dieran y ante la imposibilidad de imaginarse en la cárcel–. ¿Para qué molestarme en llevarme nada? Más valdrá ver qué ocurre cuando llegué allí. Desde luego es una experiencia nueva. Felipe, Felipe, ¿qué ocurre? ¿Qué he hecho yo? ¿Qué estáis haciendo?»

Se quedó mirando la oscuridad de un ojo ciego y otro cerrado. Oliendo las rosas, oyendo los sonidos de su vida libre, miró a la impredecible oscuridad futura. No tenía miedo, solamente estaba triste, muy triste. Nombres y sombras cruzaban esa tristeza. Felipe, Antón, Fernán, Anichu. Se sentía triste, estupefacta, ridícula. «Supongo que debo ir con estos soldados, de momento. Supongo que es lo único que puedo hacer.»

«Más vale que meta este libro de oraciones en la caja. Ojalá pudiera rezar. Podré, más adelante; lo intentaré. Rezaré por los niños. Ama a tu enemigo –pensaba mientras metía más cosas en la caja–. Ama a tu enemigo, haz el bien a quien te odia.»

Se rió suavemente.

–Diga, Alteza –dijo don Rodrigo.

Ella apenas lo oyó y no respondió. Pensaba divertida que siempre había amado a su enemigo, y que aquella misma noche no podía odiarlo.

–¿Torre de Pinto? ¿Tardaremos mucho en llegar?

–Tenemos buenos caballos, princesa. Llegaremos al amanecer.

El reloj de Santa María de la Almudena dio las dos. Ana despabiló una vela. Muchas veces había oído dar las dos mientras esperaba que Antonio cruzara la calle desde el Alcázar para ir a verla.

Se levantó y cerró la caja de herrajes de metal.

–Ya podemos irnos –dijo enérgicamente–. Vámonos ya, por Dios.

En ese momento entró Bernardina, seguida por el soldado. Se acercó a Ana con una larga capa negra en el brazo. Parecía calmada y fatigada, como si se hallara decidida a causar a su señora la menor angustia posible en aquella extraordinaria hora. A Ana se le encogió el corazón al percibir aquel desesperado alarde de compostura.

–Ya han bajado vuestro equipaje, chiquita. He procurado pensar en todo lo que podéis necesitar, pero no he encontrado a ninguna doncella ni a nadie de nuestra gente. La casa está plagada de soldados –dijo con desdén.

–Gracias, Berni. Recordad que lo dejo todo en vuestras manos hasta que regrese. Y decídselo a los niños, decidle a Anichu...

–Se lo diré –dijo Bernardina.

–Si Su Alteza tiene la bondad de despedirse de esta señora... –interrumpió don Rodrigo.

–Bajo con vos –dijo Bernardina.

–No, señora, no es aconsejable. ¿Tenéis la bondad de venir, Alteza?

–Yo bajo...

–No, Berni, dejadlo. Prefiero despedirme aquí.

Ana contempló con añoranza la habitación en tanto cogía la capa y se la echaba por los hombros. Luego se volvió y abrazó a Bernardina.

–Hasta dentro de poco –dijo–. Dadles un beso a los niños y decidle a Anichu que volveré.

A continuación se volvió hacia los soldados.

–¿Puede alguien llevarme esta caja? –preguntó–. Estoy lista.

Escoltada por don Rodrigo y seguida por otro soldado, salió de la sala larga. No volvió a mirar a Bernardina, que permaneció acompañada de su guardián.

La conducían por el pasillo en lo que le pareció la dirección contraria, hacia unas escaleras que nunca usaba.

–No es por aquí –dijo.

–Vamos a usar estas escaleras y una entrada lateral, princesa –repuso el capitán.

–Pero... quiero ver a mi mayordomo, Diego, y a otros servidores. ¿Dónde están?

–Están vigilados en el patio hasta que nos vayamos, Alteza.

–Entonces pasemos por el patio, quiero despedirme de ellos.

–No es posible. Debemos salir por aquí, Alteza.

Ana lo miró perpleja. Pero seguidamente pensó: «Esto es, esto es estar en la cárcel. ¡Qué extraordinario! ¿Cuánto tiempo se puede vivir así?» Se encogió de hombros y descendió las poco familiares escaleras. Mientras lo hacía se le ocurrió que aquéllas debían de ser las que había utilizado Juan de Escobedo para hacer su entrada año y medio antes.

–Parecéis divertida, princesa –dijo Rodrigo con suspicacia.

–Sí, estaba pensando en un extraño incidente.

Llegaron a una puerta que Ana apenas conocía. Un soldado apostado junto a ella la abrió y Ana vio la calle, donde la esperaban carruajes y soldados. La luna, alta en el cielo, lo iluminaba todo. Se detuvo en aquel umbral de su casa que nunca había atravesado hasta entonces y miró con cariño la callejuela. La iglesia de Santa María de la Almudena quedaba al otro lado y la entrada caía un poco más abajo de donde ella estaba. Había rezado muchas veces en aquella iglesia; sus campanas la habían amonestado hora tras hora. Le hubiera gustado decir entonces unas oraciones.

La calle estaba tranquila.

—¿Tenéis la bondad de entrar en este carruaje, Alteza?

Ana entró en el coche.

Mientras colocaban el equipaje y cerraban las puertas, la princesa miró por la ventanilla hacia la puerta de Santa María de la Almudena. Alguien se movió bruscamente en ella, retirándose como temiendo haber sido descubierto. Pero la luna proyectaba una luz potente y Ana conocía el cabello rubio grisáceo que ésta iluminó. Felipe había ido a verla partir desde el portal de la iglesia que había enfrente de su casa. Se imaginó su rostro como si estuviera hablando con él en la sala larga.

Se recostó en el asiento, hundiéndose en la oscuridad, para no volver a verlo. «Amad a vuestros enemigos», se dijo, pero en tanto lo decía, se deshacía en sollozos.

Los carruajes y su escolta emprendieron la marcha hacia el sur.

TERCERA PARTE

Pastrana

CAPÍTULO PRIMERO
(Marzo de 1581)

I

Cuando Ana regresó a Pastrana después de pasar veinte meses en la cárcel, la llevaban en una litera y tuvieron que subirla, tras cruzar el patio, por la gran escalinata, hasta sus habitaciones. La depositaron en un sofá de la sala blanca y dorada y ella miró a su alrededor, fatigada pero complacida.

–Bueno, Bernardina, si me muero ahora, ya estaré contenta; al menos moriré aquí.

Bernardina se inclinó a ajustarle las almohadas y las ropas, le cogió la delgada mano y se la besó ligeramente.

–No vais a moriros, chiquita. Estáis en casa y os vais a poner bien.

Era cierto que no iba a morir. En enero había estado al borde de la muerte en la prisión de Santorcaz y se solicitó entonces del rey permiso para que regresara a Pastrana, pero hasta marzo no tuvo fuerzas suficientes para soportar el corto viaje. En toda su vida no había conocido la falta de salud, e incluso hizo frente a las penalidades de la Torre de Pinto sin dificultad, de modo que no tenía elementos de juicio para percibir los grados de enfermedad. Los momentos más próximos a la muerte los pasó delirando o en coma, y no recordaba nada de la crisis; ahora que mejoraba descubrió que se fatigaba sólo con mover una mano, con mirar durante un minuto la luz del día o con tratar de comprender una frase corta. A ella aquello le parecía el umbral de la muerte, no podía ser otra cosa, pues desde luego no era vivir. No obstante, todo el mundo le decía que no se iba a morir, que se estaba recuperando.

Ella se lo agradecía, permanecía postrada y esperaba.

Y ahora la habían llevado a casa.

No recordaba por qué había estado ausente tanto tiempo. Casi dos años, decían. Sabía que había estado en la cárcel, en dos cárceles; sabía que se había peleado con el rey, pero estaba demasiado cansada para pedirle a alguien que la ayudara a recordar lo que había sucedido. De todas formas, le resultaba sorprendente encontrarse de nuevo en Pastrana. Se preguntaba por qué se lo habrían permitido.

Trató de mirar de nuevo la estancia. El ventanal que daba al patio estaba abierto de par en par; los ruidos del pueblo entraban por allí y la luz del sol bañaba todo el suelo.

–El sol. Mi ventana –dijo.

–¿Os molesta la luz, chiquita? ¿Queréis que apartemos el sofá?

–No, por favor.

Permaneció inmóvil. Olía unas violetas que había muy cerca; olía la madera de manzano que ardía en el hogar y oía el chisporroteo de las piñas. Aquél era Ruy, el del mediocre retrato de la escuela holandesa que colgaba de la pared próxima a ella. «Erais mucho más guapo –dijo para sí misma–, teníais mucha más personalidad. Bueno, ya he vuelto a casa, Ruy.»

–¿Berni?

–Sí, parlanchina.

–¿Y los niños? Fernán y Anichu.

–Todavía no. Primero debéis descansar del viaje, tomaros la leche y dormir un poco. Luego os trasladaremos a la habitación, y entonces, cuando estéis a salvo en la cama, los veréis un ratito.

–No, no me gusta ese plan.

–Da lo mismo, ése es el plan, querida, y no se va a alterar.

–No, Berni, en el dormitorio no. Quiero que vengan aquí, y no quiero leche.

Bernardina se arrodilló junto a ella y le tomó el pulso. Tenía las manos secas y ardientes.

–Escuchad, Ana –le dijo–, estáis hablando demasiado. En los últimos dos meses no habéis hablado tanto como ahora en mucho rato, y no digamos en diez minutos. Los doctores sabían que al regresar a casa os excitaríais y me han pedido que lo evite todo lo posible. ¿Me oís?

Ana no oía nada. Estaba recordando que cuando se permitió que Anichu fuera a verla a Santorcaz la niña le contó que solía sentarse en la sala de Pastrana y fingir que ella se encontraba allí. «Me siento allí sola –le dijo– después de quitar el polvo con Paca, abro la ventana de par en par para que entre el sol, porque cuando vos estáis siempre la tenéis así, y me imagino que estáis allí.» Ana no encontraba las palabras para explicárselo a Bernardina.

–Bueno, bueno, chiquita, claro que pueden venir a veros aquí. No lloréis, no lloréis. Os lo prometo. Primero bebed un poco de leche y luego ya veremos.

Bernardina se levantó y recorrió la habitación arreglando cosas aquí y allí.

–Josefa os va a traer algo caliente para que lo toméis poco a poco –dijo.

–Lo he traído yo –dijo una vocecita–. Le he dicho a Josefa que lo traería yo.

Ana movió la cabeza y sonrió como si estuviera soñando.

Anichu se hallaba en pie junto al sofá, menuda y grave, con un almidonado vestido de seda. Cuidadosamente, depositó una bandejita sobre la mesa próxima.

–Bueno, ¿y qué más? –dijo Bernardina en voz baja.

—¡Anichu!

Ana extendió el brazo y cogió a la niña. Anichu se apretó contra ella.

—¡Ay! ¡Ya estáis en casa!

—Sí, ya estoy en casa. ¿Cómo estáis? ¿Y cómo está Fernán?

—Nosotros estamos bien. Pero vos estáis enferma. Estáis muy enferma, ¿verdad?

—No, mucho no. Casi estoy bien.

Ana sentía una gran paz en tanto abrazaba a la niña. Anichu se separó unos centímetros de ella y miró a su madre con atención.

—La voz prácticamente no os ha cambiado —dijo—, pero estáis muy delgada. —Acarició con precaución el rostro y el cuello de Ana—. He visto cómo os traían. No nos dejaban, han dicho que a lo mejor nos asustaríamos, pero yo me he escondido en un sitio y lo he visto.

—Y ¿te has asustado?

—Sí, por eso he venido ahora. Tenía que ver si erais la misma. Y creo que lo sois.

—Sí, soy la misma.

Ana comenzaba a sentirse real. El hilo de la vida y del recuerdo regresaba a ella con la amada voz de Anichu.

—Lamento que te asustaras.

—Ahora ya ha pasado.

—Sí. Las personas caen enfermas y luego se ponen bien.

—Pero ¿no podéis andar?

—Dentro de unos días podré. Iremos a dar un paseo, Anichu.

—¿Como antes?

—Como antes.

—Pero más lejos, porque ahora tengo ya siete años y puedo ir mucho más lejos.

—Bueno, ya basta —interrumpió Bernardina.

—No, no basta —dijo Ana.

—Debéis descansar, chiquita.

—Anichu me ha traído la leche, tengo que tomármela.

—Ah, sí, se me había olvidado —dijo Anichu. Se puso de pie y se dirigió a la bandeja.

Bernardina incorporó a Ana y la acomodó en los almohadones, luego ayudó a Anichu a darle la leche con una taza de plata. Ana iba bebiendo a medida que le ofrecían el líquido, descansando en las almohadas, y contemplaba la ventana inundada de sol y a su hijita. Los recuerdos iban encontrando su lugar. La complicada historia de los meses pasados en prisión antes de caer enferma comenzó a emerger de la reciente oscuridad. Se preguntaba con gran curiosidad, una vez encajados los hechos, por qué se encontraba allí, en casa. Posó la vista en el pequeño Mantegna, iluminado por el sol, noble, escultural. «¿Cómo estará él? He perdido el contacto. ¿Por qué estoy yo en casa? ¿Estará él también en casa?»

—Basta, basta, cariño. Estaba muy buena.

Se hundió en las almohadas. La vida, su vida, su mundo, volvía de nuevo a su corazón: Pastrana, Anichu, Bernardina, y aquella habitación, sus símbolos, sus recuerdos, sus advertencias. No se estaba muriendo, claro que no. Había regresado a la vida.

—Basta.

—Se va a dormir —dijo Bernardina en voz baja.

—Me sentaré a mirarla —susurró Anichu.

—No, chiquita, tiene que descansar de verdad.

—Quédate conmigo, Anichu, no estoy dormida.

Anichu le cogió la mano.

—Me quedaré aquí en este taburete. Os haré compañía.

Ana extendió la mano y dio con el rostro de la niña. Bernardina entraba y salía de puntillas de las habitaciones de su señora. El silencio del mediodía dominaba en Pastrana y el sol bañaba a Anichu, sentada en un taburete junto al lecho de Ana.

II

Ana mejoró rápidamente en casa. Al cabo de cuatro o cinco días de su regreso ya podía andar casi sin ayuda desde el dormitorio a la sala; volvía a comer alimentos sólidos y tenía ganas de conversación, con los niños y con Bernardina. Quería saber muchas cosas. Bernardina no podía responder a algunas de sus preguntas, y otras evitaba responderlas.

La dueña había sufrido lo suyo en los últimos veinte meses. Dos semanas después del arresto de Ana y su confinamiento en la Torre de Pinto, también la detuvieron a ella, sin acusaciones, y la encerraron en la misma prisión diminuta e inmunda. El oficial que la arrestó le dijo que el rey la detenía como instigadora de la intranquilidad y el desorden de la princesa de Éboli.

Si bien a Ana le dolió que su dueña tuviera que sufrir también por culpa de la desconocida ofensa que ella había cometido contra el rey, y aunque Bernardina se enfureció ante tal injusticia, las dos, acostumbradas a estar juntas, se sorprendieron y alegraron de disfrutar del alivio que representaba la compañía de la otra, y a menudo procuraban ver la parte divertida de algunos de los episodios menos soportables de su situación.

Aun cuando su modo de enfrentarse a la situación era distinto, entre las dos, y gracias a la fuerza de sus personalidades y a la firmeza de su amistad, creaban graves y constantes problemas a sus guardianes.

La Torre de Pinto era una pequeña construcción cuadrada de piedra. Constaba de cuatro estancias cuadradas, una encima de otra, comunicadas mediante unas escaleras de piedra que las atravesaban las tres. Tenían por ventanas unas aberturas, una en cada pared y a considerable altura, sin cristales ni postigos. Los guardianes vivían y dormían en las habitaciones superior e inferior; Ana y Bernardina ocupaban la de en medio. Disponían de dos camastros, una mesa, dos taburetes, una pila de piedra, un aguamanil y un cubo de hierro. Les subían la comida de la habitación de abajo. La decencia había de preservarse con aquellos medios; no había biombos ni puertas que separaran las escaleras de la habitación. Ninguna de las prisioneras podía abandonar la sala. El «servicio femenino» que les proporcionaba el rey era una muchacha gitana que vivía en una choza cercana y la mayoría de las noches dormía con los guardias.

–Y menos mal –decía Bernardina–. De algo nos sirve.

Pero Bernardina, como le decía Ana, no corría peligro de ser violada. Don Rodrigo Manuel sabía quién era su prisionera y le tenía cierto temor. Por lo visto, el deseo del rey era que sufriera considerables incomodidades para doblegar su espíritu, pero el capitán de la guardia suponía lo que le harían los Mendoza a cualquiera que se saliera del cumplimiento de su deber en aquella fortaleza, y dio las instrucciones oportunas a su compañía. Ni siquiera en lo relativo a las incomodidades se comportó con brutalidad; pero, en un lugar semejante las prisioneras no podían dejar de vivir miserablemente.

Ninguna de las dos mujeres se había imaginado nunca que tendría que vivir como lo hacía allí, ni se había parado a pensar en los detalles de tamaña incomodidad y degradación. Bernardina, que rebasaba la cincuentena y siempre había sido amante de la comodidad, protestaba continuamente y no dejaba de importunar a los vigilantes con constantes exigencias, disputas e insultos; pero también se convirtió en una experta en llevar todo el orden y la decencia posibles a aquella habitación helada y a sus pobres enseres, pues constituía para ella ya algo natural cuidar de las necesidades materiales de Ana y era una gran experta de las tareas domésticas. Su llegada representó un gran alivio para Ana, que como todas las grandes damas ignoraba por completo cómo vaciar los cubos o lavar la ropa interior. Bernardina la encontró sentada, pacientemente, en un estado de total negligencia. La gitana se comportaba con amabilidad, lo mismo que los soldados, pero apenas comprendían lo que les decía Ana, y no tenían la menor idea de lo que podía resultar asqueroso. Don Rodrigo, el capitán, no vivía en Pinto, sino que sólo acudía de vez en cuando en visitas de inspección. Bernardina sirvió para solventar esta confusión y actuó con energía una vez que se hubo recuperado de la primera sorpresa. Pero todo su esfuerzo no podía producir más que un ligero alivio de la miseria para dos personas que desde siempre estaban acostumbradas al más alto nivel de vida.

A Ana le importaban mucho menos que a Bernardina las privaciones físicas. Aunque le agradecía su decidido intento de mantener la limpieza y la apoyaba fielmente en sus batallas con los guardias, todo ello le parecía poco importante; útil como distracción y para mantener a Bernardina ocupada y menos deprimida de lo que lo estaría, pero para ella, Ana, si Felipe la hubiera encerrado en el encantador palacete de verano de Aranjuez, la farsa y el dolor hubieran sido los mismos.

Así pues, mientras Bernardina reaccionaba contra la situación riñendo con los guardias y la gitanilla y protestando en voz alta y clara, Ana consideraba su estancia en aquel desmantelado recinto como un episodio fantástico, con el que prácticamente no tenía nada que ver, casi como una mala representación que estaba obligada a presenciar. El comportamiento de que hacía gala con don Rodrigo y los guardianes, siempre cortés, podría compararse con el que se observa ante unos actores que no son responsables de las absurdas ideas del autor de la obra.

Durante los siete meses que pasó en esta prisión solamente se le permitió mantener una correspondencia vigilada con el mundo, totalmente inútil. Podía escribir a sus hijos y a ciertas personas que se ocupaban de sus posesiones, pero a nadie más. Había de entregar las cartas, sin sellar, a don Rodrigo, y nunca le comunicó lo que éste hacía con ellas. La misma norma se aplicaba a las cartas que le llegaban. No se le permitía recibir visitas. Así pues, esperaba sentada, maravillada de su propia impotencia; se preguntaba si todos sus amigos y parientes del mundo exterior eran también impotentes, y si la dejarían morir en Pinto.

Pero no se acercó siquiera a la muerte. Soportó el terrible invierno en aquella torre húmeda, atravesada por el viento y que no disponía de fuego, mucho mejor que Bernardina, a quien hubo de cuidar en los peores momentos ayudada por los guardias y la gitanilla. Sin embargo, a excepción del mes de enero, durante el cual la tos y la fiebre de Bernardina la preocuparon, poco le importaba su miseria física. El disparatado gesto de Felipe contra ella acaparaba su imaginación, y a veces incluso le hacía gracia, de modo que tenía arrebatos de buen humor que la sorprendían a ella en la misma medida que a Bernardina o los guardias.

En ocasiones, mientras cantaba y reía con Bernardina recordando viejos escándalos y viejos chistes y escuchaba divertida las historias frívolas y atrevidas de ésta sobre su juventud en Sevilla y sus primeras aventuras amorosas, en ocasiones, mientras se reían en la cama por la noche hasta que los guardias gruñían desde abajo o desde arriba que los dejaran dormir en nombre de Dios, pensaba en el rostro de Felipe tal como lo había visto, pálido y exagerado por la luz de la luna, solemne, frío y encubierto en el portal de Santa María de la Almudena. Se preguntaba entonces en qué medida aquella risa enloquecida, aquella paz de colegiala, lo desconcertaría si la oyera. Y amarga y tristemente pensaba que ojalá la oyera.

Pero lo único que podía hacer era esperar y ayudar a Bernardina a tener las cosas limpias, reír con ella como locas en nombre de la cordura, escribir cariñosamente, aunque sin explicar dónde estaba ni por qué, a Fernán y Anichu, y leer sus sorprendidas, cariñosas y preocupadas cartas cuando llegaban.

Después de la enfermedad que la aquejó durante el mes de enero, Bernardina empezó a maquinar para que la gitanilla les sacara cartas a escondidas. Lo intentaron dos veces, y las dos veces las sorprendieron; las tres fueron castigadas, la chica con golpes, y ellas privándolas de la cena y de los materiales de escritorio durante una semana. Ana encontró divertidísimo que la castigaran. Sin embargo, quedó demostrado que la gitana era demasiado tonta para utilizarla, de modo que esperaron a que se les ocurriera otra idea.

Antes de que se les ocurriera nada las separaron.

Don Rodrigo, asustado por la enfermedad de Bernardina, aconsejó al rey en contra de dejar a las prisioneras en Pinto durante los rigores del mes de marzo en el centro de Castilla. También es posible que le sugiriera que la dueña era más peligrosa para la princesa como compañera de prisión que libre. En consecuencia, una mañana de febrero ambas recibieron la orden de recoger sus cosas. A Bernardina le dijeron que ya no la iban a retener, pero que sólo la soltarían a condición de que no regresara ni a Pastrana ni al palacio de Éboli en Madrid. A la princesa le informaron de que la trasladaban a una casita de Santorcaz, cerca de Alcalá de Henares y no lejos de Pastrana.

La noticia las sorprendió a las dos, y aparte del hecho de que las iban a separar –ahora que se habían convertido en íntimas y entregadas compinches– les pareció buena. Mientras guardaban sus cosas idearon un plan para resolver el problema del alojamiento de Bernardina. Ana tenía una casa en Alcalá que no se usaba casi nunca; Rodrigo vivía allí cuando asistía a la universidad. Dispusieron que Bernardina se instalaría allí, vigilaría de cerca Santorcaz y tramaría un plan para comunicarse.

Así abandonaron Pinto y se separaron.

Santorcaz era mejor que Pinto. Era una casa y Ana disponía de unos pocos criados y de un pequeño jardín en donde pasear. Asimismo, al cabo de unos meses le permitieron recibir visitas de sus hijos.

Rodrigo fue el primero. Ana se sorprendió del placer que le produjo volver a verlo y le enterneció ver que él también estaba emocionado. Le llevaba noticias. La nobleza estaba activamente preocupada por el ultraje que el rey había cometido contra ella. Medina Sidonia y él mismo no dejaban de protestar y de presentar peticiones a Su Majestad. Infantado, De la Ferrara y Alonso de Leiva consideraban que debía constituirse una liga para desafiar al rey por tal acción. Entretanto, el consejero más allegado al monarca, el presidente del Consejo, junto con el cardenal y otros, continuaban insistiendo en que el rey la pusiera en libertad o la llevara a juicio por el delito que presuntamente había cometido. El rey no tenía un momento de paz, pues sus enemigos, al igual que sus amigos, lo instigaban a que la juzgara por sus ofensas. Sin embargo, Felipe estaba muy ocupado. El viejo rey de Portugal había muerto y Alba había trasladado el ejército a la frontera con la intención de tomar posesión; Felipe se proponía ir a Lisboa y establecer una corte allí. Él, Rodrigo, marcharía inmediatamente con Alba, como miembro del regimiento de caballería.

Se sentía ilusionado por ello, y a Ana le agradó ver que estaba ansioso por ser un buen soldado.

—Y ¿dónde está Antonio?

—¿Pérez? Desde que os detuvieron a vos también ha estado prisionero, pero lo han tratado mejor, naturalmente. Siempre dispone de todo tipo de lujos. Primero lo encerraron en casa del alcalde de la corte, con todas las comodidades habidas y por haber. Luego se puso enfermo y sus amigos armaron un gran revuelo, de modo que le permitieron regresar a casa. Ahora creo que está bajo arresto domiciliario, y siempre está protestando. No nos preocupamos por él, madre.

—Ya me lo imagino. Pero yo sí. Todo este enfrentamiento con el rey es por mi culpa.

—No, no, no es sólo eso. Se le ha acusado de corrupción en el ejercicio de su cargo. Se va a efectuar una investigación para demostrarlo y encerrarlo para siempre, porque parece que no hay ningún otro camino. Es una buena salida para Felipe.

—Ya veo. ¿Y su trabajo?

—El viejo Granvela se ocupa de lo más importante, es el primer secretario de Estado. Pero se supone que Pérez todavía conserva algunos cargos, como secretario del Consejo, etcétera. De cualquier modo, no se ha nombrado a nadie para ocuparlos y él sigue cobrando, dicen, e incluso trabaja algo en su cárcel palacio. Es fantástico, pero Pérez consigue mantenerse. Creo que Felipe le tiene miedo por algún motivo. A mí tampoco me sorprende. Es un sinvergüenza peligroso.

Ana sonrió.

—Ya conozco vuestra opinión, Rodrigo. Y Antonio también. Pero gracias por traerme todas las novedades. Todavía no puedo escribir a mis amigos ni recibir visitas fuera de vos.

—Lo sé. Y es ridículo; el mayor insulto que se puede hacer a un Mendoza. ¡Por Dios! De verdad, creo que el rey está medio loco. Al menos este sitio es decente. Al bueno de Medina Sidonia le debéis que os trasladaran. Se ha portado muy bien presionando al rey. Entre todos conseguiremos que os liberen pronto, madre. No os preocupéis demasiado.

–No me preocupo. Y me alegro de que os marchéis a la guerra. Parecéis contento.

–Sí, me gusta mi regimiento y quiero entrar en acción. Pero durante la campaña estaré cerca del rey de vez en cuando y no le dejaré olvidar que soy hijo vuestro. Un día de éstos, antes de salir para Portugal, va a celebrar una solemne ceremonia...

–¿Por qué?

–La consagración del infante don Diego como príncipe de Asturias. Entonces tendré que rendirle homenaje, con los demás duques, y Alonso y yo pensamos que puede ser un buen momento para recordarle el mal que os ha causado; diplomáticamente, claro.

Ana asintió con la cabeza.

–Tal vez, Rodrigo.

Se sentía sola, humillada y avergonzada de Felipe. Pensó en todas las grandes ceremonias que había celebrado en el pasado, en las cuales ella y Ruy lo apoyaban, y con su presencia y amistad contribuían, como él mismo siempre les decía, a su alegría y coraje.

Rodrigo marchó al día siguiente a la guerra. Ana se dispuso a enfrentarse a los meses de verano. Tendría el consuelo de las breves visitas de sus hijos, debidamente espaciadas. Y, que ella pudiera prever, no habría nada más. La triste comodidad que le proporcionaban allí, con una respetable dueña de avanzada edad y unos criados decentes, se abatiría sobre ella y la fatigaría mucho más que la dramática y disparatada vida de Pinto, la vida con Bernardina y la gitanilla y los guardias protestones y cansados. Allí también había guardias, pero nunca los veía y nunca se quejaban. La soledad y el aislamiento eran enormes. Lo único que la reconfortaba era mirar hacia el este, en dirección a Pastrana, y casi respirar el mismo aire. También que Bernardina estaba bajo uno de los tejados de Alcalá que divisaba desde el jardín, y que Fernán y Anichu irían pronto a verla.

En cuanto a las noticias de Rodrigo, agradecía los gestos de algunos de los jóvenes nobles amigos suyos; pero conocía la corrupta pereza de la aristocracia española y no ponía esperanzas en ninguna liga formada por ellos, en ninguna protesta organizada. Le merecían mucho más crédito las presiones de los funcionarios sobre el rey, y sabía que Antonio de Pazos y el cardenal continuarían diciéndole la verdad en toda circunstancia. Deducía que Antonio Pérez corría grave peligro y que luchaba con fuerza y astucia, en un campo de batalla grande y traicionero, por su vida y por el futuro de sus hijos. Sabía que algún día, de una manera u otra, cuando considerara que no había riesgo para él ni para ella, tendría noticias suyas, si vivía. Entretanto, rezaba por él y suponía, basándose en las noticias de Rodrigo, mucho más de lo que éste podía imaginar, que corría un peligro constante e impredecible.

En Santorcaz se hundió en una profunda depresión. Perdió el sentido de lo absurdo de la situación, perdió la perspectiva. El problema se estaba haciendo viejo y ridículo; la crueldad y el egoísmo de Felipe pesaban más que su locura. Aparentemente, los guardias eran eficientes, pues Bernardina no conseguía dar señales de vida.

Cuando mediado el verano fueron a verla los niños, trató de ser la misma de siempre. Pero ellos estaban preocupados y le hicieron preguntas claras e insistentes.

–El rey está enfadado con vos, ¿verdad? –dijo Fernán–. Por eso no podéis venir a casa.

–Sí.

–No entiendo por qué no podéis venir a casa aunque esté enfadado –dijo Anichu.

–Yo tampoco, cariño. Ni nadie que esté en su sano juicio.

–Creíamos que el rey os tenía afecto –dijo Fernán.

–Yo pensaba que os amaba –añadió Anichu.

–¡Ay, madre, esto es terrible! –dijo Ruy–. ¡Vos prisionera! ¡Es ridículo! ¿Cuál es el motivo real, madre?

–Si lo supiera os lo diría, Ruy. Pero de verdad lo ignoro. Nunca me han dado ninguna razón.

–No se puede tener prisionera a la gente sin razón –dijo Fernán.

–Le voy a escribir al rey –intervino Anichu–. Yo sigo creyendo que está cuerdo. Si no, tendría que dejar de ser rey.

Cuando los niños se fueron, de regreso a los fríos cuidados de preceptores y ayas de Pastrana, el verano se desvaneció. No llegó ninguna otra noticia, ninguna carta.

Ana rezaba, cosía y paseaba por el jardín. Pensaba en sus pecados, le daba vueltas a su vida vana y vacía, y trataba de no ofrecer al Cielo su arrepentimiento simplemente porque no tenía otra cosa que hacer y la tentación estaba muy lejos y ya no volvería. Rezaba por Antonio, por su seguridad y por su paz definitiva. Rezaba por Felipe. Pero no podía rezar por sí misma y consideraba que aquél era un momento demasiado propicio para dirigirse a Dios en su propio nombre.

Contemplaba cómo se marchitaban las flores; comía cada vez menos; sentía la soledad con fuerza creciente; no llegaba ningún mensaje; no ocurría nada. Su dueña le contó que la campaña de Portugal transcurría con éxito, pero que el rey estaba enfermo en Lisboa a causa de la peste, y luego que se había recuperado pero que la reina, Ana de Austria, que lo había cuidado, murió al regresar a España.

Seguía sin recibir mensajes. Miraba hacia Pastrana a través del frío cielo y no veía nada. Miraba hacia Alcalá y sus tejados no le decían nada. Y en diciembre cayó enferma y se hundió con gusto en los brazos de la muerte.

Pero ahora había llegado la primavera de otro año, la rodeaban las paredes de Pastrana, bajo sus pies sentía el sol que daba en el suelo y las campanadas de la Colegiata llegaban hasta sus oídos. Allí estaban Fernán y Anichu, que hacían sus tareas en el escritorio de ella, y allí estaba Bernardina, enigmática y serena. Se encontraba en casa y mejorando minuto a minuto; tenía cientos de preguntas que hacer, si Bernardina quería contestarlas.

III

Al cabo de siete días de estar en casa, algunas de sus preguntas recibieron respuesta. El bueno de su yerno, el duque de Medina Sidonia, llegó a Pastrana dispuesto a explicárselo todo.

Llegó procedente de Lisboa como emisario del rey para explicarle las condiciones de su retorno a casa. Dado que, con su leal insistencia, él era quien había conseguido que le permitieran volver a casa, él era también el encargado de ver que se cumplieran las condiciones impuestas.

Después de cambiarse de ropa y de comer, fue a sentarse junto al lecho de Ana. Hacía una tarde luminosa y fría; la ventana estaba cerrada y ardía un gran fuego en el hogar. Alonso se situó cerca agradecido. No le gustaba en absoluto el clima de Castilla y sostenía que en marzo resultaba muy peligroso; pero era un hombre cumplidor y lo había afrontado de buen grado esta vez. Sin embargo, la casa de Ana era cómoda y las habitaciones estaban bien caldeadas.

–No parece que vuestra gota haya mejorado, Alonso.

Estaba más grueso de lo que Ana lo recordaba y andaba con dificultad.

—Qué va, últimamente está mucho peor.

—¿Por qué? No bebéis demasiado, ¿verdad?

—No, no, madre, ya sabéis que no.

Su yerno tenía la costumbre de llamarla «madre» a veces. A Ana le desagradaba profundamente. Comprendía que era un hábito adquirido hablando de ella con Magdalena y Rodrigo, y derivado también del cariño que sentía por ella, pero aquel tratamiento afable la irritaba cuando procedía de un adulto gordo y bajo.

—Alonso, tenéis treinta y dos años y yo cuarenta y uno. Además, no soy vuestra madre, ¡por favor!

—Lo siento, se me había olvidado. ¡Mujeres! —Le sonrió con amabilidad—. Me alegro mucho de volveros a ver, después de tanto tiempo, y aquí. Estáis ya mucho mejor, ¿verdad?

—Sí, mucho mejor. Estar en casa es una buena medicina. Y creo que os lo debo a vos, ¿no es cierto?

—Bueno, sí, creo que sí. En estos momentos trato mucho con el rey y no le permito olvidar la mancha que tiene en su historial.

—Gracias, Alonso.

Se sentía nervioso y no se atrevía a hablar a Ana de su misión. Mientras se dirigía a Pastrana le parecía fácil, incluso maravilloso, y estaba orgulloso de sí mismo; pero ahora, frente a ella, no sabía cómo empezar. Pensó que quizá sería bueno chismorrear primero un poco.

—La campaña de Portugal ha sido un gran éxito —dijo—. Alba ha acabado con las fuerzas del pretendiente sin ninguna dificultad. Es una pena que el triunfo del rey quedara ensombrecido por la muerte de Su Majestad la reina.

—Sí, pobre Ana de Austria. Tuvo una vida insulsa y una muerte insulsa.

Alonso se sorprendió.

–Era muy buena mujer.

–Eso creo... yo apenas la conocía.

–A propósito, Rodrigo se ha distinguido en las acciones en que participó. En este momento se está divirtiendo en Lisboa, y naturalmente os manda recuerdos. Ahora está empeñado en que lo trasladen a los Países Bajos para servir con Parma; las cosas vuelven a estar animadas allí, y parece que todavía se animarán más.

–Lamento oír eso. La última vez que oí hablar de este asunto a alguien bien informado, de lo cual hace ya casi dos años, Alonso, parecía que buscábamos la paz en los Países Bajos.

–Bueno, la política de Granvela es enérgica, y debo decir que, por lo que he oído, parece la única apropiada. Su proscripción de Guillermo de Orange ha causado bastante sensación.

–¡Ah! Entonces el trabajo de muchos años ha caído en saco roto.

–No, no, ¿por qué? Hay momentos en que se debe ser liberal y momentos en que se debe ser enérgico. Al fin y al cabo, Granvela conoce muy bien los Países Bajos.

–Es posible –intervino ella–. No estoy al corriente.

–¿Os estoy fatigando?

–No, continuad. ¿Qué más hay de nuevo?

–Bueno, está el problemático asunto de Diego.

Diego, el segundo hijo de Ana, que no había cumplido todavía los dieciséis años, llevaba ya dos casado con Luisa de Cárdenas, diez años mayor que él. Era muy desgraciado; ella se burlaba de él, lo despreciaba públicamente, y ahora pedía la anulación del matrimonio.

–Ayer vi a Diego en Madrid. Se aloja con el duque del Infantado y está consultando a los abogados. También vi a

Luisa. Es una criatura terrible y desvergonzada, y parece pensar que su situación matrimonial es cosa de broma. Estuvo descortés conmigo.

Ana sonrió. No soportaba a Luisa de Cárdenas, pero comprendía su necesidad de ser impertinente con Alonso si éste comenzaba a aconsejarle sobre su vida amorosa.

–¡Pobre Diego! Es horrible lo que le hicimos; y Felipe y sus tíos tienen más culpa que yo, sin duda alguna.

–Una anulación de matrimonio en nuestra familia es prácticamente imposible –dijo Alonso con severidad.

Ana se echó a reír.

–En esta familia pasan continuamente cosas imposibles –dijo–. Espero que le digáis a Diego que venga a casa en cuanto pueda y que deje lo de la nulidad para Luisa y sus clérigos y abogados. No tiene nada que ver con él. Debe volver aquí y apartarse de esos insoportables Cárdenas. Puede estudiar en Alcalá unos cuantos cursos y olvidarse de toda la pesadilla. ¡Pobre muchacho! Esta misma noche le escribiré y le diré que venga a casa.

Alonso parecía nervioso.

–No sé si... si sería bien visto –murmuró.

–¿Quién lo tiene que ver bien?

–Pues... el rey, como sabéis.

–¿Cómo? ¿Qué tiene que ver Diego con el rey? ¿O es que ahora lo va a detener también por no haber sabido hacer feliz a Luisa?

–¡Tonterías! Pero... –Alonso se agitaba en el asiento–. Con derecho o sin él, el rey se está tomando un gran interés por el futuro de vuestros hijos. Todo este escándalo...

–Siempre se ha tomado un «gran interés». Y «todo este escándalo» lo ha organizado él y puede ponerle fin cuando le plazca. No, no os aflijáis. Yo cuidaré de Diego. Ese matrimonio siempre me ha pesado en la conciencia e intentaré compensar al muchacho por nuestra estupidez. Aquí y en Alcalá, lejos de todos esos vividores tras los cuales corre su esposa, será feliz.

–Quizá, ya veremos. Ya nos ocuparemos de Diego más tarde.

–No nos ocuparemos de Diego en absoluto, querido Alonso. No hay nada de que ocuparse. Sencillamente, accederá a que Luisa presente la solicitud de anulación y luego regresará a casa y volverá a ser joven durante un tiempo.

Alonso se puso en pie y comenzó a atizar el fuego y a ordenar los troncos. Mientras lo hacía miraba a Ana de reojo. Ésta se hallaba recostada en sus almohadas, con aspecto fatigado y demacrado. Estaba tan delgada que su larga figura apenas abultaba bajo la cubierta de seda.

Aquel hombre anodino le tenía afecto y no había dejado de hacer gestiones en favor suyo desde el arbitrario y absurdo arresto de que había sido objeto en julio de 1579. Pero era un mediador, un compromisario. Nunca había tratado siquiera de comprender la excentricidad, ni la del rey ni la de nadie, ni veía la justificación de ningún tipo de pasión. Cuando se topaba con tales cosas en la vida ordinaria hacía todo lo posible por eludirlas, nunca se enfrentaba a ellas directamente. No sabía en qué había consistido la vida de Ana de Mendoza, ni le interesaba saberlo. No sabía más que ningún otro por qué Felipe se había vuelto en contra suya tan de repente y había expresado su enfado en forma tan desafortunada e injustificable. Lo único que sabía era que Ana, sin ser acusada, juzgada ni condenada, era prisionera del rey. Y, conociendo al rey como lo conocía, creía que el único modo de solucionarlo era primero aceptarlo sin discutir y luego negociar suavemente su retractación mediante compromisos, cambios de enfoque y la aceptación realista de los oscuros métodos de la excentricidad y el orgullo.

Pero la conocía lo suficiente para saber que en aquel lecho no yacía ninguna negociadora.

Suspiró y volvió a atizar el fuego. El pie aquejado de gota le dolía y lo incomodaba.

En ese momento entró Bernardina por la puerta que comunicaba con la alcoba de Ana.

—Buenas tardes, Excelencia —dijo, y Alonso respondió a su saludo en tono melancólico—. Lamento interrumpiros, pero Su Alteza, como veis, todavía está delicada y necesita cuidados.

Se acercó al lecho de Ana, la ayudó a incorporarse y le arregló los almohadones.

—Estoy perfectamente, Berni.

—¿Estáis segura de que podéis aguantar una conversación larga?

—Sí, de verdad. Todavía no hemos empezado. Quiero oír todas las noticias que me trae Su Excelencia.

—¿No creéis que deberíais tomar algo, chiquita?

—No, gracias. Me encuentro perfectamente, de verdad.

—Pues no lo parece —dijo Bernardina—. Tratad de no preocuparla demasiado —le dijo con frialdad al duque.

Él hizo caso omiso de la recomendación, pero Ana se echó a reír.

—Si lo hace, os llamaré, Berni.

—A ver si es cierto. En serio, si necesitáis algo, llamadme. Me pondré a coser en la habitación de al lado.

—Lo prometo. Poned esos junquillos donde les dé la luz. Así, así está mejor, gracias.

Bernardina le sonrió, volvió a hacerle una reverencia a Medina Sidonia y regresó al dormitorio de Ana. Alonso la miró pensativo.

—Ella no tiene nada que hacer aquí —murmuró.

—¿Qué decís, Alonso? —preguntó Ana lánguidamente.

El duque volvió a ocupar su lugar junto al lecho y Ana miró su rostro preocupado con pena.

—Me traéis un recado carcelero, ¿no es cierto? Adelante, dádmelo.

—Es complicado.

—Muy propio de Felipe. Pero nosotros podemos simplificarlo. Para empezar, decidme una cosa que Bernardina no sabe contestarme. ¿Estoy aquí provisionalmente, mientras me encuentre enferma, o estoy libre?

—Que yo sepa, estáis en casa para siempre.

—¡Ah! ¡Gracias a Dios!

Se recostó inmóvil en los almohadones con la mano sobre el parche y el otro ojo cerrado.

—Menos mal, Alonso. Todavía no puedo decir nada más porque me echaría a llorar. Pero... no me gustaba estar prisionera.

El duque esperó pensando en lo que iba a decir.

—Desde luego, estáis en casa. Y estáis libre, si así lo deseáis.

Ella se volvió lentamente hacia Alonso.

—Pero si estoy en casa, en Pastrana...

—Escuchad, madre. ¡Ay, perdón! Escuchad el mensaje del rey. Por favor, no me interrumpáis con ninguna agudeza. Escuchad. Podéis vivir en Pastrana, como su dueña y señora, igual que antes... libre cual el viento, si cumplís ciertas condiciones.

—No aceptaré ninguna, de modo que ahorraos la saliva.

—¿Pero no os dais cuenta de que no tenéis otra salida?

—¿Que no? No hay condiciones que valgan. O vivo como un ciudadano libre o soy sometida a juicio por los delitos que se me imputan.

—Os he pedido que no me interrumpáis. ¿Me vais a dejar terminar de decir lo que tengo que decir?

—No os interrumpiré.

–Estáis libre si: a) desistís de pedir que se vea el caso Escobedo; b) hacéis un gesto formal de reconciliación con Mateo Vázquez; y c) os comprometéis a no volver a ver a Antonio Pérez y a no comunicaros con él en lo que os queda de vida.

Durante unos momentos reinó el silencio.

Ana alargó el brazo y le dio una palmadita en la rodilla a Alonso.

–Lo habéis dicho muy bien –dijo–. Podría acceder a a) –prosiguió pensativa–. Siempre fue más una opinión, un consejo, que un principio. Si los demás creen que es correcto que no se vea el caso, entonces yo no tengo por qué insistir. La segunda condición me niego a considerarla. Nunca haré tal gesto formal y, si Felipe es capaz de convertir eso en un delito, que me acuse de ello ante los jueces y yo me someteré al juicio. Y puesto que nos detenemos en el apartado b), no hay necesidad de pasar al c).

Alonso emitió un gruñido.

–Os suplico...

–No me supliquéis. Y no os preocupéis. Os agradezco todo lo que hacéis por mí, pero ya os he dicho que simplificaríamos las cosas, y lo hemos hecho. Al menos hemos llegado hasta aquí y, después de todo, no estoy libre. Este agradable paréntesis no es más que un cruel espejismo. ¿Cuándo tengo que regresar a Santorcaz?

Alonso se secó los ojos.

–Por favor, por favor. No me lo pongáis más difícil.

–¡Querido tonto! Espero que Magdalena sea buena con vos.

–No nos apartemos de la cuestión. No volveréis nunca a Santorcaz. Os quedaréis aquí, libre o prisionera. Eso al menos se lo hemos conseguido arrancar.

–¿Quedarme aquí, prisionera?

–Sí, bajo arresto domiciliario.

Miró a su alrededor y luego le sonrió.

–Pero ¿quién me va a tener prisionera en Pastrana? ¿Quién va a evitar que cruce mi propia puerta o la plaza del pueblo? ¿Quién va a evitar que oiga misa en la Colegiata o que Anichu y yo no vayamos a ver los panales de las abejas o a San Amadeo? –Se echó a reír–. No creo que la gente de Pastrana me tenga encerrada.

–Eso, por desgracia, no dejará de solventarse, si insistís. Os cambiarán los criados. Os pondrán personas que harán de vigilantes además de criados. El gobierno de vuestra casa pasará a manos de algún extraño nombrado por el rey. No podréis pasar del jardín ni de la puerta del patio. Vuestras cartas y visitas estarán sujetas a inspección y el mismo funcionario dirigirá todos vuestros asuntos.

–Ya veo.

–Así pues, pensadlo bien, pensadlo bien, os lo ruego. Si insistís en no aceptar estas estúpidas pero sencillas condiciones, sinceramente, veo pocas esperanzas de que consigáis nada mejor.

–Supongo que tenéis razón.

Alonso se puso en pie y echó a andar trabajosamente por la habitación.

–¿Os duele el pie? ¿Os apetece un poco de vino o alguna otra cosa?

–No, estoy bien. Tengo una idea; hace tiempo que vengo dándole vueltas. Es una especie de última esperanza. Pero, si la usáis, por favor, no digáis que es mía.

Ella le sonrió para tranquilizarlo.

–¿Por qué no huís, antes de que comience la nueva reclusión, con los niños... a Francia, o incluso a alguna de vuestras propiedades italianas? Creo que si no estuvierais en España, Felipe lo olvidaría y lo perdonaría todo. Y ahora es el momento. Tardaré, puedo tardar mucho, en regresar a Lisboa con vuestra respuesta. Luego el rey tardará en decidir qué hacer y a quién mandar a ocuparse de vos. Podríais estar fuera de su alcance mucho antes de que sus emisarios llegaran aquí. Yo podría ayudaros. Rodrigo y yo podríamos disponer lo necesario respecto a vuestro dinero, posesiones y todo lo demás. Y estaríais a salvo, a salvo y libre, con los niños. ¿Qué os parece?

–Perdonadme de nuevo, pero no. No puedo huir de un delito que no existe. No he hecho nada ilegal y no me echarán de mi país por nada. Tampoco voy a privar a mis hijos de su hogar y amigos naturales por nada. No, Alonso, lo siento, pero en este absurdo asunto he descubierto un principio y me quedaré a mantenerlo. Castilla se desmorona bajo la curiosa y precavida tiranía de este rey. Yo soy castellana. En toda mi vida no he hecho nada útil y he cometido muchos pecados, pero casualmente puedo hacer este pequeño servicio al buen sentido castellano antes de morir. No es siquiera honor, es simplemente sentido común. Así pues, me quedaré aquí, y vos podéis decirle al rey que o bien se aviene a razones y me somete a juicio por mis presuntos delitos, o puede convertir la casa de Ruy Gómez en prisión para mí. Que elija él. Aquí estaré cuando vengan los nuevos guardianes. Será muy curioso... la prisión más extraña de las tres.

–Sois imposible. ¡Pensad en los niños!

–Pienso en ellos. Será durísimo. Aunque supongo que a ellos sí se les permitirá cruzar la puerta.

–Supongo que sí. Es posible que los lleven a otro sitio. En realidad no lo sé.

–Si se los llevan, que se los lleven. Yo no lo haría así, especialmente por los dos pequeños, pero yo sólo puedo darles mi visión de las cosas. Tal como está todo, creo que lo mejor que puedo hacer es demostrarles que respeto la libre dignidad de Castilla.

–Es un punto de vista, pero no sirve de nada.

–Sí, supongo que no sirve de nada.

–Estáis fatigada... muy fatigada. No tomaré esta respuesta como definitiva. Me voy a quedar hasta mañana...

–No, no estoy fatigada. Y ésta es la única respuesta, Alonso. No puedo daros otra, y Felipe lo sabe. Aunque, naturalmente, me alegro mucho de veros.

Alonso contempló con tristeza la hermosa habitación.

–Si insistís en esta actitud, nunca seréis feliz –dijo.

Ella se echó a reír.

–¿Acaso he dicho que esperara ser feliz?

–Os cambiarán los criados, os controlarán...

–Recitad vuestro lúgubre canto a Felipe, yo ya me cantaré el mío propio.

–Lo sé, lo sé. –Se acercó de nuevo a la silla y se sentó pesadamente–. Sólo me queda una cosilla por decir. Esa mujer, vuestra dueña...

–¿Bernardina?

–Sí, Bernardina Cavero, ¿verdad? No tiene nada que hacer aquí. El rey me dijo expresamente que está en libertad con la única condición de que no se acerque ni a Pastrana ni a vos.

–Ah, ya me extrañaba –dijo Ana sonriendo–. Entonces vamos a llamarla y a interrogar a esa criminal. –Hizo sonar la campanilla.

–No, no, dejémoslo para otra ocasión.

–Hablaremos con ella ahora mismo.

En ese instante entró Bernardina.

–Gracias, Berni. Venid aquí y sentaos en el banquillo de los acusados. Parece que tenéis problemas con la justicia.

Bernardina se echó a reír.

–Bueno, al fin y al cabo, soy una ex presidiaria...

El duque de Medina Sidonia carraspeó y adoptó un aire severo. La impertinencia de Ana en el seno de su familia era un privilegio de aristócratas, pero él se sentía obligado a mostrarse digno ante las clases inferiores y le hubiera gustado que ella hiciera lo propio.

–Decídselo, Alonso.

–Doña Bernardina, sé por Su Majestad que en febrero del año pasado se os concedió la libertad con la condición de que no regresarais a Pastrana ni al servicio de Su Alteza. Esa condición sigue vigente. En consecuencia, he de preguntaros por qué os encuentro aquí.

–Estoy aquí, Excelencia, porque consideré estar aquí cuando Su Alteza llegara enferma y deprimida. Está acostumbrada a mí y pensé que le haría bien.

El duque de Medina Sidonia hizo ademán de hablar.

–Eso no explica nada.

–Ya lo creo –dijo Ana–. Continuad, Berni.

–Cuando salí de la Torre de Pinto me fui a vivir a Alcalá, Excelencia. Dediqué entonces todo mi tiempo a tratar de ponerme en contacto con Su Alteza en Santorcaz. Pero estaba muy bien vigilada y nada me salió bien. Entonces descubrí que estaba enferma. Cada día iba a la casa y pedía que me dejaran verla. Pero fue como si hablara con la mula del Cid. Casi me volví loca al oír cada día que se estaba muriendo y que no me dejaban verla. Entonces supe por uno de sus médicos de Alcalá, una excelente persona, que la mandaban a casa. Supuse que no es que la dejaran libre sino que tenían miedo, que pretendían llevarla a casa para que se pusiera bien y luego volver a encerrarla. Me parece que estoy en lo cierto. –Ana asintió con la cabeza–. Así pues, abandoné el asalto a Santorcaz y vine para aquí dos días antes de que llegara ella. Quería preparar las cosas para que las encontrara tal como le gustan. Todo el mundo me recibió encantado, naturalmente. Aquí me tienen cariño, Excelencia.

–Ya lo creo –dijo Ana.

–Pero al día siguiente de llegar vino a verme el alcalde. Me dijo que no estaba cumpliendo mi palabra, o algo así. Y yo lo mandé al cuerno. Él se echó a reír, es un hombre como debe ser, y nos tomamos unas copas. Y aquí estoy.

–Es un delito bastante grave –dijo Alonso.

–Tan grave como todos los delitos de Su Alteza, si me permite decirlo –dijo Bernardina.

–Bueno, Berni, habéis infringido de nuevo la ley. Pero, gracias a Dios, estáis donde debéis estar. Porque, después de todo, yo no soy libre, Berni. Mi yerno acaba de explicarme que esta casa se va a convertir en una cárcel.

–¡Ah! Eso pensaba yo.

Medina Sidonia volvió a gruñir.

–No tenía por qué ser así, Ana. No hubiera sido así si tuvierais el más mínimo sentido común.

–Tiene que ser así precisamente porque tengo sentido común.

Bernardina se acercó a ella y la acomodó en los almohadones.

–Estáis muerta de cansancio –dijo–. No debéis agotaros así.

–¿Qué haréis si os vuelven a encerrar, Berni?

–Bueno, si me encierran aquí (y al fin y al cabo eso sería lo más económico) hay cosas peores. ¡Bien que nos divertimos las dos en Pinto, chiquita! ¡Menudo par de presidiarias!

–Sí, ya tenemos experiencia, Berni.

–Entonces, doña Bernardina, deduzco que persistís en no acatar las condiciones de vuestra libertad.

Bernardina le sonrió.

–Así es, Excelencia, me quedo aquí hasta que me saquen a rastras.

Ana estaba encantada.

–¡Ay, Berni! ¡Como en los viejos tiempos! ¡Es como estar otra vez en Pinto!

—Pues yo me divertí más en Pinto que en otros sitios. ¿Vos no?

Sonrió y le dedicó una fría reverencia al duque.

—Si no deseáis nada más... —dijo cortésmente.

—Nada más —repuso él lacónicamente en tanto ella se retiraba.

—No comprendo en absoluto este asunto —dijo una vez Bernardina se hubo marchado—. ¿Es porque sois mujeres o porque estáis locas?

—Un poco de cada cosa, Alonso.

Ana se encontraba ahora en verdad cansada. Habían transcurrido casi dos años desde la última vez que había sostenido una conversación tan larga y tan difícil, y todavía se hallaba bajo los efectos de una grave enfermedad. Esperaba que Alonso se marchara pronto. Permaneció inmóvil y en silencio, pero pensando con cariño y con satisfacción en Bernardina. «Tiene estilo... dentro de su sencillez —pensó—. Con qué tranquilidad y con qué ánimo toma las cosas tal como se presentan, sin dejar de ser fiel a su honradez. ¿Por qué tiene que perder la libertad de nuevo? ¿Y por qué la tengo que perder yo ni ninguna persona honrada? Tengo que esperar encerrada la respuesta a esas preguntas. Que así sea. Puedo hacerlo por mí misma. Que así sea. Voy a dormirme un rato hasta que vengan a verme los niños.»

La habitación estaba en penumbra y el fuego resplandecía. Las flores, violetas y junquillos, esparcían su perfume. Sí, ahora se dormiría; tenía sueño.

Pero Alonso no se marchó.

Permaneció sentado mirando el fuego.

—Alguna gente piensa —dijo—, no sé exactamente por qué, pero lo piensa, que la única condición que le importa realmente a Felipe es la tercera, la que vos no queréis ni discutir. Dicen, por ejemplo el mismo Rodrigo, que si le dijerais al rey que no volveréis a ver a Antonio Pérez, cambiaría todo por completo.

–Estoy de acuerdo –dijo ella.

–¿Podríais decírselo?

–Si eso es lo que quiere, que sea honrado y lo diga.

–¿Y si lo dijera? ¿Y si sólo os pidiera eso?

–Estaría obligada a decirle que no tiene derecho a pedirme tal cosa, o al menos a hacer de ello una condición de mi libertad.

–Pero ¿responderíais que sí o que no?

–Respondería que no.

–Entonces, ¿estáis enamorada de Antonio Pérez? –La voz del duque denotaba sorpresa.

–¿Por qué os cuesta tanto entenderlo, ahora que ya pensaba que lo habíais comprendido? Mi respuesta no tendría nada que ver con estar enamorada.

Alonso sintió cierto alivio. Sabía que tenía razón en cuanto a ese absurdo de la aventura amorosa. La gente era capaz de decir cualquier cosa con tal de hacer un escándalo. Pero ¿qué debía hacer él? ¿Cómo iba a ayudarla ahora?

Ana yacía envuelta en las sombras pensando en Antonio Pérez.

El repiqueteo de los cascos de los caballos llegó hasta sus oídos procedente del patio; los niños acababan de regresar de su paseo. Ana oyó cómo se reía Fernando, un alegre tintineo de campanas.

CAPÍTULO SEGUNDO
(Julio de 1585)

I

En lo sucesivo pareció que la historia de Ana había terminado. La encerraron en Pastrana y el mundo se olvidó de ella.

En la planta baja se instaló un administrador llamado Pedro Palomino, acompañado de guardias y escribientes, dotado de plena autoridad sobre todo el ducado para dirigirlo según su criterio, pues al mismo tiempo fue nombrado gobernador y primer magistrado de la zona. Desde detrás del escritorio de casa de Ana, este extraño despidió a todos los criados, empezando por Diego, el fiel mayordomo, hasta el último, sin informarla de tales despidos ni permitir que los despedidos le dijeran adiós: También los preceptores de los niños y los ayudantes personales fueron destituidos; los secretarios, mozos, jardineros y todos los que habían trabajado allí para Ruy Gómez o eran hijos de sus empleados abandonaron Pastrana antes de que hiciera un mes de la llegada de Palomino. Su lugar lo ocuparon una serie de extraños mucho más reducida de lo que era costumbre. La administración de las propiedades, encargada de las relaciones con los arrendatarios, de dirigir el floreciente comercio de la seda del pueblecito y de las empresas comunitarias, y gestora de su prosperidad, se puso en manos de un funcionario de Madrid, que no conocía a nadie, no se acordaba de los nombres ni las caras de un día para otro y no había visto ni un gusano de seda ni un telar en su vida. Era un hombre que creía que todos los pueblos eran lugares míseros y no veía ninguna razón para que dejaran de serlo.

Ana vivía en el piso de arriba, en sus habitaciones privadas. De sus doncellas personales sólo quedaron Bernardina y Paca; todas las demás que pululaban a su alrededor eran extrañas. Se le permitía usar unas escaleras secundarias que conducían desde sus habitaciones al estudio de los niños y a la puerta del jardín. Junto a esta puerta había siempre, día y noche, un guardia.

No veía nunca la gran escalinata de su casa. Al otro lado de la puerta principal de su sala de estar colocaron una reja de hierro con una puerta que sólo se abría cuando Palomino iba a verla. Los niños eran libres de ir y venir, bajo la vigilancia del guardia, entre las habitaciones de su madre y las suyas. Podían deambular por la casa y salir al exterior a su antojo, con la única precaución de comprobar que no traficaran con cartas o recados prohibidos. También las cartas de Ana se controlaban, lo mismo que en Pinto, y no podía disponer de dinero. Podía escribir a los comerciantes pidiendo lo que necesitara, pero Palomino decidía si sus encargos debían seguir su curso o no.

La organización de todo esto era complicada, especialmente con niños en la casa, pues no se podía pretender que vivieran en un ambiente carcelario. Sin embargo, nadie importunaba a Ana con las dificultades. De ellas se ocupaban unos empleados invisibles desde la planta baja; todo quedaba fuera del control de Ana.

Tras uno de los largos y trabajosos procesos decisorios de Felipe, éste permitió que Bernardina se quedara con ella; pero se quedó también en calidad de prisionera, sujeta a las mismas restricciones que su señora. Ellas dos eran las únicas prisioneras; todo aquel nuevo aparato se había creado en Pastrana, y todas las propiedades tenían que sufrir tan importantes trastornos, para tener a las dos mujeres bajo llave.

El esposo de Bernardina, Espinosa, hubo de dejar la vivienda que compartía con su mujer en el palacio e ir a alojarse en el pueblo. Todavía trabajaba para la propiedad, pero con un cargo inferior, y, puesto que era el único conocido, resultaba de gran ayuda para los agricultores y tejedores de seda que trataban de explicar sus asuntos al funcionario de Madrid. Se le permitía hablar con su esposa los domingos durante quince minutos a través de la verja de hierro colocada en el rellano. Su hijo había sido despedido del cargo de administrador de la explotación de la casa señorial, pero el duque de Medina Sidonia le buscó trabajo en Sanlúcar.

Tenían un capellán nuevo, y Ana y Bernardina podían rezar en la capilla privada, o más bien en una tribuna a la que se accedía desde las habitaciones de Ana.

Así pues, todo estaba previsto.

A medida que transcurría el tiempo, los hijos de Ana estaban menos en casa. Rodrigo servía con Parma en los Países Bajos; Diego, aburrido de la Universidad de Alcalá y todavía a la espera de la resolución del proceso de nulidad matrimonial, se fue a Italia con un preceptor a inspeccionar el ducado de Francavilla; Ruy, un muchacho muy serio, estudiaba historia y lenguas europeas en la Universidad de Salamanca y pasaba mucho tiempo con sus parientes de Madrid, así como en la corte, pues deseaba seguir las huellas de su padre y entrar en la Secretaría de Estado; Fernando vivía oficialmente en casa durante los primeros años del encarcelamiento de Ana, pero pensaba ser sacerdote, fraile franciscano, y por lo tanto a veces pasaba semanas enteras en el seminario que tenía la orden en las afueras de Pastrana.

Sólo Anichu estaba siempre en casa. Seguía cabalgando por los campos como de costumbre y haciendo visitas a la gente que conocía en las fincas, así como a las monjas de su querido convento franciscano. Aparte de eso, vivía una vida de prisionera, a gusto, con Ana.

Pocos eran los visitantes que, tras sufrir un minucioso registro, eran autorizados a cruzar la verja de hierro para entrar en la sala blanca y dorada. Se admitía a unas cuantas personas de la localidad, si no se presentaban con demasiada frecuencia: la madre priora, una o dos esposas de campesinos, y el duque de Medina Sidonia en las raras ocasiones en que viajaba tan lejos de sus posesiones. El viejo alcalde, un hombre jovial que todavía ocupaba en teoría el cargo pero que se veía gravemente entorpecido por las interferencias del nuevo juez principal, Palomino, daba numerosas excusas para cruzar la reja y charlar un rato con Ana y Bernardina. Diego, el mayordomo, si bien vivía muy cerca del pueblo, no iba nunca. El alcalde le contó a Ana que Diego había intentado verla en dos ocasiones, pero que ninguna de las veces se había controlado lo suficiente. Diego murió antes de que se cumpliera un año de su despido.

El marqués de los Vélez ya no estaba en Alcalá; se había marchado a América con el cargo de gobernador. Otros vecinos intentaron también ser admitidos: no se les concedió permiso con la excusa de que no tenían motivos suficientes y al principio refunfuñaron por ello, pero luego se olvidaron de la prisionera.

De Antonio Pérez no se supo nada, de modo que Ana supuso que todavía continuaba su largo enfrentamiento con el rey. Sabía que su vida aún corría peligro y que consideraba que la de ella también estaba en peligro; mientras no cambiara la situación, tratar de comunicarse con Ana y fracasar sería fatal para uno de ellos, o para ambos. Sabía que no recibía noticias suyas simplemente porque no quería que Felipe la eliminara. Supuso que tal vez no volvería a saber nada de él.

Lo único que aparentemente le quedaba de su vida privada era lo que contenían sus habitaciones y jardín, dos bondadosas sirvientas y Anichu; esto y la vista que se divisaba desde el ventanal de la sala de estar.

El balcón había sido tapiado, pero todavía alcanzaba a ver la puerta de la casa, aunque apenas se divisaba el patio. Más allá de la entrada veía la pared occidental de la iglesia de la Colegiata, gran parte de la plaza y unos cuantos tejados de casas de amigos y vecinos. Desde allí contemplaba cómo esos vecinos paseaban por la plaza al sol, se sentaban junto a la bodega o en los escalones de la iglesia, para charlar. Cuando tocaban a misa, incluso distinguía a las personas que entraban en la iglesia. La ventana se convirtió en una valiosa posesión, pues era el marco de la vida y contenía su porción de cielo.

Mientras era libre, Ana siempre había pensado que llevaba una vida inactiva e improductiva. Le preocupaba y se sentía demasiado regalada e inútil. Pero ahora miraba hacia atrás, casi con envidia, lo que le parecía una laboriosidad incesante. Recordaba las ocupaciones que llenaban sus días en Pastrana: las instrucciones sobre las comidas y los invitados que daba a Diego y al ama de llaves, las transacciones que hacía, o creía hacer, en el despacho de la propiedad, los recados y visitas por el pueblo, los paseos con los niños, las fiestas que celebraba para ellos, las entrevistas y consejos con los preceptores, las pequeñas ceremonias y fiestas locales que organizaba, las cartas que escribía, los planes que hacía, los consejos que daba.

—Bernardina, ¿creéis que las prisiones del Estado están llenas de zánganos inútiles como yo?

—Me parece que en algunas hacen picar piedra. ¿Os apetecería probarlo un rato? ¿Queréis que se lo sugiramos al viejo Palo, chiquita?

Bernardina se mantenía ocupada, pues era hábil en las tareas domésticas, los criados eran mucho menos numerosos que antes, y no se había rebajado el nivel de vida de Ana. Pero ésta no sabía limpiar la plata, ni los marcos de los cuadros, ni tampoco poner fundas nuevas a los almohadones, y Bernardina no le permitía probar qué tal lavaba la ropa.

–Pero en Pinto lo hacía muy bien... y me gustaba. –Bernardina sonreía–. Sí, me gustaba. Y además vos no sabéis ni la mitad de cosas asquerosas que aprendí a hacer en Pinto cuando vos estabais enferma.

–¡Pinto! ¡Qué tiempos aquéllos! ¿Os acordáis de la noche en que Zapo tropezó en el último escalón y se cayó hasta abajo de espaldas con la sopera encima?

Se rieron de buena gana. Se daban cuenta de que con frecuencia recordaban su estancia en Pinto como si se tratara de una experiencia idílica.

–Estar prisionero en casa de uno no es tan divertido, Berni. Y estos funcionarios de Madrid son demasiado educados.

–Estoy de acuerdo. A mí que me den a Zapo y a la gitanilla Rosa. ¡Vaya marrana! –dijo Bernardina.

Ana hubiera deseado, por el bien de Anichu, tener una educación más completa. Cuando era señora de su propia casa, Anichu tenía, por seguir la convención y porque a veces necesitaba de una dama de compañía, una institutriz, una amable viuda de edad que montaba bien a caballo, hablaba un francés que parecía correcto y no era nunca desconsiderada. Pero asistía a clase en el colegio de las monjas franciscanas, donde tenía la alegría de mezclarse con los demás niños de Pastrana y la ventaja de recibir una buena enseñanza.

El nuevo gobernador de la casa lo prohibió todo. Echaron a la viuda, que se marchó llorando, y metieron en casa a dos anodinas mujeres que emprendieron la tarea de enseñarle a una damita todo lo que debía saber, y se prohibió que

Anichu, como hija de la nobleza, asistiera a clase con los niños del pueblo en el convento franciscano.

Ana trató de impedirlo, y la madre priora luchó enérgicamente junto a ella, lo mismo que Bernardina. Pero Anichu fue la que luchó con mayor eficacia no aprendiendo nada de las dos institutrices que le habían puesto en casa y escapándose al convento varias veces al día dejándolas sin saber dónde estaba.

Fue una batalla animada, pero no se produciría la victoria contra las órdenes del rey, y entretanto Anichu poco aprendía.

Ana desempolvó su sapiencia e intentó darle algunas lecciones a la niña. No era una experta en lenguas, si bien chapurreaba el francés y leía el latín mejor que la mayoría de las mujeres, pero era una excelente aritmética por naturaleza, y tenía buenos conocimientos de la historia y la literatura españolas.

A Anichu le encantaba que fuera su maestra.

—Si sabes hacer las sumas tan bien, es una tontería tener a doña Isabel en casa.

—Por su aspecto yo diría que no sirve para nada —dijo Ana irrespetuosamente—, pero desde luego hace por incrementar nuestras tribulaciones. Quizá para eso la han traído.

La niñita se echó a reír.

—Creo que le voy a decir que no quiero hacer más aritmética.

—Anichu, no debes decir eso.

—Pues se lo diré. Al fin y al cabo, ya que sois una experta, sería una tontería continuar. Supongo que tendré que seguir haciendo botánica y dibujo con ella.

—¿Qué tal dibuja?

—No sé. Supongo que muy mal, pero yo no puedo juzgarlo.

Las lecciones constituyeron un gran alivio e interesaron tanto a Ana que las preparaba cuidadosamente con antelación y se convirtió en una maestra audaz y segura. La amistad entre madre e hija fue creciendo con firmeza, basada en la profunda simpatía natural que siempre las había unido.

Un día le explicó a Anichu todo lo que era posible explicar a un niño sobre su enfrentamiento con el rey, así como sobre sus razones para tenerla prisionera.

–Lo sé –dijo Anichu–. Fernando y yo hemos hablado muchas veces sobre esto. Es terrible, y estimamos mucho al rey.

–Yo también.

–Sí, eso es lo que le dije a Fernando; pero los dos pensamos que vos tenéis razón. Puede que parezca un poco obstinado, pero tenéis todo el derecho del mundo. Es lo único que podéis hacer.

–Me alegro de que pienses que tengo razón. Es un consuelo, porque llevas una vida muy triste aquí. A veces pienso que debería mandarte a otro sitio.

–¿A dónde?

Anichu abrió unos ojos como platos, horrorizada.

–Quizás a casa de tu hermana, a Sanlúcar, o...

–¡Como me mandéis a otro sitio...!

Ana la cogió, se la sentó en el halda y la abrazó.

–No, no te voy a mandar a ningún sitio. Sólo decía que si estabas triste aquí, o pensabas que no tenía razón, o algo así...

–Nunca estaré triste donde estéis vos. ¡Nunca! ¡Y nunca me importará lo equivocada que estéis sobre algo!

–Anichu, tranquila, tranquila.

–Estoy tranquila. Pero no me asustéis. Si supierais lo que pasamos cuando se os llevaron y no sabíamos nada, y no nos querían decir nada, y vos habíais dicho que vendríais el primero de agosto. ¡Si lo supierais!

Comenzó a sollozar amargamente.

Ana la abrazaba con fuerza.

–Lo sé, lo sé, pequeña. Pero estaba en la cárcel, y no podía hacer nada. ¡Te lo juro!

Anichu dejó de llorar tan repentinamente como había empezado.

–Ya lo sé –dijo–. Lamento haber llorado. No volveré a llorar nunca.

–¡Por Dios! Llora si te apetece.

–Creo que tendría que llorar si volvierais a hablar de mandarme con Magdalena o a otro sitio.

–Te prometo que no lo volveré a decir, Anichu. Pero, de todas formas, me alegro de que pienses que estoy en lo cierto en este asunto del rey.

–Sí, yo también me alegro. Fernando y yo dijimos que sería muy desagradable si no estuviéramos de acuerdo. Pero lo estamos. De todas formas, tanto si tuvierais razón como si no, seríais la misma, ¿verdad?

–Supongo que sí.

–Entonces, ¿qué más da? A veces me lo pregunto.

–Yo también –dijo Ana recordando cuántas veces se había planteado esta cuestión sobre Antonio Pérez, el malvado sin escrúpulos–. Pero vamos, niña, bájate de encima mío. Tenemos que hacer tres sumas más antes de las doce.

II

Una tarde a fines de julio de 1585, un guardia se acercó a la reja de la habitación de Ana y le anunció a Paca que Su Eminencia el cardenal Quiroga, arzobispo de Toledo, se encontraba en el patio conversando con el gobernador de la casa y que inmediatamente subiría a visitar a Su Alteza la princesa de Éboli.

Era una buena noticia y una distracción de la soledad. El cardenal sólo había ido a ver a Ana en una ocasión en el tiempo que llevaba encerrada, durante el año de 1581, pero le escribía con frecuencia, y, si bien, debido a las normas, sus frases debían ser inocuas, lograba hacerle entender que su preocupación por ella era constante y que continuaba poniendo de manifiesto su opinión ante el rey, que veía a Pérez de vez en cuando, que se ocupaba en lo que podía de él y que un día volvería a verla para llevarle noticias del mundo que la había encerrado.

Cuando entró en la sala y Ana se arrodilló ante él para besarle el anillo, ésta se encontraba muy emocionada y apenas podía hablar. Él murmuró la bendición sobre la inclinada cabeza y, cuando se levantó, primero la miró a ella y luego detenidamente la habitación antes de hablar.

–Le he preguntado al carcelero si tendría la bondad de alojarme una noche, Ana. No quiero hablar con prisas.

–Y ¿qué ha dicho?

Era imposible que Palomino fuera descortés con el jefe de la Iglesia española, que era también la suprema jerarquía del Santo Oficio; sin embargo, se sabía que el cardenal era un declarado defensor de Antonio Pérez ante el rey, de modo que el meticuloso funcionario podía no saber con exactitud el grado de bienvenida que debía dispensar a visitante tan eminente y a la vez tan peligroso de la casa de Ana de Mendoza.

–Estaba inquieto, no exactamente cordial. Yo siempre había pensado que Pastrana era un lugar hospitalario. –Los dos se echaron a reír–. Pero voy a pasar la noche aquí.

–¡Gracias a Dios! Espero que os atiendan como es debido. ¿No es extraño? No tengo ni la menor idea de lo que ocurre abajo.

–Bueno, por lo que he visto en el patio, parecen las oficinas del alcalde de cualquier pueblo pequeño.

–¿De verdad?

–Sí, eso me temo. Pienso decirle a Felipe que es un modo muy poco digno de preservar la propiedad de la familia que tanto peligro corría en vuestras manos. Bueno, sentémonos y dejadme que os mire. No tenéis muy buen aspecto, querida.

–No me encuentro bien. Me muevo muy despacio, es curioso. Me siento... vieja desde que enfermé en Santorcaz. Hasta entonces no me había ocurrido.

–¿Qué edad tenéis?

–Cuarenta y cinco. ¡Cuánto me alegro de que hayáis venido!

–He tratado de venir muchas veces, como debéis de saber. Pero a mi edad me hacen trabajar mucho, y ciertas cosas que os interesarán han tardado muchísimo en decidirse. Sin embargo, tenía que estar en Alcalá esta mañana para conferenciar con ciertos eclesiásticos inquietos. –Se echó a reír–. En la Iglesia de Cristo también tenemos a nuestros Felipes y nuestros Antonios, Ana.

–Pero vos no permitís que se les suban los humos a la cabeza.

–Sí, sí, de vez en cuando. En este momento se está desarrollando una larga tragicomedia, que es de lo que hemos tratado esta mañana. –Sonrió fatigado–. Se trata de la tumba de la madre Teresa, que, como sabéis, murió y fue enterrada en Alba de Tormes hace unos tres años.

–Sí, hasta aquí llegó la noticia.

–Su ciudad natal, Ávila, no estaba conforme con ello y hace poco robaron sus restos y se los llevaron allí. Ahora Alba ha recurrido a Roma contra esto, se habla de milagros a diestro y siniestro, y el duque de Alba está revolviendo Roma con Santiago. ¡El joven, gracias a Dios! Menos mal que el de la «sangre y acero» falleció antes de que comenzara este episodio. De cualquier forma, contamos con todos los requisitos necesarios para una pequeña guerra civil. Tiene gracia, si pensamos en la sensatez y la autoridad de la mujer por la que se pelean. ¡Con qué facilidad hubiera terminado ella con sus envidias y sus celos! Bueno, al menos nos mantienen ocupados a nosotros, los viejos prelados.

Ana sabía que estaba haciendo tiempo y que la observaba mientras hablaba. Tenía la impresión de que estaba emocionado, y que al verla se había entristecido más de lo que tal vez había esperado. Era un hombre imaginativo y amable, pensó ella; sin embargo, la idea de pasar seis años encerrado, privado de todas las libertades, grandes y pequeñas, aunque alarmante, no le resultaba del todo comprensible, como tampoco lo hubiera sido para ella hacía seis años. «Hay que vivir seis años así –pensó–; primero hay que haberlo aceptado de manos de un amigo a quien siempre había amado, y luego hay que vivirlos uno a uno, con su inercia, su inutilidad, su permanente insulto para el corazón y su vacuidad para los mayores y mejores atributos personales; hay que vivir así, con discreción y con la mente en orden mediante pequeñas repeticiones, inventadas como tareas, bromas y farsas creadas conscientemente para fomentar el buen comportamiento, para permanecer inalterable ante sus efectos.»

Sabía que la espontaneidad y la salud disminuían, que sus respuestas eran más lentas y que su mente perdía viveza y flexibilidad. Sabía que se estaba esforzando por luchar contra este deterioro, principalmente por el bien de Anichu, pero era la intensidad del esfuerzo lo que la hacía comprender que se estaba desgastando, que su vitalidad se apagaba, pues, estando en libertad, vivir nunca había representado un esfuerzo para ella.

Sabía que todo aquel cambio interior se reflejaba en su rostro y en sus movimientos, e incluso quizá también en su voz, y comprendía que podían resultar violentamente visibles para alguien que la hubiera conocido en los buenos tiempos y ahora la volviera a ver mucho después.

Le hubiera dejado seguir chismorreando en tanto se templaba, pero hablar de la madre Teresa todavía la ponía de mal humor y era más de lo que podía soportar en aquellos momentos de alegría y tensión.

–No os entristezcáis –dijo–. Estoy mejor de lo que parece. Y me pondré mejor mientras hablamos. Hablando me haréis volver a ser la que fui.

–No, no, Ana. Ya sois la que fuisteis. Es únicamente que me impresiona volveros a ver, y todos vuestros amigos os echamos muchísimo de menos.

–Yo también –dijo ella con tristeza–. ¿Os han ofrecido algo de merendar después del viaje?

–Sí, me han dicho que ahora subirían algo. ¿Cómo está la cocina? ¿Os cuidan bien?

–Sí, supongo que sí. Ya nada es como antes, claro... pero parece que Bernardina intimida eficazmente al personal.

Entró entonces un criado con una bandeja de vino y fiambres, la colocó ante el cardenal y se retiró.

Ana sonrió.

–Se están portando bien –dijo mirando la comida con ojos de exigente anfitriona. Recordó que cuando la casa era suya no lo hacía nunca. En apariencia, la comida se servía correctamente con la misma naturalidad con que crecían las margaritas. Resultaba extraño tener que preocuparse por una bandeja de merienda.

–A ver qué os dan para cenar –dijo.

–Espero que lo mismo que a vos.

–Ay, pero no me permitirán cenar con vos.

Él se la quedó mirando.

–O ceno con vos en esta habitación a la hora que vos dispongáis, o pongo a toda esa colección que hay abajo en manos del Santo Oficio, como herejes y profanadores de sacerdotes consagrados.

Se echaron a reír.

—¡Será estupendo! Imaginaos, tener un invitado a cenar... ¡Después de seis años! Anichu y Fernán estarán encantados.

—Tengo ganas de ver a los niños.

—Bernardina también estará con nosotros; no os importa ¿verdad? Siempre come y cena conmigo.

—Claro que no, Ana.

El cardenal sirvió un poco de vino.

—Ponedme a mí también —dijo Ana.

Así lo hizo, y sonrió en tanto ella cogía el vaso.

—No es que os haga falta —dijo—. De repente os habéis puesto mucho más guapa.

—Ya os he dicho que mejoraría con vuestra influencia. El placer... y la emoción de una cena.

—¡Ay, mujer! Me rompéis el corazón. De verdad desconocía que me importarais tanto, sorprendente Jezabel encerrada. Eso es lo que os llaman algunos caballeros de Madrid, creo que incluso en cartas dirigidas al rey.

—¿No se les ha ocurrido nada nuevo? Ya me llamaban Jezabel en época de Ruy. Lo sé porque él me lo dijo.

El cardenal alzó su vaso.

—A la querida memoria de Ruy.

—Por Ruy.

Bebieron.

—Me gustaría saber qué pensaría Ruy de la actual situación de España —murmuró el cardenal—. La política, gracias a Dios, no es terreno mío; sin embargo, contemplo consternado nuestra paradoja presente.

—¿Paradoja?

—Bueno, nos anexionamos Portugal, con unos cientos de bajas. Nuestro derecho es dudoso, pero el botín es nuestro. Eso quiere decir, Ana, que comercialmente somos dueños del mundo. Mirad el mapa. Poseemos las dos mejores flotas del planeta. Inglaterra tiene buenos marinos, pero nosotros disponemos de dos flotas experimentadas y organizadas. Dejando aparte los piratas, controlamos no sólo nuestras grandes posesiones occidentales, sino también, por mediación de Portugal, el océano Índico. Nuestros marinos y misioneros están en todas partes. Nuestra riqueza es infinita. Esta situación se ha venido acercando a nosotros desde hace tiempo, hasta que se ha hecho inevitable. Al principio la favoreció la suerte, pero luego la ha reafirmado la valentía y la imaginativa perseverancia de nuestro pueblo, nuestros marineros, soldados y misioneros. Así que sería de suponer que en nuestra vida nacional debería verse alguna señal de nuestra fuerza económica. Es de suponer que debería haber caminos, buques mercantes, escuelas, casas nuevas, mejores tiendas, mejores salarios, más alimentos y más esperanza y decencia humanas. Sin embargo, no las hay. Y cuando hablo con Felipe no oigo otra cosa que quejas sobre el desmesurado gasto de los Países Bajos, y el exorbitante coste de los estados italianos, etc., como si fuéramos pordioseros. Y cuando miro a mi alrededor veo que tiene razón, que su pueblo son pordioseros. ¿Qué ocurre? ¿Qué está haciendo? ¿Qué diría Ruy?

–No lo sé. Yo estoy presa. No veo nada. Sólo puedo deciros que cuando Ruy vivía y durante los seis años siguientes a su muerte, cuando yo estaba a cargo de Pastrana, esta tierra y este pueblo eran prósperos. Ahora los dirige el gobierno, y sólo mirando por esa ventana, andando por mi propio jardín, aunque nadie viniera a verme, percibo que, por alguna razón que todavía nadie comprende, ya no es así. La gente está preocupada y comienza a endeudarse. Algunos de los mejores, los trabajadores de la seda más expertos, moriscos de Valencia y Alicante, ya se han ido.

–Sí, lo creo. Y creo que la razón, tanto de la paradójica situación de España como de la de Pastrana, está a nuestro alcance. Pero los sentimientos no parecen ortodoxos en economía, de modo que no les hacemos caso. Aun así, España es dueña del mundo, Ana, y está sufriendo una irremediable decadencia.

–¿Irremediable?

–Yo creo que irremediable. No me importaría si, como Roma, hubiera disfrutado al menos durante un breve espacio de tiempo de su poderío, pero lo que me molesta es que nos hemos hecho grandes y ahora estamos dejando de ser grandes, todavía estamos en el punto álgido del poder, en dos generaciones. Que desaparezca la grandeza, que desaparezca el dominio absoluto, si entretanto se han aprovechado algunas de sus ventajas duraderas en beneficio de aquellos que conquistaron tan pasajera gloria y para sus hijos. Si a España, si al pueblo de España, le quedara un residuo de desarrollo cívico y comercial, de formación, de cultura, de esperanza y comodidad, el declive sería bienvenido, pero lo que me enfurece es oír a Felipe y a sus parásitos hablar alborozados de este magnífico doble imperio, y mirar al país que lo ha logrado... para luego regresar a las quejas de los secretarios sobre deudas, extravagancia e insolvencia. No sé cómo toleramos tan crasa incompetencia.

–Nos la merecemos. No creáis que hablo meramente como víctima del absolutismo, que lo soy. Cuando era libre, en los días ciegos e insensatos en que miraba al futuro y pensaba que ningún tirano podría tiranizarme a mí, una Mendoza, aun entonces temía la tiranía que Felipe ejercía sobre España. Pero la aceptábamos, nosotros que teníamos el poder, que éramos dueños de Castilla y la gobernábamos según la libre sabiduría de nuestro pueblo, nos vendimos a su anciano padre y le hemos permitido a él ser el tirano que Carlos no fue. Yo conozco a Felipe y siempre lo he querido, por extraño que parezca. Sin embargo, es un tirano peligroso, nos ha amedrentado y aquí estamos, en el caos. La decadente señora del mundo, como decís vos.

–Es curioso, porque siempre ha habido hombres, y hombres poderosos, que han expresado su opinión.

–Sí, sí, ha habido hombres. Y yo sé el interés que tenían y cómo trabajaban... ¡Ay! ¡No me entristezcáis demasiado esta noche!

–No es mi intención.

–No es que lo hayáis hecho, pero es que no tengo costumbre de hablar de asuntos serios y quizá me afecta en exceso. –Dio unas vueltas al vaso en sus manos y contempló el centelleante vino–. El vino es bueno. Lo he comprendido en la prisión.

–¿Os habéis convertido en una adicta, Ana?

–No, no. Pero a Bernardina siempre le ha gustado y a veces por la noche tomo un poco con ella. Me da sueño... e incluso me crea una ilusión de felicidad.

–Entonces os presta un buen servicio –dijo el cardenal.

–Recuerdo que cuando Antonio bebía vino yo me sonreía. Solía venir del Alcázar, muy cansado, y comenzaba a hablar y se paseaba arriba y abajo llenándose una y otra vez el vaso, hablando y hablando. Pero nunca parecía estar borracho. Me hacía pensar.

–¡Pobre hombre! ¡Cuánto daría por pasear por la sala larga ahora, y poder hablar, hablar y hablar!

–¡Ay! –exclamó Ana–. ¿Cómo está?

–Están ocurriendo muchas cosas, pero está bastante bien. Cuando lo veo siempre me dice que os transmita su... amor.

Quedaron un momento en silencio.

–¿Sigue encerrado?

–Sí. Desde que os detuvieron a vos, también él ha estado preso. Algunas veces parece que ha disfrutado de mejores condiciones que vos. Felipe varía extraordinariamente su tratamiento. Pero creo que siempre ha corrido peligro de muerte. Me ha dicho que trata constantemente de idear un medio de escribiros, pero que sabe que ser descubiertos podría significar vuestra muerte, además de la suya. Creo que en eso tiene razón.

—Contadme lo que le han hecho.

—No podría contaros por todo lo que ha pasado. Ha estado en arresto domiciliario, luego en cárceles estatales, luego prácticamente libre, luego lo volvieron a detener para meterlo en un calabozo, después le devolvieron al arresto domiciliario. Es un escándalo absurdo.

—¿Dónde está la vergüenza de Felipe? ¡Un hombre tan estricto y respetable!

El cardenal rió con deleite.

—¡Exacto! ¡Así se resume en pocas palabras! Pero más vale que no empecemos a analizar la mente de Felipe, Ana. Hay tareas más fáciles.

—Habladme de Antonio.

—Tendré que deciros sólo lo esencial. Mientras Felipe estaba en Lisboa, decidió resolver el asunto de Antonio Pérez de una vez por todas, por tanto ordenó que se llevara a cabo una investigación de las posibles prácticas corruptas de sus altos funcionarios. La comisión comenzó sus trabajos hace unos tres años. Tomando como base sus averiguaciones, el otoño pasado se llevó a Pérez, desde una de sus prisiones, ante los tribunales. Fue acusado de aceptar sobornos y de falsificar documentos de Estado. Antonio declaró ante el juez que no podía defenderse de la segunda acusación sin sacar a la luz ciertos archivos de Su Majestad que éste no desearía que se dieran a conocer. Esto causó una paralización del proceso. Nuestro sufrido amigo Antonio Pazos, quien, a propósito, si este asunto dura mucho más, echará beleño en el vino de todos nosotros, ¡el pobre!, fue enviado a estudiar ese archivo. Y le aconsejó a Felipe que por su propio bien retirara ese cargo.

Ana se echó a reír.

—Sin embargo, la acusación de soborno siguió adelante y Pérez no se defendió. Fue condenado a pagar una multa de treinta mil ducados, la mitad a la Corona y la otra mitad a la familia Mendoza...

—¿Cómo?

—Sí. Se supone que vos le quitasteis esa cantidad a la familia para dársela a él.

—Pero...

—Dejadlo. Los argumentos no tenían fundamento, y todo fue obra de vuestro vengativo primo Almenara y su pandilla. Pero además, Pérez fue condenado a dos años de trabajos forzados en la prisión de Segovia.

—¿Cuándo ocurrió esto?

—En enero pasado. Yo estaba en Madrid y presencié el juicio y escuché la sentencia. Puedo afirmar que, aparte de la simpatía que siento por Pérez en su enfrentamiento con el rey, mi sentido de la justicia se vio ultrajado por el proceso. Pérez estaba entonces bajo arresto domiciliario y en libertad provisional hasta que lo volvieran a encarcelar. Aquella noche fui a verlo y le dije que la justicia y la ley habían sido insultadas en su juicio y le aconsejé que se refugiara inmediatamente en lugar sagrado. Allí sería inmune, en cualquier país civilizado, al poder temporal, su caso se convertiría en competencia del Santo Oficio y, en resumen, estaría a salvo. Aceptó mi consejo y yo me marché a casa más tranquilo.

—¿Y qué más?

—Ana, ¿habéis oído algo del padre de Isabel de Inglaterra? Ese Enrique VIII a quien todos nosotros, como buenos antirreformistas, reprobamos en nuestras oraciones.

—Sí, ya lo creo. He oído hablar mucho de él.

–Pero no creo que hayáis oído hablar de que no respetaba a los que se refugiaban en un lugar sagrado, que es lo que los servidores de Su Católica Majestad hicieron aquella noche.

–¿Felipe?

–Sí. ¡Pero Felipe pagará por ello! El nuncio ha sido ya amenazado de expulsión por sus elocuentes protestas, pero tiene el apoyo de Roma y el mío, y no vamos a olvidar el asunto. Entretanto, Pérez está en una sucia prisión, y lo que es más, su heroica esposa y sus hijos están en otra ala de la misma prisión. Y a Juana le están haciendo de todo para obligarla a decir dónde guarda sus documentos privados. Y nunca lo dirá. Felipe está ahora en Aragón viendo la mejor manera de imponer su absolutismo en la zona y de mejorar su situación localizando a un par de testigos que ahora viven allí y que podría utilizar en un posible juicio por la muerte de Escobedo. Éstas son las últimas novedades. No es otra cosa que una muestra más de la cobardía y la desmaña de un rey al que yo admiraba.

–¡Dios mío! ¿Cómo puede ser tan lento? ¿Tan perverso? ¿Es que no va a actuar nunca? ¿Es que no va a tomar nunca una decisión?

–Creo que nunca. Pero en cualquier momento cambiará otra vez de planes, naturalmente. Felipe, como sabéis, detesta por naturaleza a todos los papas, y parece que este nuevo pontífice que acaba de ser elegido es intolerablemente autoritario. Pero, al fin y al cabo, el señor temporal del mundo es católico, de modo que ha de ser aliado del papado. Y este pequeño asunto de no respetar el refugio en un lugar sagrado ha llamado ya la atención de Sixto V. Supongo que eso significa que Pérez y su familia regresarán a Segovia cualquier día, y pasarán otra temporada de arresto domiciliario. ¡Qué cansancio!

El cardenal se rió suavemente al terminar.

–¿De qué os reís?

–¿Conocéis al pobre don Diego de Chaves, el paciente y honrado capellán de Felipe? Ningún hombre de imaginación puede suponer lo que habrá tenido que soportar desde que empezó el asunto Escobedo-Pérez-Éboli, hace ya seis años. ¡Que Dios lo ampare! Bueno, ¿sabéis lo que se dice que él, que es enviado aquí y allá en cualquier momento para hacer el trabajo sucio de Felipe, dijo a Juana de Coello el otro día en su celda?

–¡Pobre hombre! No me lo imagino.

–Le dijo que, si dentro de tres meses no se tomaba una decisión y se adoptaba alguna medida, él mismo iría a la Puerta del Sol, convocaría una asamblea y le contaría a todo el mundo, bajo juramento, la verdad de la muerte de Escobedo. Y luego se iría a casa y moriría tranquilo.

–Uno no puede menos de simpatizar con él.

–Pero es muy gracioso... El propio confesor de Su Majestad.

–Tomemos un poco más de vino –dijo Ana.

El cardenal llenó los vasos.

–¿Sabéis que todavía continúa el revuelo y la toma de partido entre los llamados informados sobre el escándalo de las detenciones de Pérez y vuestra? Pero creo que vos aceptáis mi sencilla interpretación, que Felipe apreciaba y confiaba en Antonio y deseaba que no saliera perjudicado del asunto Escobedo, y que siempre ha estado un poco, aunque no totalmente, enamorado de vos. ¿Estoy en lo cierto hasta ahora?

–Me parece que sí.

–¿Estoy en lo cierto al suponer que nunca habéis sido amante del rey?

–Sí. Nunca ha llegado a pedírmelo. Como vos decíais, nunca ha pasado de estar un poco enamorado de mí.

–Exactamente. Bueno, luego se enteró de vuestra... aventura amorosa. Por algún motivo oculto en sus sueños, ello lo enfureció. No tenía derecho a inmiscuirse en la vida privada de ninguno de los dos, pero, como rey vuestro, según su criterio, tiene poder sobre vos. Desde que se enteró de que erais amantes, no ha podido apartar de su mente vuestra imagen, por separado o juntos. Además, para él, estas desdichadas emociones personales están enmarañadas con el problema Escobedo, y, por oculto que se halle, en él se esconde el deseo de destruir a vuestro amante. No es que esté enamorado de vos. Es que hace mucho que se enamoró de la idea de que vos estuvierais enamorada de él.

–Sí, creo que todo eso es cierto.

–Hasta ahora vamos bien. Todo esto lo comprendí desde el principio. También conozco de qué extraña manera y con cuánta lentitud funciona su mente cuando la domina el dolor o la autodefensa. Pero ¿por qué esos arrestos repentinos y salvajes? Nunca he llegado a comprender el motivo de tan curiosa resolución.

–Creo que fue culpa mía. Aquel mes de julio vino a verme, aproximadamente quince días antes de que nos detuvieran. Yo me alegré mucho de verlo y hablamos con franqueza; a mí así me lo pareció. Él estaba nervioso, lo mismo que yo. Me preguntó si era cierto que mantenía relaciones con Antonio, y yo naturalmente le contesté que sí. Le supliqué que hiciera que se viera el caso Escobedo y que nos permitiera a todos pechar con las consecuencias de una pequeña demostración de integridad. Me pareció que había posibilidades de que lo considerara. Estaba muy fatigado, pero se comportó con amabilidad; incluso lloró. Yo pensé que habíamos reanudado nuestra amistad. Estaba contenta de todo lo que habíamos hablado aquella noche y pensaba que volvería. Pero mandó a los soldados a detenerme. Y la noche en que abandoné mi casa de Madrid lo vi en el portal de Santa María de la Almudena, mirando cómo me llevaban.

–Ya.

–Creo que la visita que me hizo tenía por objeto probarse a sí mismo. Quería ver si de verdad se sentía ultrajado por el hecho de que yo tuviera un amante que no fuera él. Al parecer, descubrió que sí. Ya sabéis que antes de decidir lo comprueba todo. Así que lo comprobó y decidió que era realmente un ultraje para con él, tal como sospechaba. ¡De modo que así estamos! ¿Tengo razón o no?

–Creo que sí. Me parece que, aparte de su constante preocupación por España y su desesperada esperanza de mantener con vida a su enfermizo hijo único, su principal pasión personal es en estos momentos saber que Antonio Pérez está muerto, sin llegar a incriminarlo. Y, como consecuencia, asegurarse de que vos no volvéis a estar al alcance de Pérez ni de ningún otro hombre. No es amor. Es egoísmo, alimentado por un hombre solo y desequilibrado.

–Lo que decís vuelve a hacerme pensar en lo que me he preguntado muchas veces. Viendo lo poco que es, perdonadme, querido asceta, pero viendo lo poco que ha de importarle a una mujer inteligente... me refiero al acto sexual, por el bien de Antonio y por la paz de todos nosotros, ¿debería haber inducido al pobre Felipe a una aventura amorosa tardía que él no deseaba?

El cardenal se echó a reír.

–Creo que a ningún sacerdote le han hecho nunca una pregunta tan graciosa, Ana. La respuesta moral, naturalmente, es no. Y, por una vez, en mi opinión, la respuesta diplomática coincide. Hay que evitar siempre cualquier tipo de perjurio en el terreno político. Creo que ello no hubiera hecho sino empeorar las cosas.

–Bueno, pues desde nuestro encarcelamiento, me han dicho con frecuencia que si prometía a Felipe no volver a ver a Antonio, todo se arreglaría. Mi alma no admite que ni él ni nadie tenga derecho a pedirme tal cosa, y mucho menos a meterme en la cárcel hasta que acceda a hacer su voluntad. ¿Estoy acaso siendo indulgente conmigo misma? No es que espere, ni siquiera desee, especialmente volver a ver a Antonio. Es que no tolero el chantaje. Tal vez debería. ¿Debería soportar tal indignidad, en lugar de lo que estoy soportando, con la esperanza de reducir el peligro en que se encuentra Antonio?

–La respuesta moral vuelve a ser no. Hija mía, esta resistencia vuestra al chantaje es una de las pocas proezas de España en la actualidad, y yo me alegro de ser testigo de ella. Antonio, y que tenga suerte, está luchando, no siempre honestamente, por su vida, su familia, el prestigio, el dinero y todo lo que ha conseguido con su trabajo, pero vos, que estáis en una situación distinta, lucháis simplemente por vuestro concepto de conducta humana. Si habéis errado en el pasado, que lo habéis hecho, ahora estáis haciendo una cosa que es ardua, correcta, fría e incluso desinteresada. Y lo que es más, estáis actuando de manera consecuente.

–No me habéis dicho si diplomáticamente estoy equivocada.

–No, porque no lo sé. De todas maneras, es demasiado tarde para recurrir a la diplomacia; Antonio y vos ya habéis tenido vuestro placer y vuestro pecado. Si uno de los dos es capaz de contrarrestar esa débil autoindulgencia aceptando un principio impecable, haciendo de él vuestro destino y vuestra penitencia, e incluso muriendo por él, será una proeza, Ana. Y yo sabré por qué os he admirado siempre, incluso en vuestros recientes días de Jezabel.

–No sé. No me habéis respondido.

–No puedo. Sólo puedo repetir que sé que en este conflicto con Felipe moralmente habéis actuado con corrección, igual que moralmente habéis actuado de forma incorrecta cometiendo adulterio con Antonio.

Se hizo el silencio. Ana alzó la vista hacia el cielo y la torre de la Colegiata. Estaba anocheciendo. Aquella noche no se encontraría sola como de costumbre, pues tanto los niños como Bernardina estarían encantados con la novedad de tener un huésped para cenar, y un huésped a quien valía la pena esperar. Beberían vino, chismorrearían, se reirían y llegaría hasta ellos una brisa del mundo, un gran alivio de su soledad que haría estremecer su corazón de tan solo que aquel placer se encontraría allí. Entretanto Antonio pasearía sin compañía por su celda de Segovia, perdido todo lo que apreciaba.

–Deduzco que pensáis que Felipe está considerando la posibilidad de que se someta a juicio el caso Escobedo.

–Mi respuesta no sería más que una suposición, y es peligroso. Lo cierto es que unos amigos recientes de los Escobedo han reanudado el revuelo y el imposible Vázquez los está alentando. Aquí va mi despiadada y amarga suposición: si los agentes de Felipe encuentran entre los documentos confiscados a Pérez las cincuenta o sesenta cartas que tratan del asunto y podrían comprometer al rey, esos papeles serán destruidos y Felipe se olvidará por fin de su conciencia, someterá a Pérez a juicio, y naturalmente será condenado a muerte. Si no se encuentran las cartas, y no creo que se encuentren, la presión para que se os someta a juicio a los dos es tan fuerte que creo que el rey tendrá que arriesgarse. Tanto desea destruir a Pérez que temo que ése sea el resultado, mediante la corrupción del tribunal en favor del rey. Pero aceptar tal riesgo le costaría mucho tiempo a Felipe, y mientras ambos estéis encerrados no se precipitará.

–Qué pena.

–Pensaba que hacía ya mucho que os sentíais apenada.

–No. Eso es lo curioso. Conservaba la esperanza de que tuviera la valentía de dar rienda suelta a sus buenos sentimientos. Soy muy simple en lo relativo al cariño, y sigo esperando disparatadamente que, antes de que termine todo, él me demuestre que también lo es.

–Ay, Ana, no lo es y no lo demostrará. En lo relativo a sentimientos, antes que nada es un loco.

–Yo nunca le he considerado así. Conmigo siempre ha sido agradable y merecedor de confianza. Vano, sensible y quisquilloso, como cualquier ser humano. La noche en que lo vi en el portal de Santa María de la Almudena mirando cómo me llevaban, me quedé pasmada y pensé que debía de ser extraordinariamente cruel. Aun así, cualquiera podría tener un arranque semejante. No obstante, después me he dicho otra vez a mí misma que Felipe es bueno y agradecido, lo sé. Yo diría que por su naturaleza no puede hacer lo que le está haciendo a Antonio, que le ha dado toda una vida de trabajo y afecto.

–Lo que hace por naturaleza es tergiversar y atormentar a la naturaleza. Pero no es un bruto natural, por eso sus brutalidades tardan años y son espantosas.

–A mí nunca me ha parecido brutal.

–Sin embargo, estos últimos seis años ha sido brutal con vos.

–Es terrible haberlo rebajado a deshonrar así su alma.

–Eso es generoso, pero excesivo. Ya lleváis suficientes pecados a cuestas, Ana, no os carguéis también con los de Felipe.

–Sí, he cometido suficientes pecados.

–¿Os arrepentís?

–Lo haría con mayor facilidad si las circunstancias de mis pecados no hubieran dado lugar a tanta culpabilidad y tantos problemas.

–Eso no es asunto vuestro. Solamente sois responsable de vuestra alma.

–¡Ay, los teólogos! ¿Por qué no intentáis vivir antes de aconsejar? Descubrid lo que es pecar antes de empezar a sermonear.

El cardenal sonrió.

–Vuestro consejo llega un poco tarde. Ya tengo el cabello cano, querida Ana. Pero me atrevo a pensar que a Dios le debe de divertir la carrera de obstáculos que hacéis de su amor.

Ella lo miró confusa.

–Naturalmente, para los pecadores tiene que ser una carrera de obstáculos. Quiero decir que no se puede inventar una cosa inimaginable como el amor de Dios.

El cardenal apretó los dedos de una mano contra los de la otra.

–Esa cuestión deja atrás muchas otras –dijo–. Si me lo permitís, la examinaremos mañana por la mañana. Encierra todo lo que quiero saber de vos y no conviene que Bernardina o los niños nos interrumpan a la mitad.

–No hay nada que examinar –dijo Ana algo molesta–. Llevo seis años sola con la idea de Dios y la cuestión de mis propios pecados, y no comprendo cómo se puede uno presentar tranquilamente ante Él conociéndose a sí mismo.

–¿Me permitís decir que a veces no os comportáis en absoluto como una mujer, Ana? Ahora parecéis cansada, y yo debo marcharme a leer el oficio. No, no os levantéis, no os mováis. Volveré dentro de una hora. Durante el resto de la noche charlaremos de tonterías y chismes, e incluso de alguna obscenidad, si eso es lo que le apetece a Bernardina.

Se levantó y, antes de que Ana pudiera ponerse en pie ceremoniosamente, ya había desaparecido. Así pues, se recostó en el respaldo de la silla y se cubrió el ciego ojo dere-

cho con la mano, larga y nerviosa. El cansancio, una desesperada pena y una sensación de fracaso se apoderaron de
ella. Unas lágrimas de debilidad y mala salud resbalaron por
su rostro.

III

A la mañana siguiente dio un paseo por el jardín con el cardenal.

–¿Veis lo que quiero decir? –preguntó señalando alguna
cosa descuidada–. Para ellos es extraño, naturalmente. Pero
vos conocíais este jardín. ¿Lo recordáis?

–Ya lo creo. Paseé por aquí muchas veces en compañía
de Ruy. ¿No os acordáis cómo trataba de convencerme de las
virtudes de unas plantas y bulbos carísimos de Holanda?

–Sí. Fueron los años que pasó en Holanda los que hicieron de él un jardinero.

–Ya lo creo que lo era. Ojalá pudiera recuperar el dinero que me hizo gastar en tulipanes. ¡Tulipanes en Toledo!

Ana se echó a reír.

–Nosotros también perdimos una pequeña fortuna con
su locura por los tulipanes. ¡Pero ahora detesto este jardín!
Sólo paseo por aquí porque supongo que tengo que pasear
por algún sitio al aire libre.

Miró a su alrededor con tristeza observando las malas
hierbas y el desorden general del descuido.

–Su estado se halla en consonancia con la parte principal de la casa –dijo el cardenal–. Es como un parque descuidado de una sórdida población rural. Se lo describiré a Felipe. ¡Menuda conservación del patrimonio familiar!

–Dentro de pocos años Pastrana será una ruina –declaró Ana.

–Eso creo yo también –dijo el cardenal–. Eso es lo que ocurre cuando se encierra a la vida.

–Bueno, pues Ruy está muerto y yo pronto habré desaparecido.

–¿Tenéis la sensación de estar muriendo?

–Hace mucho que no tengo la sensación de estar viva. Fijaos en lo despacio que ando.

Anichu se acercó a ellos sonriendo.

–Sólo venía a deciros que me voy a ver a la hermana Antonia para la clase de geografía –dijo–. Por favor, no le digáis a doña Isabel dónde estoy si os lo pregunta, porque vendría a buscarme, todo el mundo se reiría de ella y es un poco violento.

–Muy bien, cariño, no se lo diré.

–Entonces me despediré de ti, Anichu –dijo el cardenal–. Me temo que debo marcharme dentro de poco.

–¡Oh! Lo siento, Eminencia. –Anichu se arrodilló y le besó el anillo. El cardenal la bendijo y ella se levantó, hizo una reverencia y echó a correr.

Ana se la quedó mirando.

–No sé si hago bien en retenerla aquí –declaró.

–¿Por qué? ¿Dónde iba a estar si no? Parece encontrarse perfectamente.

–De todas maneras, los niños no deben vivir en una cárcel.

–Esa niña no vive en una cárcel, Ana. Está contenta, se encuentra donde se encuentra su corazón.

Se hallaban en el nivel más elevado del jardín.

–Sentémonos –dijo Ana.

La dorada llanura se extendía a oriente y occidente a la espera de la siega. A sus espaldas se elevaban lejanos los picos de la sierra de Guadarrama, bordeados de pinos verde oscuro; el cielo era inmaculado, de un azul claro e insustancial y una pureza rutilante y terrible. Abajo, a poca distancia de ellos, se levantaba la pesada y silenciosa casona de piedra, rodeada de la aglomeración formada por los demás tejados y torres de Pastrana.

–¿Os duele alguna vez contemplar una escena que conocéis muy bien y pensar que permanecerá ahí, feliz e inalterada, el día que muráis, y al día siguiente, y cientos de años después de que vos hayáis sido olvidado? –preguntó Ana.

–Sí, ya lo creo. Nuestro apego a las cosas que captan nuestros sentidos puede ser, filosóficamente, la parte más absurda de nosotros, pero es también la más fuerte.

–Ruy solía sentarse en este banco con mucha frecuencia el verano anterior a su muerte y a veces yo me acercaba a él y me daba cuenta por su rostro de que se estaba despidiendo.

–¿No estabais enamorada de él?

–No. Simplemente creo que se debía a que la diferencia de edad era demasiado grande. Desde luego, se merecía ser amado.

El cardenal se la quedó mirando en tanto pensaba con tristeza que tal vez no volvería a verla, pues él era ya viejo y ella aunque no lo era, estaba perdiendo los vínculos con la vida. Pensó que tenía un aspecto muy distinguido y ascético, como una monja buenísima que ha trabajado demasiado. «Ya sé por qué me atrae –reflexionó–, a mí que soy un hombre que hace mucho que olvidó y acalló todos los apetitos sexuales. Pero la fuerza de la atracción que ejerce sobre Pérez, aunque estéticamente uno puede comprenderla, sigue siendo un hecho inesperado e impresionante.»

–¿Os ha perturbado mucho vuestro ojo dañado en vuestra vida secreta? –preguntó con suavidad.

Ella se volvió y lo miró asombrada.

–Ya soy viejo y puede que no os vuelva a ver en este mundo, de modo que digo lo que me apetece decir. Me he preguntado muchas veces en qué medida ha sido importante para vos.

—No... no hablo nunca de esto.

—Lo sé. Hablad ahora.

—No tengo nada que decir. Yo también soy vieja, pero creo que ha sido decisivo en mi vida.

—No lo creo —dijo el cardenal—. Al menos, parece que no decidió que os convirtierais en amante de Antonio.

Ana posó la vista en el lejano horizonte dorado.

—Sí, eso también.

—¿Cómo, Ana?

—¿No os dais cuenta? Una especie de reto tardío. El golpe que un cobarde aterrorizado decide finalmente asestar.

—Ya veo.

Ana le agarró la mano con fuerza y el cardenal percibió sorprendido que estaba temblando.

—¡Basta, basta! —exclamó con voz vacilante—. No tengo ya el control que tenía antes. Estoy cansada y temblorosa. ¡No me habléis más de ello!

—Bueno, no diré nada más. Pero ¿estaba justificado el desafío?

—No lo sé. ¿Cómo lo voy a saber? Fui feliz como amante suya. Con él aprendí y olvidé muchas cosas. —Había retirado la mano y volvía a estar calmada y a sonreír ligeramente—. No hay nada más vergonzoso para una vieja que hablar de su experiencia amorosa.

—Anoche planteasteis una cuestión muy amplia y vaga sobre el amor de Dios y lo calificasteis de «inimaginable». Yo lo calificaría más bien de «indefinible». Es decir que no os puedo decir lo que es, aun habiendo pasado toda la vida en una tenue y deficiente aprehensión, buscando símbolos y reflejos de él en la obra y el pensamiento del hombre y en mi propia alma, débil y pecadora. En esas aprehensiones reside lo mejor que hay en mí y en lo que la vida refleja en mi ser. A veces he creído captar reflejos, informaciones de lo que pienso que es el amor de Dios en nuestra anodina y pecadora vida, querida.

—¿En mí? No, no. En mí no se da esa gracia. Yo siempre he tenido fe, una fe simple, resistente e infantil, la fe sin imaginación de mis antepasados, y también tengo su sencillo e infantil sentido del bien y del mal. En cierto modo me alegro de ello, porque por lo menos, para bien o para mal, siempre he sabido cómo clasificar cada acción, y he pecado o no con toda conciencia.

—¿Y qué ventaja tiene eso?

Ella se echó a reír.

—Bueno, evita que uno caiga en la autocompasión y que se dé importancia a lo que no la tiene; e impide que aparezca el tipo de lamentación que culpa a otra gente. Además mantiene clara la memoria. Me perdonaréis si digo que cuando uno ha pecado, con los pecados sensuales, los pecados del placer, con pleno reconocimiento íntimo de la culpa, después no se olvida, como hacen los sentimentales, de la dulzura del placer y de lo mucho que le dio a uno. Es un precio muy alto.

—Lo que decís es un tipo de epicureismo.

—Sí, podría llamarse así. Favorece la gratitud. También dificulta el arrepentimiento.

—¿Por qué?

—Porque se sabe que en el momento de pecar se tenía la mente tan lúcida como ahora respecto al delito que se cometía contra la ley de Dios, y se sabe que se lamentaba entonces lo mismo que ahora el cometer tal delito. Sin embargo, se aprovechó el placer y la oportunidad. Y me parece que sin falsedad uno no puede arrepentirse retrospectivamente, pues eso sería quererlo todo.

—Ay, Ana, no. ¡Qué escrupulosa sois! Hija mía, ahí es donde entra en juego el amor de Dios.

–Podría ser. Yo sólo digo que resulta difícil... asaltar el amor de Dios, porque continúo agradeciendo el amor humano, y lo mejor de éste que probé era una fruta prohibida. Pero comprendo lo que quería decir Escobedo.

–¿Qué quería decir Escobedo y cuándo?

–¿He hablado en voz alta? Dios mío, me estoy volviendo senil. No importa; es una vieja historia.

–¿Os obsesiona?

–Sí. Pero lo que quiero decir es que acepto mi culpa, de acuerdo con las enseñanzas que nunca he rechazado. Y, en el sentido aparente de la palabra, hace mucho que me he arrepentido y he retornado a las prácticas religiosas usuales. Acepto estos años y esta vacía soledad y desamparo como parte de mi purgatorio. Pero, puesto que este purgatorio me fue impuesto, no puedo pretender hacer méritos para el Cielo, y en general, honestamente, no puedo volverme hacia Dios, como decís los eclesiásticos, porque al tiempo que acepto sus mandatos, siempre le estaré agradecida a Antonio.

–Dios no pide lo imposible de vos, orgullosa mujer. Solamente pide lo que le dais, vuestro sincero arrepentimiento y la aceptación de la supremacía de Su Voluntad sobre la vuestra. No os pide que veáis vuestros pecados con ojos sobrehumanos mientras todavía estéis revestida de carne humana.

–El problema es que algunas veces, de modo frío, me parece que los veo así.

El cardenal se echó a reír.

–¡Criatura arrogante y dada al autoengaño! Querida Ana, dejad de buscarle tres pies al gato. Aquí estáis muy sola, sois castigada e incomodada, y lo aceptáis todo con una excelente resignación cristiana. En cuanto al resto, abridle vuestro corazón a las dulzuras del Cielo, hija. Dios no es todo reglas y cálculos mezquinos, y resulta presuntuoso por vuestra parte inventar estos juegos y diagramas. Rezad, hija, y amadlo. No hay tanta distancia entre el amor al hombre y el amor a Dios.

–Rezar sí que rezo. Rezo mucho.

–Rezad más, y con más libertad. Y puesto que sois tan ortodoxa, supongo que creéis en la comunión de los santos.

–Sí, desde luego.

–En ese caso, de ahora en adelante rezaré mucho por vos, lo mismo que otros. Y nuestras plegarias se reunirán con vos en vuestra soledad y os enseñarán a imaginaros el amor de Dios.

–Sí, rezad por mí. Rezad por mi vacuo corazón.

–¿Rezáis vos por los demás?

–Por todo el mundo: por los niños, por vos, por el reposo de muchas almas; mucho por Felipe y constantemente por Antonio.

–Se lo diré, a los dos.

–Decídselo. Y transmitidle a Antonio mi amor.

Un criado se acercó por el jardín para anunciarles que el coche de Su Eminencia estaba dispuesto. Ambos se pusieron en pie.

–No, Ana, no regreséis a la casa. Os dejo aquí; me gustaría recordaros así, de pie bajo la luz del sol.

Ella se arrodilló y le besó el anillo. Él la bendijo.

CAPÍTULO TERCERO
(1585-1590)

Es posible que las plegarias del cardenal llegaran hasta Ana tal como había dicho, pues a medida que pasaban los años empeoraba su salud y el silencio y el abandono del mundo, que se levantaba ahora como un frondoso y sombrío bosque entre ella y todo lo que había sido, sepultada su anterior esperanza como prisionera del rey, y escapaba cada vez más de la desolación espiritual que tanto la había abrumado durante los primeros años de encierro.

Ello resultaba consolador y afortunado, pues su guardián endureció las condiciones externas de su vida a medida que transcurría el tiempo.

Poco después de la visita del cardenal, se produjo un cambio de administrador de la casa de Pastrana. Se envió a don Alonso Villasante para que se hiciera cargo de las funciones de Palomino. Bernardina, que había engordado y envejecido, era considerada una mujer alegre e inofensiva por algunos guardianes y conseguía a veces sacarles algún chisme o algún comentario. Así se enteró de que el objeto del cambio era introducir una reforma, de que al rey le desagradó enterarse de que el ducado estaba perdiendo su industria y su prosperidad y que el palacio de la princesa estaba cayendo en el abandono. Con don Alonso había de volver la eficacia.

Pero, por lo que veían Ana, Bernardina y Anichu, esa eficacia sólo significaba una enorme multiplicación de las reglas que gobernaban la vida de toda la comunidad y un gran incremento de la severidad y la insensibilidad para con las prisioneras. Don Alonso consideró excesivas las comodidades materiales de que disfrutaban, de modo que a partir de aquel momento sus alimentos perdieron atractivo; las peticiones de renovación de vestuario o de los artículos del hogar eran detenidamente estudiadas y generalmente rechazadas; la leña y las velas eran racionadas y acompañadas de advertencias sobre el despilfarro. Se redujeron las visitas de los amigos del pueblo hasta quedar definitivamente prohibidas; raramente se permitía que el médico de Ana la viera; ni ella ni Bernardina podían coger una flor o una fruta del jardín mientras paseaban; y el ir y venir de Anichu por el pueblo y el campo fue censurado y restringido.

También se enteraron –Bernardina adquirió una habilidad casi sobrenatural para hacerse con noticias– de que en la administración de las fincas, actividad de la cual había sido separado el marido de Bernardina, Espinosa, al incorporarse el nuevo administrador, el caos sucedió al caos, y que los antiguos y sencillos métodos de cultivo y de comercio de los días prósperos se habían perdido para siempre bajo una maraña de reglamentaciones que nadie comprendía. Ana oyó con tristeza que primero un campesino vendió todo lo que tenía y se fue; el siguiente, menos afortunado, fue víctima de un embargo; los tejedores de seda se marcharon uno a uno hacia el este con intención de buscar trabajo en Valencia; las escuelas artesanales del monasterio y el convento estaban cada vez peor atendidas. La pobreza regresaba a Pastrana.

«Todo esto –pensaba Ana todavía asombrada–, todo este trastorno de la paz y del trabajo de cientos de personas, meramente porque una mujer que él no quería tomó como amante a otro que no era él.»

La sala de estar se fue deteriorando. Las hojas de acacia doradas pintadas en las paredes blancas no pudieron ser restauradas, ni siquiera por la mano de Bernardina, pues el administrador de la casa no quiso darle pintura dorada. Las cortinas de seda estaban deshilachadas y polvorientas; el terciopelo oscuro de las sillas se había descolorido; pero los telares que había al otro lado de la puerta no estaban autorizados a tejer nada para la princesa de Éboli, y más de la mitad habían cerrado. Ya no se subían flores del jardín, ya no había fruta en las fuentes y hacía años que el librero de Madrid no mandaba ya libros a Pastrana. Se terminó el hilo de seda para las labores y los bastidores quedaron vacíos.

Pero Anichu entraba y salía contenta con sus libros de texto y las novedades que hubiera sin que le faltara la gracia y la dulzura, seria y honesta, cada día más preciosa para Ana. Y Bernardina seguía riéndose de los guardianes en sus narices, hacía chistes de todo y conseguía botellas de vino de los mozos de cocina. Y la ventana seguía dando a la Colegiata y al cielo.

Cuando Fernando hubo cumplido los quince años, durante el invierno de 1585, se marchó a un noviciado franciscano de Salamanca para iniciar allí sus estudios universitarios. Anichu lloró mucho cuando se marchó y durante largo tiempo permaneció más callada y pálida de lo normal. Contaba entonces doce años y estaba muy alta; prometía ser tan esbelta como Ana pero con un rostro de belleza más correcta. Ana yacía con frecuencia en el sofá observando a Anichu inclinada sobre sus libros y se maravillaba de que estuviera contenta con aquella vida disparatada y antinatural; pensaba inquieta en su futuro. Su propia salud la preocupaba. Se estaba convirtiendo casi en una inválida reumática; tenía con frecuencia unos horribles dolores de cabeza y constantemente había de luchar contra los accesos de náuseas y mareos. Suponía por tanto que no viviría mucho y lamentaba, con cierto remordimiento, la devoción que Anichu sentía por ella, su constancia y su satisfacción.

–Deberíais ir a Madrid de vez en cuando, cariño –le dijo en una o dos ocasiones–. Deberíais pasar alguna temporada con los amigos y volver a relacionaros con tus primos y con otras niñas.

–No digáis eso. Os imploro que no digáis eso. No quiero saber nada de ningún primo. Quiero quedarme aquí, con vos.

A veces le llegaban a Bernardina noticias del mundo, aunque no sabían si eran verdaderas o falsas. Oyeron, por ejemplo, que Antonio Pérez continuaba siendo prisionero del rey; que se estaba viendo el juicio por el asesinato de Escobedo, luego que se había suspendido y posteriormente que se iba a reanudar. Bernardina se enteró de que las cartas de Escobedo que los hombres del rey habían buscado con tanta insistencia no habían sido halladas y que probablemente no se encontrarían nunca. Oyeron que el duque de Guisa y el papa instaban de nuevo al rey a llevar a cabo la vieja idea absurda de invadir Inglaterra, y que Santa Cruz, su gran almirante, había reunido una armada y estaba presionando para entrar en acción.

Una tarde de febrero de 1587 Bernardina subió con la noticia de que en Inglaterra habían decapitado a la reina de Escocia.

Ana rezó por ella un momento en silencio. Anichu se incorporó, pálido el rostro y centelleantes los negros ojos.

–¿Cuánto tiempo llevaba en prisión, Berni?

–Muchísimo, chiquita, yo diría que unos veinte años.

–Bueno, pues se habrá alegrado –dijo Ana.

–¿Por qué? Es mejor vivir. ¡Vos sabéis que es mejor vivir!

Ana percibió el inexpresable temor que se apoderaba del cerebro de Anichu.

—Desde luego —dijo—. Pero ella no tenía la suerte que tengo yo. Ella no te tenía a ti y a Berni para hacerle siempre compañía.

—Los tiranos pueden llegar muy lejos, ¿verdad? —dijo Anichu.

—Sí, como sabemos, llegan lejos. Pero ella era una reina muy importante. Su tirano probablemente piensa que era necesario decapitarla por razones de Estado. Hay que tener razones de Estado para decapitar a la gente, Anichu.

Anichu no dijo nada más, pero no volvió a su lectura. Permaneció sentada con la vista clavada en el fuego.

—Recemos por la paz de su alma, Anichu. Pobre reina, pobre María de Escocia.

Durante la primavera de 1588 Bernardina traía constantemente noticias de una guerra inminente, de buques y de alarmas, de piratas ingleses en la bahía de Cádiz y de que éste y aquél se habían hecho marinos. En un par de ocasiones recibieron unas breves cartas que Rodrigo les enviaba desde los Países Bajos y, aunque hablaba de tentativas de paz y de las conferencias que Parma celebraba con tal fin, era evidente que esperaba con ansiedad alguna nueva campaña que había en el aire y no hablaba todavía de regresar a casa. Pero a principios de la primavera toda España se enteró de la muerte del viejo almirante Santa Cruz, y Ana, al igual que otros que conocían su espíritu guerrero, respiraron con alivio por los jóvenes que habían sido llamados al servicio naval y se dijeron que ahora la Armada no podía zarpar.

Sin embargo, el alivio fue corto.

Cuando, una o dos semanas después de la muerte del viejo marino, Bernardina llegó con la más curiosa noticia que había traído en su vida —por lo grave que podía resultar para España— en la sala de estar de Pastrana estalló una risa incrédula.

El duque de Medina Sidonia, les dijo a Ana y Anichu, estaba al mando de la Gran Armada y la dirigía contra Inglaterra.

Ana no se encontraba bien aquella tarde, le dolía todo el cuerpo, pero aquella noticia tan exquisitamente tragicómica, que se negaba a aceptarla como otra cosa que no fuera una fantasía de algún viajero, sirvió para animarla poniéndola de un humor burlón que resultaba rejuvenecedor e incluso analgésico. Anichu y ella se rieron a sus anchas e interrogaron a Bernardina en un rapto de incredulidad; las tres se superaron a sí mismas en la invención de situaciones desesperadas, enredos y desastres para su importante pariente cuando sus buques se hicieran a la mar. Se divirtieron mucho y bebieron a su salud.

–¡Por mi cuñado, el gran marino! –exclamó Anichu levantando el vaso por encima de la cabeza. Se rieron hasta que se les saltaron las lágrimas y aquel cuento de Bernardina les produjo más alegría de la que habían sentido desde hacía mucho tiempo.

Aquella noche, Ana, que estaba desvelada, se preguntaba si tan frívolo rumor tenía alguna posibilidad de ser cierto. Al pensar que podía serlo, su corazón se vio inundado de temor por los hombres embarcados en los grandes buques de Cádiz y Lisboa. Pero apartó la pesadilla de su mente y retornó a sus plegarias, las numerosísimas plegarias que la ayudaban a pasar las noches de soledad y dolor.

La primavera se fue; el mes de mayo entró y extendió su belleza en Pastrana. Se enteraron de que la Gran Armada había zarpado mandada para bien o para mal por el desgraciado Alonso, el esposo de Magdalena, que nunca había mandado ni un bote sardinero en su vida, y que estaría aterrorizado ante aquel tremendo honor.

Zarpó, y con ella zarparon, como algunas cartas les notificaron, muchos conocidos: primos, amigos, vecinos, y el hijo de Bernardina, su único hijo, que iba en el buque insignia de su nuevo patrono, el gran almirante.

A fines de septiembre el relato había concluido. Lo que quedaba se encontraba en Santander y el desdichado yerno de Ana se apresuraba hacia el sur con el fin de ocultarse en Sanlúcar de la ira del pueblo. El hijo de Bernardina no regresó y muchos otros, amigos de Rodrigo, jóvenes que Ana había visto bautizar, tampoco regresaron de la empresa contra Inglaterra. España, incluso para dos prisioneras perdidas y olvidadas en Pastrana, se retorcía de ira y dolor, y Ana recordaba a veces con amarga vergüenza la noche de febrero en que con tanto deleite se había reído del rumor traído por Bernardina y había bebido a la salud de Medina Sidonia, «el gran marino».

Durante el invierno Bernardina se puso muy enferma, tenía los pulmones inflamados y congestionados como le había sucedido en Pinto. Pero ahora era más vieja y estaba más gruesa; los años de prisión habían debilitado sus fuerzas; estaba afligida por la pérdida de su hijo y cuando deliraba le hablaba.

Ana, desolada, pues la vida sin Bernardina le resultaría mucho más dura, le escribió a Felipe, rompiendo el silencio de nueve años, y le pidió que perdonara a su dueña, alegando su mala salud, la pérdida de su hijo y la enfermedad de su anciano esposo, que la necesitaba en Madrid. No supo nunca si la carta llegó a manos de Felipe, pues no recibió respuesta.

Andaba ahora lentamente apoyada en dos bastones; sus largas y hermosas manos estaban deformadas por las hinchadas articulaciones; tosía continuamente y casi todo lo que trataba de comer, excepto el pan, le daba náuseas. Tenía el cabello cano y su rostro estaba oscurecido por los largos y profundos surcos de la edad y el dolor. A veces, si se veía por casualidad en el espejo, en tanto trataba de avanzar con los bastones por el dormitorio, su propia imagen la hacía retroceder y la sorprendía. Conocía su dolor y su incapacidad física, pero no acertaba a verse a sí misma, Ana de Mendoza, como una ruina humana, una desmañada inválida. Pero aquello era lo que le decía el espejo; aquello era.

Bromeaba con Anichu sobre aquella horrible decadencia, a la vez con amargura y con alegría.

—¿Crees, Anichu, que me hubiera vuelto así de cualquier modo? ¿Prisionera o no, estaba destinada a convertirme en un viejo monstruo a los cuarenta y nueve años?

—¿Tenéis cuarenta y nueve años?

—Ya lo creo. Pero parece que tenga cien.

—No sé por qué yo no me imagino que tengáis cuarenta y nueve años. Sí, ya sé que no podéis andar muy bien, pero probablemente eso se debe al mal trato que recibisteis en todos esos sitios horribles, y también a haber estado encerrada aquí. Pero, de no ser por eso... a mí no me parece que hayáis cambiado.

—¡Ay, cariño! No seas tan cruel. Anichu, ahora soy horrible... y antes no lo era, o al menos pensaba que no lo era.

—Yo siempre os he considerado hermosa —dijo Anichu—. Y lo sois ahora. Sois del tipo de persona, y me imagino que hay muy pocas, que son hermosas, para quienes así las consideran, una vez para siempre.

Ana se mordió el labio, temerosa de las débiles lágrimas que con tanta frecuencia la vencían ahora.

—Hija mía —dijo suavemente—, algo bueno debo de tener para contar con una hija tan perfecta.

Bernardina se recuperó durante la primavera y Ana revivió también. Con frecuencia avanzaban lentamente hasta el punto más alto del descuidado jardín, se sentaban al sol y contemplaban las queridas y libres llanuras de Castilla; se reían de su absurda vida y de encontrarse convertidas en dos vejestorios débiles y anodinos que el mundo había acordado olvidar.

A veces, allí sentada al sol, Ana pensaba en la armada y en España y todos los desastrosos errores de un gran reinado, así como del descorazonador fracaso y debilidad de que habían hecho gala los de su casta durante todo aquel tiempo. De este talante, hablaba entonces a Bernardina y Anichu.

–Ojalá hubiera sido hombre –declaró un día.

–Sí, ojalá lo hubierais sido –dijo Anichu–. Hubierais sido un gran hombre.

–Algunas personas tal vez dirían, y yo soy una de ellas, chiquita, que sois una gran mujer.

–No, no, Berni. No he hecho nada útil.

–Habéis dado un buen ejemplo –intervino Anichu.

–No tenía alternativa. Quiero decir en el corazón. No se puede decir que lo negro es blanco.

–Todo el mundo lo hace cuando le conviene menos vos, chiquita.

–Bueno, tal vez les convenga. Pero a mí no me convendría nunca. Con todo, ser así no tiene nada de grande.

–Vos sois el único súbdito de Felipe que no ha transigido con su improbidad, al menos en el tiempo que he vivido yo –dijo Bernardina.

–Antonio Pérez tampoco.

–Eso es diferente. Vos lo hacíais por una idea. Él luchaba por sí mismo.

–Y todavía lucha. Quizá gane.

–Lo dudo, chiquita –declaró Bernardina con preocupación.

–Pero Felipe –dijo Ana soñadora, siguiendo el hilo de otro pensamiento–, gane quien gane, siempre perderá. Me temo que lo perderá todo. ¡Pobre Felipe!

En el otoño de 1589, el duque de Medina Sidonia, tras curarse lujosamente de sus heridas en Sanlúcar y ser perdonado por su rey por no hacer lo que estaba fuera de sus posibilidades, encontró tiempo para volver a ocuparse de los asuntos de la familia. Estaba demasiado enfermo para emprender el largo viaje de Andalucía al centro de Castilla, y, en cualquier caso, tras perder la esperanza en la batalla por el derecho de Ana a la libertad, no veía ningún motivo para deprimirse viendo el espectáculo de su vida entonces. Sabía que se encontraba en malas condiciones y que su salud era precaria; él tenía el corazón débil y no le convenía someterlo a tan dura prueba. Sin embargo, le preocupaba el porvenir de Anichu, lo mismo que a Rodrigo, según demostraban sus cartas, y a otros familiares. «Anichu debe de tener catorce años –calculó–, y será una mujer rica. Por lo visto, su madre no tardará en morir.» Los hermanos de Anichu estaban desperdigados y la muchacha necesitaría un protector y una mano amiga cuando se quedara sola. Había que disponer un compromiso, e incluso, de ser posible, un matrimonio para ella.

Tras consultar con el rey y con muchos primos de la familia Mendoza, incluido el cabeza de familia, el duque del Infantado, Alonso eligió al joven conde de Tendilla para su cuñada. Era una buena elección, teniendo en cuenta que se habían perdido tantas flores de la juventud española en el canal de la Mancha o en los acantilados del oeste de Irlanda. El conde era un Mendoza y primo suyo, joven, amable y de aspecto agradable; conocía a los hermanos de Anichu y había jugado con ellos desde la más tierna infancia; era lo suficientemente rico y sus padres, que eran buena gente, dieron el consentimiento a aquel proyecto.

Así pues, Medina Sidonia escribió a Ana en abril contándole todos los detalles. Ana leyó la carta y reflexionó sobre ella, la volvió a leer, y, con un estremecimiento de pena, se dio cuenta de que ella también lo aprobaba. Recordaba al muchacho de los tiempos de Madrid y le agradaba. Era cierto que Anichu sería vulnerable y quedaría desolada un día que no podía estar muy distante.

No respondió inmediatamente a su yerno.

–¿Piensas alguna vez en el matrimonio, Anichu?

Anichu quedó sorprendida, incluso pareció encontrar divertida la pregunta.

–¡No! ¡Por Dios, no! Al menos hasta dentro de un siglo.

–Pero ¿qué quiere decir un siglo?

–Pues, mucho tiempo. Cuando sea adulta de verdad, supongo que me casaré. Todo el mundo lo hace.

–En cualquier caso, yo no permitiría que te casaras al menos hasta que tengas dieciséis años.

–¡Dieciséis! ¡Pero sólo faltan dos años! No me voy a casar dentro de dos años. De todas maneras –dijo riendo–, tendré que casarme con uno de estos guardias o algo así.

–¿Por qué, cariño? Son unas criaturas de aspecto horripilante.

–Sí, ya lo sé. Pero tendrá que ser alguien que viva aquí.

–No, no, Anichu. ¡Qué tontería! No te puedes casar con un hombre y esperar de él que viva en una cárcel.

Anichu sonrió.

–Entonces no me puedo casar, porque nunca me marcharé de aquí. Mientras vos estéis prisionera no pienso marcharme, ni por cincuenta maridos.

–No serán cincuenta, hija mía, pero tendrás que marcharte cuando te cases.

–Entonces, ya os lo he dicho, es muy sencillo. No me casaré. Prefiero quedarme con vos.

–Ya. Pero no será siempre así. Dentro de un tiempo querrás amar a un hombre. Querrás tener hijos.

–No estoy segura. Lo que me gusta es estar con vos.

–Eso es porque piensas que me tratan mal y actúas apasionadamente respecto a este abuso.

–Sí, también es por eso. Sencillamente no os dejaría por ningún motivo del mundo. Pero es fácil decirlo... porque quiero estar con vos. ¿Por qué se os han metido en la cabeza de repente todas estas ideas de matrimonio?

–Bueno, estás creciendo... y la verdad es que tienes un pretendiente, un pretendiente muy bueno. –Anichu se la quedó mirando–. Es alguien que desea prometerse contigo.

–¿Quién es?

–Tu primo segundo, Diego de Mendoza, conde de Tendilla. ¿Lo recuerdas? Practicaba la esgrima bastante bien con Rodrigo.

Anichu se quedó pensativa.

–Sí, lo recuerdo. Era agradable. Muy callado, pero siempre era agradable.

–Bueno, pues es él. ¿Lo pensarás?

–No, no lo creo. No quiero prometerme. Vos no querríais que me prometiera, ¿verdad?

Ana miró a la muchacha.

–Creo que sí. Sería un alivio para mí. Ya soy vieja, hija mía, más vieja de la edad que tengo, y tú sabes igual que yo que estoy enferma. Cuando yo no esté, tú te quedarás muy sola...

–Cuando vos no estéis –dijo Anichu con firmeza–, estar o no prometida con mi primo me dará igual.

–No, no te dará igual, créeme.

–Por favor, no hablemos más de esto, os lo suplico. Le estoy muy agradecida a mi primo y creo que me era simpático cuando lo trataba, pero por favor perdonad que no desee prometerme. Quedémonos tal como estamos, no es demasiado pedir.

–Eso es cierto –dijo Ana–. Bueno, no se volverá a hablar de ello.

La princesa escribió a Medina Sidonia agradeciéndole su proyecto y diciéndole que ella estaba de acuerdo, pero también que todavía no podía concretarse el compromiso porque Anichu era aún demasiado joven de espíritu y pedía que se la excusara. Sin embargo, a la muchacha le agradaba el joven y hablaba bien de él. Si él no estaba impaciente, y era lo suficientemente joven para esperar, Ana creía que el contrato podría disponerse al cabo de un año.

Así pues, se dejó para fines de 1589. Ana se sentía ahora menos triste y menos culpable cuando observaba a su hija pequeña. «Pronto me iré –pensaba–, muy pronto, y ella todavía será joven y encontrará consuelo. El bueno de Alonso se ocupará de que se lleve a término el plan que garantice su felicidad. Ella se hará mayor e independiente y será feliz y normal; se olvidará de todos estos años y de su dolor.»

Aquel alivio para su alma fue oportuno, pues en enero y febrero comenzó a hacerse evidente que no debía intentar ningún esfuerzo mayor que el de trasladarse de su alcoba al sofá de la sala. Sabía que no volvería a ver el jardín, que no volvería a sentarse en el nivel más alto con la sierra de Guadarrama a sus espaldas y los dorados campos de Castilla desplegados bajo el sol. Comenzaba el fin. Y no podía evitar que Anichu sufriera. Pero después su vida renacería. Ana guardaba aquel convencimiento en el corazón y decía sus oraciones con mayor paz en tanto yacía en el sofá colocado de modo que pudiera ver el cielo y la torre de la Colegiata. Pensaba en la tumba de Ruy, que la esperaba bajo la torre, y meditaba en calma sobre la muerte.

CAPÍTULO CUARTO
(18 de abril de 1590)

I

En marzo Ana estaba tan enferma que no podía abandonar la alcoba, señal de que el dolor superaba a su voluntad. Pero una mañana de fines de la Cuaresma despertó y le dijo a Bernardina que se encontraba bien otra vez. Y eso parecía. Se levantó y se vistió despacio, muy despacio, pero rechazando toda ayuda, como la había rechazado siempre.

Bernardina se irritaba a veces con Ana por la insistencia de ésta en mantener la intimidad de su vestidor. Sabía que toda la vida se había lavado y cepillado el cabello, lavado el rostro y bañado sin ayuda a causa del ojo desfigurado. Ni siquiera en Pinto, cuando vivían juntas en tan poco espacio, Bernardina vio nunca el ojo derecho de Ana sin el parche de seda negra. Pero ahora se acercaba el día en que las manos que habían sido rápidas y autoritarias ya no podrían alcanzar la cabeza de Ana, y, si la alcanzaba, ya no responderían a su voluntad. Hacía ya muchos meses que a Bernardina le dolía ver la puerta del vestidor cerrarse tras la fatigada y patética figura y contar el tiempo, el larguísimo tiempo que tardaba en volver a abrirse. Ana, austera en sus gustos personales e impaciente con los retrasos y las extravagancias de los adornos elaborados, siempre se había vestido y desnudado con mayor rapidez que cualquiera de las mujeres que Bernardina conocía y que todas de las que había oído hablar. Ahora ya no era así, pero, debido al orgullo de siempre y a la timidez de la costumbre, seguía vistiéndose y desnudándose sola.

Sin embargo, aquella mañana de abril, después de pasar un mes entero en la cama, parecía muy recuperada y salió del vestidor despacio y con los bastones pero sin aparentar demasiada fatiga, arreglada, esbelta e incluso elegante con su vestido negro de seda. Regresó al sofá colocado junto al ventanal y contempló de nuevo con intenso placer la vista.

–Creo que abril es un mes que trae suerte, ¿tú no, Anichu?

Anichu, radiante al verla bien, mostró su acuerdo.

–Al menos éste sí –dijo–. Hemos de pasar una Pascua muy feliz.

–¿Cuándo es Pascua?

–El veintidós. Dentro de unos quince días.

–¡Dios mío! Ya casi ha terminado la Cuaresma y yo me la he pasado regalándome en la cama. Debo recuperar el tiempo perdido. Creo que mañana podría acercarme a la capilla a oír misa.

–No haréis nada parecido –dijo Bernardina–. Esa capilla es una trampa mortal. Hace un frío horrible y hay mucha corriente.

Ana contempló el hermoso día.

–En un día como éste no hay ninguna corriente –dijo–. Es primavera.

Durante ese mes se levantó cada día y se trasladó al sofá. Se encontraba bien, leía, hacía sumas y acertijos con Anichu, y a la hora de cenar bebía vino en abundancia.

Durante la Semana Santa, Anichu se retiró como cada año al convento franciscano.

–No me gusta marcharme ahora que os encontráis tan bien –le dijo a Ana antes de irse el Domingo de Ramos–, pero claro, es mejor que dejaros cuando estáis enferma.

–Pero volverás el sábado. ¡Y que sea pronto! Inmediatamente después de esas interminables ceremonias. ¡Prométemelo!

Anichu la besó.

–Os lo prometo. Ya sabéis que vendré volando. Y vos seguid bien, ¡por favor!

–Sí, estaré bien. Quizás ahora ya estaré siempre bien.

–No hace falta que digáis «quizás» –declaró Anichu. Volvió a besarla y se marchó.

Los hermosos días se iban alargando.

Pese a las protestas de Bernardina, Ana consiguió cruzar el rellano para dirigirse a la tribuna de la capilla a fin de asistir a algunos de los grandes y tristes ritos de la Semana Santa. Tumbada en el sofá leyó los oficios de la iglesia, rezó y trató, con recogimiento y silencio, de identificarse con la pasión de Cristo. El tiempo transcurría suavemente. No se produjeron discusiones con don Alonso Villasante, y Ana, prisionera de su propia salud, casi se olvidó de que también era prisionera de Felipe.

El Miércoles Santo por la tarde, Bernardina entró en la sala de estar al anochecer. Ana yacía apoyada en los almohadones del sofá; tenía la cabeza relajada, como si estuviera dormida, y la luz del atardecer iluminaba su perfil y centelleaba en su cabello gris. Sus manos descansaban inmóviles sobre el cobertor.

Bernardina la miró perpleja y durante un instante no dijo nada ni se movió para no molestarla. «Parece tan tranquila. Está enferma y es vieja. La vida ha terminado para ella, pero creo que este mensaje no debería haber sido transmitido. Es demasiado peligroso. Para él, muy bien; pero para ella puede significar la muerte...»

Ana se revolvió y le sonrió.

–¿Qué hacéis ahí de pie mirándome?

–Admirándoos. Había pensado que podíamos tomarnos algo. –Dejó una bandeja sobre la mesa.

–¿Puedo tomar algo a esta hora?

–Bueno, es Semana Santa y, en mi opinión, nos estamos excediendo en esto de la penitencia. Yo estoy agotada.

–Pobre Berni. En ese caso, bebamos.

–Además, ya son las siete. La hora de la merienda en los viejos tiempos. –Sirvió el vino y ayudó a Ana a colocarse en una posición que facilitara los movimientos de su rígida mano.

Ana observaba el rostro de Bernardina, iluminado de pleno por la luz de la tarde.

–Venga, Berni. ¿Qué ha ocurrido? ¿Por qué bebemos?

–Sinceramente, no sé si decíroslo o no. Si no os lo digo, puede que no me lo perdonéis. Creo que, si yo fuera vos, me gustaría que me lo dijeran.

Ana se la quedó mirando.

–¡Claro que quiero que me lo digas! ¿Qué es, Berni?

Bernardina tomó un sorbo cuidadosa y firmemente y dejó el vaso.

–¿Conocéis al viejo Jorge?

El viejo Jorge era el antiguo alcalde de Pastrana y la única persona que por aquellos días conseguía entrar a otra dependencia de la casa que no fuera la oficina de la administración. Había inventado pretextos de alcalde para aquellas visitas. No debía ver a ninguna de las dos prisioneras, pero uno o dos de los guardias a quienes les era simpático y también eran amables con Bernardina, a veces les permitían cruzar unas palabras en los aposentos de los niños o en algún lugar seguro de la planta baja. En cualquier caso, permitirlo no podía considerarse un gran delito, pues era un aldeano gordo y sencillo, en absoluto sospechoso de intriga.

–Sí. ¿Ha venido?

–Acabo de hablar con él en el estudio de los niños. Os envía sus más respetuosos saludos.

–Y ¿qué más? Continuad, Berni.

–Hoy ha pasado un hombre por Pastrana y ha ido a ver a Jorge. Jorge no lo conocía y no ha dado su nombre. Ha dicho que era de Zaragoza y que se dirigía a su casa.

–¡Ah! ¡Un aragonés!

–Le ha dado un recado a Jorge para que tratara de hacérnoslo llegar. Ha dicho que Gil de Mesa quería que supierais que un viajero pasaría por aquí camino de la frontera con Aragón esta noche y que trataría de entrar por la parte alta del jardín.

–¡Ah! –Durante un instante reinó el silencio–. Gracias, Berni.

–¿Os suena ese nombre, Gil de Mesa?

–Sí, es un amigo de Antonio.

–Evidentemente, han planeado una fuga para esta noche. Es muy osado por su parte, porque, por lo que yo he oído, es posible que se sospeche.

–¿Qué habéis oído?

–Durante las últimas dos o tres semanas, no mucho. Pero sí oí que se estaba celebrando el juicio contra Pérez y que los testigos lo estaban traicionando. Que se encontraba de nuevo en riguroso confinamiento en una casa de Madrid. No parecía nada halagüeño. Pero, claro, cuando los rumores llegan a los pueblos...

–¿Cuándo ha llegado el visitante de Jorge?

–Hacia las cuatro. Y siguió inmediatamente camino hacia Guadalajara.

–De Madrid a la frontera de Aragón hay unas cuarenta y tres leguas, ¿verdad?

–Algo así, un poco más, creo yo.

–No podrán salir de un lugar como Madrid hasta bien entrada la noche. –Ana contempló el ocaso y las estrellas que tachonaban ya el cielo–. Cambiando de caballo, y si son buenos, supongo que se podría llegar cerca de la frontera al alba. Estoy segura de que es necesario aprovechar la protección de la noche.

–Sí. En estas tierras tan poco pobladas se puede hacer un largo recorrido sin peligro durante la noche. Pero, cuando amanezca, el rumor se habrá extendido y puede haber adelantado al fugitivo, o incluso puede ser reconocido. Pero, aun con los mejores caballos del mundo, no creo que pudiera llegar a Aragón hasta el mediodía de mañana. Es un plan muy peligroso para él –dijo Bernardina–, porque en el momento en que lo echen en falta sabrán que para él sólo hay un camino de salvación, o de posible salvación.

–No debería venir aquí. Es absurdo incrementar el riesgo.

–Pero nosotras no podemos evitarlo.

–No, gracias a Dios –dijo Ana con una sonrisa.

–¿Os alegráis? ¿Os alegraréis de verlo?

Ana se recostó en los almohadones y levantó la vista hacia el cielo.

–¿Que si me alegraré? –dijo soñadora. Luego se echó a reír abiertamente–. Berni, sois ridícula, ridícula.

Bernardina sintió que las lágrimas se agolpaban en sus ojos.

–Sois incorregible –dijo con cariño.

–Dadme más vino –dijo Ana.

Ambas siguieron bebiendo en silencio un rato.

–Conociéndolo, sé que lo habrá planeado todo hasta el más mínimo detalle –dijo–. Incluso encontró la manera de enviar el recado.

–Recordad que es posible que no pueda llegar hasta aquí. Lo que está haciendo es una locura... si es que lo está haciendo.

–Llegará... y llegará a Aragón.

–Si llega hasta aquí, pero no llega a Aragón, probablemente significará la muerte, sin más dilación, para ambos.

–Y también para vos.

–Sí, y también para mí.

–Él no debe morir. No lo desea.

–Incluso es posible que en Aragón lo entreguen al rey.

–No. Creo que mantienen sus antiguos derechos y protegen a sus hombres contra el rey extranjero.

–Castilla no lo ha hecho con vos.

–Los castellanos vendieron sus derechos a Carlos V. Los aragoneses han conservado los suyos. No, si llega a Aragón tiene posibilidades de vivir en libertad. Berni, ¿de verdad os habéis planteado no decirme que venía?

–Supongo que no. Pero que el Dios de las alturas me perdone si sale mal.

–No saldrá mal –dijo Ana–. Y si sale mal, bueno... es un final mejor que el que esperaba. ¿Qué lo habrá hecho decidirse por fin?

–Quizás esté enfermo... o cambiado, ¿sabéis?

–Bueno –rió Ana con tristeza–. ¿Por qué lo decís así, Berni? ¿Habéis oído que está enfermo?

–No, no he oído nada de eso.

Bernardina se levantó y empezó a encender velas y a correr cortinas.

–¿A qué hora se hace de noche en Madrid, Berni?

–A la misma que aquí. A eso de las ocho ya es oscuro.

–Ahora se estará preparando.

Ana hizo la señal de la cruz y Bernardina la imitó. Esta última se acercó a la chimenea y la llenó temerariamente de leña. Pensaba en el sistema de conseguir más leña y de robar velas para todos los candelabros. Quizá tuviera frío, y Ana no querría que encontrara la habitación muy diferente de como la recordaba.

–Si sale de Madrid hacia las ocho y media, digamos, llegará aquí a eso de las diez y media, Berni.

–Sí. La primera etapa será hasta aquí, pero después le quedará lo peor.

–Debemos prepararnos. No disponemos de mucho tiempo. Me voy a cambiar de vestido... –Alargó el brazo en busca de los bastones y comenzó a levantarse del sofá–. ¡Cómo se sorprenderá al verme! –Permaneció de pie apoyada en las muletas mirando a su alrededor–. Qué encuentro más extraño y terrible.

–¿Estáis segura de que queréis que se celebre?

–Totalmente.

En tanto hablaba avanzaba hacia la puerta de la alcoba.

–Os fatigaréis cambiándoos de vestido, chiquita. ¿No vale el que lleváis?

–No, creo que no. Tengo uno viejo de terciopelo negro que a él le gustaba... –Se detuvo y se volvió bruscamente–. Pero, Berni... los guardias, el muro del jardín... ¿Cómo va a llegar hasta aquí?

Bernardina sonrió.

–Estoy pensando en la manera –dijo–. Ya me las arreglaré, chiquita, aunque sea la última cosa que haga en la vida. Venga, al vestidor, yo me ocuparé de todo. Primero voy a arreglar un poco la habitación.

Mientras se vestía, Ana rezaba por Antonio. «Es muy bondadoso por su parte el venir a verme –le decía el corazón apaciblemente–. Bondadoso y leal.» Se enfrentó al espejo con objetividad y estudió lo que vería aquel hombre que tanto se arriesgaba deteniéndose a saludar al pasado en tanto huía de él para salvar la vida. «Sin embargo, tiene derecho a hacerlo; tiene derecho a ser lo suficientemente valeroso para venir. ¡Dios mío! ¡Dios mío, que se dé prisa! ¡Dios mío, con vuestra divina misericordia, protegedlo!»

II

La campana de la Colegiata dio las once. Cuando calló, el silencio parecía absoluto. Ana prestaba atención, involuntariamente, tratando de oír ruido de cascos. Pero era mucho mejor que no lo oyera, porque así tampoco lo oirían otros.

«No pasará por el pueblo. En el Árbol Santo se dirigirá hacia el norte por el camino. Luego debe desmontar, dejar el caballo con quien lo acompañe y cruzar la huerta de los Valdez hasta el jardín. Estoy segura de que lo sabe. Es muy observador. El muro es bajo por nuestro lado y alto por el de la huerta. Pero Bernardina estará allí y sabrá qué hacer. Hace una noche clara, demasiado clara. ¡Dios mío, apiadaos de él! ¡Permitid que tenga esta buena fortuna! ¡Que llegue a Aragón! ¡Que tenga suerte aunque sólo sea esta noche, y mañana, Señor! ¡Señor, Cristo Jesús, no lo abandonéis!»

Yacía en el sofá como una compuesta dama inválida de avanzada edad. Tenía un aspecto aristocrático y frío, el rostro pálido y las manos inmóviles. Su único adorno era una cadenita de oro de la cual colgaba un anillo con una esmeralda rodeada de perlas. Era la última joya que le había regalado Antonio y ella lo había herido no poniéndosela. Aquella noche se la hubiera puesto, pero tenía los nudillos hinchados y ya no le entraba ni en el dedo meñique. Así pues, se la colocó en el pecho.

De vez en cuando la tocaba y permanecía quieta mirando a su alrededor.

Bernardina lo había hecho muy bien. En todos lo sitios acostumbrados había velas y el fuego desprendía un aroma a piñas y a madera de manzano. Sobre una mesa había fiambres y jarras plateadas de vino. El desgaste y las penas de todos aquellos años eran sin embargo visibles, aunque la antigua elegancia de la habitación resultaba patente aquella noche, por encima del tiempo y del dolor. Las pinturas dejaban sentir su presencia como en los buenos tiempos; Ruy, con una sonrisa afectada que nunca había tenido, y ella misma, austera y carente de expresión, como la había visto Sánchez Coello; pero también el precioso Giorgione, la cabeza de Clouet, el dibujo de Holbein y el noble pequeño Mantegna que él le había regalado. «Una vez más os iluminamos, una vez más antes de que yo vuelva a la oscuridad eterna.» Y siguió prestando atención por si oía los ruidos de cascos que ningún oído de la tierra debía oír, tocando la esmeralda y rezando.

Antonio entró en la habitación por la puerta que daba a su alcoba.

Se quedó inmóvil y ambos se miraron; durante un instante le pareció que no era él. Leyó la misma duda en el rostro de Pérez.

Entonces se acercó a ella, sonriendo ligeramente, de puntillas, sin hacer ruido. Vestía ropas de montar oscuras, pero no llevaba armas ni espuelas. Nada que tintineara. Tenía el cabello cano como ella. Observó que mantenía las manos de una forma un tanto extraña alejadas del cuerpo. Ella le alargó los brazos, preguntándose si se daría cuenta inmediatamente de cómo habían cambiado sus manos.

Antonio se le acercó y permaneció en pie mirándola.

Ana posó una mano sobre una de las de él y percibió que estaba roja y caliente; Antonio hizo una mueca. Ana retiró la mano.

–¿Os han torturado?

Él asintió con la cabeza.

–De la forma más suave. Y cedí. Les dije que lo había mandado matar por encargo del rey.

–Gracias a Dios.

Antonio se arrodilló y apoyó la cabeza en el pecho de ella. Ana lo sujetó y le acarició el cabello en tanto pensaba que, como el de ella, también era cano.

–Estáis viejo –dijo–. Casi tan viejo como yo.

–Soy ocho años más viejo que vos.

Levantó el rostro y le sonrió infantil y fatigadamente. Los recuerdos de muchas otras noches en que había sonreído de la misma manera contra su pecho se agolparon en la mente de Ana e iluminaron su rostro.

–¿No lo habéis olvidado?

–No he olvidado nada, Antón.

Él cerró los ojos. Ana se fijó entonces con mayor atención en la avejentada y tosca piel, una tosquedad labrada debajo del polvo y el calor del difícil viaje a caballo.

–Pero ahora os habéis arrepentido y os halláis en estado de gracia, ¿verdad?

–Sí, sí. Ha sido muy fácil. Cuando se está enfermo y preso es fácil ser virtuoso.

–Lo sé. Yo también lo he pensado y he sido virtuoso.

Ana sonrió. Antonio permanecía inmóvil, como si fuera a dormirse. Su cabeza pesaba mucho.

–¿Cuánto tiempo podéis quedaros?

–Gil dice que no más de cuarenta minutos. Bernardina entrará a avisarme.

–¿Estaba junto a la tapia del jardín?

–Sí. La he visto mientras cruzaba el huerto. Me ha producido una maravillosa sensación el verla allí, querida vieja, como si todo estuviera en paz, reinara la felicidad y esto fuera un asunto de cada noche. ¡Ah! ¿Todavía la tenéis?

Sostenía la esmeralda en la mano.

–Esta noche es la última vez que la llevo.

–¿La última?

–Sí. Quiero que os la llevéis. Necesitaréis dinero y yo no tengo a quién dársela. He metido aquí, en este estuchito de piel, todas las joyas que me regalasteis y otras que son mías y que no tengo por qué dejar a mis hijos. Lleváoslas y usadlas, junto con la esmeralda, como creáis conveniente, por mi amor.

–Ana, las cosas que os regalé...

–Así me hacen un buen servicio. De cualquier modo, cuando yo haya desaparecido no debe tenerlas nadie más que vos. Y me iré pronto.

Antonio levantó la cabeza y se volvió para mirarla de cerca.

–¿Estáis muy enferma, Ana?

–Ahora no me encuentro muy mal, pero he estado bastante enferma durante los últimos dos años. Al menos, siento que me estoy muriendo de forma paulatina.

–¿Por qué? ¿Qué dicen los médicos? ¿Por qué os estáis muriendo?

–No dicen gran cosa. Tuve unas fiebres mientras estaba prisionera en Santorcaz, y desde entonces cada vez me duelen más los huesos, y el corazón. En general sé que me estoy muriendo lentamente. No me importa, salvo por Anichu. Sobre todo ahora que vos estáis a salvo.

–Estáis vieja, estáis fatigada, pero ¡ay! ¡Qué hermosa estáis siempre!

–¿Me recordaréis? Tratad de recordarme cuando haya muerto.

Antonio sonrió pero se le llenaron los ojos de lágrimas.

–Lo intentaré. ¿Puedo tomar un poco de vino?

–Resultaría extraño que no lo hicierais.

Antonio cogió la jarra de vino con los dedos pulgar y meñique de las dos manos. Ana lo observó apenada.

–Ya me serviré yo el mío –dijo. Cogió las muletas y se acercó a él con sus andares de inválida. Antonio la miró gravemente.

–Siempre pensaba que os movíais demasiado deprisa. Bueno, nos lo ha hecho pagar, ¿eh? Pero valía la pena.

Ana cogió el vaso y él levantó el suyo con dificultad.

–¿Por qué brindamos, Antón? ¿Por Aragón?

—No, porque vos no estaréis allí. Yo tengo un brindis mejor. Bebamos por las campanas de Santa María de la Almudena.

Antonio bebió, complacido por los recuerdos de placeres perdidos, de noches de amor; ella le devolvió la maliciosa sonrisa, pero también pensó, con un estremecimiento, en el rostro de Felipe en el portal de la iglesia de la Almudena.

—¿Cómo podéis montar a caballo con esas manos?

—Es una tortura, pero no tengo otro remedio. Gil me ata las riendas a los codos, es que me aplicaron la tortura en las muñecas y los pulgares, y controlo el caballo con los demás dedos y con los codos. Al pasar por Alcalá estaba empezando a acostumbrarme.

—¿Cuándo estaréis a salvo?

—No sé. Tal vez me busquen también en Aragón, pero merece la pena intentarlo. Esperamos llegar a Calatayud mañana algo después de mediodía.

Antonio la cogió suavemente del brazo y la acercó al fuego.

—Sentaos —dijo, y cuando lo hizo se acomodó junto a ella en el suelo—. ¡Dios mío, Dios mío! ¡Si pudiera quedarme aquí, olvidado, y dormir y dormir, y morirme un día cuando vos muráis!

Contempló amorosamente la habitación.

—Está muy deteriorada.

—Sí, ya lo veo.

—Cuando confesasteis... ¿no debía haberse arreglado todo? Quiero decir que ya que se descubrió que Felipe era cómplice vuestro...

—No, tenían instrucciones de hacer caso omiso. El juez no tenía vergüenza. Todo el mundo se dio cuenta de que lo único que les interesaba de mi confesión era la admisión de mi culpabilidad.

—¿Y las cartas?

–No las aceptaron como pruebas; dijeron que ya tenían suficientes. No sé si hubiera podido soportar más tiempo la tortura, pero ya estaba harto de la farsa, de modo que hablé. En cualquier caso... –se rió– era dolorosísimo. Y sólo era el primer grado.

–Comed. Más vale que comáis algo.

–No, no puedo. He tomado algo en Madrid y creo que llevamos comida también. Pero tomaré más vino, Ana, más vino.

Se alejó para llenar los vasos.

–Casi ha transcurrido nuestro tiempo –dijo–. Y no he dicho nada. Solamente quería volver a veros.

–Sí. No hay nada que decir, creo, que no sepamos los dos.

–¿Por qué os hicisteis mi amante?

–Por una especie de fría especulación. Y vos no me queríais la primera vez.

–No, creo que no. De cualquier modo, hubiera podido pasar sin vos. Sin embargo, nos ha traído esto, años y años de dolor.

–Sí, nos ha traído muchas cosas.

–Ay, Ana, recordadme.

–Os recordaré y rezaré por vos cada día de mi vida. ¿Vos rezáis?

–No, creo que nunca he rezado.

–Bueno, yo rezaré por vos. ¿Qué esperáis de Aragón?

–Una pequeña guerra civil por lo menos, lo cual espero que moleste mucho a Felipe. Y si gana el bando de la justicia, ¿quién sabe lo que puede pasar? Si perdemos, tendré que volver a reflexionar. Pero ¿sabéis quién es ahora el gobernador de Aragón?

–No.

–Vuestro primo, el del pleito, Íñigo de Mendoza, que ahora es marqués de Almenara con las tierras y títulos que os quitó a vos.

414

–Ése no es buen presagio. Me odia.

–En consecuencia, no es probable que favorezca mi causa. Pero yo apelo a los aragoneses, no a los gobernadores extranjeros.

–¿Está a salvo vuestra familia?

–Los niños están ya en Zaragoza, espero. Y Juana saldrá de Madrid mañana. Sin su complicidad no hubiera podido disponer esta huida. Ha sido un bastión de coraje todos estos años.

–No esperaba otra cosa de ella.

Antonio esbozó una sonrisa.

–Hasta ahora nunca había cometido el error de hablar de mi esposa a mi amante...

–Pero ahora no tenéis amante, y a una vieja amiga le podéis hablar de cualquier cosa.

Antonio se acercó y se arrodilló ante ella.

–Ojalá pudiera abrazaros –dijo–. Estas malditas manos. Ana, vos no sois una vieja amiga. En mi corazón siempre seréis mi amante.

Ana le cogió la cabeza entre las manos y lo besó en la boca.

–Sois un amante buenísimo, Antón.

Era una frase del pasado. Él sonrió y pronunció la vieja respuesta:

–Si me lo pusierais por escrito...

Se produjo un golpeteo suave y continuo en la puerta por la que había entrado. Ambos lo oyeron.

–¡Ah! ¿Ya es la hora?

–Sí. Bernardina ha dicho que llamaría a la puerta.

Se pusieron en pie y permanecieron así juntos, contemplando la habitación. Ana cogió el estuchito de piel y dijo:

–¿Dónde queréis que os ponga esto? No lo cojáis con vuestras pobres manos.

Dio con un bolsillo de su túnica y metió allí el paquete. A continuación se quitó la cadena y el anillo.

—No, eso en el bolsillo no. Colgádmelo del cuello, Ana.

Ella se lo metió por la cabeza, le desabrochó la camisa y le introdujo el anillo entre la tela y el pecho.

—Gracias —dijo—. Guarda vuestro calor.

—¿No lleváis capa, ni espuelas, ni espada, ni nada?

—Lo he dejado todo con Gil y los caballos para hacer menos ruido.

Volvieron a llamar a la puerta.

—Sí, Berni —dijo Ana—, ya va.

Antonio la abrazó.

—Os vais a hacer daño.

—¿Qué importa?

La atrajo contra sí y la besó en la boca como llevado del primer deseo. «Éste es el último abrazo de mi vida mortal; generalmente, la gente no sabe cuál es el último, pero yo sí. Adiós —respondió con todo su ser, con toda la fuerza y gratitud de que disponía—, adiós a vos y a todo lo reprimido y acallado que hubo en mí y que sólo os obedecía a vos. Adiós, querido pasado, querido pecado, marchad en paz. Os he amado y he pagado por ello y seguiré pagándolo.»

Antonio se apartó un poco de ella para mirarla a la cara.

—No necesito mirarla —dijo—. La conozco. La he llevado conmigo mucho tiempo.

—No es la misma cara. Ahora es vieja.

—Es la misma, y tanto ahora como antes es joven y vieja —dijo, y posó suavemente los labios sobre el parche de seda negra, en el hueco del ojo perdido. A continuación la soltó.

—Que Dios os ayude —dijo ella—. Cuando os encontréis a salvo, hacédmelo saber.

—Os enviaré recado. —Recorrió la habitación con la vista rápidamente de nuevo y luego volvió los ojos al rostro de ella—. Tengo que irme.

—Sí, tenéis que iros, Antón.

Antonio hizo una pequeña reverencia y se dirigió a la puerta, pero una vez allí se volvió sonriente.

—Acabo de acordarme de Juana la Loca. ¿Os acordáis de la muñeca de Anichu?

Ella se echó a reír.

—Sí, la recuerdo. Creo que todavía existe.

—Bueno, entonces dadle recuerdos míos, y a Anichu también.

Se sonrieron uno a otro por última vez.

CAPÍTULO QUINTO
(Mayo de 1590)

I

Anichu regresó a casa el Sábado Santo, más delgada por las austeridades del retiro pero muy contenta. Encontró a Ana bien y a Bernardina muy animada. Las tres pasaron una Pascua feliz, ni siquiera entristecida cuando recordaron las Pascuas de la infancia de Anichu: las grandes procesiones celebradas en Pastrana, la cena ofrecida a todo el pueblo en el jardín, la corrida de toros del lunes en Alcalá, la cena con el marqués de los Vélez, y el largo camino de regreso a casa animado por las canciones entonadas por todos. A Anichu le gustaba escuchar aquellos relatos de los días de esplendor de la familia que ella apenas había conocido.

A su regreso, Ana le contó inmediatamente la huida de Antonio Pérez de Madrid a Aragón y la visita que le había hecho.

Ella reaccionó con gravedad al oír la noticia.

—¿Ha llegado sano y salvo a la frontera?

—No lo sabemos todavía. Nos mandará recado.

—Debéis de estar nerviosa.

—Por extraño que parezca, no lo estoy. Tengo la seguridad de que está bien.

—Más vale que recemos.

—Sí, claro que rezo. Y tú reza también. Dios te escuchará.

Anichu la miró pensativa.

—¿Erais de verdad su amante?

—Sí, Anichu, lo era.

—¿Cuánto tiempo?

—No había hecho aún dos años cuando nos detuvieron.

Ana percibió la expresión de alivio de la muchacha. Sin duda estaba pensando en el padre que no había conocido, pues había muerto poco después de nacer ella.

—Perdonadme por preguntároslo —prosiguió Anichu con ansia—, pero ¿habíais tenido algún otro amante?

—No, cariño —dijo Ana—. Ningún otro. Sólo tu padre mientras vivió y luego Antonio Pérez.

—Gracias, gracias por decírmelo. No tengo derecho a preguntároslo.

—Sí lo tienes, Anichu.

—Es que he oído cosas... del rey, y a veces no podía evitar preguntarme cosas; se ha comportado de una manera tan terrible con vos...

—Estoy de acuerdo. Es como para sentir curiosidad. Felipe y yo éramos muy buenos amigos, pero nunca me pidió que fuera su amante; las cosas que se han dicho de nosotros eran falsas.

—Ya. Pues resulta mucho más sorprendente, ¿no?

—Hace ya mucho que he dejado de tratar de comprenderlo.

Anichu pensó que parecía que había dejado de tratar de comprender la mayoría de las cosas.

El martes de Pascua se presentó en casa de Jorge, el ex alcalde, un desconocido procedente de Aragón. Una vez que hubo proseguido viaje, Jorge, que se encaminaba laboriosamente hacia casa de Ana, se encontró con Anichu y le dio el recado del desconocido. Decía que el viajero de Madrid había llegado a Calatayud la tarde del Jueves Santo, que estaba bien y que había buscado refugio en el convento dominicano de San Martín. En Aragón se había armado un gran revuelo y mandaba sus cariñosos recuerdos a Pastrana. Anichu corrió a casa con el recado.

«Nunc dimittis», dijo el corazón de Ana cuando lo recibió. A partir de ese momento se preparó contenta en secreto para la muerte, que esperaba no se retrasara demasiado, y ello no se debía a que se apartara de la vida desconsolada o desilusionada, como había ocurrido en períodos anteriores de su encarcelamiento. Su única preocupación terrena era ahora Anichu, y por ella deseaba que su muerte se produjera cuanto antes.

Antonio se había marchado. Mientras estuvo en España envuelto en los problemas y peligros que su amor por ella le había acarreado, el corazón de Ana todavía tiraba un poco hacia la vida, incluso en las más amargas horas de vacío y soledad; todavía deseaba, en contra de toda posibilidad, verlo de nuevo y vivir el fin, para bien o para mal, de su historia. Ahora aquello había pasado y él se había marchado para siempre de lo que le quedaba de vida; todavía seguía en peligro y sus problemas sin solución, pero por fin tenía las manos libres para luchar contra ello y posibilidades de evadirse de la venganza de Felipe. La vida de Antonio, divorciada desde aquel momento de Castilla, entró en una fase nueva y extraña, y el papel que Ana había de representar en ella había finalizado ya.

Solamente quedaba pues Anichu. Estar con la niña en aquellos dulces años de su primera infancia, contar con su compañía, tan constante, tan reconfortante y tan joven, quererla y disfrutar de su cariño, constituyó un profundo consuelo y un vínculo con la vida casi más fuerte que todos los demás. Pero Ana sabía que aquella gracia de sus últimos días de vida iba en perjuicio de Anichu; sabía que cuanto más tiempo vivieran juntas como en aquellos momentos, estando la niña tan entregada a ella y tan dispuesta al sacrificio, mayor y más profundo sería su dolor cuando Ana muriera, y más le costaría regresar a la vida normal y a las costumbres y amigos de su generación. Desde luego sentiría dolor –y Ana se estremecía a diario de pensarlo– cuando la muerte la separara de su leal hija. No había modo ya de evitarlo. Había permitido, desacertadamente, que Anichu se dedicara de pleno a su gran amor, casi podría llamarse fanatismo, y ya no era lógico ni considerado hablarle de alejarla de Pastrana. La situación había de llegar a su fin por sí sola y Anichu debía estar preparada con toda la fortaleza que permitía el amor para resistir el lento dolor de presenciar el fin. Pero Ana creía que, cuanto más joven fuera cuando llegara ese fin, mejor. Deseaba que la prueba por la que habría de pasar la muchacha fuera corta, por lo menos, ya que no podía evitarse. Y, cuando hubiera terminado, todavía podría salir, joven y susceptible de cura, al sol del mundo, capaz de aceptar de nuevo su natural consuelo y de olvidar Pastrana, la cárcel y el dolor. Ana pensaba con alivio en el joven de Tendilla, y a veces le hablaba de él a Anichu, que no rechazaba su nombre sino que hablaba de él con dulce interés y buena disposición. Observándola y pensando en ella, Ana veía que lo mejor que podía hacer era morir pronto. Por lo tanto, al marchar Antonio se alegró de darse cuenta de que por fin estaba completamente dispuesta a dar la bienvenida a la muerte.

A principios de mayo comenzó a sentir que se iba a cumplir su deseo.

Hacía unos días espléndidos y Ana siempre se trasladaba al sofá situado junto al ventanal y descansaba allí al sol escuchando los sonidos de la vida, que entraban procedentes del olvidado pueblo. Dado que su corazón se hallaba sereno y en paz, y ella se sentía incluso alegre en algunas ocasiones, pensaba que Bernardina y Anichu no percibían la recaída que ella sentía en todo el cuerpo. Se alegraría si era así, especialmente por Anichu. Así pues, yacía en el sofá y hablaba lo menos posible de sus dolores; rezaba, meditaba sobre su vida y sus pecados, observaba cómo la delicada belleza de su hija se abría al temprano verano; al sol y en calma, a veces casi se sentía agradecida con Felipe por haberla llevado por la fuerza a aquella buena disposición y a aquel despego, aquella calma que seguramente envidiarían los santos, y en la cual, ya que no era ninguna santa, no se merecía dejar la vida.

–Le debo mucho al rey –le dijo un día a Anichu–, porque creo que gracias a él se ha salvado mi alma.

–Vos lo habríais conseguido sola –repuso Anichu–. Pero sí os ha convertido en una especie de filósofo.

–Supongo que ya no sabré nada más de él, que me ha olvidado por completo.

–¿Os entristece eso?

–No, ya no. Yo lo he perdonado, Anichu. De verdad. Rezo por él todos los días.

II

La mañana del veintidós de mayo Ana se despertó temprano y muy enferma. Intranquila, se levantó y se vistió, muy despacio, más despacio que de costumbre, según observó; a las siete se abrió camino penosamente hasta la tribuna de la capilla para oír misa y recibir la comunión. Anichu y Bernardina ya ocupaban sus lugares y esta última frunció el ceño y blandió el puño contra Ana en tanto la ayudaba a acomodarse en su reclinatorio.

Hacía una mañana radiante; los trinos de los pájaros llenaban el ambiente y, en tanto los rayos de sol se filtraban hasta el altar y el sacerdote, Ana se olvidó de sus doloridos huesos y de los débiles latidos de su corazón y rezó en paz agradeciendo a Dios la belleza de aquel día.

Permaneció arrodillada unos instantes una vez que hubo terminado la misa y los demás se hubieron marchado. Le agradaba la capilla vacía, tan apacible y silenciosa, pues le traía numerosos buenos recuerdos de Ruy y de su vida de casada. Suponía que volvería a encontrarse con Ruy después de muerta –la Iglesia así se lo enseñaba y, aunque le resultaba difícil imaginar cómo serían esos encuentros, aceptaba las enseñanzas–. Si era cierto, aún la ayudaba más a esperar la muerte con agrado, pues le gustaría volver a ver a Ruy después de todos sus errores y pesadumbres.

Se levantó ayudada de las muletas, mojó los dedos en la pila de agua bendita y se santiguó. Acompañada por los cantos matinales de los pájaros, regresó a la sala de estar.

Allí la esperaba el desayuno: leche, pan y fruta. Anichu comía a toda prisa, pues había de asistir a algunas clases en el convento. Bernardina parecía intranquila, incluso agitada.

–¿Qué ocurre, Berni? Sentémonos a tomar un poco de leche.

Bernardina la miró, la ayudó a sentarse y le sirvió un poco de leche. Anichu sonrió a su madre y luego dirigió una mirada a Bernardina.

–¿Qué pasa, Bernardina? –preguntó con firmeza.

Bernardina se sentó.

–Ha ocurrido algo, chiquita –dijo–. Es algo muy extraño y no sé qué es.

–Continuad –dijo Anichu.

–Bueno, todo el mundo ha desaparecido. Yo misma he tenido que ir a buscar esta bandeja y no hay rastro de la vieja Paca. Un soldado me la ha dado en la puerta de la cocina. Un soldado que no había visto nunca. No he encontrado a ninguno de los dos pinches de cocina. Doña Isabel tampoco aparece, ni la otra aya, Josefa. No hay nadie abajo y el silencio que reina es acongojante, chiquita.

–Debe de haber una explicación –dijo Ana.

–Eso digo yo –intervino Anichu lacónicamente.

–No me gusta –dijo Bernardina–. No sé qué explicación puede haber.

–Llamaré a Villasante inmediatamente –declaró Ana, a quien la expresión de angustia de los ojos de Anichu resultaba insoportable–, pero antes tomemos este maravilloso desayuno. Tal vez lo necesitemos –terminó con una risita.

–No puedo comer –dijo Bernardina–. Si lo intento me ahogaré. Tengo miedo. El silencio que hay ahí abajo no puede ser bueno.

«Bernardina ha tenido que soportar demasiado las siniestras costumbres de la cárcel –pensó Ana apenada–. Por fin está llegando al límite. Casi han conseguido perturbar su valeroso espíritu. Probablemente no será nada, algún estúpido cambio de plan respecto al personal.»

–¡Querida Berni, tomad al menos un poco de leche!

En ese momento oyeron cómo corrían los chirriantes cerrojos de la verja de hierro que se levantaba al otro lado de la puerta de la sala de estar. Oyeron cómo se abrían las pesadas puertas y cómo se volvían a cerrar. Al cabo de un instante, el administrador de la casa, Villasante, se encontraba en la estancia, escoltado por cuatro soldados armados. Tenía un aspecto muy grave y arrogante.

Dedicó una fría reverencia a Ana. Llevaba unos papeles en la mano.

–Recientemente Su Alteza ha sido mal aconsejada y ha incumplido las condiciones de la reclusión. Su Majestad ha recibido pruebas de que admitisteis ilícitamente a vuestra presencia a un enemigo del Estado, y que colaborasteis y encubristeis su huida de la justicia. En vista de este delito, Su Majestad se ve ahora obligado a alterar vuestro arresto domiciliario y convertirlo en una reclusión total. Yo he de pediros que no ofrezcáis resistencia mientras procedemos a tomar las medidas necesarias, tal como nos ha instruido Su Majestad.

Hizo otra reverencia y le entregó a Ana uno de los papeles que llevaba en la mano.

Ella le echó un vistazo, vio la firma de Felipe y lo dejó. Anichu se lo cogió de la mano y lo leyó. Bernardina se sentó y se quedó contemplando a Ana. Parecía que, por una vez, no tenía nada que decirle a su carcelero. Tampoco a Ana se le ocurría gran cosa que decir.

–¿Son muy complicadas esas medidas?

–Lo son, Señora. Hay que hacer unas obras en estos aposentos.

–¿Obras?

–Sí, Señora. Se os permitirá ocupar esta sala y la alcoba, y podréis tener acceso a la capilla. Pero todas las salidas que queden fuera de esos límites, todas las puertas y ventanas innecesarias, serán tapiadas. Naturalmente, las habitaciones serán despojadas de todos estos valiosos muebles y pinturas, que no harían sino perjudicaros en una situación de prisión. Esperamos que los trabajos hayan finalizado dentro de dos días. Los albañiles no os molestarán mucho tiempo.

–Ya comprendo.

Bernardina se puso en pie.

–¿Dónde están los criados de Su Alteza? –le preguntó a Villasante–. ¿Dónde está Paca? ¿Dónde están las institutrices?

Éste esbozó una sonrisa.

–Han sido despedidas y se encuentran en este momento camino de Madrid, donde vos os hallaréis también antes de esta noche.

–¿Yo?

–Sí. El rey me ha dado órdenes rigurosas de que os despida a vos con todas vuestras posesiones y que os traslade a la residencia de vuestro esposo en Madrid. A partir de este momento estáis libre y habéis sido perdonada, pero si regresáis a la comarca de Pastrana seréis castigada con la pena de muerte.

Hizo una reverencia y le entregó a Bernardina un papel que llevaba la firma de Felipe.

Bernardina le echó una mirada y se puso en pie.

–No me voy –dijo–. Podéis decirle al rey que haga lo que quiera, pero yo me quedo aquí.

–Berni...

–No, Señora... os vais. No nos obligaréis a convertiros en una mártir. Os marcharéis esta misma mañana con una fuerte escolta. Hace mucho que constituís una dificultad y una mala influencia. Teniendo en cuenta vuestra participación en el reciente incumplimiento de las normas, la clemencia de Su Majestad al dejaros libre es, si se me permite decirlo, sorprendente. Mientras asistíais a misa han sido embaladas vuestras pertenencias, os esperan en un coche dispuesto en el patio. Así pues, ¿tenéis la bondad de despediros de Su Alteza? Cuando hayáis terminado comenzaremos a trabajar en estos aposentos.

Bernardina empezó a mirar como loca la habitación. Pasaba ya de los sesenta años, estaba achacosa, cansada y gorda. Ana pensó que podía darle un ataque. Se levantó con dificultad y se acercó a ella. Le rodeó los hombros con el brazo.

–¡Berni, Berni! No os pongáis así. No podemos hacer nada. Hemos pasado una buena vida juntas, pese a todos estos carceleros. Ahora ya ha terminado y somos un par de viejas que no pueden seguir creando dificultades al rey mucho más tiempo. Despedíos y llevaos mi gratitud y una gran parte de mi corazón a Madrid. Y al cielo, donde pronto nos encontraremos.

–¡No quiero despedirme! ¡No puedo! Es un asesinato, un asesinato lento, haceros esto ahora. ¿Qué van a hacer? Si tuviera que dejaros aquí en manos de estos malvados, me volvería loca. No, no quiero despedirme. ¡No quiero! ¡No quiero!

Villasante hizo una seña a dos soldados, que se adelantaron y cogieron a Bernardina. Pero Ana les indicó que la soltaran.

–Un momento, por favor. Berni, marchaos por mí, marchaos en paz. Después de todo, se lo debéis a vuestro pobre esposo, que tanto ha sufrido a causa de vuestra lealtad conmigo. Pensad en el consuelo que representará para él tener vuestra compañía en la vejez. Y... –Rodeó a la dueña con los dos brazos y le habló en voz baja, dándole la espalda a Anichu, que permanecía rígida con la orden del rey en la mano–. Sabéis perfectamente que yo no tardaré mucho, de modo que, hagan lo que hagan, que supongo que no será otra cosa que encerrarme, poco importará. Sabéis que estoy próxima a la muerte y que me alegro por ello. Así que no me lo hagáis más difícil. Será un gran consuelo saber que estáis otra vez con el bueno de Espinosa, a quien tanto mal he hecho tomando para mí todos vuestros años de lealtad. ¿Me oís, Berni? ¿Me oís?

–Sí, os oigo, chiquita. –Bernardina hablaba en un tono monótono y lento. El golpe que había recibido era demasiado fuerte y lo sabía. Sabía que no tenía miedo de resistir, una mujer gorda y vieja, contra hombres armados y proclamas del rey. Sin embargo, se volvió una vez más hacia Villasante.

–¿De qué manera la van a cuidar? Está gravemente enferma. No puede quedarse sin mí. Hace muchos años que la cuido, toda la vida.

–Se han contratado los servicios de una mujer que llevará a cabo las funciones de guardiana.

–¡Una guardiana!

Ana se echó a reír.

–¡Ay, Berni! ¿Qué más da? ¿Por qué no una guardiana? A lo mejor es tan divertida como la gitanilla Rosa. ¿Os acordáis de Pinto y de la gitanilla Rosa?

Bernardina estalló en desconsolados sollozos. Ana la abrazó y Anichu se acercó a ellas para tratar de ayudar a su frágil madre a sujetar el peso.

–Madre está bien, Berni. Y la reconfortará saber que vos estáis en casa con Espinosa.

A Bernardina le era imposible hablar. Siguió sollozando y abrazando a Ana.

–Adiós, querida amiga –dijo Ana–. Adiós mi Berni, que Dios os bendiga y os proteja. Rezad por mí y yo rezaré por vos.

Hizo una seña a los soldados y éstos se acercaron y cogieron a Bernardina suavemente por los brazos. Ella se marchó, conmovida y desolada. No volvió la vista atrás. Una vez que se hubo abierto y cerrado la verja de hierro a sus espaldas, todavía seguían oyéndose sus sofocados sollozos, que se iban apagando a medida que descendía la gran escalinata.

Ana permanecía en pie apoyada en las muletas mirando a Anichu. Se preguntaba aterrorizada qué órdenes tendrían para ella.

Villasante paseó la vista de una a otra.

–¿Qué dispone Su Alteza en relación con la joven condesa? –preguntó educadamente.

Ana y Anichu se miraron al instante. Evidentemente, el rey no había enviado ningún ultimátum respecto a la muchacha.

–Si lo deseáis, podemos enviarla, con una buena escolta, a casa de su hermana, la duquesa de Medina Sidonia, en

Sanlúcar. ¿O hay algún otro pariente con quién prefiráis enviarla?

Anichu sonrió. Ana percibió una especie de radiante felicidad que tomaba posesión de un rostro rígido de temor unos momentos antes.

–Gracias, don Alonso –dijo Anichu con una educación que casi resultaba intrigante–. Gracias, pero no quiero que me enviéis a ningún sitio. Quiero quedarme aquí.

Era evidente que había llegado a la conclusión de que no tenía instrucciones respecto a ella y que por tanto no podría obligarla a marcharse.

Villasante estaba perplejo y se dirigió a Ana.

–No puedo aconsejar tal decisión –dijo–. La condesa no está bajo arresto y las condiciones en que os encontraréis de ahora en adelante serán de reclusión total. Si ella se quedara aquí, también tendría que sufrir esas condiciones. No puedo permitir ningún tipo de tráfico entre estas habitaciones y el mundo exterior. Y no están autorizadas las comodidades, nada más que lo usual en las prisiones estatales. Por lo tanto, creo que es mi obligación enviar a la joven condesa a casa de su hermana.

Ana miró a Anichu. Sabía que la muchacha pretendía quedarse con ella. Y sabía que en esta ocasión Felipe estaba furioso de veras y que por el pecado cometido al ver de nuevo a Antonio tendría que pagar la pena mayor y pasar el resto de sus días entre las privaciones, la suciedad, la oscuridad y el descuido que correspondía a los peores criminales de España encerrados en las prisiones más sórdidas. No le importaba por ella, pero le aterrorizaba por Anichu. Para ella no haría más que apresurar la muerte, lo cual era bueno; pero podía socavar para siempre la salud de la muchacha, y dejaría una gran cicatriz de amargura y dolor en su alma. Tendría que estar sola, además, con la penosa experiencia de la muerte de su madre. Era una prueba muy oscura y peligrosa para una imaginación joven. Sin embargo, creía que para Anichu, que la amaba tanto, la alternativa podía incluso resultar mucho peor. Ser enviada a la fuerza al sol y la libertad sin otra cosa que hacer que imaginarse lo que estaría ocurriendo en Pastrana... Ana se estremeció de pensar en las consecuencias que podía acarrear para un espíritu como el de Anichu.

–¿Has oído lo que ha dicho don Alonso, Anichu?

–Sí, y se lo agradezco de nuevo, pero me quedo aquí. Comprendo las condiciones, don Alonso, y las cumpliré.

Don Alonso hizo una reverencia y frunció el entrecejo.

–Lamento vuestra decisión, condesa.

Ana se sentó de nuevo. De repente se encontraba muy enferma y fatigada. Apoyó el codo en la mesa y se llevó los dedos al parche. Anichu había tomado la decisión correcta, pero aquella extraña carga que el destino había colocado sobre su hija iba a ser más pesada y dura de lo que se había imaginado. «¡Ay, Felipe, Felipe! ¿También tengo que perdonaros por esto?»

–Entonces, con el permiso de Su Alteza, voy a llamar a los obreros y a darles las instrucciones pertinentes. Entretanto, hemos de comenzar a retirar estos cuadros y libros.

Ana levantó la vista y asintió vagamente. Los hombres comenzaron a moverse por la habitación. Anichu permanecía en pie al otro lado de la mesa en la que yacía intacto el desayuno. Se sentó, se inclinó hacia delante y le acarició la mano a Ana.

–Venga, vamos a desayunar –dijo.

Se sentaron y trataron de comer y beber.

En el exterior, el extraordinario día resplandecía. La plaza daba las acostumbradas señales de vida, y la fachada de la Colegiata proyectaba una apacible sombra.

–Bebed un poco de leche –dijo Anichu.

Uno de los hombres estaba descolgando el Mantegna. Ana lo observaba ensimismada. Actuaban con rapidez, ya habían desaparecido los cuadros de la pared larga. Ya no estaba Ruy ni el Clouet que le había regalado Isabel de Valois.

Abajo se oyeron ruidos: salía un coche del patio; desde donde estaban no lo veían. Se miraron la una a la otra y ambas se despidieron nuevamente de Bernardina en el corazón. Ana prestó atención al sonido de las ruedas hasta que desapareció para siempre por el camino de Alcalá.

Al llegar la noche de aquel mismo día ya se habían acostumbrado al sonido de los martillos y el entrechocar de los barrotes de hierro, así como a los pasos y los ruidos de los hombres que trabajaban con toda rapidez a su alrededor.

Cuando se sentaron a comer la pobre cena que la nueva guardiana les había preparado, en la sala de estar ya no quedaba nada más que el sofá de Ana, dos mesas y dos sillas. Las cortinas, las alfombras, el escritorio y los muebles de toda una vida desaparecieron con los cuadros; las blancas paredes con hojas de acacia descoloridas y desconchadas parecían absurdas, infames y sórdidas.

Se construyó un muro para separarlas de la escalinata que conducía al jardín. En él insertaron una puertecilla de hierro a través de la cual podía penetrar la guardiana, abriéndola y cerrándola con llave cada vez. El rellano en que se había levantado la pared, así como el dormitorio y el vestidor de Ana, cuyas ventanas habían sido tapiadas, carecían por completo de luz natural y ventilación.

Después de cenar no encendieron la única vela que tenían. El ventanal estaba abierto y permanecieron sentadas contemplando cómo salían las estrellas y oliendo el dulce aroma de la noche de mayo. Veían cómo se abría y cerraba la Colegiata cuando entraba y salía la gente a decir las oraciones vespertinas.

Anichu se sentó en el suelo, junto al sofá de Ana.

–Habladme –le dijo–. Contadme cosas de cuando éramos pequeños. Y de cuando vos erais pequeña.

Ana le acarició la reluciente cabellera negra.

Permanecieron junto a la ventana hasta muy tarde y hablaron de muchas cosas.

La segunda noche de aquel nuevo encierro ya no tenían ventana junto a la cual sentarse a hablar. Los albañiles habían llevado a cabo su trabajo en el tiempo previsto y se habían cumplido las instrucciones del rey. Ya no entraba la luz en la sala de estar de Pastrana. Habían tapiado el ventanal y Ana no podría volver a ver nunca el cielo ni la torre de la Colegiata. Tampoco el rostro de su hija, de no ser a la luz de una vela. Felipe se había ocupado de ella. Ahora ya podía serenarse y esperar. Satisfecha, se dio cuenta de que estaba muy enferma. «No tardaré mucho –decía su corazón apasionadamente–. Te lo prometo, cariño, no tardaré mucho.»

EPÍLOGO
(Junio de 1592)

Felipe estaba cansado y, después de trabajar sin pausa todo el día tras la mesa de su despacho, al reconocer la letra, estuvo tentado de no abrir la última carta de la remesa de la tarde.

Era del duque de Medina Sidonia, un hombre leal y virtuoso, tan bien intencionado que Felipe no tenía fuerzas para ser otra cosa que indulgente y considerado con él respecto de la catástrofe de la Armada. Después de todo, Felipe había reconocido para sí mismo que en lo fundamental la culpa había sido suya. Sin embargo, aunque no le guardaba rencor, no soportaba ver la letra de Medina Sidonia, pues le recordaba a Ana de Mendoza.

Contaba ahora sesenta y cinco años, padecía de gota, tenía el cuerpo agarrotado y una salud muy precaria. Los ojos le dolían constantemente y se le habían vuelto acuosos e irritados; el tono claro del cabello y de la piel, que antes tanta distinción le conferían, hacía tiempo que se había convertido en un gris reseco y sin brillo. Pero sus achaques poco le importaban mientras pudiera trabajar, trabajar por España, con la precaución, la atención y la tenacidad que era capaz de entregar a su país en lugar de brillantez y decisión. Se encontraba ahora muy desanimado y meditaba sobre los errores del pasado. Aun así, debía trabajar, porque ahora no sabía hacer otra cosa, y porque debía seguir tratando de redimir algunos de los fracasos que había tenido para España y su propia reputación como rey.

Había sacrificado la grandeza de la nación a su celo por el catolicismo en Europa, y ahora le parecía que también esa causa estaba perdida. La amenaza de la Armada y su tremenda derrota pusieron en su contra a toda Inglaterra y se perdió para siempre la esperanza católica en la isla; Francia, con la cual se encontraba en guerra, tenía un rey protestante, y el duque de Guisa había muerto, asesinado; los Países Bajos, aunque hacía tiempo que Guillermo de Orange había desaparecido, también asesinado, seguían luchando, divididos y confusos, pero sin transigir en su negativa a imponer el catolicismo; todo ello socavaba sus recursos y su inteligencia. En España, los reformistas de la madre Teresa se hallaban divididos y enfrentados desde su muerte, el Santo Oficio seguía tan arrogante como siempre y los judíos y los moriscos estaban en todas partes, de modo que veía que la fe era a menudo deshonrada y amenazada; en ultramar, los conquistadores, si bien propagaban las enseñanzas de Dios, lo hacían a costa de sangre, buques, hombres, piratería y crímenes, lo cual hacía que el imperio español pareciera la fuente de su actual pobreza y decadencia en lugar de un motivo de gloria.

Felipe veía la situación con triste realismo y pesar. Había pretendido ser un gran rey y no había sido más que consciente y serio. Había buscado la voluntad de Dios en la plegaria y la entrega, con mayor intensidad cada año que pasaba, y, creyendo percibir esa voluntad, la había obedecido sin reservas. Pero el gran plan le había salido mal en alguna parte y lo sabía, y sabía que una gran proporción de la culpa era suya. Sin embargo, no veía otra manera de actuar, pues él sólo podía ser él mismo y entregar lo que debía a su alta vocación. Y eso era lo que había hecho, el resto era de Dios; entretanto debía continuar, cada vez en circunstancias más adversas, trabajando a su modo por España y por la gran causa del Cielo. Al pensar en la gran causa del Cielo, se acordó de la larga memoria de Granvela sobre la guerra de Francia, que todavía no había leído y había de discutir al cabo de una hora. Comenzó a buscarla, más valía que la leyera. Sin duda, era peligroso para España que Antonio Pérez se encontrara en la corte francesa y que aparentemente contara con los favores del rey protestante, Enrique IV. Pérez siempre había sido del agrado de los liberales franceses; Enrique III lo había tenido en gran estima, y ahora aquel Borbón protegía al renegado. Pérez sabía mucho, y nunca olvidaba nada. Era lamentable que se hubiera escapado de Aragón, y precisamente el día en que esa provincia se rendía incondicionalmente a las armas castellanas. Resultaba irónico que Aragón hubiera perdido sus antiguas libertades por una causa tan nimia, y resultaba irónico para él, Felipe, haber perdido una presa por la cual había declarado la guerra. Sonrió fríamente. Había deseado la muerte de Antonio Pérez y no se había producido. Morían los que no debían. Sin embargo, constituía una gran hazaña haber sometido por fin a Aragón, haber hecho claudicar a sus testarudos nobles tan irrevocablemente como su padre lo había hecho con la aristocracia castellana. La Península era ahora una y estaba gobernada por un solo hombre. Sin embargo, el propósito real de la empresa no se había conseguido y Pérez era el protegido de un rey protestante de Francia. Irónico. Felipe sonrió con paciencia. Se estaba acostumbrando al fracaso.

Contempló el despacho. Eran las últimas horas de un día muy caluroso y él nunca se encontraba bien en Madrid. No le gustaba el Alcázar y recordó complacido que al anochecer se marchaba otra vez a la sierra de Guadarrama, a El Escorial. Aquél era el único lugar de la tierra donde encontraba un poco de paz, y allí –en la biblioteca, en las escuelas, en las explotaciones agrícolas experimentales, en el hospital y en la gran iglesia, con su coro perfecto y su perfecta adaptación al simbolismo litúrgico– veía una obra terminada, una realización de sus deseos. Allí estaban también sus queridos hijos, las hijas de Isabel y el único hijo, enfermizo y precioso, que sobrevivía de los intentos de la pobre Ana de Austria de darle un heredero varón. El joven Felipe tenía catorce años y parecía que iba a vivir para alcanzar el trono. Eso al menos era un consuelo.

Felipe se alegraría de marchar a casa aquella noche. Al día siguiente quizá podría disponer de unas horas libres para llevar al muchacho a pescar al lago de truchas que había más allá del bosque de Carreño. Los jardines estarían preciosos; hacía catorce días que no los veía, y eso era demasiado tiempo en junio. Miró con desagrado alrededor y a través de la ventana, por donde, al otro lado del patio y de los tejados de Santa María de la Almudena, veía Madrid cociéndose indefenso bajo la luz de las últimas horas de la tarde.

A aquella hora gustaba en otros tiempos de descansar un rato del trabajo, salir de aquella habitación, y ser él mismo en vez del rey. Era la hora en que a veces se permitía abandonar el Alcázar por la puerta que veía desde donde estaba sentado e ir a reposar en la sala larga del palacio de Éboli. El palacio de Éboli estaba ahora cerrado y vacío.

Aquel recuerdo lo tomó desprevenido; lo alejó de su mente y regresó a la mesa. Raramente pensaba en Ana, y nunca de forma voluntaria. Ya tenía suficientes cargas en la conciencia; ésta, la más íntima, que nunca había comprendido, la enterraba bajo los cascotes de una larga vida de angustias y lamentaciones.

La había amado, a su manera. Su amor tenía mucho de tierno y de fraternal, y sólo en raros momentos de impulso de abandonar el reinado se había convertido en deseo. Posteriormente había podido disfrutar más de esos momentos porque sabía que no cedería. Constituían una delicada sensualidad y sentimentalismo de sus estados de ánimo secretos, una gracia muy íntima que no lo intranquilizaba en absoluto en una vida que poco a poco se había ido despojando de todo adorno. Disfrutaba con su compañía, pero en muy pocas ocasiones se permitía probarla, y gozaba, con intensos celos, del halago de su amor, y de las insinuaciones, y del hecho, que era más que una insinuación, de que, de haberlo querido él, hubiera podido hacerla suya cuando eran jóvenes. Era su coto privado, su objeto particular de ternura, y descansaba en tal convicción. Incluso le gustaba oírla contar cómo cuando era pequeña pensaba que se casaría con él; le gustaba pensar que le había causado alguna desazón, que algunas veces se había impacientado ante la no realización de su deseo por ella; le gustaba pensar que él, el rey, era lo que aquella gran princesa consentida había ambicionado y nunca conseguido. Era un sueño, una pluma en su sombrero, y puesto que ella se la había dado, él le otorgaba su gran afecto. Y la admiraba más porque sabía que ella lo admiraba a él.

En consecuencia, el descubrimiento de que, siendo ya madura, mientras seguía manteniendo su amistad y constituyendo una querida ilusión, tenía un amante, delante mismo de sus ciegos ojos, en su propio palacio, su amigo más íntimo... constituyó un golpe que lo fue corroyendo lenta y progresivamente, como una enfermedad. Produjo en él efectos que nunca podría controlar y a los que era incapaz de enfrentarse. Ahora nunca se enfrentaría a las desgracias pasadas. Contra ellas había actuado, o dejado de actuar, guiado de un instinto ciego y asustado, en una serie de luchas consigo mismo; en una sucesión de pecados contra su corazón y de indulgencias respecto de su dolida y enferma vanidad. Ninguna norma gobernaba su reacción y él mismo no la comprendía. Sencillamente lo había desilusionado, y a partir de ese instante ya no podía, por mucho que lo intentara, abandonar la venganza. Cuando, arrepentido, avergonzado y pesaroso, guardó toda la historia para sí mismo, con la única esperanza de que estuviera en paz en Pastrana, alejada de las malas acciones, para salvar su alma, entonces, a su avanzada edad, llegó a sus oídos la noticia de que no se encontraba en absoluto en paz, que todavía conservaba al amante, que éste la había ido a ver a su lugar de reclusión durante su huida a Aragón, quizás en la última de muchas visitas, y que ella lo había ayudado a huir, un último arranque de brutalidad contra Ana se apoderó de él. Aquella última e inesperada apertura de una herida sin cicatrizar era demasiada osadía. No podía resistirse a la pasión, la pasión de un viejo, la autocompasión que lo invadió. No podía y no lo hizo. Casi sin consultarse a sí mismo, casi sin pensarlo y como si actuara dormido, respondió a su última impertinencia contra él, respondió para siempre.

Pero no podía permitirse pensar en ella. Detestaba su querido nombre. Ahora estaba grabado junto al de Ruy Gómez en la tumba de la iglesia de la Colegiata de Pastrana. Allí debía permanecer, pero ¿permitiría el misericordioso Cielo que quedara enterrada en su alma y que no volviera a pensar en ella?

El Cielo no era considerado. Allí estaba aquella carta de Medina Sidonia, que no podía dejar de remover su aflicción prohibida.

Hacía cinco meses que Ana había fallecido. Murió el dos de febrero, el día de la Purificación de Nuestra Señora. Pese a todo lo que le habían dicho de su pésima salud, había vivido veinte meses en la oscuridad y el encarcelamiento. Pero ahora se encontraba en paz en la tumba. En ausencia de su hijo Rodrigo, que estaba en los ejércitos de Parma, su cuñado se ocupaba de los asuntos de la familia. De vez en cuando consideraba su deber informar del estado de éstos a Felipe.

Felipe abrió la carta a disgusto y la leyó de cabo a rabo sin permitirse concentrarse en ella, como si mediante una atención demasiado intensa fuera a sufrir más de lo que era capaz de soportar.

La misma estaba escrita en un tono formal y daba detalles del destino de ciertas propiedades. En ella se lamentaba, igual que en la anterior carta de Alonso, de la gran depreciación que habían sufrido las fincas de Pastrana, de la desaparición casi completa de la industria de la seda y de la miseria de sus explotaciones agrícolas. A Rodrigo le preocuparían las cifras, decía, y necesitaba dinero. ¿Sabía Su Majestad que Rodrigo no se encontraba bien? Padecía de una grave afección pulmonar y era posible que hubiera de dejar la carrera militar. Los demás hijos de la princesa estaban bien, según creía, y Fernando recibiría las órdenes sagradas muy pronto. Sus superiores habían informado a Alonso de que el muchacho era un clérigo prometedor. Sin embargo, había de comunicar a Su Majestad una noticia triste relativa a esta familia por la cual tanto se había interesado siempre. Su Majestad recordaría sin duda que aquel verano había de celebrarse el compromiso entre la hija menor de la difunta princesa, la condesa Ana de Silva, y su primo, el conde de Tendilla. No se había consumado antes porque la condesa había solicitado un poco de tiempo durante el cual meditar y sin duda recuperarse del dolor producido por la muerte de su madre. Pero, por desgracia, en abril el joven sufrió una caída de un caballo y hacía una o dos semanas había muerto a consecuencia de las heridas. Ello resultaba muy lamentable en circunstancias de por sí tan tristes, pero él, el duque, no hubiera encontrado dificultad en hallar otra pareja igualmente apropiada para su agraciada y rica cuñada. Sin embargo, ésta le había comunicado, y se apresuraba a transmitir la noticia a Su Majestad, que había regresado a Pastrana y había entrado en el convento franciscano de la localidad como novicia. También decía en su carta que aquella decisión la hacía muy feliz, de modo que tal vez, si tal era la voluntad de Dios, fuera lo mejor. ¿Qué pensaba al respecto Su Majestad?...

Felipe dejó la carta.

Se levantó penosamente de la mesa y comenzó a pasear sin rumbo por la habitación. Se detuvo junto a la ventana para contemplar el Madrid que se extendía al otro lado del patio. Una campana tañía en Santa María de la Almudena. Recordó que en la sala larga del palacio de Éboli se oía con mucha mayor claridad. Anichu, así es como ella llamaba a la pequeña, no la abandonó hasta el fin, y ahora había vuelto a ella, había vuelto a Pastrana.

Felipe permaneció un largo rato junto a la ventana escuchando las campanadas. Le dolía el pie, pero no podía moverse para regresar a su silla. Era como si sintiera que manteniéndose muy quieto durante un rato podría dominar el terrible dolor que le atravesaba el pecho. Miró hacia la luz del sol que iluminaba la casona vacía y el resplandor le dañó los ojos. Parecía que la campana doblaba por su soledad, y por los pecados que lo conducían cada vez más a la soledad.

Pero a la mañana siguiente estaría en El Escorial, donde lo esperaban sus hijos.

Clifden, Corofin,
octubre de 1945

Esta edición de *Esa dama*,
de Kate O'brien
se terminó de imprimir en Liberdúplex,
el 28 de febrero de 2018